国家出版基金项目
NATIONAL PUBLICATION FOUNDATION

"十三五"国家重点图书出版规划项目

中央苏区福建历史

黄超凡　著

ZHONGYANG SUQU
FUJIAN LISHI

海峡出版发行集团 THE STRAITS PUBLISHING & DISTRIBUTING GROUP | 福建人民出版社 FUJIAN PEOPLE'S PUBLISHING HOUSE

图书在版编目（CIP）数据

中央苏区福建历史 / 黄超凡著. --福州 ：福建人民出版社，2024.9. -- ISBN 978-7-211-09535-3

Ⅰ. K269.4

中国国家版本馆 CIP 数据核字第 2024FK4184 号

中央苏区福建历史

ZHONGYANG SUQU FUJIAN LISHI

著　　者： 黄超凡
责任编辑： 林俊杰　陈斯敏
美术编辑： 林　玲
责任校对： 李雪莹
出版发行： 福建人民出版社　　**电　　话：** 0591-87533169(发行部)
网　　址： http://www.fjpph.com　　**电子邮箱：** fjpph7211@126.com
微　　博： http://weibo.com/fjpph
地　　址： 福州市东水路 76 号　　**邮政编码：** 350001
经　　销： 福建新华发行（集团）有限责任公司
印　　刷： 福州印团网印刷有限公司
地　　址： 福州市仓山区建新镇十字亭路 4 号
电　　话： 0591-87881810
开　　本： 787 毫米×1092 毫米　1/16
印　　张： 26.25
字　　数： 375 千字
版　　次： 2024 年 9 月第 1 版　　2024 年 9 月第 1 次印刷
书　　号： ISBN 978-7-211-09535-3
定　　价： 78.00 元

目　录

前　言

中央苏区即中央革命根据地。1929 年 1 月，毛泽东、朱德率红四军下井冈山向赣南、闽西进军。3 月，攻占长汀后，红四军前委作出了在闽西、赣南创建革命根据地的决策。此后，红四军转战闽西、赣西南，消灭地方军阀，帮助中共闽西、赣西南地方组织建立苏维埃政权，开展土地革命。1929 年 7 月，中共闽西特委正式成立；1930 年 3 月 15 日，中共赣西南特委、赣西南苏维埃政府成立，赣西南革命根据地正式形成；3 月 25 日，闽西苏维埃政府成立，闽西革命根据地正式形成。6 月，红四军和红六军、红十二军组成红一军团；8 月，红一军团和红三军团组成红一方面军。与此同时，中共中央提出成立“苏区中央局”，在湘鄂赣和赣西南建立“中央区”。但是，湘鄂赣和赣西南随即被敌隔断，不久，赣西和赣南也被敌隔断，而闽西、赣南苏区则日渐巩固发展，并逐渐连成一片，中央苏区已基本形成。1930 年 12 月到 1931 年 9 月，红一方面军取得了中央苏区第一、二、三次反“围剿”的连续胜利，闽西、赣南苏区完全连成一片，形成了以瑞金为中心、面积约 5 万平方公里、250 万人口的巩固苏区，为中华苏维埃共和国的成立奠定了坚实的基础。1931 年 1 月，中共苏区中央局在江西宁都成立。同年 11 月，中华苏维埃共和国临时中央政府在瑞金成立，标志着中央苏区的正式形成。此后，随着中央苏区第四次反“围剿”的胜利，中央苏区进入了鼎盛时期。至 1934 年夏，中央苏区先后辖有江西、福建、闽赣、粤赣、赣南五个省级苏维埃政权。

中央苏区（福建）范围先后分属于中央苏区福建省、江西省、闽赣省和粤赣省，是中央苏区的重要组成部分。

在八七会议精神的指导下，1928 年，中共福建地方组织在全省各地农村积极发动群众，领导农民武装暴动，建立革命武装队伍和红色（苏维埃）政权，福建的苏维埃运动逐渐兴起。1929 年 3 月，毛泽东、朱德率红四军入闽，直接领导、推动了福建各地土地革命和创建革命根据地的斗争进程。1929 年 7 月，中共闽西特委正式成立，翌年 3 月，闽西苏维埃政府宣告成立，闽西革命根据地正式形成。1930 年 2 月，中共闽北特委成立，翌年 1 月，中共闽北分区委、分区革命委员会成立，闽北革命根据地正式形成。1930 年 11 月开始的第一次反“围剿”，主战场在江西，闽西苏区和闽北苏区的红军、地方武装则积极展开反“围剿”，阻滞闽敌，使其无法入赣，有力地配合了红一方面军取得第一次反“围剿”的胜利，而且苏区的范围也得到了拓展。1931 年 5 月，红一方面军取得第二次反“围剿”的胜利，随后在闽西北分兵，先后解放了闽西北的多座县城，并在广大农村建立起苏维埃政权，宁（化）清（流）归（化）苏区和建（宁）黎（川）泰（宁）苏区也日渐发展。与此同时，赣东北苏区的红十军南渡信江，挺进闽北，恢复、巩固并扩大了闽北苏区。国民党军队的第三次“围剿”被打破后，其被迫在一个较长的时期内处于守势。1931 年 9 月开始，红一方面军在 4 个月内清除了中央苏区内的大量地主武装，使中央苏区的闽西、赣南两部分完全连成一片。1932 年 3 月 18 日，中央苏区福建省苏维埃政府在长汀成立。

1932 年 4 月，为了粉碎即将到来的国民党军队的第四次“围剿”，毛泽东率中央红军东路军发起漳州战役，连克龙岩城、漳州城之后，又分兵攻占漳属各县，以龙溪为中心，向龙溪、南靖、云霄、平和、漳浦 5 县扩大游击战争，建立苏区，漳属各县大部分纳入了中央苏区的范围。

第四次反“围剿”胜利后，中央苏区与闽北苏区连成一片。1933 年 4 月 26 日，中华苏维埃共和国中央人民委员会第 40 次常会决定，“将建、黎、泰、金、资、光、邵、闽北苏区，以至信抚两河间一带地区划为闽赣省”[1]。1933年5月，闽赣省革命委员会成立，12月，闽赣省苏维埃政府正式成立。中央苏区闽赣省的成立，使福建的大片苏区划入了中央苏区范围。此外，1933年8月，中央人民委员会第48次会议决定，“以于都、会昌、西江、门岭、寻邬、安远、信康七县，成立粤赣省”[2]。此后，中共武西工委划归中共粤赣省委领导，武平（西）地区成为粤赣省的一部分。

1933年7月，彭德怀、滕代远率中央红军东方军入闽作战，连下归化（明溪）城和宁化泉上等地，开辟了泉上、清流、归化新苏区。8月，东方军收复连城、新泉苏区后，向延平、顺昌、将乐等地进军，在三县农村帮助建立健全党的组织，建立苏维埃政权，开辟了新的苏区。月底，东方军又攻占尤溪。1934年1月，彭德怀、杨尚昆率东方军第二次入闽，再克尤溪，又占沙县，巩固了延平苏区，开辟了尤溪、沙县苏区。

至第五次反“围剿”前夕，今福建省龙岩市、三明市、南平市、漳州市的全部或部分县（市、区）纳入了中央苏区的范围。

1934年秋，在中央苏区范围内打破国民党军第五次“围剿”的希望完全丧失。10月，中央红军实行战略转移，撤出中央苏区开始长征。至1935年初，中央苏区（福建）完全丧失，留守中央苏区的中共福建地方组织和红军部队相继转入了艰苦卓绝的三年游击战争。

福建省现行行政建制中，曾经（1930年秋至1935年初）有37个县（市、区）的全部或部分属于中央苏区的范围，即今长汀县、上杭县、新罗区、永定区、武平县、连城县、漳平市；宁化县、清流县、明溪县、建宁县、泰宁县、将乐县、沙县、永安市、大田县、

---

① 《中央人民委员会第四十次常会》（1933年4月26日），载中共江西省委党史研究室等编《中央革命根据地历史资料文库》第7辑，中央文献出版社、江西人民出版社2013年版，第712页。

② 《中央人民委员会第四十八次会议》（1933年8月16日），载中共江西省委党史研究室等编《中共革命根据地历史资料文库》第7辑，中央文献出版社，江西人民出版社2013年版，第921页。

三元区、梅列区、尤溪县；武夷山市、建阳市、光泽县、邵武市、浦城县、建瓯市、松溪县、政和县、顺昌县、延平区；平和县、诏安县、云霄县、漳浦县、龙海市、芗城区、华安县、南靖县；另有安溪县、永春县、德化县、南安市等4县市，被认为“历史上与中央苏区有着紧密的联系，但目前认定其属于中央苏区范围还有一定的困难”①。中央苏区（福建）范围的面积总计约为79800平方公里②，人口估计约为330万人③。

中央苏区（福建）范围内曾先后成立有中央苏区的35个行政县（市），即中央苏区福建省的长汀县、汀州市、兆征县、汀东县、汀连县、新汀县、汀西县、上杭县（杭武）、代英县、龙岩县、永定县、武平县、连城县（明光）、新泉县（新杭）、饶和埔诏县（平和、饶和埔）、永安县（岩连宁）；中央苏区闽赣省的建宁县、泰宁县④、黎南县、宁化县、彭湃县、泉上县、清流县、归化县⑤、将乐县、沙县、崇安县、光泽县、东方县、建阳县、浦城县、邵光县（邵武）、崇浦县、广浦县、建松政县。

上述中央苏区（福建）的35个行政县，涉及今28个县（市、区）⑥，可视为中央苏区的基本地区，即今长汀县、上杭县、新罗区、永定区、武平县、连城县、漳平市；宁化县、清流县、明溪县、建宁县、泰宁县、将乐县、沙县、永安市、三元区、梅列区⑦；武夷山市、建阳市、光泽县、邵武市、浦城县、建瓯市、松溪县、政和县；平和县、诏安县、云霄县。中央苏区（福建）范围其余的今各县（市、区）为中央苏区不同时期的拓展地区。中央苏区（福建）基本

---

① 中共中央党史研究室：《关于原中央苏区范围认定的有关情况》（2013年7月23日）。

② 详见本书附录《中央苏区（福建）范围土地面积表》。

③ 详见本书附录《中央苏区（福建）范围20世纪30年代中期人口统计表》。

④ 建宁、泰宁原属中央苏区江西省，后划归闽赣省。

⑤ 宁化、彭湃、泉上、清流、归化5县原属中央苏区福建省，后划归闽赣省。

⑥ 并非指福建原中央苏区范围有28个行政县，而是指今28个县（市、区）在中央苏区鼎盛时期或是中央苏区的行政县或为中央苏区某行政县的一部分。

⑦ 今三元区、梅列区境域原属明溪（归化）县、沙县、永安县（今永安市）。

地区的面积总计约为 54868 平方公里①，人口估计约为 252 万人②。

关于中央苏区的范围及其具体县份，从 20 世纪 60 年代起，学术界长期存在不同的看法。

进入 21 世纪后，中共中央、国务院及国家各有关部门加大了对革命老区建设的扶持力度，其中尤其对“中央苏区县”扶持力度为最大。于是，福建省、各有关设区市及县（市、区）三级党委党史工作部门联合攻关，重新收集史料，进行认真考证，做了大量工作，先后上报中央党史研究室要求确认的 41 个县（市、区），基本上都得到了明确、肯定的认定。

然而，长期以来，尽管中央苏区（福建）历史的研究取得了许多优秀的成果，但整个研究工作及其成果呈现出来的是一种分散的、不平衡的状况。其中，闽西地区成果最为丰富，但闽西、闽西北、闽北、闽南地区的研究各自为政，尚未形成整体性的成果，中央苏区（福建）历史研究还有很大的空间。

近年来，在开展确认中央苏区范围工作的推动下，赣闽粤三省新的研究机构和学术刊物接连诞生，中央苏区史料的整理挖掘持续进行，中央苏区史的研究也不断深入。本书的编写，正是有鉴于中央苏区（福建）历史研究的现状，试以中央苏区（福建）作为一个整体研究对象，力求呈现中央苏区（福建）完整的历史面貌。

---

① 详见本书附录《中央苏区（福建）范围土地面积表》。

② 详见本书附录《中央苏区（福建）范围 20 世纪 30 年代中期人口统计表》。

第一章　福建苏维埃运动的历史背景

一、半殖民地半封建的福建社会

19世纪30年代，当中国还停留在封建社会之际，西方资本主义正处于急剧上升的阶段，世界资本主义的迅速发展迫切要求新的、更大的商品倾销市场。1840年，英国发动了侵略中国的鸦片战争。1842年，战争以中国失败而结束。战后，清政府与英国殖民主义者签订了中国近代史上的第一个不平等条约——中英《南京条约》，以及中英《五口通商章程》和《五口通商附粘善后条款》，西方殖民主义的炮舰从此撞开了中国的大门。英国、美国、法国、俄国、日本、德国、荷兰、西班牙等外国资本主义侵略势力以福州、厦门为跳板，逐渐深入福建各地。1856年，英法又联合向中国发动了第二次鸦片战争，战争再次以中国的失败而结束。第二次鸦片战争后，福建社会同中国各省一样，半殖民地半封建化的程度全面加深。

福州、厦门"开埠"后的几十年间，福建成为外国资本主义势力的商品倾销市场。外国商品的输入，使传统手工业和航运业遭到沉重打击，同时这些行业中的资本主义萌芽也遭到了扼制或扼杀。另一方面，外国资本主义势力在福建掠夺性的生产原料贸易，一定时期内却也刺激了福建茶叶、木材、土纸、水果、樟脑、烟叶等的生产。但在半殖民地半封建社会的条件下，这种商品经济的发展是短暂的。受进出口贸易刺激而一时繁荣起来的商品经济，不是福建社会经济本身正常发展的结果，只是世界资本主义市场体系的附属物，有着明显的殖民地经济的印记，因此最终难免遭受外国资本主义势力剥削和掠夺的命运。此外，外国侵略者还在福建各地大量贩运鸦片。早在19世纪初，“鸦片之流毒，最甚广东，次之莫如福建”①。福州、厦门开埠通商后，由于福建地方官吏的腐败贪婪，使各国鸦片贩子更加肆无忌惮，走私鸦片几近于公开的合法贸易。大量的鸦片输入，使福建人民的身体健康和精神状态大受摧残，而大量的白银外流，又严重破坏了福建的社会经济。外国侵略者在贩毒的同时，还在福建各地大量掠卖“契约华工”。鸦片战争后的1845年至1852年，厦门成为殖民主义势力掠卖“契约华工”的最大中心。据海关的资料，1886年至1894年间，从厦门出国的移民人数多达360多万人，其中包括了大量的所谓“赊单华工”。外国资本主义从一开始侵入福建，就对福建人民犯下了滔天的罪行。

1841年8月25日，英国军舰入侵厦门港

19世纪末20世纪初，世界资本主义已经完成了向帝国主义的过渡。帝国主义国家在商品倾销和资源掠夺的基础上，对福建的侵略也进一步深化并扩大。1895年，由于甲午战争的失败，清政府被迫与日本签订了《马关条约》。于是，日本即以台湾为基地加紧了侵略福建的步伐。1896年7月，日本侵略者强迫清政府签订《通商行船

① 《筹办夷务始末》（道光朝）卷九，文海出版社影印本，第11页。

条约》，随后即依据该约向清政府要求在厦门设立“专管租界”，稍后又向清政府提出在福州设立专管租界的要求。1915年，日本又借口约束侨民，分别在福州、厦门的领事馆内附设“警察署”，无视中国主权，公然行使其所谓“警察管辖权”。1903年1月，各国侵略者联合在鼓浪屿成立了“工部局”，鼓浪屿也从此沦为“公共租界”。帝国主义列强争相在福建谋占租界的同时，还进一步在福建投资办厂，设立银行，以资本输出的形式，加紧了对福建的经济侵略。外国资本在福建投资办厂，利用福建的廉价原料和劳动力，在福建制造产品就地倾销或转口外销，获取了比向福建输出商品高得多的利润，并且严重阻碍了福建民族工商业和手工业的发展，造成了工人失业和福建社会经济的凋敝。

帝国主义势力对福建的文化侵略也十分严重。鸦片战争后，帝国主义分子纷纷以传教士的身份来到福建，在福建各地建教堂等，“其目的，在于造就服从它们的知识干部和愚弄广大的中国人民”①。

帝国主义对福建的侵略，给福建人民带来了无尽的苦难，对福建社会发展造成了严重阻碍。“上述这些情形，就是帝国主义侵入中国以后的新的变化的又一个方面，就是把一个封建的中国变为一个半封建、半殖民地和殖民地的中国的血迹斑斑的图画。”②

鸦片战争以后，福建广大农村的经济和社会生活，尽管因为外国资本主义的侵入遭到了破坏，尽管因为地权分化（主要是“永佃权”和“田面权”的变化）使封建土地制度出现了瓦解的征兆，但封建的土地制度和剥削关系并没有根本的改变。帝国主义势力的侵入，只是同封建地主阶级勾结起来，共同剥削广大的农民群众。近代福建农村的土地高度集中。在这种封建的土地占有状况下，大量无地和少地的贫苦农民不得不租种地主阶级的土地而忍受苛重的封建剥削。近代福建的地租，按土地肥沃或瘠薄的程度，占有全部收

① 《毛泽东选集》第2卷，人民出版社1991年版，第630页。

② 《毛泽东选集》第2卷，人民出版社1991年版，第630页。

获量的五成到七成不等，有的地方甚至高达八成。地主豪绅还拥有封建武装，私设牢狱，为他们催租逼债，敲诈勒索，强迫农民担负各种无偿劳役、定期交纳各种贡品等等。在鸦片战争中失败后，清政府为了偿付巨额的战争赔款还加紧了对人民的搜刮。于是，在福建的广大农村中，形成了封建政权、地主豪绅、高利贷资本以及外国资本和买办资本共同压迫和剥削农村劳动群众的情况。再加上福建耕地不足，人口逐年增长，以及连年的虫、旱、风、涝等灾害的影响，广大农村群众生活十分穷苦，许多人家倾家荡产，啼饥号寒，甚至卖妻鬻女，流离失所。农民的生活如此困苦，使大量的农业人口脱离农业生产，跨洋过海到海外谋生，留下来维持农业再生产的也十分困难和勉强，福建广大农村一派凋敝惨景。

鸦片战争以后，帝国主义势力侵入福建，要把福建变成它们的殖民地。然而，由此引起的福建封建经济的分解，客观上却给福建近代资本主义的发展造成了某些客观的条件和可能性。因为自然经济被破坏，形成了资本主义的商品市场，而大量农民和手工业者破产后，尽管很大一部分到海外谋生，但仍然形成了资本主义的劳动力市场。19 世纪 70 年代，福建的一部分官僚、地主和商人（包括买办商人）已经积累了较多的货币财富，再加上华侨资本，他们看到外国在华设厂和经营航运业获得了巨额利润，对投资新式企业有了极大的兴趣，福建的民营资本主义企业开始产生和发展；同时，由于官办近代企业数量很少，且有起有落，民营近代企业的发展遂成为福建资本主义发展的主要方面。1895 年，由于甲午战败，民族危机加深，激发了一部分民族资产阶级分子、华侨和官僚士绅的爱国热情，掀起了一股“设厂自救”“实业救国”的热潮；而 1898 年戊戌变法运动，1905 年全国人民抵制美货、收回利权的爱国运动，也都影响和推动了民族资本主义的发展。1914 年至 1918 年，爆发了帝国主义列强重新瓜分世界的第一次世界大战，福建的民族工业又一次得到相对有利的发展时机。据北京政府农商部的统计，至 1919 年福建已有注册公司 52 家，注册工厂 20 家，数量列全国第七位；同时，工厂总数达1084家，列全国第八位。[①] 但是，福建民族资本主义是在中国逐步走向半殖民地半封建社会的历史条件下产生和发展的，具有时代和社会的烙印。首先，由于外国资本主义通过不平等条约，把持福建海关，降低进出口税率，控制和垄断福建沿海航运，福建的民族资本主义工业无论在资本实力、产品销售和原料采购等方面，都受到外国资本主义的巨大压迫，处于不利的地位。其次，福建民族资本主义还受到国内封建势力的严重摧残。在甲午战争以前，民族资本主义工业始终没有得到清政府的正式认可，处于“不合法”的地位，封建官僚可以用任何理由加以取缔。清政府还对福建民族资本主义工业横征暴敛，大大增加了民族工业的沉重负担。在外国资本主义和本国封建主义的严重压迫之下，福建的民族资本主义虽有发展，但不可能正常地得到长足的发展。

因此，1901年《辛丑条约》签订后，福建已完全沦为半殖民地半封建的社会。

在福建逐步沦为半殖民地半封建社会的过程中，因为社会经济结构的变化，阶级构成和各阶级相互之间的关系也发生了相应的变化。

福建的工人阶级是由一部分破产的农民和手工业者转化而来的，它不仅是伴随着民族资本主义工业的产生而产生，而且是伴随着外国资本主义在闽企业的产生而产生的。据北京政府农商部《农商统计表》所载，1912年，福建在中国人创办的工厂中即有职工72583人，[②] 这是鸦片战争以来70多年间福建职工人数最多的时期（包含雇佣7人以上、不使用动力的手工工厂的手工业工人）。但该表没有把逐年发展的外国企业和民族采矿业、航运业等企业中的工人统计在内，所以，福建工人阶级的人数实际上比该统计数字要多。

福建工人阶级深受帝国主义、封建主义和资本主义三重压迫，

---

① 陈真、姚洛编《中国近代工业史资料》第1辑，生活·读书·新知三联书店1957年版，第20页。

② 参见刘明逵编《中国工人阶级历史状况》第1卷第1册，中共中央党校出版社1985年版，第124—128页。

所受剥削十分沉重，而且没有任何政治权利。正是由于这些压迫和剥削，福建工人阶级同全国的工人阶级一样，在革命斗争中其革命性比任何别的阶级都来得坚决和彻底。福建的工人阶级分布比较集中。福州、厦门作为最早“开埠通商”的城市，早期出现的近代工业厂家都集中在这里，福建近代工人阶级的大部分也集中在这里。从产业分布上看，其多集中在造船、航运、邮政、码头搬运、制茶、纺织等产业中；而福建上述产业的厂家相对来说规模较大，它们雇佣的工人在全省工人总数中也占了很大的比重。福建产业工人分布得相对集中，使其便于组织和联系，容易形成较强的斗争力量。福建的工人阶级大部分来源于破产农民，同广大农村的劳动群众有着血缘和思想感情上的深厚渊源，他们对福建农村有深切地了解，这就便于他们在斗争中与农村的劳动群众结成联盟，增强自己的力量。福建工人阶级诞生之后，不但曾进行过反剥削反压迫的斗争，而且也随资产阶级参加了一些爱国和反封建的斗争活动。福建近现代历史证明，正是随着福建工人阶级的产生和发展壮大、随着其觉悟程度和组织程度的不断提高，他们成为建立中共福建地方组织的阶级基础。

福建的资产阶级也是半殖民地半封建社会新产生的一个阶级，并因其与帝国主义关系的不同，而分为买办资产阶级和民族资产阶级。福建的买办资产阶级不但直接为帝国主义服务，并为他们所豢养，而且同封建主义势力也有紧密的联系，不少洋行买办都向清王朝纳资捐官。福建买办资产阶级的状况，决定了他们反对民族民主革命的态度，他们是福建反帝反封建的革命对象之一。从福建民族资本主义工业大多数属于规模较小、资金较少的企业的状况来看，福建的民族资产阶级绝大部分属于中国民族资产阶级的中下层，所以半殖民地半封建社会的政治和经济的特点在他们身上十分突出，这就是民族资产阶级的软弱性和对民族民主革命态度的两面性：一方面由于受到帝国主义和封建主义的压迫和束缚，同帝国主义、封建主义有矛盾，具有参加革命的可能性；另一方面由于政治、经济上同帝国主义、封建主义的联系和依赖，因而没有彻底的反帝反封建的勇气，具备了对革命敌人的妥协性。

近代福建农村中的广大劳动群众，绝大部分是无地和少地的贫苦农民，尽管对他们的经济状况还可以作不同的划分，但在半殖民地半封建的状态下，外国资本主义和本国封建主义的压迫和盘剥，使福建农村凋敝和破败的情况日益严重，这就使得福建农村的广大劳动群众“极易接受革命的宣传”，迫切“需要一个变更现状的革命”，[①] 从而在福建反帝反封建的民主革命中成为一支强大的革命主力军。

近代福建的城市小资产阶级，包括“手工业主，小知识阶层——学生界、中小学教员、小员司、小事务员、小律师、小商人等”，[②] 他们中的大部分人，因为帝国主义、封建统治阶级和买办资产阶级的压迫和剥削“生活下降了”，[③] 于是他们日益关心国家的命运，爱国主义思想日益浓厚。正是福建小资产阶级的这种经济和思想状况，决定了在反帝反封建的民族民主革命中不但其“左派参加革命，中派亦可参加革命，即右派分子受了无产阶级和小资产阶级左派的革命大潮所裹挟，也只得附和着革命”[④]。

鸦片战争后，福建社会在旧有的封建主义与人民大众的矛盾更趋尖锐的同时，又增加了新的矛盾，即外国资本主义同中国人民大众的矛盾。清政府的黑暗统治和沉重的封建剥削，以及外国资本主义侵略所造成的灾难，促使人民群众走上反抗的道路。19 世纪 50 年代至 60 年代，福建农民的反清起义和太平军入闽作战，是福建沦为半殖民地半封建社会过程中规模甚大的农民斗争。但由于阶级的局限性，其不能避免中国封建社会历代农民起义同样的错误和缺陷，先后都归于失败。19 世纪 60 年代以后，受小刀会和林俊起义以及太平军入闽的影响，福建广大农民群众反抗清廷官府、抗缴捐税等斗争仍然此起彼伏，但同样都先后失败了。这充分表明，在半殖民地

① 《毛泽东选集》第 1 卷，人民出版社 1991 年版，第 7 页。
② 《毛泽东选集》第 1 卷，人民出版社 1991 年版，第 5 页。
③ 《毛泽东选集》第 1 卷，人民出版社 1991 年版，第 6 页。
④ 《毛泽东选集》第 1 卷，人民出版社 1991 年版，第 6 页。

半封建的社会，如果没有无产阶级及其政党的领导，要完成反帝反封建的任务是完全不可能的。

福建人民富有反侵略的优良传统，绝不甘心屈服于外来民族的压迫。外国资本主义势力自侵入福建的时候起，就遭到福建人民的坚决抵抗和反击。1840 年鸦片战争爆发后，英国舰队于同年 7 月初和 8 月下旬两次进犯厦门，均遭到厦门军民的顽强反击。1844 年 7 月，英国驻福州领事李太郭到福州建立领事馆，福州人民进行了抵制。1884 年，法国政府为了扩大对中国的侵略，意欲挑起中法战争。7 月 15 日，法国舰队以“游历”为名强行驶入马尾军港。8 月 23 日，法国军舰突然发起袭击。在极为不利的情况之下，福建水师的爱国官兵临危不惧，奋起抗敌，直至全军覆没。1899 年 2 月，日本政府又提出在厦门虎头山设租界。但在厦门人民坚持不懈的反对之下，日本侵略者设立租界的企图最终没能得逞。1905 年前后，民族资产阶级发动和领导了抵制美货运动。福建人民积极响应，并抗议迫害在美华工、华侨，要求废除已经期满的限制华工条约。福建的抵制美货运动使美帝国主义在福建的经济利益遭到了沉重的打击。此外，反洋教斗争也是近代福建人民反帝斗争的重要方面，尽管福建人民的反洋教斗争如同全国各地反洋教斗争一样，采取了落后的斗争形式，但其斗争的持久性和正义性，则显示了福建人民充沛的爱国热情和坚强的斗争毅力，沉重打击了帝国主义侵略势力和清王朝的腐朽统治。

1895 年春，孙中山在香港建立了兴中会总部，并提出了“驱除鞑虏，恢复中华，创立合众政府”的革命纲领，决心推翻清政府，建立资产阶级共和国。从此，福建激进的资产阶级、小资产阶级知识分子受孙中山革命活动的影响，也开始走上资产阶级民主革命的道路。1905 年 8 月 20 日，中国同盟会在日本东京正式成立。1906 年夏，孙中山派人由东京赴福州组建了中国同盟会福建分会，[1] 标志

[1] 刘通：《辛亥福建光复回忆》，《辛亥革命回忆录》第 4 集，文史资料出版社 1963 年版。

1884 年 8 月，法国帝国主义远征舰队闯进福州马尾港，袭击福建水师舰队和船厂

着福建资产阶级政党组织的产生，从此福建的反清革命活动纳入同盟会的领导。1910 年秋，孙中山决定再次在广州举行武装起义。1911 年 3 月，同盟会福建分会决定，由林觉民率福州部分同志先行，吴适返回原籍连江召集光复会同志随后赴粤参加起义。福建革命志士参加起义的共有 48 人。起义前夕，林觉民、方声洞等给各自父母妻子写了“绝笔书”，文中充满了为振兴中华不惜牺牲个人的革命精神和英雄气概，其中林觉民的“绝笔书”更是感人肺腑，为后人所传颂。4 月 27 日，由于各种原因，广州起义在准备尚未就绪、联系未及周密的情况下爆发，并终因各路人马未能协同行动而失败。福建革命志士在战斗中牺牲和被捕就义的计有 23 人，[①] 其中 19 人归葬

① 邓华祥、郭文铿：《黄花岗起义烈士知多少》，《福州文史资料》第 6 辑，福建人民出版社 1986 年版。

于广州黄花岗72烈士墓中。这次起义沉重打击了清王朝的封建腐朽统治，成为武昌起义的前奏；而烈士们英勇战斗、视死如归的英雄气概和革命精神，更加振奋了全国人民推翻清王朝的斗争意志，其中福建革命志士功不可没。

1911年10月10日，武昌起义胜利，在全国范围内产生了巨大的影响，推动了资产阶级领导的民主革命运动迅猛发展，反清革命的浪潮激荡全国，福建各地的革命党人也加紧了举行起义的最后准备。11月8日晚，福州光复，11月13日，福建军政府成立。[①] 福州光复，威震八闽。于是，全省各府、州、县革命党人纷纷起义响应，漳、厦、泉、汀各地相继宣告光复。其余各府、州、县或闻风反正，或传檄而定，不及一月，即宣告在福建全省范围内取得了推翻清政权的胜利。1912年4月初，国内形势发生了重大变化，孙中山正式辞去中华民国临时大总统的职务，接着临时参议院又作出决议，将临时政府迁往北京。袁世凯在国内外反革命势力的支持下，窃取了辛亥革命的果实，在“共和”的招牌之下，建立了北洋军阀的独裁统治。1913年11月，袁世凯任命刘冠雄为闽浙巡阅使，并派李厚基率北洋军阀部队第四师第七旅进驻福建；翌年7月，李厚基被任命为福建护军使，督理福建军务。至此，福建完全纳入了北洋军阀的势力范围。自袁世凯篡夺辛亥革命果实之后，福建的革命党人响应孙中山的号召，先后于1913年7月参加二次革命，于1914年7月以后成立中华革命党福建支部积极从事反袁斗争，并在福建各地组织民军参加护国战争的军事行动；袁世凯死后，又于1918年9月以后参加护法斗争。但福建革命党人的这些斗争活动，如同二次革命、护国战争、护法战争本身的结局一样，都以失败而告终。福建革命党人护法斗争的失败，标志着中国资产阶级领导的旧民主主义革命在福建的终结。

近代福建人民反帝反封建斗争的历史事实充分说明，在半殖民

① 刘通：《福建光复的回忆》，《福建文史资料》第6辑，福建人民出版社1981年版。

地半封建社会的中国，无论是农民阶级还是民族资产阶级、小资产阶级都不能领导人民群众取得反帝反封建的民族民主革命的胜利，领导中国革命的重担只能落到新兴的无产阶级及其政党的身上。

但是，中国旧民主主义革命特别是辛亥革命，毕竟是中国历史上第一次真正的资产阶级民主革命，它推翻了清王朝，结束了两千多年的封建君主专制制度，不但沉重打击了封建势力，也沉重打击了帝国主义侵略势力。同时，资产阶级民主主义思想的广泛传播，使人们的思想获得了很大的解放，民主主义思潮成为不可抗拒的历史潮流，从而促进了中华民族的觉醒。这一切，同样对福建社会和福建人民有着深远的影响和启迪。

二、中共福建地方组织的建立

1919 年 5 月 4 日，北京学生掀起了反对帝国主义国家在巴黎和会上私相授受中国主权、反对北京政府签订“巴黎和约”的反帝爱国运动。北京爆发五四运动的消息传到福建后，福建各地的爱国学生首先奋起响应，并以自己满腔的爱国激情唤起福建各界民众冲破军阀当局的种种阻挠，集会、游行、演说，把福建自 1915 年反对“二十一条”以来的反帝（尤其是反对日本帝国主义）爱国斗争推到了前所未有的高潮。五四运动这一波澜壮阔的爱国斗争洪流，对福建社会的各方面都产生了极大的影响。

五四运动后，传播新思潮的进步报刊开始陆续传入福建，福州、漳州等地的一些报刊也在介绍新思想、宣传新文化运动倡导的“民主”与“科学”的同时，开始介绍俄国十月革命和马克思列宁主义学说。

与此同时，由于青年知识分子在爱国反帝运动的斗争实践中进一步认清了帝国主义、封建军阀的反动本质，进一步感受到了工人阶级的伟大政治力量，他们受十月革命的影响，产生了与工人阶级相结合的迫切心情。在这一背景下的留法勤工俭学运动，吸引了一大批进步青年的参加，使留法勤工俭学的运动开始转变为传播科学社会主义思想的新民主主义革命性质的青年运动，并在福建也得到积极的响应。福建留法勤工俭学运动的组织者主要是中国国民党人。与这些主要组织者不同，参加留法勤工俭学的福建青年知识分子，由于经过五四爱国反帝运动的洗礼，“民主”与“科学”真正成为他们的奋斗目标，不但法兰西作为“自由、平等、博爱”思想的发源地吸引了他们，而且当时法国工人运动和社会主义运动的蓬勃发展也吸引了他们。到达法国后，福建勤工俭学学生不但努力学习理工各专业知识，也积极参加了留法勤工俭学学生的各种政治活动，其中最有代表性的，即1921年9月勤工俭学学生掀起的以争回里昂中法大学为中心的“求生存、争学权”运动。9月5日，包括福建籍勤工俭学学生在内的克鲁邹工厂的147名勤工俭学学生发表宣言，决心攻占里昂中法大学和中比大学。① 9月21日，120多名勤工俭学学生组成先锋队，进占里昂中法大学，翌日被捕。福建籍勤工俭学学生黄朝平、赖俊等参加了这一斗争。10月中旬，黄朝平、赖俊与蔡和森、陈毅、李立三等104人被强迫押送回国。② 此外，因第一次世界大战后法国工人运动蓬勃发展，勤工俭学学生深得其益，他们努力学习马克思主义著作。这样，勤工俭学学生中的一些先进分子逐步接受了马克思主义，成为共产主义战士。在福建籍的勤工俭学学生中，郑超麟、赖俊、陈祖康等也先后成为中国共产党党员。

五四新文化运动在福建各地的悄然兴起、留法勤工俭学运动的开展，进一步打破了封建主义对福建人民的禁锢，加快了福建人民寻求救国救民真理的步伐，直接推动了新思潮和马克思主义在福建的传播。

1918年底，粤军在护法战争中打败了北洋军阀李厚基，在福建汀（州）、（龙）岩、漳（州）各属17县建立了以漳州为首府的闽南

---

①　参见《克鲁邹工厂勤工俭学生争回里比两大运动团通告》（1921年9月5日），载舒新城编《近代中国教育史料》第1册，上海科学技术文献出版社2015年版，第332页。

②　《被迫归国之俭学生消息》，《国民公报》1921年12月21日；《归国勤工俭学生之调查》，《时事新报》1921年12月2日。

护法区。1919年，闽南护法区创办“新闽学书局”，公开出售《共产党宣言》《社会主义从空想到科学的发展》和《新青年》等革命书刊[①]；同年底翌年初，又创办了《闽星》半周刊和《闽星》日刊[②]。同年6月，漳州福建省立第二师范学校的学生自治会也创办了《自治》半月刊。这些报刊在不同程度上都对俄国十月革命和马克思主义做了介绍和宣传。尽管创办者创刊的主旨还不是为了传播马克思主义，《闽星》系报刊从根本上说也仅仅是无政府主义的报刊，但马克思主义在福建广泛传播之前，它们对于引导福建进步青年进一步去研究俄国、研究马克思主义起到了积极的作用，在福建发传播马克思主义之先声。

从1920年8月至1921年上半年，上海、北京、武汉、长沙、济南、广州等地陆续成立了中国共产党早期组织，在日本、法国的中国留学生和侨民中也建立了这样的小组。在此前后，上海共产党早期组织创办了通俗刊物《劳动界》，并把《新青年》改为自己的机关刊物，随后又创办了半公开的刊物《共产党》，北京共产党早期组织也出版了《劳动音》《工人周刊》等，进行马克思主义的宣传。1921年7月中国共产党成立。8月20日，党领导的中国劳动组合书记部创办了《劳动周刊》；11月，中共中央局发出通告，对宣传等工作作了部署。此后，中国共产党的各级组织陆续创办了《向导》、《新青年》（季刊）和《前锋》，中国社会主义青年团中央创办了机关刊物《先驱》和《中国青年》。同时，中共中央宣传部门还组织出版了《共产党宣言》《马克思派社会主义》《马克思主义浅说》《社会主义讨论集》《共产主义与共产党》等马克思主义书籍。在中国共产党成立前后，共产主义者把马克思主义在中国的传播推到了一个新的阶段。在此期间，这些革命刊物和马克思主义书籍，通过福建各地在上海、北京、广州、武汉等地求学、工作的进步知识青年，以及各地学生联合会等渠道，不断地传入福建。福建各地的进步青年纷

① 郑之翰等：《陈炯明驻漳述要》，《漳州文史资料选辑》第1辑。
② 《闽星报社启事》（1919年12月22日）。

纷组织进步社团，努力研究和宣传马克思主义。从此，马克思主义在福建逐步得到广泛传播。

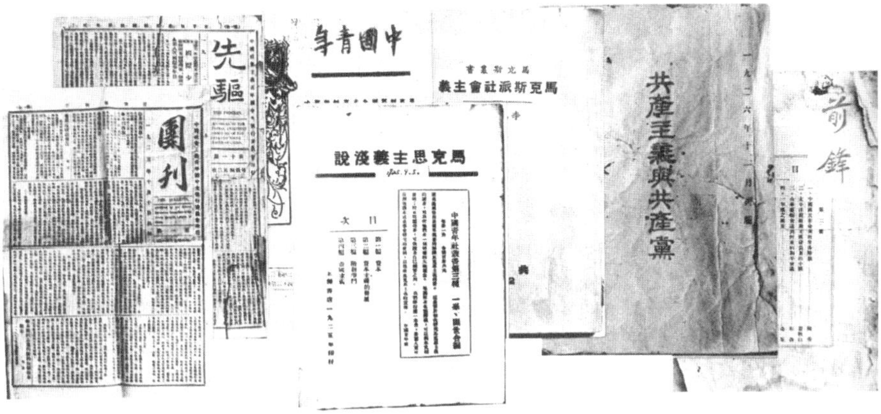

五四运动时期出版的刊物和传到福建的一部分宣传马列主义的书刊

在福州，1922 年 10 月，团中央派福州籍团员陈任民回福州开展革命活动。陈任民在团中央执行委员俞秀松的指导下，团结一批进步青年学生，组织“民社”（后组建为“民导社”），学习马克思主义。[①] 同年 12 月，陈任民又和方尔灏等人先后创办《冲决》周刊和《尖兵》半月刊，宣传马克思主义学说和中共二大通过的民主革命纲领。[②] 1923 年夏，省立福州二中为提倡勤工俭学建立了“工学社”，陈任民等人依托“工学社”组织同学阅读《共产党宣言》《向导》《先驱》等革命书刊，并创办《工学报》宣传马克思主义。[③] 1925 年 1 月，陈任民、江削五、陈聚奎等在“民导社”和“青年学社福州支社”的基础上，组织成立了“福建青年社”，成员达 80 多人。该社以“研究社会科学，努力青年运动，促成国民革命为纲领”，决心办成训练、研究马克思主义的机关。为此，他们出版了《福建青年》周刊，大力宣传马克思主义，号召青年和工农群众奋起开展反帝反

---

① 《任民关于在福州建团等问题给存统的信》（1923 年 5 月 3 日）。

② 陈荫棠：《马列主义在福州的传播》（1958 年 6 月 18 日）；赵凯：《福州中国共产党初期史略》（1957 年 10 月 24 日）。

③ 吴微谦：《福州党组织的建立与北伐军入闽》（1961 年 7 月）。

封建斗争。[①] 1925 年 1 月，徐星者、苏建维等人发起成立“福建勉之学社”，成员达 30 多人，大家互学互勉，共同研究马克思主义。秋天，该社改名为“福建涤社”，创办《涤之》周刊。[②] 7 月，共青团员翁良毓创办“福州书店”，经销马克思主义书籍和党、团中央出版的刊物，成为福州地区传播马克思主义的重要阵地。[③]

在厦门，1922 年至 1923 年间，在马克思主义学说的影响下，集美学校学生李觉民写信给陈独秀、刘仁静，请求给予指导。不久，李觉民受聘为团中央主办的《中国青年》的通讯员，在厦门地区代销《中国青年》以及其他革命书刊。[④] 他还联络进步学生罗善培（罗明）、罗扬才、刘端生等人，于 1924 年 11 月组织“星火社”，出版《星火周报》，宣传、介绍马克思主义。1925 年 5 月，该社改名为“福建青年协进社”，成员已达 130 多人，后来发展到 200 多人。[⑤] 由于该社成员都是来自闽西南 20 多个县以及粤东一带，所以，“福建青年协进社”和《星火周报》影响范围广大。

在闽西，1921 年春，邓子恢、陈少微（陈明）等人在龙岩成立了“奇山书社”，1923 年 9 月，该社创办《岩声》报；[⑥] 1924 年 5 月，集美学校龙岩籍学生杨世宁、谢景德、李联星等，先后组织“新龙岩季刊社”和龙岩籍集美学生会，出版《新龙岩季刊》和《到民间去》；1925 年，上杭的进步青年罗大准等人组织“读书会”，出版不定期刊物《幻灯》；1928 年 3 月，汀属八县在广东读书的进步学生谢秉琼、胡铁环等人，在广州创办《汀雷》月刊，每期寄回汀属八县散发。这些进步刊物也都介绍和宣传了马克思主义的

---

① 《聚奎关于该地创办刊物，组织“福建青年社”团体事致代英信》（1920 年 10 月 23 日）。

② 徐天胎：《福建涤社成立经过活动情况》（1961 年 7 月）。

③ 《陈聚奎给团中央的报告》（1925 年 7 月 22 日）；游毓桢：《福州地下党团组织及革命社团组织状况》（1957 年 10 月 27 日）。

④ 《李觉民给钟兄的信》（1924 年 11 月 24 日）。

⑤ 《李觉民给钟兄的信》（1924 年 11 月 24 日）；《罗明回忆录》，福建人民出版社 1991 年版，第 15 页。

⑥ 《岩声宣言》（1923 年 9 月 1 日），《岩声》第 1 期。

有关学说。

在闽北，建瓯籍的中国大学学生杨峻德、北京大学学生葛越溪于1921年筹办了《建声》半月刊，除分发给在外地读书的同乡学子外，大多数寄回闽北各县。《建声》以政治评论为主，结合福建的政治、经济状况，抨击军阀政府的反动统治，积极宣传新文化和马克思主义学说。①

在泉州，1926年12月，洪平民、唐生等开办“泉州书店”，经售《向导》《新青年》《政治周刊》，以及《资本论》《共产党宣言》《第三国际》《辩证唯物主义入门》《中国五年来之共产党》《福建新农民》等马克思主义书籍和革命刊物，成为泉州传播马克思主义的重要据点。②

福建的马克思主义传播，以及在此过程中建立起来的诸多进步社团组织，为福建各地建立共青团、共产党的地方组织作了思想上和干部上的准备；此后，马克思主义传播同工农义务教育及工农群众运动的结合，则为大革命时期福建工农运动的蓬勃兴起，作了思想舆论的准备。

1925年1月，中国共产党第四次全国代表大会在上海召开，大会通过的《对于组织问题之议决案》，明确要求在福州等地努力建立党的组织。③ 会后，共青团中央派马念一赴福州帮助建立共青团组织。马念一到达福州后，即与陈任民等取得联系。随后，他们从福建青年社中吸收了陈聚奎、方尔灏、翁良毓等10人加入共青团。经团中央批准，4月1日，共青团福州支部正式成立，陈聚奎任书记，直属团中央领导。④

同年5月，方尔灏受共青团福州支部的委托，随马念一赴上海

① 葛越溪：《忆与杨峻德烈士在一起的日子》(1984年9月7日)。

② 陈盛明：《大革命时期泉州国共合作情况杂忆》，载福建省中共党史学会编《党史研究参考资料》，1981年第1期。

③ 参见《中共中央文件选集》第1册，中共中央党校出版社1989年版，第380页。

④ 参见《聚奎给代英的信》(1925年3月18日)；《陈聚奎关于团福州支部成立三个月工作报告》(1925年7月30日)。

向团中央汇报工作。方尔灏被团中央安排在《热血日报》帮助工作，从而得到很大地锻炼和提高。7月，方尔灏作为团中央特派员，回到福州。7月19日，方尔灏主持召开了福州团员大会，正式成立共青团福州地委。共青团福州地委仍直属团中央领导，林铮任团地委书记，下辖职工小学、女子师范、三山、七里、农民和福州书店6个支部，共有团员31人。① 至翌年3月间，团福州地委所属的支部已有10个，共有团员50人。② 同时，还派共青团员赴连江县、霞浦县、仙游县发展团员，筹建团支部。③ 4月初，根据党中央的指示，团福州地委进行了整顿和改组，并实行“党团分化”，方尔灏等10多人转为中共党员，并成立中共福州地委，方尔灏任书记，直属中共中央领导。同时，改组后的团福州地委亦由方尔灏兼任书记。④ 不久中共福州地委进行改组，由蔡珊任书记。

1926年春，在上海大夏大学加入中国共产党的莆田籍学生陈国柱，受团中央派遣回到家乡，吸收陈天章等加入共青团，建立了莆田党团混合支部；1926年6月建立中共莆田支部，陈国柱任书记，直属中共中央领导。7月，陈天章等党员被派往莆田的澳柄、夹漈、山门等地建立了一批农村党支部。12月，中共莆田特区委成立，陈国柱仍任书记，不久转归中共福州地委领导。⑤

1926年初夏，中共上海地方组织为配合广东革命政府北伐，派葛越溪、潘作民回乡开展革命活动。他们回到闽北建瓯后，发展杨峻德加入中国共产党。同年7月，经中共福州地委批准，建立了中

---

① 参见《陈聚奎给中央的报告》（1925年7月22日）；《方一号、林铮给团中央的报告》（1925年7月30日）。

② 《团福州地委及各支部人员名单》（1926年3月）。

③ 参见《方一号给弼时信》（1925年9月）；《团福州地委及各支部人员名单》（1926年3月）。

④ 参见《团福州地委给团中央的信》（1926年5月1日）；陈应中：《关于一战时期福州党的组织情况》（1986年9月20日）；吴徽谦：《福州地区党团组织的发展情况》（1981年10月5日）。

⑤ 参见《中央局报告（十、十一月份）》（1926年12月5日）；陈国柱：《莆田地区建党初期党史材料》（1962年12月1日）；吴梦泽：《莆田革命斗争回忆录》，《福建党史通讯》1986年第6期。

共建瓯支部，葛越溪任书记，归中共福州地委领导。①

1927 年 3 月，为配合北伐东路军入闽而来到福州的中共中央特派员、中央候补委员王荷波再次改组了中共福州地委，由徐琛任书记。在党中央的指导下，福州地区的党组织迅速发展，至 1927 年 4 月，中共福州地委已有 22 个支部，及连江、建瓯、古田、莆田 4 个特支（特区委），共有党员 150 多人；所辖地区已包括福州、古田、长乐、福清、莆田、仙游、连江、罗源、霞浦、建瓯等市、县。

在厦门等闽南地区的建团建党工作，也受到了党、团中央和广东党、团区委的重视和领导。1925 年 6 月初，团广东区委派区委候补委员蓝裕业到厦门与李觉民取得联络，开展建团工作。6 月中旬，共青团厦门支部在集美成立，李觉民任支部书记。团厦门支部隶属团广东区委。② 年底，团厦门支部改组为团厦门特别支部。③ 1925 年 11 月，罗扬才赴广州出席两广地区大学生代表大会。在会议期间，团广东区委书记杨善集和已在团广东区委工作的罗善培，介绍罗扬才加入了中国共产党。1926 年 1 月，李觉民到广州参加国民党第二次全国代表大会，在会议期间，由杨善集、罗善培介绍加入了中国共产党。

1926 年 2 月底，罗善培受中共广东区委委派，到厦门招收广州农讲所学员和整顿、发展党、团组织。罗明在厦门秘密举办了党、团员训练班，并在厦门大学、集美学校及其附近的农村、工厂发展了一批新的党、团员，先后成立了厦门大学，集美学校师范部、小学部，禾山，大中街，中山中学，育清（育民、清河小学）等 7 个支部，共有党、团员 43 人，其中党员 16 人。为了统一领导，组成了党团混合的厦门特别支部，并成立支部干事会，由阮山任书记。同年春夏之交，厦门特别支部分化为中共厦门特别支部和共青团厦

① 参见葛越溪：《建瓯建立党组织和早期党员情况》（1986 年 10 月）；陈应中：《建瓯党组织建立问题的回忆》（1981 年 10 月 21 日）。

② 《蓝裕业给代英的信——报告厦门团的工作情况》（1925 年 6 月）。

③ 《团厦门特支关于三月份的综合情况报告》（1926 年 4 月 16 日）。

门特别支部。厦门党、团组织分别归广东党、团区委领导。①

1926年夏，中共厦门特支干事会派阮山等到闽西活动，建立了中共永定支部；派胡穷我回漳州活动，建立了中共石码支部。10月，第六届广州农讲所福建籍学员郭滴人、朱积垒、陈庆隆（陈子彬）、李联星、王奎福、胡永东、温家福、朱文昭、黄昭明等9人，由中共汕头地委派遣随北伐东路军回闽，开展农民运动和建党工作。② 是年底至翌年初，先后在龙岩、上杭、平和、诏安、漳浦、武平建立了党支部或党的基层组织。

1926年七八月间，中共中央派翁振华、谢志坚到漳州开展建党活动。是年冬，翁振华发展季竹安（季永绥）等9人加入共青团，成立团支部，季竹安任书记；不久，翁振华吸收邱泮林、许土淼加入中国共产党，季竹安也转为中共党员，并成立了中共漳州支部，翁振华任书记。③

北伐东路军攻克福建后，中共广东区委为加强领导，派罗善培到漳州筹组中共闽南部委，统一领导厦、漳、泉和闽西各县党的工作。1927年1月，罗善培到厦门首先指导成立了中共厦门市委，由罗秋天任书记。随后，在漳州成立了中共闽南部委，书记罗善培。④中共闽南部委归中共广东区委领导，下辖厦门、漳州、平和、诏安、漳浦、石码、海澄、龙岩、永定、上杭、武平、同安、泉州、永春、德化、惠安、南安等地的党组织。

中国共产党和共青团福建地方组织的建立，使福建近现代史册翻开了新的一页，福建的工农革命从此有了坚强的领导核心。

---

① 《团厦门特支关于三月份的综合情况报告》（1926年4月16日）；《团厦门特支报告》（1926年5月1日）；《罗明回忆录》，福建人民出版社1991年版，第26页。

② 《罗明回忆录》，福建人民出版社1991年版，第43页。

③ 参见谢志坚：《从上海到漳州》（1956年9月2日）；王德：《漳州早期学运和党团组织的概况》（1983年5月）；《季康关于闽南校务及工、农、学、妇运等情况的报告》（1927年7月30日）。

④ 《季康关于闽南校务及工、农、学、妇运情况的报告》（1927年7月30日）；《罗明回忆录》，福建人民出版社1991年版，第50页。

三、大革命时期福建国民革命运动

中共福建地方组织和共青团福建地方组织建立后，立即投身大革命，领导和推动了福建工农群众运动，为广东国民革命政府的北伐作准备。

中共福建地方组织联合国民党左派在人民群众中为北伐大造革命舆论，广泛宣传广州国民革命政府反帝反封建的革命纲领。中共福州地委和共青团福州地委曾联合出版油印小报，“以简单通俗的文笔，从事政治文化之宣传”。[①] 此外，由共产党员主持、以国民党省临时党部名义出版的《党声周刊》以及龙岩的《岩声》报、长汀的《汀雷》等报刊，都为宣传反帝反封建发挥了极大的作用。1926 年 3 月，段祺瑞北京政府制造了“三一八惨案”，闽北籍在京求学的青年学生江禹烈（崇安人、中共党员）、刘葆彝（建瓯人、国民党员）英勇牺牲。“建属六邑国内外留学同志会”在北京创办的《闽灯》刊物，为此发表了《为 3 月 18 日北京大屠杀事告福建民众书》，号召反对军阀政府，“闽人速起而救福建”。5 月间，闽北籍国民党人潘谷公等携烈士遗物、血衣从北京经福州分别到达崇安、建瓯，以江、刘两烈士的事迹号召各地人民群众奋起反帝反军阀统治。1926 年夏，中共福州地委组织宣传队在闽系海军势力范围的连江、闽侯、长乐三县农村开展反帝反军阀的宣传活动，散发传单、标语等宣传品，鼓动农民群众响应旨在推翻军阀反动统治的北伐战争。8 月初，中共厦门特支干事会领导的“厦门工友联欢会”发表宣言，拥护国民革命军出师北伐，号召厦门工人为迎接北伐军入闽而斗争。这一切，随着北伐军在湖南、湖北的军事胜利，在福建人民群众中引起了极大的反响。

在广泛开展宣传活动的同时，中共福建地方组织联合国民党左派，积极领导各地人民群众开展反帝反封建斗争活动。1926 年 3 月，

---

① 《团福州地委给团中央的信》（1926 年 5 月 1 日）。

孙中山逝世一周年之际，共青团厦门特支和国民党福建省临时党部决定发起大规模的纪念活动。3 月 12 日，厦门全市 70 余个团体 4000 多群众，在厦门大学门口举行“中山先生逝世周年纪念大会”，共产党员、共青团员以及各团体代表纷纷上台演说。会后，与会群众在共产党员和共青团员的率领下，整队游行，沿途高呼“打倒军阀，打倒帝国主义”“召集国民会议，废除不平等条约”“中华民族解放万岁”等口号。5 月 9 日，中共福州地委、共青团福州地委组织福州各校学生举行“五九国耻日”反日示威游行。游行队伍在南门受到反动军警的镇压，学生们同军警英勇搏斗，冲破阻拦，坚持游行至仓前山日本领事馆示威。游行后，40 多个学校的代表在英华书院召开学联临时代表大会，并决定通电全国报告国耻日游行经过，以扩大影响。

5 月 30 日，中共福建地方组织和国民党左派在全省各地组织了广泛的“五卅”周年纪念活动。当天，中共福州地委和共青团福州地委通过学联会发起游行召集，但队伍尚未完全集合就被反动军警强行驱散，于是，学联会改“在南街尚友堂开演讲会”，共青团员和共产党员在军警的监视下演说，“惟演讲太激烈时军警则起弹压”。[①] 同时，中共福州地委和共青团福州地委还在女子师范和义务小学校内分别举行“五卅”死难同胞追悼大会。同日，共青团莆田支部发动莆田各校学生 2000 多人，在驻莆军阀董胜标旅宣布禁止群众集会、实行戒严的情况下，举行“五卅惨案”纪念日示威游行。队伍冲过军阀部队的警戒线，在董胜标旅部门口高呼“打倒军阀”“打倒帝国主义”“废除苛捐杂税”等口号，并坚持按原计划游行至终点后返回各校。在龙岩，福建省立第九中学等校师生以及爱国团体群众 1000 余人，为纪念“五卅惨案”一周年举行环城大游行，并沿途向群众散发传单。

为了迎接北伐、开展国民革命运动，中共福建地方组织还积极引导福建工农群众组织起来，并努力领导他们开展政治和经济斗争。

---

① 《团福州地委给洪顺的信》（1926 年 6 月 7 日）。

福州海员、运输、机工、洋务等工会开展了反压迫、反剥削的斗争。1926 年 5 月，福州电灯公司工人 700 余人要求加薪，资本家勾结反动军警逮捕了工人代表，工友们愤而罢工，中共福州地委领导各工会积极进行声援，使罢工斗争取得胜利。同年秋，在中共中央候补委员王荷波的指导下，中共福州地委派陈贻衍、方尔灏、陈炳、蔡珊等，先后组建了电器（电灯、电话）、电报、理发、码头、人力车夫等工会，工会为改善工人的劳动条件，提高工人阶级的政治、经济地位，展开了合法的斗争。1925 年冬，共青团厦门支部在厦门各行业工人中组织了“厦门工友联欢会”后又先后建立了店员、码头、油漆、镣柴等行业工会，至 1926 年底，厦门各行业工会已有 10 多个。北伐军入闽前夕，中共厦门特支领导厦门和同安、石码、安海等地工人群众，以工会为依托，进行了被工友们称之为“罢山罢海”的大规模“二五加薪”罢工斗争。斗争前后延续了三个多月，终于以电厂、锯木、海员、码头、洋行等行业的工人相继取得胜利而告结束，显示了在共产党领导下的福建工人阶级的力量。

在此期间，中共福州地委派陈应中、朱铭庄、郑尚衡、林梧凤等共产党员到福州郊区鼓山、凤岗、尤模等地组织农民协会。中共厦门特支干事会派严子辉等人在厦门郊区建立了农民协会筹备处；派阮山、林心尧等到上杭、永定等县组织农会，开展农民运动。共青团莆田支部也派共青团员陈天章、吴梦泽、陈德来等在莆田农村进行革命宣传，从事秘密农会的组织工作。此外，全省各地的学生运动、妇女运动，在中共福建地方组织和国民党左派的领导、推动下也得到了发展。1926 年 3 月，在厦门共产党员、共青团员的推动下，厦门还组织召开了纪念“三八”国际劳动妇女节大会，随后成立了“福建妇女解放协会”。①

此外，中共福建各级党组织为了策应北伐军入闽作战，还致力于对闽军和闽系海军的策反工作。北伐军入闽前，中共广东区委常委兼军事部长周恩来派共产党员李木庵到福建，在国民党左派人士

① 《团厦门特支关于厦门妇女运动的报告》（1926 年 3 月 15 日）。

的帮助下做了大量的工作，促使闽军曹万顺、杜起云部在闽粤边界通电起义，加入国民革命军，为闽粤边界战场的胜利奠定了基础。中共中央候补委员王荷波早在1926年夏天就到达福州，利用各种关系，经常在马尾造船厂、马江要塞司令部及海军各船艇上开展活动。当北伐东路军迫近福州之际，中共福州地委协同王荷波参加福州地区共产党、国民党和海军三方举行的马江会议。在中共福建地方组织的努力下，终于成功策动闽系海军易帜，并商定了迎接北伐军进入福州的具体方案。

1926年7月，国民革命军正式誓师北伐。9月，北伐军兵分8路进军江西。10月9日，闽粤边界的国民革命军主力出其不意地攻克闽军总指挥部所在地永定。10月16日，北伐军总司令部决定，以何应钦所属潮梅之部队、第十七军及第十四军的第二师，合编为北伐东路军，加入北伐行列，何应钦被任命为北伐东路军总指挥。10月27日，国民革命军第十四军第二师划归北伐东路军由瑞金入闽作战。12月3日，北伐东路军独立四师进占福州。与此同时，北伐中路军第二军第六师奉命进军闽北，协助北伐东路军攻克福建全境。闽军残部逃往浙江，北伐福建战场取得了完全的胜利。

北伐军入闽之初，为了指导各地的国民革命运动和安定地方秩序，在各地建立政治监察署。1926年11月中旬，漳（州）龙（岩）政治监察署在漳州成立，首任政治监察员鲁纯仁，后改由国民党左派陈卓凡继任。12月，在龙岩另外设立（龙）岩、（漳）平、宁（洋）政治监察署，由共产党员张旭高任政治监察员。与此同时，长（汀）、（上）杭、武（平）、永（定）政治监察署在上杭成立，共产党员谢秉琼、林心尧分任政治监察员和秘书。1927年1月，泉（州）、永（春）政治监察署成立于泉州，陈文总任政治监察员，共产党员林环岛任秘书，谢岐、李松林、林超然等共产党员也参加了该监察署的工作。同月，莆（田）属政治监察署和邵（武）属政治监察署成立。2月，长杭武永政治监察署扩大为汀（州）属八县政治监察署。

1926年12月，国民党中央执行委员会宣布在福州设立国民党福建省党部筹备处，委任丁超五为主任委员，马式材（共产党员）、李培桐（国民党左派）等为筹备委员。中共福州地委和北伐东路军政治部派一批共产党员参加筹备处并担任各部门的负责工作。接着，国民党福建省党部筹备处改组了国民党福州市党部，任命黄展云为主任委员，而组织部、宣传部、工人部、农民部、商民部，青年部、妇女部则均由共产党员和共青团员负责。

1926 年底，中共福州地委为了迅速推动全省各地国民革命运动的发展，通过国民党福建省党部筹备处，委派葛越溪、杨峻德、潘作民等共产党员到建瓯，改组了国民党建瓯县党部临时执行委员会，成立建瓯县党部筹备处，葛越溪任主任委员，杨峻德、潘作民为筹备委员；委派阙立峰、洪元基、陈醒化到延平，组建国民党延平县党部筹备处，阙立峰任主任委员；委派共产党员郑长璋任国民党宁德县党部筹备处主任委员；委派叶铿清任国民党福安县党部筹备处主任委员。在此前后，全省各县的国民党党部得到整顿和建立，许多国民党县党部为共产党员和国民党左派人士所掌握。

北伐东路军入闽后，在共产党员、共青团员和国民党左派人士的努力下，福建各地先后建立起来的各级革命临时政权和国民党各级地方党部，在国共合作的大前提下，既作为革命的临时政权安定了地方秩序、稳固了北伐后方，又作为福建工人、农民、小资产阶级、民族资产阶级的革命统一战线的组织形式，为中共福建地方组织领导和推动福建国民革命运动创造了有利条件。

北伐在福建战场的胜利，使福建的军阀统治迅速走向覆灭，中共福建地方组织的斗争环境有了极大地改善。在中共中央和中共广东区委、中共江浙区委的指导、帮助下，中共福建地方组织在福建各地得到了迅速地发展壮大。

在广州第六届农民运动讲习所加入中国共产党的福建籍学员随北伐东路军入闽后，朱积垒到平和，郭滴人、朱文昭、陈庆隆到龙岩，胡永东、王奎福到永定，温家福到上杭，李联星到漳浦，黄昭明到诏安。他们根据中共汕头地委书记罗善培的指示，在闽西南各县发动农民运动，积极开展建立党组织的活动。1926 年 10 月下旬，陈庆隆、郭滴人、朱文昭在龙岩成立了中共龙岩小组，陈庆隆为负责人。此后，龙岩党小组先后发展陈国华、谢宝萱、罗怀盛等革命青年和国民党左派人士加入中国共产党。1927年1月，中共龙岩总支成立，陈庆隆任总支书记，郭滴人任组织委员，朱文昭任宣传委员。① 温家福回到上杭的同时，在广东海陆丰农讲所学习并加入中国共产党的雷三明也回到上杭，他们在上杭县城介绍罗大准、吴梅林入党。1926年12月，中共上杭支部成立，温家福为支部书记。不久，中共上杭支部又发展蓝为龙、谢如香等加入中国共产党；受组织派遣，共产党员林心尧、谢秉琼、蓝维仁等也回到上杭，加入中共上杭支部。1927年2月，中共上杭支部因党员人数增加进行改选，推举林心尧任支部书记。② 朱积垒回到平和后，在九峰上坪等地先后发展了陈彩芹、罗育才、朱赞襄、朱思等为中共党员。1926年12月，中共平和支部在上坪乡成立，朱积垒任支部书记。③ 1926年11月，黄昭明在诏安组建了中共诏安支部。④ 李联星在漳浦组建了中共漳浦支部。⑤ 胡永东、王奎福回到永定后，即与中共永定支部书记阮山取得了联系，以下洋公学为据点，积极发展党员，开展革命活动。同年冬，在广州、厦门等地加入中国共产党的修焕璜、钟武、练文澜相继回到武平，在城关、象洞、武北等地开展革命活动，稍后成立了以修焕璜为负责人的中共武平基层组织。⑥ 以上于1926年冬先后由广州农讲所学员等回闽组建的党组织，在中共闽南部委成立之前统属中共汕头地委领导。⑦

1926年秋，中共江浙区委派遣由上海大学福建籍（包括台湾

---

① 陈子彬：《关于广州第六届农讲所和龙岩大革命时期的一些情况》，《龙岩党史通讯》1983年第1期。

② 吴梅林：《中共上杭城内支部的成立及其活动》（1955年）。

③ 罗壮丹：《回忆朱积垒同志》（1980年5月18日）。

④ 罗明：《谈福建建党和第一次国内革命战争》（1983年5月24日）。

⑤ 季康：《关于闽南校务及工农学妇运情况的报告》（1927年7月30日）。

⑥ 《赵新、胡天一关于汀州情况的报告》（1928年1月）；《练文澜给武平县志编委会的两封信》（1960年7月25日、8月20日）。

⑦ 《罗明回忆录》，福建人民出版社1991年版，第48页。

籍）学生党员组成的“回乡工作团”回福建开展革命活动。翁泽生、谢志坚等人到漳州后，参加了漳属各县政治监察署的工作，同时着手组建党、团组织。同年12月，翁泽生等吸收漳州省立第二师范学校学生王占春、曾宗乾等加入共青团，并组建了共青团漳州支部，由季永绥任书记。不久，王占春、曾宗乾、许土森等人转为中共党员，于是成立了中共漳州临时支部，翁泽生为支部书记。① 北伐东路军入闽前夕，中共厦门特支还派集美学校学生、共产党员钟盛道回到漳州附近的海澄从事建立党组织的活动。1926年11月，钟盛道等成立了中共海澄支部；至1927年初，钟盛道等已吸收杨新容、蔡林辉等10多人入党。

在此前后，中共厦门特支派往泉州的同志也陆续在泉属各县建立起党的组织。1926年12月初，隶属于中共集美支部的共产党员王德彰、吴国珍回惠安发展吴敦仁、陈玉聪入党；中旬，在惠安县城成立了中共惠安支部，王德彰为支部书记。② 下旬，上海大学和大夏大学中共组织派遣惠安籍学生、共产党员林大年、庄玉辉、柳培元、庄昭宗等回到惠安，加强了中共惠安支部的力量。1927年1月，中共惠安支部改为中共惠安临时县委，王德彰为负责人，下辖学生党支部（书记柳培元）、教员党支部（书记吴敦仁）。在此前后，共青团厦门特支还派共青团员柯联郑回惠安发展了一批团员，建立了共青团惠安支部，柯联郑为支部书记。1927年1月，李松林与辜仲钊、左明亮等在泉州成立了中共泉州特别支部，李松林为支部书记。③ 彭友辅、邱泮林等在同安马巷成立了中共同安支部，彭友辅为支部书记。柯卓凤、李毅然等在南安成立了中共南安支部，柯卓凤为书记。1926年秋，中共厦门特支即派出共产党员唐生到德化开展活动，发展党员。1927年1月，中共闽南部委又派庄醒民回到德化筹建党的组织，随即中共德化支部成立，庄醒民为支部书记。1926年10月，

---

① 王德：《漳州早期学运和党团组织的概况》（1983年5月）；《季康关于闽南校务及工农学妇运等情况的报告》（1927年7月30日）。

② 朱汉膺：《中共惠安县党组织的创造和组织沿革情况的回忆》（1982年12月）。

③ 《中共泉州特支的建立和大革命活动——访问李松林的座谈记录》（1986年3月）。

在广州、上海、福州、厦门、莆田等地求学并加入中国共产党的永春籍学生邱廉回、张大宣、杨邦彦、王子南等人先后回到永春开展革命活动。1927 年 1 月，中共永春支部成立，邱廉回为支部书记。

1927 年初，中共广东区委为了统一和加强对闽西南各地党组织的领导，调中共汕头地委书记罗善培到漳州组建中共闽南部委。1 月 3 日，罗善培到厦门，根据中共广东区委的指示，将中共厦门特支改组为中共厦门市委，由罗秋天（罗若雪）任市委书记，罗扬才任组织部长，吴世华任宣传部长，柯子鸿、颜泗、杨世宁任市委委员。[①] 中共厦门市委成立后，积极在工人中发展党员，先后在工会组织中建立了丰平轮、起落货、电气、邮务、印务、罐头、油漆等 7 个党支部，共有党员 86 人。[②]

中共厦门市委成立后，罗善培即转赴漳州，主持召开中共闽南部委成立会议。参加会议的有厦门、漳州及闽西南各县代表 30 余人。经过选举，中共闽南部委由罗善培任书记，罗扬才任组织部长，季康（季永绥）任宣传部长，李联星任农委书记，农光任工委书记，胡穷我任民委书记，翁泽生任商青书记；同时，还成立了共青团闽南部委，唐学溥任书记。[③]

北伐东路军克复福州前后，中共中央指派共产党员陈昭礼、陈昭涌（陈碧笙）等回福州，加强中共福州地委的领导力量。1926 年 12 月，陈昭礼回到福州，根据中共中央的指示，改组了中共福州地委，由陈昭礼任地委书记，陈兴钟任组织部长，方尔灏任宣传部长兼共青团福州地委书记。此后，中共福州地委在中共中央特派员王荷波的指导下，在福州地区大力发展党的基层组织。1927 年初，新成立了中共店员支部、中共柴井医院支部、中共人力车支部、中共码头支部、中共涤社支部、中共鼓山支部等 6 个基层党支部。这时，中共福州地委领导的福州地区基层党支部已达 16 个，共计党员 160

① 《罗明回忆录》，福建人民出版社 1991 年版，第 50 页。
② 《福建工人运动报告——厦门工运简况》（1927 年 3 月 16 日）。
③ 《季康关于闽南校务及工农学妇运情况的报告》（1927 年 7 月 30 日）。

人左右。[①] 中共福州地委还派古田籍共产党员陈炳、黄孝敏等回古田县开展革命活动。1927 年 3 月，陈炳、黄孝敏等在古田县城成立了中共古田特别支部，陈炳为书记。[②] 此外，通过国民党福建省党部筹备处，以国民党宁德县党部筹备委员身份派到宁德的郑长璋、蔡泽鏳等中共党员也根据中共福州地委的指示，在当地筹建党组织。

北伐东路军进占莆田后，中共莆田支部在支部书记陈国柱领导下也积极发展党员，扩大党的组织，先后组建了中共邦尾支部、中共四亭支部、中共吴江支部，涵江中学的党、团员人数也有增加，并建立了团支部。1926 年 12 月，鉴于莆田地区党组织的发展，中共福州地委指示陈国柱将中共莆田支部改组为中共莆田特区委，由陈国柱任特区委书记，陈天章任组织部长，林嵩龄任宣传部长，陈兆芳、吴梦泽、郭晓云、林清汉、陈德来任委员。[③] 这时，党的组织已遍布莆田的北路、广业、涵江、黄石、常太、江口各区及沿海一带。

至 1927 年初，中共闽南部委领导下的党组织已遍及闽南、闽西各县。中共福州地委领导下的党组织的活动地域范围也已扩展到福州和闽东、闽北、闽中各县。中共福建地方组织和共青团福建地方组织的发展，成为中国共产党统一领导和推动福建国民革命运动的决定性因素。

中共福建地方组织在新的革命形势下全力以赴，在更广泛的范围内，把福建的国民革命运动推向了前所未有的高潮。

1927 年初，中共福州地委指派共产党员、共青团员深入到各行业工人中进行宣传发动。陈碧笙、方尔灏等在北伐东路军入闽前原有工会之外又成立了福州店员总工会，其基层工会很快发展到五六十个，除布匹、钱庄、锡箔、旧货、古董、理发、菜馆等店员工会

---

① 陈应中：《谈一战时期福州地下党的一些情况》（1981 年 10 月 31 日）；赵凯：《福州中国共产党初期史略》（1957 年 10 月 24 日）。

② 陈应中：《谈一战时期福州地下党的一些情况》（1981 年 10 月 31 日）；吴鸿达：《中共古田特支革命活动片断回忆》。

③ 吴梦泽：《莆田革命斗争的回忆》，《福建党史通讯》1986 年第 6 期；陈国柱：《莆仙地区建党初期党史资料》（1962 年 12 月 1 日）。

外，还包括手工业工人和闽江上游船工等行业工人的工会组织，会员共达1万多人。同时，江削五等还组织成立邮政工会。① 1927年1月24日，在中共厦门市委的领导下，罗扬才等在"厦门工友联欢会"的基础上，组织成立了厦门总工会筹备会，以罗扬才为委员长、杨世宁为副委员长，宣传、组织、秘书、纠察队等部门也都分别由共产党员担任负责人；总工会筹备会所领导的基层工会有23个，会员1万多人。② 此后，厦门的工人运动继续发展，至4月初，基层工会已达30余个，会员达2万多人。③ 在闽西，中共上杭支部指派共产党员周继英以国民党上杭县党部的名义发动和组织工会，先后成立了缝衣、木工、泥石、理发、油漆、雕刻、小贩、屠宰、店员、篷船等13个工会，随后成立县总工会筹备处，以周继英为筹备处主任。④ 中共永定支部也以国民党永定县党部的名义，先后成立了建筑、理发、缝衣、篷船、刨烟等5个工会，会员千余人，并成立了县总工会。⑤ 中共龙岩总支也派陈国华等共产党员到手工业工人中把贫苦伙计、学徒组织起来，成立了店员工会等行业工会。⑥ 在泉州，中共泉州特支以辜仲钊为主负责工人运动，先后组织了码头、木器、竹器、理发、建筑、五金、人力车、店员等基层工会；还在码头工人中开展反对封建把头制度的斗争，成立了13个区分工会，建立了码头总工会，随后，成立了晋江县总工会，以王召晖为负责人。⑦ 共产党员颜步青、杨邦彦等在永春组织成立了永春县工会筹备处。共产党员林大年在惠安也成立了惠安县工会办事处。在漳州，在中共

---

① 《访陈碧笙记录整理》(1982年5月6日)；王永椿：《福州初期党的组织情况》(1957年7月30日)。

② 《福建工人运动——厦门工运简况》(1927年3月16日)。

③ 罗若雪：《1927年的厦门工人运动》(1956年6月19日)。

④ 《长杭武永四县党部及民众团体代表联席会议上杭、永定县党部报告》(1927年3月1日)；《上杭党史资料》第2辑，1984年6月。

⑤ 《长杭武永四县党部及民众团体代表联席会议上杭、永定县党部报告》(1927年3月1日)；《上杭党史资料》第2辑，1984年6月。

⑥ 郑日晖：《龙岩大革命时期的情况忆》(1980年)。

⑦ 李松林：《泉州大革命时期的活动情况》(1986年3月)。

漳州支部和中共闽南部委的领导下，1926 年冬至 1927 年春，共产党员许土淼、王占春等先后组织了印刷、丝纱、汽车、邮电、鼓乐、中鞋、皮鞋、民船、轻便车等行业工会；[①] 石码也成立了锡箔、理发、码头、造船等工会。此外，中共建瓯支部以国民党建瓯县党部的名义，组织成立了建瓯县总工会筹备处，以张绍祥为主任，叶逸民（共产党员）为秘书，下辖理发、纺织、染纸等 19 个行业工会，会员 1000 多人，还成立了工人纠察队等自卫武装。[②] 共产党员郑长璋、蔡泽常也在宁德组织成立了宁德县工人协会。

1926 年底，广州第六届农民运动讲习所福建籍学员随北伐东路军回到福建后，由于这些学员都是来自闽西南各县，于是经国民党中央农民部同意，集中在福建汀漳道开展农民运动。在漳州建立了“中国国民党中央农民部特派员福建汀漳龙办事处”，以李联星为负责人，并在龙岩分设“岩平宁分处”，负责龙岩、漳平、宁洋三县的农民运动。朱积垒回到平和后，首先在自己的家乡九峰上坪向乡亲们宣传彭湃领导的海陆丰农民运动的情况和经验，并于 1926 年 12 月间正式成立了上坪乡农民协会，年底在县城成立了九峰农民协会和九峰第一工会。随后，朱积垒又到长乐乡开展工作，不久成立了长乐乡农民协会。[③] 朱积垒为农民协会制定了组织章程：“服从农会命令，遵守农会纪律，按章亲纳月费，拥护多数议决，不分地方界限，不分姓氏差别，不得藉会营私，私斗尤须禁绝；凡属本会会友，务须亲爱团结，万众一心向前，打倒贪污豪劣；帝国主义军阀，专吸工农膏血，工农联合奋斗，敌人完全消灭”。同时，还发给入会农民印有“宜同心，宜协力；不劳动，不得食”字样的农会臂章。此后，平和的农民运动不断扩大，以长乐下坪、百溪头为中心向乐北发展，同时漳坑、大窠、象湖山、三来洲、李家斜与永定县的古竹、金丰等农会均有联系，龙岭、小芦溪也有影响和发展，洋半天、崎

① 康水龙：《回忆大革命时期漳州工会组织和许土淼事迹》（1958 年）。

② 潘作民：《大革命前后建瓯的革命活动》（1961 年 8 月）。

③ 《朱金墙回忆朱积垒同志》（1956 年 10 月）。

岭也发展了起来。1926年冬至1927年春，温家福、雷三明、蓝为龙等共产党员先在上杭成立了县临时农民协会，随后他们深入上杭农村发动群众，“组织乡农民协会颇多，各区农民协会亦已先后成立”。① 胡永东、王奎福回到永定后，与阮山、林心尧等互相配合，至1927年2月底全县已有40多个乡组织成立了农民协会，不久又成立了县农民协会筹备处。② 1926年2月间，陈庆隆、郭滴人在龙岩考塘组织了全县第一个乡农会，并在县城召开成立大会，影响波及全县。此后，“相继成立农协的有白寨、雁石、铜钵、小池、溪南、谢洋、西山、铁石洋、厦老、后田、溪兜、湖洋等村乡”。③

1927年3月龙岩县湖源乡农民协会成立大会合影

① 《长杭武永四县党部及民众团体代表联席会议上杭、永定县党部报告》（1927年3月1日）。

② 《长杭武永四县党部及民众团体代表联席会议上杭、永定县党部报告》（1927年3月1日）。

③ 陈子彬：《关于广州第六届农讲所和龙岩大革命时期的一些情况》，《龙岩党史通讯》1983年第1期。

1927年初，成立了龙岩县农民协会。在此前后，李联星、黄昭明也在漳浦县组织成立了县农民协会。1926年冬，陈国柱被国民党福建省党部筹备处委任为农运特派员，他在莆田设立了“农运特派员办事处”。从此，莆田的农民运动在中共莆田特区委的领导下迅速发展起来。莆田的北路、江口、北高、前沁、忠门、广业、常太等地，按广东海陆丰的《农协章程》纷纷成立了各区、乡农协。同年底，正式成立了莆田县农民协会，由中共党员林清汉、董玉辉任正、副委员长。① 1927年，在中共福州地委的领导下，陈兴钟、朱铭庄、叶敏修等共产党员组织建立了闽侯县农民协会；福州城郊后屿、泮洋、亭头、青圃、兰圃、王村、洪塘、马鞍、尚干、战坂等地也相继成立了农会，共有会员5000余人。② 1927年1月，共产党员辜仲钊、李松林、左明亮等积极在泉州“北门外的印塘和新门外的树兜，南门外的清濠、柴塔、御辇、池店、新店、青阳、沙塘等地宣传革命道理，组织各乡农民协会”。③ 在此前后，中共惠安支部组织成立了惠安县农民协会，以共产党员庄玉辉为负责人。中共同安支部组织成立了同安县农民协会，以共产党员彭友辅为负责人。④ 在中共永春支部的推动下，永春也成立了县农民协会，以共产党员张大宣为主任，颜步青为执委。⑤ 此外，1926年冬，中共建瓯支部也组织成立了建瓯县农民协会，以共产党员黄育三、陈义刚、葛道亮为负责人，并在城郊成立了豪栋、东门、城南和大洲等农协分会，同时东峰、下保等乡区农会也相继成立。⑥

除了在中共福建地方组织直接领导下的工会、农协组织外，在共产党的影响和大革命形势的推动下，福建全省各地普遍由国民党

---

① 吴梦泽：《莆田革命斗争回忆录》，《福建党史通讯》1986年第6期。

② 吴徽谦：《福州党组织建立与北伐军入闽》（1961年7月）；陈应中：《“一战”时期福州地下党的一些情况》（1981年10月31日）。

③ 辜仲钊：《关于我党在泉州利用“监察署”、“抗敌会”开展活动的回忆》（1961年7月）。

④ 《中共泉州特支的建立与大革命运动——访李松林座谈记录》（1986年3月）。

⑤ 《崇道报》，1927年3月17日。

⑥ 潘作民：《大革命前后建瓯的革命活动》（1961年8月）。

地方党部指导成立了工会和农协。1927年2月，在福州成立了福建省农民协会，制订了《福建省农民协会章程》。同时，中共福建地方组织和国民党福建地方党部还在全省各地建立、健全了学生联合会、妇女解放协会以及商民协会等群众团体。

随着全省各地临时革命政权和群众革命团体的建立，福建人民在中共福建地方组织的领导下立即掀起了政治上、经济上的反帝反封建斗争。

早在北伐东路军入闽之初，中共福建地方组织即领导人民群众清算军阀官僚势力、农村封建势力，以及帝国主义在闽侵略势力。1927年1月，中共建瓯支部以国民党建瓯县党部的名义，组织工会、农协、学联、妇协、商协等群众团体代表及有法律学识的人士共7人，开庭审判了广占土地、残害百姓的原建瓯县长谭国政，具体实践孙中山的“民权主义”主张，大大提高了建瓯人民的政治觉悟。1926年冬至1927年春，在共产党员李联星、许土森等领导下，漳属各县掀起“倒蓝反廖”运动。石码镇恶霸蓝汝汉，号称“蓝皇帝”，其子蓝步青号称“蓝太子”，曾任漳浦县知事。他们勾结军阀，恃势把持商会，包揽捐税，霸占土地，无恶不作，人民群众恨之入骨。李联星等在石码召开群众大会，声讨蓝氏父子的罪行。蓝汝汉闻声潜逃，愤怒的群众抓捕了蓝步青，要求漳属政治监察署严惩。但是驻漳的国民革命军团长廖鸣欧却接受贿赂私放了蓝步青。李联星、许土森等又领导群众控告廖鸣欧。福建省临时政治会议根据漳州人民的控告，下令枪决蓝氏父子，查封蓝家逆产，究办廖鸣欧。后廖鸣欧等虽然潜逃，但“倒蓝反廖”运动大大推动了漳属各县国民革命运动的发展。清算斗争遍及全省东西南北，如龙岩拘押曾支持曹锟贿选北洋总统的“猪仔国会”议员连贤基，漳浦捕杀捐棍恶霸柯安邦，上杭驱逐继续残害百姓的原军阀部队卢、田两个营，同安击毙“土皇帝”陈剑卿，宁德禁止“海霸天”黄笃夫垄断渔货买卖，福安取缔土劣陈王基据以营私贪污、剥削百姓的乡公会，等等。同时，福州、厦门、漳州、泉州等地区人民群众在中共福建地方组织的领导、推动下，还掀起“非基督教”运动，反对帝国主义分子利用宗教进行文化侵略。

在此期间，福建各地党组织还领导工农群众继续开展以“二五加薪”“二五减租”为主要内容的经济斗争。1927年初，福州店员总工会领导工人开展加薪斗争，先后有14个行业工会的工人获得胜利。[①] 在厦门总工会筹备处的领导下，至2月间，厦门邮务工会、外汇店员工会、电话分工会、白铁工会等又接连取得斗争胜利，工友们增薪一成至五成不等；白铁工人缩短了工作时间；电话公司则被迫修改了所谓的“公司宪章”，电话工人改善了劳动条件。[②] 漳州印务工人在许土淼等共产党员的领导下，提出加薪20%、缩短学徒出师年限、实行8小时工作制、星期天休息等要求，为资方所拒绝，印刷工会随即举行罢工。在其他行业工友募捐支持下，坚持一个星期，迫使资方同意了印刷工人的要求。随后，漳州各行业工会普遍发起加薪斗争，均获得胜利。[③] 1927年2月，在中共永定地方组织的领导下，永定篷船工会也掀起了反对奸商压低运费、禁止土劣征收“洗河捐”的斗争。[④]

在中共莆田特区委领导下，莆田各区、乡普遍开展减租斗争。减租首先在北路展开，大受农民欢迎，于是各乡闻风而动，纷纷效法。1927年初，夹祭乡农民由于取得了减租胜利，消融了过去宗族之间的仇恨，全乡群众演戏庆祝，借以表示团结。演戏后，还手持灯烛举行了夜间大游行，一时之间在莆田影响颇大。1927年2月，在中共上杭支部的领导下，“长杭武永四县党部及民众团体代表联席会议”通过了在汀属各县实行减租的决议，由汀属政治监察署“通令各县有农民协会组织之地，实行减租，并禁止苛例及吊佃”。[⑤] 会后，共产党员钟武、张玉衡等以武平县农协的名义，规定原交租谷一石的改交七斗五升；利息原为长年加三、逐月加二半的，改为长

① 《各工会执委会中之本市工运发展状况》（1927年4月）。

② 《福建工人运动报告——厦门工运简况》（1927年3月16日）。

③ 康水龙：《回忆大革命时期漳州工会组织和许土淼事迹》（1958年）。

④ 《王水平同志谈闽西木船工运史》，载《永定文史资料》第2辑。

⑤ 《长杭武永四县党部及民众团体代表联席会议决议案》（1927年3月1日）。

年加二半、逐月加二。经过斗争，减租减息首先在武平万安实行，而后逐渐推向全县。[①] 长汀的新桥等地在共产党员王仰颜的领导下也实行了减租。此外，全省各地一时未能实行减租的地方，中共地方组织也领导群众开展了经济斗争，如闽北建瓯的“反粮胥”斗争，闽西龙岩、闽南漳浦、闽东宁德等地的废除苛捐杂税的斗争等等。

随着福建国民革命运动迅速高涨，中共福建地方组织深感各地工农群众运动中还缺乏能够发挥领导和骨干作用的干部，迫切需要培养工农运动骨干，以推动国民革命运动深入发展。1927 年 1 月，罗善培主持召开的中共闽南部委第一次扩大会议，决定通过各政治监察署，由派回各县的广州农讲所学员在当地举办工农运动讲习所，培训工农运动干部，以适应国民革命运动发展的需要。[②] 1927 年 2 月，在漳属政治监察员陈卓凡的支持下，漳州农工运动人员养成所在漳州第二师范学校开办，由陈卓凡任所长，共产党员翁泽生任教务主任，教员绝大多数为共产党员。[③] 养成所从漳州各县挑选 20 岁左右、具有初中文化程度、立志从事农工运动的学员 100 余人，闽西各县也选送了一部分学员。[④] 与此同时，参加中共闽南部委第一次扩大会议的陈庆隆返回龙岩后，在岩平宁政治监察员张旭高的支持下，在岩平宁政治监察署内正式开办了岩平宁宣传人员养成所。张旭高任所长，陈庆隆任教务主任，学员 20 多人。[⑤] 1927 年 2 月底，汀属政治监察员谢秉琼根据中共闽南部委的决定，向“长杭武永四县党部及民众团体代表联席会议”提交提案，拟开办汀属社会运动

---

① 谢肃雍：《大革命时期的武平农民运动》，《武平党史资料》1984 年第 2 期。

② 参见陈子彬：《关于广州第六届农讲所和龙岩大革命时期的一些情况》，《龙岩党史通讯》1983 年第 1 期。

③ 参见陈子彬：《关于广州第六届农讲所和龙岩大革命时期的一些情况》，《龙岩党史通讯》1983 年第 1 期。

④ 参见陈子彬：《关于广州第六届农讲所和龙岩大革命时期的一些情况》，《龙岩党史通讯》1983 年第 1 期。

⑤ 参见陈子彬：《关于广州第六届农讲所和龙岩大革命时期的一些情况》，《龙岩党史通讯》1983 年第 1 期。

人员养成所，获得会议通过，并推定林心尧负责养成所筹备工作。[①] 3月23日，汀属社会运动人员养成所在上杭原美华学校正式开学，以谢秉琼为所长，教务主任林心尧、总务主任傅柏翠，学员100余人，来自汀属的长汀、上杭、武平、永定、连城、宁化、清流、归化等八县。[②] 此外，李联星、黄昭明等还曾在漳浦县城开办了一个小型的农民运动讲习所，招收来自漳浦、诏安、南靖、平和等县的学员10多人。[③]

闽西、闽南的各个养成所、讲习所基本仿效了广州第六届农讲所的教学方法、方式。对于闽西南各地培训工农运动干部，中共闽南部委书记罗善培十分强调要“遵照毛泽东同志主办广州农讲所的精神和课程”，[④] 并且各个养成所、讲习所也都有刚从广州第六届农讲所毕业的同志参与领导和教学工作，所以漳州农工运动人员养成所设置了社会发展史、帝国主义侵华史、中华民族革命史、中国社会各阶级分析以及军事训练等课目；岩平宁宣传人员养成所按广州第六届农讲所教材进行缩编，设有“关于青年运动”“关于农民运动”等课目；汀属社会运动人员养成所“教学活动基本上也是仿照广州农讲所的做法，主要教材有《马克思主义浅说》、毛泽东的《中国社会各阶级的分析》、周恩来的《军事运动与农民运动》以及萧楚女编著的《帝国主义讲授大纲》等”。[⑤] 为了锻炼学员的实际能力，汀属社会运动人员养成所还组织学员到上杭农村进行社会调查。

此外，在中共福州地委的推动下，由国民党福建省党部筹备处筹备员马式材、李培桐等主持，在福州创办了福建党政干部训练所，从全省各地招收学员。由于学员中中共党员较多，中共福州地委专

---

① 《长杭武永四县党部及民众团体代表联席会议决议案》(1927年3月1日)。

② 李定国：《上杭大革命时期片断回忆》，《上杭党史材料》第2辑，1984年6月。

③ 杨子祺：《大革命时期的漳浦》，《漳浦文史资料》第2辑，1982年10月。

④ 《罗明回忆录》，福建人民出版社1991年版，第53页。

⑤ 罗明：《回忆第一、二次国内革命战争时期的革命活动》(1982年12月)。

1927年2月，中共闽南部委以汀漳龙政治监察署名义开办漳州农工运动讲习所，为党领导的闽南、闽西工农运动培养了一批领导骨干。图为漳州市芗城区新华南路工人温泉疗养院内漳州农工运动讲习所遗址——丹霞书院半月楼

门在学员中成立了一个党支部。训练所教务主任为省党部筹备委员张德钟，教员中有协和大学教授陈锡襄、省党部筹备委员李伯羲等人。[①] 中共福州地委虽然没有完全主持其整个教务工作，但对训练所工作仍有一定的影响。

所有这些养成所、训练所等都是在国共合作的条件下以培养工农运动干部、推动国民革命运动的开展而开办的。但由于开办不及两个月就发生了福建各地的反革命事变和上海四一二反革命政变，因此没有按预定时间完成培训计划，但毕竟传播了马克思主义，培养了一大批具有一定革命理论知识的革命骨干。此后，在福建轰轰烈烈的革命斗争中，学员中的许多人都锻炼成长为各地农民运动和

① 王永春：《福州初期党的组织情况》（1957年7月30日）。

党组织的领导者，如中共长汀县委第一任书记段奋夫，上杭县苏维埃政府第一任主席李立民，中共宁化地方组织最早的负责人徐赤生，武平县苏维埃政府主席练宝祯，武平农民武装暴动领导人梁心田、张玉衡，闽南革命委员会主席王占春，中共福建临时省委委员、党的六大代表许土淼，中共龙岩县委第一任书记罗怀盛等，都是养成所的学员。在闽西南农民武装暴动和创建闽西、闽南革命根据地的斗争中，这些革命骨干都发挥了重要的作用。

北伐福建战场胜利后，中共福建地方组织还继续在下层劳动群众中传播马克思主义。福州的电灯、电报、电话工人相对来说人数较多而且比较集中，中共中央候补委员王荷波在福州期间曾亲自到工友中宣传马克思主义，并经常将通俗读物《共产主义 ABC》以及《向导》等书刊送给工友传阅。[①] 中共平和支部书记朱积垒在组织成立上坪乡农民协会和九峰农会、工会的同时，分别在上坪乡和县城开办了平民夜校。朱积垒结合工友、农友的生活苦难，结合国民革命运动的形势，讲解关于社会主义、共产主义的理论。共产党员陈彩芹在平和长乐乡开办了农民夜校。[②] 共产党员蓝维仁、蓝为龙、蓝少华等在上杭庐丰乡办平民学校，传播马克思主义，宣传国民革命。中共上杭支部还向党员分发《共产党宣言》和《向导》等书刊，组织学习马克思主义理论。[③]

从 1926 年底至 1927 年春，中共福建地方组织充分利用北伐在福建战场胜利的大好形势，努力发展革命势力，使以工农运动为中心的福建国民革命运动形成了蓬勃发展的高涨局面。

然而，正当北伐军占领武汉，广东国民政府的革命势力迅速扩展到长江流域，反帝反封建的工农运动浪潮席卷半个中国之际，帝国主义势力开始竭力干涉和破坏中国革命。在帝国主义势力和买办豪绅阶级极力拉拢下，蒋介石集团蜕变为新军阀，开始一步步将叛

---

① 王永春：《福州党的活动与“四三”政变情况》（1962 年 6 月 9 日）。
② 罗壮丹：《回忆平和长东农民两次革命暴动的斗争概况》（1957 年 2 月 15 日）。
③ 吴梅林：《上杭青年读书会和中共杭城支部》，《上杭党史月刊》第 6 辑。

变国民革命的阴谋付诸实施。北伐军攻克福建后，在蒋介石的操纵下，福建省的军政大权很快被国民党右派所把持，福建各地的国民党右派势力日益猖獗。

1927 年 3 月 31 日，蒋介石电令国民党右派把持的福建临时政治会议镇压福建工农运动，实行“清党”。于是，从 4 月 3 日至 5 月中旬，福州、厦门、晋江、莆田、龙岩、宁德、福安、上杭等地先后发生了反革命事变。福建全省各地的国民党右派分子相继举行“拥蒋护党”大会，发表通电支持“清党”，成立“清党委员会”，改组国民党党部，封闭革命群众团体，逮捕和屠杀共产党人、国民党左派人士和工、农、青、妇等群众革命团体的领导人。全省各地的共产党组织和革命群众团体遭到极为严重的破坏。据不完全统计，从福州的“四三”反革命事变开始至 1927 年底止，全省被捕的共产党员、左派人士和革命群众达 1305 人，被杀害者达 569 人，革命烈士的鲜血洒遍了八闽大地。

由于国民党右派公开叛变国民革命及其对共产党人和革命人民的屠杀，第一次国共合作全面破裂，持续三年多轰轰烈烈的大革命终于失败。

福建的大革命虽然失败了，但是它产生了深远的影响，在福建近现代史上占有极其重要的地位。福建的大革命，是福建的资产阶级追随孙中山所进行的辛亥革命、二次革命以及“护国”“护法”斗争接连在福建失败后兴起的，它既是辛亥革命后福建革命运动的继续和发展，又是无产阶级领导的新民主主义革命在福建的第一次规模巨大的反帝反封建革命运动，在福建近现代史上起到了继往开来的作用。更为重要的是，在福建大革命中成立了中共福建地方组织。中国共产党这一完全新型的、以实现共产主义为目的、以马克思主义为行动指南的无产阶级政党，从它的诞生起，就始终如一地为中国人民的民族解放事业、为中国的社会主义和共产主义前途而奋斗。而福建人民在帝国主义和封建军阀统治下，生活痛苦到了极点，渴望一个变革现状的革命，因此，中共福建地方组织的建立，使福建人民的革命斗争有了自己的组织者和领导者。同时，由于中共福建地方组织在大革命中的斗争活动，中国共产党逐渐得到福建人民的了解、信任和爱戴，福建人民确信在中国过去和现在所有政党中只有中国共产党才是代表劳动人民根本利益的革命政党。

第二章　福建土地革命战争的兴起

一、中共福建地方组织转入农村

大革命失败了，但福建共产党人和福建人民并没有屈服，他们揩干净身上的血迹，又继续战斗了。

1927年4月下旬，中共闽南部委书记罗善培和原中共厦门市委书记罗秋天从厦门回到漳州。在福州、厦门、上海、广州等地相继发生反革命政变的严峻形势下，中共闽南部委未能及时接到上级党组织关于应付时局的指示。为了防止反革命事变扩大到各县，减少革命力量的损失，协调中共闽南部委下属各级党组织的行动一致，罗善培决定召开中共闽南部委紧急会议，讨论其后党和工、农、学生运动的工作。

4月底，中共闽南部委紧急会议在漳州召开。会议要求中共闽南部委所属各级党组织在反革命政变的危急情况下，要有计划、有准备地领导工农和学生群众进行反对蒋介石集团的斗争，并根据省内外的政治形势作出了四项决定：

第一，在城市坚持党的地下秘密组织，领导工人、学生和市民，通过群众性的公开的组织，继续进行反对国民党右派压迫的斗争。

第二，在做好城市和各县市镇工作的同时，应把党和革命工作的重点转移到农村的农民中去。党组织领导的农村工作，应以闽西上杭、永定、龙岩、平和等县为重要地区。因为“这几个县在政治影响和组织上已经有了一点基础，这是我们工作的有利条件”。①

第三，关于党的组织，一是要秘密；二是坚持巩固和发展。反革命事变后，有些人思想动摇，经过教育还要离开革命队伍的，可以让他们离开；在斗争中经得起考验的工人、农民、学生和教员等，可以吸收他们入党，注意发展党的组织，以适应当前革命斗争发展的需要。

第四，派罗善培和罗秋天往闽西巡视工作，协助杭永岩和等县巩固党和群众的组织，以防止反革命事变扩大。中共闽南部委机关由邱泮林主持，与常委李联星（农委）、许土森（工委）协同处理日常工作，并与罗善培保持通信联系。

1927 年 5 月初，罗善培和罗秋天首先赶到永定的下洋。他们与共产党员胡永东等取得联系后，即传达了中共闽南部委会议的精神。他们了解到，在下洋公学任教的原集美学校国民党左派人士陈正、曾牧村、卢肇西、曾宪安等人政治上很坚定。于是，罗善培代表中共闽南部委批准了他们参加共产党组织的请求，并成立了中共下洋公学支部。② 罗善培认为，下洋是一个小圩场，店户多是小商人，学校的教师、学生以及店铺的店员都倾向革命，可以把这里建成一个活动的据点，决定罗秋天留在下洋工作，并负责与中共永定支部阮山取得联系。此后，罗善培即以永定下洋作为活动据点，往返闽西各县指导工作。5 月 7 日，罗善培到上杭县城与中共上杭支部取得联系。当晚，上杭发生了反革命事变。罗善培随即召集上杭共产党员开紧急会议，决定中共上杭支部书记林心尧立即转移（5 月 8 日不幸被捕遇害），由蓝维仁继任书记。随后，罗善培又赶到龙岩与陈庆隆、郭滴人等人秘密联系，商谈龙岩“四一五”反革命事变后如何贯彻中共闽南部委的决定，并设法营救被反革命驻军逮捕的六位同志。

5 月下旬，罗善培赶到平和，找到平和县农民协会的负责人、中共平和支部书记朱积垒。当时，平和县农协设在朱积垒的家乡平

① 《罗明回忆录》，福建人民出版社 1991 年版，第 57 页。

② 《罗明回忆录》，福建人民出版社 1991 年版，第 58 页。

和下坪，离县城仅5公里。罗善培认为县农协随时可能遭到敌人的袭击，应当迁移到远离县城又较有群众基础的山区去。朱积垒表示长乐乡离县城15公里，是山区，且农民运动较有基础。于是，他们决定将县农民协会和中共平和支部转移到长乐乡，争取以该乡为据点，积极向四周发展农会，形成包围县城的形势。

由于闽西各县党的组织正确贯彻了中共闽南部委紧急会议的精神，在反革命事变的白色恐怖之下，闽西党的农村工作取得了很大的发展。

中共平和支部和县农民协会迁到长乐乡后，县农民协会组织成立了农民自卫军，用土枪和刀、矛进行训练。同时，通过罗善培与中共广东饶平县委联系，从饶平县运回了10支步枪和一些子弹，加强了平和农民自卫军的力量。随后，罗善培和朱积垒邀请与平和毗邻的广东大埔党组织的负责人温仰春来到长乐乡商讨双方互相配合开展斗争的有关问题，积极准备开展武装斗争。①

永定县的农民协会被强行解散后，转入农村的永定的党组织继续在农民群众中进行组织工作。中共永定支部成员利用夜晚深入湖雷一带各自然村落，召开秘密会议，启发群众的觉悟，激发他们的革命热情。中共下洋公学支部在陈东坑、高头等地积极发展党员，成立秘密农会。中共下洋公学支部还把建团工作同发动和组织农民结合起来，在共产党员胡定军等人带领下，许多进步学生积极参加发动和组织农民的工作。经过一段时间，这些进步学生的思想觉悟和工作能力都有很大提高，于是先后发展了胡炽基等10余人加入共青团。1927年夏，成立了共青团下洋公学支部，胡定军任书记。②这时，永定北面溪南里的工作还没有开展起来。该地农民备受地主恶霸的压迫和剥削，群众条件较好，经罗善培与中共广东大埔县委书记饶龙光商量，决定派在广东大埔青溪保灵寺小学任教的中共党

---

① 罗明：《回忆朱积垒烈士有关事迹》；罗壮丹：《长乐暴动前后》，中共龙溪地委党史资料征集办公室编《平和暴动史料选编》第1集，1982年3月。

② 《胡炽基给永定团县委的信》（1985年6月15日）；胡炽基、陈开昌：《关于永定下洋公学团支部和永定团县委建立的情况》（1984年9月24日）。

员张鼎丞回溪南里领导和发动革命斗争。7月，张鼎丞回到家乡，即根据党组织的指示，以金砂公学教员的身份为掩护，深入群众，积极宣传革命道理，很快就在金砂公学、正德小学以及农民群众中发展了一批共产党员，成立了党小组。此后，张鼎丞便以党员为骨干，不断恢复和发展农民协会。①

龙岩的党组织转入农村后，中共龙岩支部设在考塘村，共产党员陈庆隆、郭滴人等深入湖邦、西山、东山、铜钵、大池、小池等地开展工作，陈品三、陈锦辉等则在白土、后田继续坚持活动。7月，在江西崇义县入党的邓子恢因被敌人通缉回到龙岩，并与中共龙岩支部接上了关系，此后东肖及其附近党的工作也在邓子恢的努力下开展了起来。这时，经龙岩旅外救乡会的合法斗争，国民党福建省党部筹备委员会派苏庆云等人回龙岩改组了国民党龙岩县党部。由于苏庆云与邓子恢曾经是同学又倾向革命，中共龙岩支部决定趁此机会利用国民党县党部公开地开展农民运动，以实现“二五减租”，使农民得到实际利益，从而加强共产党在群众中的影响，建立党在农村中的牢固阵地。于是，在改组后的国民党龙岩县党部中，由共产党员邓子恢任秘书，谢宝莹任宣传委员，郭滴人任组织委员。中共龙岩支部吸取反革命事变前开展农运工作的经验和教训，在组织农会时采取“个别发展、扎根串联”的办法，并实行双重组织形式，一般农会有秘密和公开两套组织，先由积极分子组织秘密农会作为基础，以后再由秘密农会发展成为公开农会。在发展步骤上，先在一个乡打下基础，而后再由这个乡向四周“波浪式发展”，与此同时再派人“跳跃式”地到别区的一个乡去组织农会，做好一个乡的工作，再向四周发展。一段时间后，龙岩乡与乡、区与区之间的农民运动就“由点到面、点面结合”，逐渐连成了一片。夏收时，有农会的地方都实现了“二五减租”，党在农民群众中的威信大大提高。②

---

① 《罗明回忆录》，福建人民出版社1991年版，第63页。

② 参见邓子恢：《我的自传》（1956年）；陈子彬：《关于广州第六届农讲所和龙岩大革命时期的一些情况》，载《龙岩党史通讯》1983年第1期。

上杭的党组织转入农村活动后，在丰稔、峰市、水西渡、庐丰一带积极发展农民党员，建立秘密农会。6月间，在庐丰以蓝维仁、蓝鸣岗、蓝为龙为骨干，在丰稔以李立民、丘伯琴为骨干，在峰市以温家福等为骨干，在横山以张友民等为骨干，在水西渡以陈涛等为骨干，分别建立了农村党支部。同时，在中共闽南部委的指导下，积极动员傅柏翠在蛟洋开展农民运动。这时上杭驻军蓝玉田部由于军饷等问题，对蒋介石不满，要求蓝维仁、蓝为龙出面恢复国民党上杭县党部，帮助筹集军饷。经中共闽南部委同意，蓝维仁等共产党员出面恢复了国民党县党部，从而为中共上杭支部在当时条件下开展工农运动提供了有利的条件。①

从1927年4月至7月，除中共闽南部委领导的闽西上杭、永定、龙岩、平和等县外，福建各地未被破坏的地方党组织也都转入农村活动。4月下旬，中共惠安支部先迁往东张村，再转到苏村，并在涂岭等地开展农民运动。经支部领导成员积极活动，在涂岭建立了中共涂岭区委，王德彰任书记。区委下辖3个党支部：涂岭党支部，王德彰兼任书记；林角党支部，吴敦仁任书记；泗洲党支部，吴国珍任书记。此后，中共涂岭区委在农民群众中组织了“互助团”，并以“互助团”成员为骨干，举办农民训练班、农民夜校。7月14日，涂岭农民协会、农民自卫军正式成立，有会员1000多人，自卫军300人枪，为此后党领导惠安农民武装反抗国民党打下了基础。② 4月，中共莆田特区委书记陈国柱转到仙游县兴太山区的上宫，发展了林锦堂、林步庭等8个党员，并建立了中共上宫支部，林锦堂任书记。③ 在德化，共产党员唐生、庄醒民等转到丁乾、瑞坂等乡村开展活动。在漳州，共产党员王占春、王德等人也转到漳州郊区农村和南靖的程溪等地活动。在福州地区，共产党员郑乃之等人从福州回到长乐营前农村活动，陈馨桂回到连江县马鼻、东川一

---

① 《罗明回忆录》，福建人民出版社1991年版，第61页；傅柏翠：《上杭初期革命斗争情况》（1979年6月）。

② 朱汉膺：《中共惠安县党组织的创造和组织沿革情况的回忆》（1982年10月）。

③ 陈国柱：《莆仙地区建党初期党史资料》（1962年12月1日）。

带活动。

中共闽南部委紧急会议是闽西南党的组织在反革命政变的紧急形势下召开的一次重要会议。会议正确分析了国内时局的变化与敌我力量对比的状况，为中共闽南部委辖下的闽南、闽西等地党组织，在急需得到上级党组织的指导之际，及时指明了如何保存革命力量、坚持开展革命斗争的方向。中共闽南部委在未完全丧失城市革命阵地的同时，把主要力量转入了各地农村，不但把闽西、闽南的党组织在白色恐怖下基本保存了下来，而且使其在农村得到了发展壮大，为福建的革命斗争保存了力量、发展了力量，不能不说是对福建革命的一个重大贡献。在福建大革命失败的历史关头，中共闽南部委之所以能够将党的主要力量转入农村，首先是因为中共闽南部委机关及时转入地下，未被破坏，给召开紧急会议创造了组织条件，更重要的是，中共闽南部委及其领导人在大革命的高潮时期，在广东革命以及中共广东区委的影响下，领导闽西、闽南等地农民运动取得了很好的经验，对福建农村和农民有着深刻的、正确的认识。

福建大革命失败后，中共福建地方组织以中共闽南部委为代表，迅速地转变了斗争的策略，把主要力量转入农村继续坚持革命斗争，在短短的几个月内保存并发展了一批党的基层组织，同时在农民运动基础深厚的地区发展了农民武装。于是，在福建农村，尤其是闽西南农村，革命力量开始冲破大革命失败的阴霾，为此后恢复发展党的组织、进行武装暴动、建立红军准备了条件，为紧接而来的福建土地革命“准备好了红军的种子，准备好了红军的领导者即共产党，又准备了参加过一次革命的民众”①。

二、南昌起义军入闽

1927年7月，中共中央派陈昭礼、陈少微（陈明）从武汉回福建恢复党的组织。8月初，陈昭礼经江西到达闽北，在崇安与徐履

---

① 《毛泽东选集》第1卷，人民出版社1991年版，第189页。

峻一起建立了中共崇安特别支部。接着，他到建瓯组建了中共闽北临时委员会，并任临委书记。不久，中共闽北临委在福州设立办事处，由葛越溪任书记。中共闽北临委直属中共中央领导。与此同时，陈少微经厦门转到漳州。8月中旬，中共闽南部委扩大会议在南靖召开，选举产生了中共闽南特委，由陈少微任书记。9月，按中央指示中共闽南特委改称中共闽南临时委员会，归中共中央南方局领导，10月改由中共中央直接领导。

1927年8月1日，中国共产党独立地领导革命武装力量举行了震惊全国的南昌起义。8月3日至5日，起义军各部队按照中央在起义前的决定，开始先后撤离南昌，取道临川（抚州）、宜黄、广昌等地，南下广东，以期恢复广东革命根据地，并占领出海口取得国际援助，然后重新北伐。由于部队还没有来得及进行整顿，缺乏坚强的政治工作，战士们对这次南下的意义也不了解，加以天气炎热，沿途给养又十分困难，行军数日到达临川时，部队实力即已损失三分之一以上。部队在临川略经休整，士气渐高，然后继续南下。26日，起义军攻占瑞金。30日，又攻克会昌。在敌情不断恶化、给养困难、战士疲惫的情况下，8月31日，以周恩来为书记的中共前敌委员会在瑞金重新研究了入粤的路线，决定改变原来取道寻乌入东江的计划，而由长汀、上杭南下东江。

中共闽南特委从上海和厦门出版的报纸上获悉南昌起义军正向赣南进军的消息后，当即决定派特委宣传部长罗明（即罗善培）赶赴闽西，争取与南昌起义军取得联系，“争取起义部队支持闽西的武装斗争”。同时，布置各地党组织在闽南、闽西联络民军，使民军对叶、贺军事采取中立态度，以减少南昌起义军的阻力。[①] 闽西各地的党组织积极行动起来，准备迎接南昌起义军入闽。

9月5日，起义军先头部队长驱直入长汀城，6日至9日主力部队陆续到达。当时，随军进入汀州城的主要领导人除周恩来、叶挺、

---

① 《中共闽南特委明祥报告》（1927年10月10日）；《罗明回忆录》，福建人民出版社1992年版，第64—65页。

贺龙、朱德、刘伯承外，还有陈毅、林伯渠、吴玉章、恽代英、彭湃、李立三、郭沫若、彭泽民、徐特立、谭平山、张国焘等。

南昌起义军从南昌南征，接连打了许多胜仗，特别是壬田、会昌两战打击了钱大钧、黄绍竑的主力，使福建的反动派大为震惊。起义军入汀后，又击溃和扫荡了地方民团，使盘踞在闽西北的地方军阀郭凤鸣闻风而逃；蓝玉田、孔庆辉则归顺起义军。驻扎在漳州的广东军阀张贞部也星夜逃往厦门。福建两个中心城市福州、厦门为之震动。国民党福建当局急调海军陆战队，经厦门赴漳州防堵，并命陆军两个团分 3 批开赴龙岩，以防叶、贺大军东进。①

起义军到达闽赣边的瑞金时，中共前敌委员会曾决定要加强沿途的宣传和发动工作，以图得到沿途群众的支援和配合，所以起义军入闽后组织了宣传队上街演讲，张贴起义军告示和“革命委员会”布告。“革命者来”“打倒土豪劣绅”“打倒蒋介石”等标语贴遍街头巷尾。起义军在长汀横岗岭召开群众大会。郭沫若、恽代英等在大会上痛斥蒋介石、汪精卫叛变国民革命、屠杀工农群众的滔天罪行，宣传南昌起义的伟大意义，号召广大工农群众联合起来，拿起武器，打倒新军阀、打倒地主豪绅阶级和新军阀的代表蒋介石，坚决夺回被窃去的革命果实。彭湃、吴玉章、彭泽民等还深入工农群众中开展宣传工作。如吴玉章到长汀时，视察了毛铭新印刷所，鼓励工人们“设法把印刷所办下去，以适应将来的革命的需要”。②

1927 年 9 月初，南昌起义部队在长汀写下的标语“革命者来”

在此期间，起义军在长汀休整部队、筹募军费、安置伤病员，

① 《顺天报》，1927 年 9 月。

② 毛钟鸣：《制造精神炮弹的兵工厂》，转引自中共福建省委党史研究室：《中共福建地方史（新民主主义革命时期）》上册，中央文献出版社 1993 年版，第 275 页。

积极准备继续南征。起义军从南昌出发时仅带现洋数万，分发给各军做给养，南下途中所经各处，有钱者大半逃避，因此筹款甚微，给养十分困难。为了解决给养问题，部队在长汀的共产党员配合、协助下，四处打土豪筹款，仅两天时间就筹得4万余元。为了解决伤病员治疗、安置问题，在起义军进入长汀之前，长汀福音医院院长傅连暲就动员全城医生成立了以福音医院为主的临时合组医院，起义军一进入长汀，就有300多名伤病员被送入医院治疗。在他们精心治疗和护理下，许多伤病员很快便恢复了健康，如三师六团一营营长陈赓在会昌战斗中腿骨被子弹打断，傅连暲想尽办法保住了他的伤腿①。起义军撤离长汀后，仍有一批重伤员留在长汀继续治疗，在敌军进城后又得到傅连暲和其他医务人员的保护。

在长汀，周恩来主持召开前敌委员会会议，对攻取东江的计划又进行了一次详细的讨论。决定以主力取潮汕，留一部分兵力于三河坝监视梅县之敌，再经揭阳出兴宁、五华取惠州。

9月7日，起义军以二十军为先行部队，向上杭进发。10日，进入闽西重镇上杭，控制了通往广东韩江地区的水陆要道。随后，贺龙、叶挺率主力部队也到达上杭城。起义军到上杭后，召开了隆重的国民联欢大会，宣传党中央关于实行土地革命和武装反抗国民党右派屠杀政策的决定。上杭党组织立即成立了“民差办事处”，组织几十条船和数十名船工，为起义军运送物资和伤病员。当起义军经过洪山、丰市时，群众腾出房子给部队歇宿，并帮助筹集粮草，备好船只。汀江沿岸的黄竹塘、连家田、河东、河西、大池等乡村的60多名船工和200多名搬运工人都主动为起义军搬运物资，从而使起义军顺利过境南下。

9月19日，起义军占领了广东大埔县的三河坝地区。殿后的第十一军大部于19日也由上杭进入大埔，第二十五师于9月22日方抵三河坝。起义军到达三河坝后，即按汀州军事会议的决定，实行了第一次分兵：朱德率第九军一部和周士第第二十五师约2500人驻

① 李立三：《“八一”革命之经过与教训》，《中央通讯》第7期，1927年10月。

三河坝，警戒梅县方向的敌军，主力部队则向潮州、汕头进军。起义军主力部队9月23日进占潮州，9月24日进占汕头，并实行了第二次分兵：周逸群率第三师1000余人警卫潮、汕地区，参谋团随叶挺、贺龙两军主力向揭阳、丰顺进军。由于敌众我寡，再加上粮弹不足，9月28日，西进部队在汤坑、流沙一带遭到优势敌军的围攻，经过三昼夜激战失利。突围出来的余部后来与海陆丰农军结合，继续战斗。

10月3日，留守在三河坝一带的朱德第九军一部和周士第第二十五师遭敌钱大钧部袭击。起义军与敌激战三昼夜后，在朱德的指挥下向闽粤边山区转移。6日，朱德在饶平县茂芝与向潮汕撤退的二十军教导团参谋长周邦采带领的200余人汇合。周邦采向朱德汇报了主力进占潮汕后失利的情况。朱德当机立断，在茂芝召开干部会议，做出保存部队、找个立足点的决定。10月7日，朱德率领部队越过饶平、平和交界的松柏关，进入福建平和县境。根据当地党组织侦察的情报，平和县城空虚，敌兵力不上200人。8日，朱德指挥起义军从城西南直入县城。驻守的敌保安队、警备队和县吏仓皇弃城逃窜，起义军顺利占领了平和县城。当晚起义军撤离县城，向长乐、秀峰、象湖、秀芦溪方向进发。11日，朱德在秀芦溪召开干部会议，商讨部队的行军路线，地方干部卢肇西、陈彩芹等列席会议。会议决定向永定方向挺进。当日，起义军翻过永定、平和边境的仙岽，进入永定。经湖背岽、月流、月霞、太平寨到达永定下洋。12日，离开下洋，经中川、思贤，越过永定、大埔边界的三层岭，再次转道丰市、洪山，于16日到达武平象洞的水口。在水口，起义军击溃地方民团冯梅章部。17日，为了打击追踪而来的敌钱大钧部，迅速摆脱敌人，起义军在武平城郊甘露亭外的青云山设下战场，迎头痛击追敌。经两昼夜激战，打退了敌人两个团的数次进攻。敌依仗人多势众，继续向起义军压来，加上地方反动民团从武平北门进攻，起义军腹背受敌，只得弃城撤退。为了甩掉尾追的敌人，起义军急速向江西方向转移，到达武平西北的石遥岭。石遥岭为闽赣要口，两边悬崖峭壁，仅中间一个隘口，有千余级石阶。地方反动民团企图依靠隘口阻挡起义军前进。朱德当即指挥一支小部队从敌侧面的灌木丛中攀登悬崖而上，出其不意地发起猛烈攻击，经过激烈战斗，杀出了一条血路，起义军遂经东留进入赣南山区。

起义军在福建期间，为打击国民党反动派的嚣张气焰，严惩了一批土豪劣绅和罪大恶极的反革命分子。在长汀，在党组织和群众的配合下，镇压了4个罪大恶极的豪绅官吏。在上杭，起义军收缴了警察局的枪支，镇压了“五七”反革命事变中的首恶分子。在平和，起义军砸开监狱，救出难友。起义军镇压反动派的行动，使人民群众扬眉吐气。在反革命政变中被解散、封闭的总工会、农民协会、妇女会等组织迅速得到恢复，各地工人的罢工、农民反抗苛捐杂税的斗争也闻风而起。

起义军每到一地，为了促进福建的革命运动，帮助地方党组织加强组织建设，都及时将党中央关于开展土地革命和武装斗争的精神传达给各地党组织和广大群众，并派员帮助当地开展建党工作。在长汀，起义军帮助建立了中共长汀支部，指定段奋夫为支部书记。周恩来和朱德还接见了汀州的全体党员，指示长汀党组织必须发动群众，进行武装斗争。李立三还亲自面授长汀党员黄亚光书写秘密文件的方法。在上杭，周恩来接见了闽南特委宣传部长罗明及上杭县委书记蓝维仁，听取他们的汇报，向他们讲了南昌起义的经过和伟大意义，并指示部队留下五六十条枪，要他们组织武装斗争。[①] 此外，周恩来还接见了永定县党组织代表张鼎丞、陈正、卢肇西等人。朱德率部第二次入闽途经平和时也接见了平和县委的领导人朱积垒、陈彩芹、朱思、朱赞襄等，指示平和县委既要开展农民运动又要发动武装斗争，把农民运动同武装斗争紧密结合起来，同时注意与饶平、大埔等邻县革命力量取得联络，在斗争中互相支援。为了帮助地方党组织组建武装力量，开展武装斗争，起义军除先后留下两批武器外，还在沿途留下一批骨干，在各地播下了武装斗争的火种。

南昌起义打响了武装反抗国民党反动派的第一枪，用血与火的

---

① 《罗明回忆录》，福建人民出版社1991年版，第66页。

语言宣示了中国共产党不畏反革命屠杀政策、坚持革命的坚强决心，并在全党和全国革命群众面前树立起一面革命武装斗争的旗帜，标志着中国共产党独立领导革命战争、创建人民军队和武装夺取政权的开始。南昌起义军入闽，给在国民党反动派发动反革命政变后的革命低潮中孤军奋战、失去与上级党组织联系的中共福建地方组织和革命群众以极大的鼓舞，在福建播下了武装斗争、农民暴动的火种，为此后中共福建地方组织贯彻党的八七会议精神，领导福建人民掀起土地革命，开展武装斗争，创建革命根据地，做了切实的准备。

三、各县农民的武装暴动

1927 年 10 月 15 日，中共中央致信中共闽北临委、闽南临委，指示合并成立临时省委，直接归中共中央管辖。[①] 12 月 2 日至 5 日，闽北、闽南各县党组织负责人在漳州召开联席大会，大会选举陈明、陈昭礼、罗明、林熙盛、王海萍、蔡珊、李联星、葛越溪、陈祖康等 9 人为执行委员，组成中共福建省临时委员会，陈少微任书记(后为罗明)。会后，中共福建临时省委要求各地党组织领导工农一致起来暴动，特别是要领导农民实行土地革命，开展武装斗争。此时，中共福建临时省委辖有厦门、福州 2 个市委，建瓯、龙岩、永定、漳州、平和 5 个县委，武平、南靖、德化、仙游 4 个特别支部，同时还有崇安、上杭、永春、莆田、惠安、同安、海澄、漳浦等 8 个正在筹组之中的县委。全省各地共有党员 400 人左右。中共福建临时省委的成立，统一领导了以福州为中心的闽北、闽东党组织和以厦门为中心的闽西、闽南党组织以及全省的工农群众运动。

在此之前，1927 年 8 月 7 日，中共中央在湖北汉口召开了紧急

① 《中共中央致福建省信——关于农民暴动及组织临时省委问题》(1927 年 10 月 15 日)，载中共江西省委党史研究室等编《中央革命根据地历史资料文库·党的系统(1)》，中央文献出版社、江西人民出版社 2011 年版，第 56—57 页。

会议（史称八七会议），会议批评并纠正了大革命后期陈独秀为首的中央所犯的右倾机会主义错误，总结了大革命失败的教训，讨论了党的工作任务，确立了实行土地革命和武装起义的方针。会议还选举产生了中共中央临时政治局。8 月 9 日，中共中央临时政治局第一次会议选举瞿秋白、李维汉、苏兆征为临时政治局常委。8 月 11 日，中共中央发出《中央给广东、广西省委及闽南临委信》和《中共中央致闽北闽南临委信》，传达了党的八七会议精神。

此后，由于党的八七会议精神的传达贯彻和南昌起义军入闽活动的影响，以及福建党组织的恢复和发展，使党领导的福建工农运动迅速复兴。党的八七会议指出，“共产党现时最主要的任务是有系统的有计划的尽可能地在广大区域中准备农民的总暴动”①。遵照这一思想，中共福建临时省委和各级地方党组织积极谋划，先后发动了平和暴动、龙岩后田暴动、上杭蛟洋暴动、永定暴动、崇（安）浦（城）暴动等。

中共平和支部将革命重心转移到农村，将地处闽粤边界的平和县长乐乡发展成农民运动中心后，平和县农民运动和党组织迅速发展壮大。1927 年 9 月，中共平和临时县委在长乐乡下坪村成立。12 月，中共福建临时省委负责人罗明再次来到平和长乐乡部署平和农民武装暴动的准备工作。1928 年 2 月 9 日，中共平和临时县委针对国民党军队摊捐派款、抓丁拉夫，发动了平和各乡农民的请愿斗争，要求县政府释放被扣押的挑夫，斗争取得了胜利。11 日，临时县委在县城召开第一区农民代表会，遭到县保安队阻挠，5 名代表、3 名农友被捕，大会被迫改于次日在秀峰召开。会议决定县农会废弃国民党旗号，改换为红旗，并组建福建工农革命军独立第一团，推举朱积垒为团长。会后，各乡发动农民参加工农革命军。2 月 24 日，临时县委召开各支部和县农会联席会议，决定成立暴动委员会，由朱积垒任总指挥，率领群众举行武装暴动；报请省委通知漳州附近

① 《最近农民斗争的议决案》（1927 年 8 月 7 日），《中共中央文件选集》第 3 册，中共中央党校出版社 1989 年版，第 295 页。

1928年3月中共平和县临委领导了平和农民武装暴动，被誉为“全福建暴动的先声”。图为漳州市平和县长乐乡下坪村下书斋平和暴动旧址，现辟为平和暴动纪念馆

各县设法牵制国民党驻军张贞部，同时派人指导和购买枪弹①。中共福建临时省委审慎地批准了平和临时县委的报告，并派李任予和刘端生两人前往指导。临时县委立即着手筹集武器，与饶平、大埔等地区的农民武装联系，取得支援，并制订了攻打平和县城的计划。3月7日，工农革命军独立第一团500余人在朱积垒率领下，从长乐乡下坪村誓师出发。3月8日凌晨，第一、二路农军开始攻城，先攻北门不克，转攻西门，突入城内，击毙县公署警队10余人。因时降大雨，第三路农军行进受阻，致使其余反动武装及土劣从南门逃走。各乡暴动队伍陆续赶到城内后，救出被捕的农友和南昌起义军洪范等20余人，焚烧了县署和土豪劣绅的房子30余间。后外逃之敌探知暴动队伍装备不良，便立即进行反扑。为了保存力量，暴动队伍主动撤出县城，撤退中有2人牺牲，10余人被捕。暴动后，国民党军驻漳州独立第四师师长张贞即派一个营兵力于3月11日到平和镇压，放火烧毁农民房子10余栋。15日，该营和县保安队200余人进

① 《中共平和县临委关于决定发动暴动的情况报告》(1928年2月24日)。

攻长乐乡，暴动队伍100多人顽强抗击，激战三四个小时后长乐被占领。朱积垒率领部分农运骨干转入平和西北山区进行游击战争。平和暴动是闽粤边数县农民联合举行的武装暴动。中共福建临时省委、共青团福建省委指出：平和暴动“是全福建暴动的先声，是福建空前的壮举，是全福建工农平民自求解放的信号”①，“它将因此提高各地工农革命的情绪，引导福建工农走上暴动的道路”②。

八七会议后，中共龙岩县委执行临时省委关于争取群众、开展武装暴动和土地革命的决定，准备在白土区后田乡举行武装暴动。为此，郭滴人、邓子恢等到后田等地组织秘密农会，领导群众斗争。龙岩县委为了做好暴动准备工作，在后田衍新小学举办“青年夜校”，组织“青年拳术馆”，并以防匪的名义，将地主豪绅的部分武器掌握的农会手中。随后，地主劣绅则组织“老人会”“老人拳术馆”与之相对抗。1928年春节后，因春荒粮价暴涨，农民与地主之间的矛盾进一步激化。3月4日（一说4月3日），后田村举行一年一度的“关帝福”会。其间，地主唆使地痞陈北瑞等打伤挤进关帝庙的农民2人，引起民愤。中共后田支部遂决定借机举行武装暴动。龙岩县委批准其决定，并通知郑邦、龙聚坊、邓厝、孟头等支部一致行动③。当天，后田党支部挑选20多名“青年拳术馆”的农会会员，由陈锦辉带领，先将陈北瑞击毙，接着冲击“老人会”和“老人拳术馆”，捕捉了正在密谋策划镇压农运的地主劣绅，收缴了他们的武器及部分财物。是夜，农会召开五六百人的群众大会，郭滴人代表龙岩县委命令收缴地主的全部地契、借约、枪支，并宣布地租不交，债务不还，当场烧毁所缴田契、借约、账簿。次日，农会打开地主粮仓，将200多桶谷子分与无粮或少粮农民。根据县委关于把斗争范围扩大开来的决定，东肖的郑邦、龙聚坊、邓厝、孟头等村相继暴动，缴获了地主武器并烧了田契、借约。后田暴动“使全

① 《中共福建临时省委、共青团福建省委为平和暴动告工农兵民众》（1928年3月12日）。

② 《中共福建临时省委关于平和暴动宣传大纲》（1928年3月15日）。

③ 邓子恢：《龙岩人民革命斗争回忆录》，福建人民出版社1961年10月。

岩农民革命高潮更加澎湃起来，到处都有跃跃欲动之势”[①]，而地主豪绅则十分恐慌。为防止反革命势力报复，龙岩各乡均成立暴动队，以刀枪棍棒武装自己，站岗放哨，严阵以待。很快，逃到龙岩城里的各乡地主豪绅凑款1500元向龙岩地方军阀陈国辉部请兵报复。3月7日夜，陈下令兵分二路进犯后田。龙岩县委得知消息，即要求各乡加强戒备。敌军不知虚实，行动颇受阻滞，至次日天亮才达后田桥头。后田暴动队100余人在罗怀盛、陈品三、陈锦辉的带领下，埋伏于村口山背上，阻击2小时后向东坑撤退。后来，暴动队在陈锦辉率领下转移到大排，建立起一支20余人的游击队，在与永定交界的山区开展游击战。

1928年春，中共上杭县委书记郭柏屏和宣传部长邓子恢先后到蛟洋指导工作，在蛟洋文昌阁举办平民夜校，开展农民运动。3月，中共上杭县北四区委成立，有共产党员100余人，并普遍建立农会。时值春荒，农会领导农民进行禁粮出口、办平粜、清算乡族账目财产、抗缴石灰捐等经济斗争，提出“二五减租”等口号，斗争取得胜利。就在此时，驻上杭的国民党福建省防军第二混成旅钟铭清团摊派蛟洋出捐数千元。农会即提出抗捐，附近乡村农民也跟着响应。第二混成旅旅长郭凤鸣扬言要派兵镇压。农会得知后加紧组织农民武装，加强戒备。至6月，农会会员已达1000余人，农民武装有800余人，有200支单响步枪、五六百支鸟枪、上百门土炮。北四区农民运动日益高涨，影响到四邻各乡，迅速扩展到北五区、北三区30万人口的地区。6月25日，郭凤鸣派遣钟铭清团两个营和驻连城的一个补充团，分兵两路进攻蛟洋：一路由上杭出发，于当天下午到达蛟洋乡口的老塘下圩；另一路由连城出发，经新泉、芷溪，于26日上午至蛟洋。中共上杭县委遂决定发起武装暴动，抗击国民党军队的进攻。县委书记郭伯屏和傅柏翠组织蛟洋暴动武装埋伏于村口黄泥岗上抗击国民党军。当敌十余尖兵欲冲进乡时，暴动队伍以土炮进行轰击，当即毙敌4人，伤3人。由于土炮土枪进硝装弹慢，

① 《龙岩最近斗争的经过》，中共福建临时省委《省委通讯》，1928年4月10日。

火力不继，敌乘隙发起冲击，农民武装被迫退入乡里。暴动队伍和群众千余人利用街巷顽强抗击，打死打伤敌二三十人，暴动队伍4人牺牲。相持至第三天，暴动队伍分两路退至宁园、郭车一带。此后，暴动队伍100余人辗转于森坑、洋稠、大坪、巫坑一带，开展游击战。7月下旬，根据闽西特委指示，暴动队伍开赴永定大平里一带坚持斗争。①

1927年10月，中共永定县委在金砂正式成立。县委成立后，根据党的八七会议精神，积极争取群众，准备武装暴动。在中共永定县委领导下，1928年1月21日，金砂700多群众进城请愿，拒交"冠婚丧祭屠宰捐"；当年春荒，溪南各乡又开展"借粮度荒"和"分粮吃大户"的群众斗争。在斗争中，永定党员人数由100多人发展到200多人，全县有30多个乡恢复了农会，入会者达2500多户。为适应暴动需要，在农会会员中以秘密结社的形式建立了"铁血团"。至暴动前，"铁血团"已发展到1000多人，拥有200余支枪，并在金砂邹公庙和西溪罗坑祠堂开设兵工厂，自制各类武器。为镇压农民运动，国民党永定县署于3月召集全县士绅地主开会，讨论"清乡"办法，组织"清乡委员会"。5月，国民党独立第四师师长张贞从漳州调1个营驻防永定，并收编了原驻军张大成部和当地土匪。6月2日，张贞部100余人袭击中共溪南区委驻地金砂公学，捕去溪南区委委员等5人。事件发生后，农民武装在各村实行戒严，地主豪绅逃进永定城内。6月中旬，中共永定县委召开党员代表紧急会议，决定举行武装暴动，攻打永定县城，营救被捕同志，并成立了暴动委员会，制订了暴动计划，张鼎丞任暴动总指挥。6月29日，湖雷保安队30名士兵起义，加入暴动队伍。7月1日，暴动队伍千余人分三路围攻永定城，先后攻入北门占领北门炮楼。但因暴动队伍缺乏军事经验，急于破狱营救被捕同志，没有及时抢占有利阵地，遭敌迅速反扑，被迫撤出城外。暴动中，农民武装牺牲16

---

① 傅柏翠：《蛟洋暴动前后》（1983年1月）。

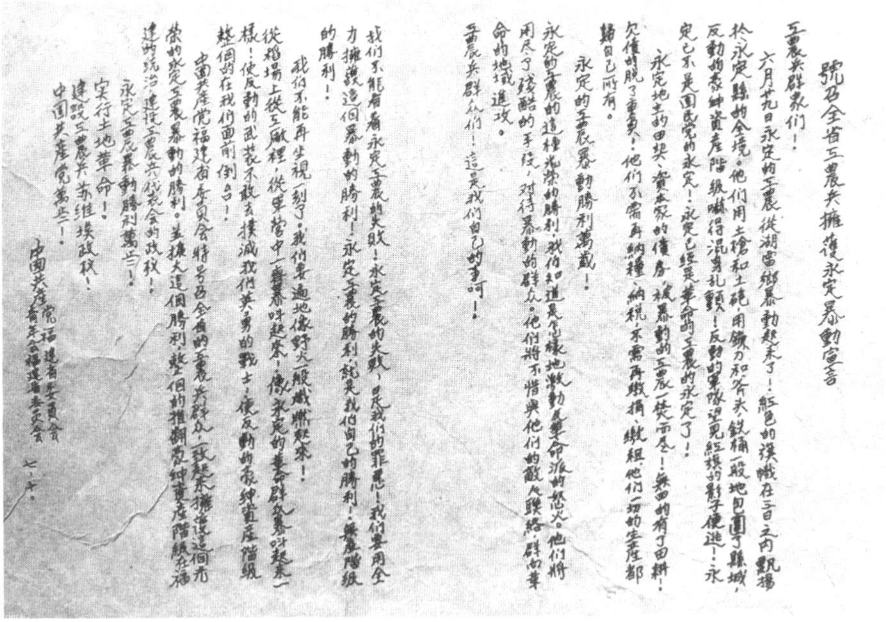

號召全省工農兵擁護永定暴動宣言

工農兵群衆們！

六月廿九日永定的工農從湖雷鄉暴動起來了！紅色的旗幟在三日之內飄揚於永定縣的全境。他們用土槍和土砲，用鐮刀和斧头，鉄桶一般地包圍了縣城，反動的豪紳資產階級嚇得混身乱顫！反動的軍隊望見紅旗的影子便逃！永定已不是國民党的永定！永定已經是革命的工農的永定了！

永定地主的田契、資本家的債券，被暴動的工農一焚而盡！無田的有了田耕！欠債的脫了重負！他們不需再納種、納税，不需再繳捐、繳租，他們一切的生產都歸自己所有。

永定的工農暴動勝利萬歲！

永定的工農的這種光榮的勝利，我們知道是怎樣地激動反革命派的怒火。他們將用尽了殘酷的手段，對待暴動的群众。他們將不惜與他們的敵人聯絡，群向革命的地域進攻。

工農兵群众們！這是我們自己的事呵！

我們不能看看永定工農的失敗，且是我們的罪惡！我們要用全力擁護這個暴動的勝利！永定工農的勝利，就是我們自己的勝利！無產階級的勝利！

我們不能再坐視一刻了。我們要遍地像野火一般燃燒起來！從稻場上從工廠裡，從軍營中一齊暴動起來！像永定的革命群众暴動起來一樣！使反動的武装不敢去撲滅我們英勇的戰士，使反動的豪紳資產階級整個的在我們面前倒台！

中國共產党福建省委員會特号召全省的工農兵群众一致起来擁護這個光榮的永定工農暴動的勝利。並擴大這個勝利，整個的推翻豪紳資產階級在福建的統治，建设工農兵代表会的政权！

永定工農暴動勝利萬岁！

實行土地革命！

建設工農兵蘇维埃政权！

中國共產党萬岁！

中國共產党福建省委員會

青年会福建省委員会

七、十。

中共福建临时省委以中共福建省委的名义号召全省工农兵拥护永定暴动

人，打死豪绅、守敌 20 余人。此后，暴动队伍撤回农村坚持斗争。①

1928 年 7 月，中共福建临时省委召开扩大会议。会议对福建革命形势和主观力量做了过高估计，提出要在闽西南布置一个总暴动的局面，造成一县或几县割据区域；同时在闽北造成一个骚动的局面与之相呼应。会后即派宣传部长王海萍到闽西组织闽西总暴动。根据临时省委指示，王海萍在永定古木督主持召开了上杭、永定、平和、龙岩四县县委负责人会议，在成立中共闽西特委的同时，成立了闽西暴动委员会，由王海萍任总指挥，决定相机进行闽西总暴动。② 此时，敌陈国辉部和郭凤鸣部分别加强了对龙岩、永定的布防，派兵四处“清乡”，捕杀共产党员和革命群众。稍后郭凤鸣部黄月波团进攻闽西特委所在地古木督，闽西特委和闽西红军避敌锋芒，移师观音山。

① 《永定县委关于此次暴动的报告》（1928 年 7 月 10 日）。

② 邓子恢、张鼎丞：《闽西暴动与红十二军》（1961 年 6 月）。

由于全国革命形势尚处在低潮时期，组织闽西总暴动的条件是不充分的。加之当时党的武装力量基本还是由农军组成，政治、军事素质不高，武器装备落后，使闽西总暴动在各方面都处于被动局面。闽西总暴动以失利而告终，但是闽西各地武装力量分散潜藏在闽西乡村，一旦革命高潮到来，这些潜在的火种又成为新的动力，推动福建革命向前发展。

1928年4月，临时省委派陈昭礼到崇安巡视工作。陈昭礼在崇安党团联席扩大会上传达了省委关于争取群众、举行武装暴动、实行土地革命、建立苏维埃政权的指示。中共崇安县委立即着手建立“民众会”，积极开展抗捐、抗税、抗租、抗粮、抗债的“五抗”斗争，筹措武器，准备进行武装暴动。9月上旬，中共中央巡视员邱泮林到达崇安，传达中央关于加强武装斗争的指示。11日，中共崇安县委在大埠头召开全县党、团组织负责人会议，会议决定暴动前抓紧扩大武装力量，大量筹集土枪土炮，由打土豪抓捐棍的小规模斗争，发展为全面的武装斗争，形成总暴动局面。大埠头会议后，县委书记徐履峻回到东乡上梅一带，在半个月内就以上梅后历村为中心把上梅、下梅、下屯、荷墩、寺溪、翁墩等20多个村庄的农民组织起来。10月1日，中共崇安县委在上梅召开暴动大会，各乡“民众会”代表和附近各村民众会员4000余人到会。大会宣布了暴动纲领，号召“工农群众武装起来，打倒国民党反动派，打倒土豪劣绅，废除反动联首、地保制度，实行平田废债”，宣布成立“民众局”作为暴动最高权力机关。会后，处决了两名反动分子，烧毁日本买办牛焕书、陈光盛的松木厂办事处和缴获来的地契、债单，打开崇安大地主朱、万两家在上梅的粮仓，将粮食分给贫苦农民。几天后，中共崇安县委又在上梅召开减租大会，到会3000多农民一致通过了减租二成的决议。上梅暴动后，崇安、浦城的许多村庄纷纷响应，形成纵横百里的暴动区。崇浦暴动震惊了闽北国民党军政当局。10月下旬，土著军阀卢兴邦派兵向暴动区大举进攻。民众队以土枪土炮抗击，终因力量不支，战斗失利。县委书记徐履峻在战斗中不幸牺牲。这次暴动失败后，中共中央致信福建省委对暴动后崇安的斗争任务做了重要指示。[1] 根据中央的指示，为继续领导闽北革命运动，省委于 12 月上旬派杨峻德以特派员身份前往崇安指导工作。[2] 杨峻德重建了中共崇安县委，由陈耿任县委书记，直属省委领导。12 月 15 日，县委召开各乡党员代表大会，总结第一次暴动失败的原因和教训，并提出举行第二次暴动的任务。1929 年 1 月 29 日，农民武装 1000 余人聚集上梅下屯村万家庄，召开第二次暴动大会，宣布再度成立“民众局”。会后，民众队迅速控制了以下屯为中心的周围几十里内的约 30 个村庄。接着，在中共崇安县委领导下，以岚谷为中心的崇安北部地区和浦城岱后地区，以及崇安的西部、南部地区，也举行了暴动。第二次暴动的区域比第一次更广，声威遍及整个武夷山区。此次暴动再次遭到反动军阀的镇压。后来，中共崇安县委决定避开敌人锋芒，组织精干队伍转入山区坚持斗争，以迎接革命高潮的到来。

1928 年 10 月 1 日，中共崇安县委在此召开上梅暴动大会，宣布暴动纲领。图为第一次上梅暴动大会旧址——武夷山市上梅乡上梅村鸣山寺

① 《中共中央致福建省委指示信》（1928 年 11 月 28 日）。

② 《中共福建省委关于崇安农民斗争失败情况的报告》（1928 年 11 月 17 日）。

发展迅猛的福建各地农民武装暴动给国民党反动派的屠杀政策以有力回击。虽然这些暴动经历了失败和挫折，却在全省人民面前树起了一面武装斗争的旗帜，给处在逆境中的共产党人和革命群众以极大的信心。暴动之后，坚持下来的一部分革命武装迅速转入农村开展游击战争，为此后福建各地苏维埃运动的兴起奠定了基础，为建立、发展红军和农村革命根据地奠定了基础。

四、苏维埃运动的发轫

在南昌起义军入闽的影响和党的八七会议精神指引下兴起的福建各县的农民武装暴动，在实行暴动、武装反抗国民党反动派的同时，也开始了苏维埃运动的最初尝试。

1928年7月4日，永定暴动武装停止攻城，撤回到金砂等地。中共上杭县委即派邓子恢前往永定了解情况，并与中共永定县委商议杭、永两县互相配合开展斗争的问题。邓子恢建议永定县委根据党的八七会议精神，“赶快在乡下肃清反革命分子，收缴反革命武装，立即进行土地革命，烧田契，废租废债，没收地主财产分给穷人”。[①] 永定县委接受了邓子恢的建议。7月10日，中共永定县委向福建省委报告了永定暴动的情况及暴动后的工作计划，表示作为开展土地革命和反“清乡”的准备，“现在预备各乡建设苏维埃，实行抗租，一方面集中队伍到各处游击，断绝城内粮食”[②]。7月15日，中共闽西临时特委成立，郭慕亮任书记，王海萍、张鼎丞、邓子恢任常委。25日，中共福建省委致信闽西临时特委、永定县委，指出永定目前的重要任务之一，就是“在已经割据各乡马上没收土地，分配土地，建立乡或区苏维埃。在未曾发动的各乡赶速发动，由乡村的割据进而夺取县城”[③]。

---

① 邓子恢、张鼎丞：《闽西暴动与红十二军》（1961年6月）。

② 《永定县委关于此次大暴动的报告》（1928年7月10日）。

③ 《中共福建临时省委致闽西特委并转永定县委信——对永定暴动的指示》（1928年7月25日）。

在此前后，中共永定县委已开始以武装斗争和土地革命为中心开展工作。暴动后，永定县委和溪南区委立即从参加暴动的农民中挑选一部分人，在金砂金谷寺组建了永定红军独立营，[①] 下辖 3 个连，由张鼎丞任营长，邓子恢任党代表。集中全力领导各乡群众广泛展开土地革命和建立政权的斗争，把各乡村地主土豪劣绅监视起来，收缴其武器，没收其粮食。在各乡召开群众大会，宣传解释苏维埃政权和土地革命的意义，并当场烧毁地主的田契借约，宣布废租废债、抗捐抗粮，准备分田。组织群众选举乡苏维埃政府委员、主席，建立各乡苏维埃政府。乡苏维埃政府设立土地没收分配委员会，负责发动群众，调查登记土地和没收分配土地；设立军事部，负责军事斗争，将全乡 18 岁至 45 岁的男性贫苦农民全部编成赤卫队，实行戒严，站岗、放哨、监视反革命分子的活动，抗击敌人的“清乡”；设立财政部，负责没收地主豪绅及一切反革命分子的粮食，并向他们筹款，作为政府的行政与作战经费；设立肃反委员会，负责镇压反革命。在短短时间里，永定溪南区就成立了双溪、樟园、赤半、太平、中金、三坊、秀溪、玉石、卓墩、秀山、西一、西二、中石等 13 个乡苏维埃政府。1928 年 8 月间，进行溪南区苏维埃政府的选举工作，由各乡选举区苏维埃代表。8 月中旬，召开溪南区工农兵代表大会，正式成立溪南区苏维埃政府，并颁布了土地法、劳动法、肃反条例、婚姻条例等新法令。[②]

溪南区苏维埃政府成立时，正值秋收将临之际，群众都希望抓紧时机赶快分田。中共永定县委、中共溪南区委遂决定顺应农民群众要求，在抗击敌人“清乡”的同时加紧推进没收和分配土地的分田运动。

溪南区的分田运动是中共福建地方组织实行土地革命的第一次尝试。此前，党的八七会议通过的《最近农民斗争的决议案》对土

---

① 又称“溪南红军营”。参见《中国共产党福建省组织史资料（1926 年 2 月—1987 年 12 月）》，福建人民出版社 1992 年版，第 74 页。

② 张鼎丞：《中国共产党创建闽西革命根据地》，福建人民出版社 1982 年版，第 17 页。

1928年8月永定县溪南区苏维埃政府成立旧址——金砂乡西田村金谷寺

地革命政策做出了规定：第一，“没收大地主及中地主的土地，分这些土地给佃农及无地的农民”。第二，“没收一切所谓公产的族祠庙宇等土地，分给无地的农民”。第三，“农民运动的主要力量是贫农”。第四，“现时主要的是要用‘平民式’的革命手段来解决土地问题”，这就是充分发动群众，自下而上地分配土地。第五，“由农民协会取消重利盘剥者的债务、苛刻的租约与苛约”。[①] 但八七会议关于土地革命的政策只是作了若干原则的规定，并没制定出一个切实可行的具体方案。而此时，中共福建临时省委对如何没收和分配土地也没有具体指示。在没有可资借鉴经验的情况下，中共闽西临时特委、永定县委决定积极依靠群众的创造性加以解决。在溪南没收和分配土地的过程中，邓子恢、张鼎丞分别找一些有经验的、熟悉土地情况的老农民（雇农、贫农、中农、富农），召开座谈会，进行详细系统的调查研究，听取他们的意见建议，并与农民代表共同商议，制定了没收和分配土地的政策，定出具体的方法。经区乡两级苏维埃政府讨论，做出了正式的决定。“这种政策和办法是：以乡

① 《中共中央文件选集》第3册，中共中央党校出版社1989年版，第294—297页。

为单位，即以本乡人民现有耕种的土地，作为本乡的土地所有权，归本乡按人口（包括地主、富农，但反革命分子除外）平均分配土地；采取抽多补少的办法（以各户现耕土地为基础，按全乡每人平均应得的亩数为依据，有多的抽出来，不足的补给他）去实行分配。”①

溪南区苏维埃政府首先在金砂乡召开各种会议，进行动员解释，并由没收和分配土地委员会进行人口和土地的调查登记，公平合理地分配。分配土地后张榜公布，说明每人分得土地多少，土地在什么地方。公布之后又召开群众大会，发给分田凭据。在金砂乡取得分配土地的经验之后，就展开了全区分田运动，并在不到一个月的时间里完成了溪南区全部13个乡、近两万人口、两万多亩土地的没收和分配工作，广大人民得到了斗争胜利的果实。随即，溪南区苏维埃政府在金砂邹公庙举行了庆祝大会，庆祝苏维埃土地革命的胜利。

在中共闽西临时特委、永定县委的领导下，溪南人民英勇斗争，举行暴动，建立苏维埃政权，实行没收和分配土地，这是福建苏维埃运动的发轫，充分显示了人民群众的创造性。

在此前后，溪南人民和苏维埃政权与国民党反动政权之间进行了“清乡”与反“清乡”的残酷斗争。溪南与永定县城只有一水之隔，在城里，经常驻有敌人的优势兵力，起初是广东军阀张贞的“江湘支队”，稍后是闽西军阀郭凤鸣的黄月波团。敌人不断进攻溪南，烧杀劫掠。溪南人民拿着原始的武器，坚持了半年多的革命斗争，充分显示了土地革命战争和人民的强大力量。

由于全国革命形势尚处在低潮时期，永定革命武装又缺乏作战经验，缺乏武器和弹药，虽然当时闽西许多县的党组织先后发动了农民武装暴动，但相隔很远，且仅是几个不相连接而面积又不大的地区，不能给予溪南强有力的支援。同时，溪南人民在半年来的斗

---

① 张鼎丞：《中国共产党创建闽西革命根据地》，福建人民出版社1982年版，第17—18页。

争中尚未能创建比较坚强的主力部队，也未寻找敌人统治薄弱的地区主动出击，因而使自已陷于被动的状态中，遭受敌人烧、杀、淫、掠等极其残酷的摧残。1928 年底，溪南苏维埃政权暂时停止了公开活动。

1928 年 6 月中旬，中共中央在莫斯科召开了党的第六次代表大会。福建的罗明、许土森、孟坚 3 人参加了大会。大会重申了大革命失败后中国社会的性质，即仍然是半殖民地半封建社会，中国现阶段的革命依然是资产阶级的民主革命。会议指出当前中国革命的中心任务是：“驱逐帝国主义者，达到中国的真正统一”；“彻底的平民式的推翻地主阶级私有土地制度，实行土地革命”；“力争建立工农兵代表会议（苏维埃）的政权”。会议强调，“中国的政治形势是处在两个革命高潮之间，即低潮时期，革命的发展具有不平衡性”。“党的总路线是争取群众，准备起义，而不是立即举行全国性的起义。”大会总结过去革命斗争的经验教训，反对了“左”的和右的两种错误倾向，着重指出盲动主义和命令主义是当前使党脱离群众的“最主要的危险倾向”①。

党的六大还对土地政策和斗争策略做了一系列重要的规定：第一，改变 1927 年 11 月中央临时政治局扩大会议关于没收一切土地的政策，明确规定没收豪绅地主阶级的一切土地，耕地归农民。第二，指出工人阶级领导是土地革命胜利的先决条件，而无产阶级在乡村中的基本力量是贫农，所以必须在农民组织中巩固贫农与雇农的思想上与组织上的领导权。第三，指出中农是巩固的同盟者，联合中农是保证土地革命胜利的重要条件，因此应该建立从雇农起到中农止的农民群众的统一战线。第四，指出富农是农民资产阶级，具有资本主义的与资本主义以前的半封建剥削的性质，虽然在农民运动发展的过程中常表现消极中立或仇视的态度，最后常更快走入反革命的营垒中去，但农民与地主阶级的矛盾是主要矛盾，主要的

① 参见《中国共产党第六次全国代表大会文件之政治决议案》（1928 年 7 月 9 日），《中共中央文件选集》第 4 册，中共中央党校出版社 1989 年版，第 295—328 页。

敌人是豪绅地主，因此故意加紧对富农的斗争是不对的。党的策略路线是：在富农还没有消失革命的可能性，因军阀官僚的压迫而继续斗争的时候，共产党应企图吸收富农于一般农民反军阀反地主豪绅的斗争之内。当富农动摇于革命与反革命之间的时期，在不妨碍贫农雇农斗争范围之内，党不应该故意加紧对富农的斗争，使其更快转入反革命方面去，而变为革命的积极的仇敌。党在目前阶段中的任务，乃在使这种富农中立，以减少敌人的力量。第五，大会指出，“应赞助‘平分土地’的口号同时应加以批评”。[①] 党必须使农民完全了解，现在绝没有真正平等之可能，只有在无产阶级革命胜利之后才有这种可能，在中农和小农私有制占农民人口多数的地方，平分土地必将触犯广大的中农的利益，尤其不能强硬施行。

党的六大之后，中央于10月4日发出《中央致福建省委信》，要求福建党组织首先注意福州、厦门、漳州广大城市的职工工作，发动并领导工人的斗争，在斗争中扩大影响，争取工人群众；要坚决去发动和领导农民运动；闽西要按照党的六大所提出的策略开展工作，在目前不要幻想创造广大的苏维埃区域，要在闽西各县采取游击战争；同时要广泛地实行巡视制度，开展党的教育和训练，注意秘密工作。[②] 指示信充分体现了党的六大精神，对于福建刚刚发轫的苏维埃运动做出了有力的指导。

中央发出指示信后时隔不久，罗明回到福州。福建省委在福州召开了扩大会议传达党的六大精神，还按照党的六大精神讨论了暴动过的地区进一步开展游击斗争的问题，并做了部署。接着，省委分别在福州、厦门等地举办学习班，经过学习，“受训的同志对党的策略及各种工作方法很有相当的认识”，“精神为之一振”。[③] 此后，省委又派罗明赴闽西、杨峻德赴闽北、吴亚鲁赴泉属各县、谢汉秋

---

① 《农民运动决议案》（1928年7月9日），《中共中央文件选集》第4册，中共中央党校出版社1989年版，第354—366页。

② 《中央致福建省委信——关于目前形势与党的紧急任务的指示》（1928年10月4日）。

③ 《中共福建省委关于开办训练班的报告》（1928年12月2日）。

赴漳属各县巡视，传达党的六大精神，指导各地工作。罗明和共青团福建省委书记陈柏生到达永定，参加中共闽西特委在永定合溪召开的扩大会议。会上，罗明传达了六大精神，并解答了大家提出的许多问题，如大革命是不是失败了，开展游击战争对不对，有没有前途等，使大家很受鼓舞，克服了少数人的模糊认识和消极情绪。随后罗明便从永定转赴龙岩、上杭、长汀等地传达党的六大精神，研究各县的工作。

为了指导各地工作，在此期间省委发出了许多指示信。如针对平和县委以为党已取消暴动政策的误解，及时发出《中共福建省委对平和县委今后工作的指示》，指出“目前全国的形势是反动派豪绅地主、资产阶级的力量比工农群众革命的力量大，并且工农力量不平衡，城市工人比较消沉，工人的力量不能与农民的力量互相配合。因此在现时要在全国范围内实行大规模的总暴动是不可能的”，但党的六大决议案并没有提出解散武装停止斗争问题，恰恰相反，是要我们发动群众斗争，领导群众斗争，扩大苏维埃的区域，建立红军的基础。[①] 根据党的六大精神和中共福建省委的指示，中共平和县委调整了领导机构，重新成立了以朱思为书记的临时县委，同时，以长乐为中心，努力向外发展，派人到崎岭、大小坪、大小溪等地发动群

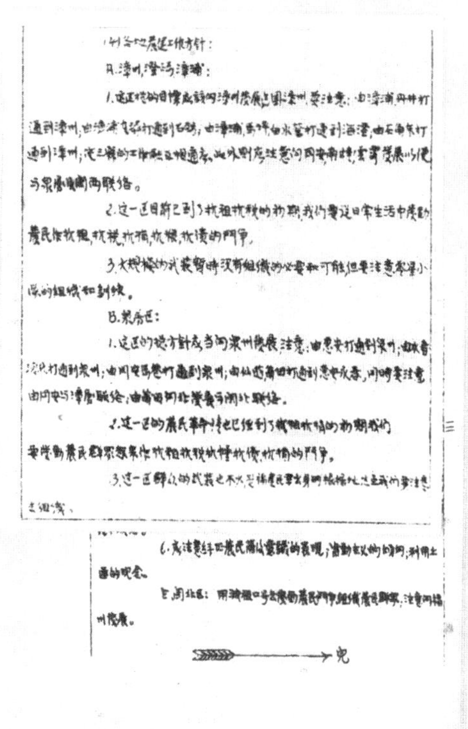

1928年7月，福建省委通过的农民运动决议案

① 《中共福建省委对平和县今后工作的指示》（1928年12月25日）。

众，开展工作。随后，建立了长乐、五坎两个区苏维埃政权和 16 个乡苏维埃政权，并于 1929 年 2 月在长乐张坑村召开平和县工农兵代表大会，成立了以陈彩芹为主席的平和县革命委员会。[①] 平和县革命委员会成为福建全省第一个县级红色政权。

通过党的六大精神的传达和贯彻，福建党内在一系列根本性的问题上澄清了模糊或错误的认识，对统一思想、推进革命起了积极作用，特别是帮助了正处于苏维埃运动困难时期的闽西和闽北等地的党组织克服了悲观消极思想，振奋了革命精神，为后来建立巩固的苏维埃区域创造了有利的条件。

① 中共漳州市委党史研究室：《中共闽南地方史》，中央文献出版社 1995 年版，第 120 页。

第三章　闽西革命根据地的形成

一、红四军入闽与创建闽西赣南革命根据地的决策

1929 年 1 月 14 日，毛泽东、朱德、陈毅率领红四军主力部队第二十八团、三十一团和军部直属队 3600 余人离开井冈山根据地，开始了向赣南的进军。

然而，红四军主力沿途不断受到敌人围追堵截，中途折向广东边境，又取道闽粤边界再向赣南挺进，屡屡遭遇困挫。直到 2 月 11 日，红四军在瑞金县的大柏地歼灭赣敌第七师二十一旅大部，俘敌 800 余人，才一举扭转了被动局面。随后，红四军挥师北上，抵达吉安的东固革命根据地与当地红军独立第二团会师。此时，井冈山已被敌人占领，而且红四军同时受到敌李文彬部的穷追和金汉鼎旅对东固的攻击，原定的内外线配合计划已无法实现。红四军前敌委员会决定改变原计划，“到闽粤交界处游击”[①]。红四军遂于 2 月下旬经永丰、乐安、广昌、石城向闽西挺进。

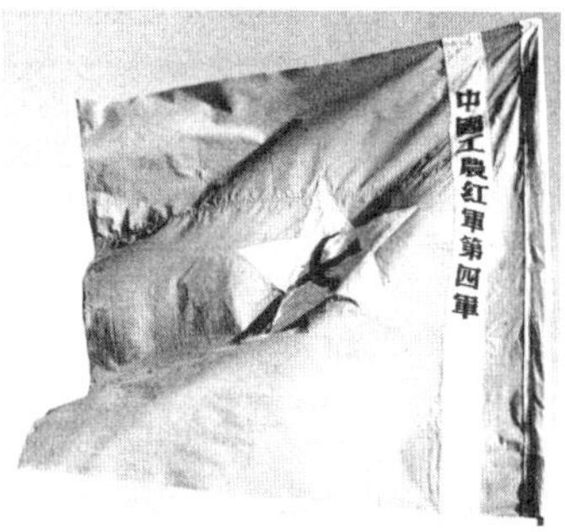

中国工农红军第四军军旗

3 月 11 日，红四军到达闽西长汀县境内，12 日，进至四都镇。次日清晨，盘踞在长汀城内的福建省防军第二混成旅旅长郭凤鸣派

① 《陈毅关于朱毛军的历史及其状况的报告》（1929 年 9 月 1 日），《中共中央文件选集》第 5 册，中共中央党校出版社 1990 年版，第 754—755 页。

团长卢新铭带领补充团到达四都渔溪，企图袭击红军，但卢新铭团只敢远远地躲在山头上放枪。毛泽东、朱德立刻召开团以上干部会议，决定主动出击，围歼敌人。红四军兵分三路进攻渔溪，敌不堪一击，仓皇向长汀城方向溃逃。红四军各部乘胜追击，当天下午到达长岭寨山脚下的陂溪村。长岭寨又名胜华山，位于武夷山脉南段，距离长汀城 7.5 公里，是长汀城南的重要屏障。毛泽东、朱德与中共长汀临时县委书记段奋夫见面听取汇报后，召开红四军团以上干部会议，决定进攻长岭寨，夺取长汀城。与此同时，郭凤鸣部已经占领长岭寨东侧的梁屋头和河龙头等有利地形。

14 日晨，朱德率红四军第二十八团、三十一团主攻长岭寨主峰，毛泽东率红四军军部和特务营迂回敌后，切断了敌人退路。一番激战之后，红四军占领长岭寨主峰，郭凤鸣收拢溃军连续三次发起反扑均被击败。郭凤鸣的两个主力团、机枪连等大部被歼。郭凤鸣左腿中弹受伤，逃到牛斗头村的栗树园内厕所躲藏，被红军击毙。当天下午，敌留守在长汀城内的卢新铭团向上杭方向逃窜，红四军乘胜占领长汀城。这一仗歼敌 2000 余人，缴获枪支 500 余支、子弹数百箱。

在长汀期间，红四军在长汀党组织的帮助下，没收 10 余家反动豪绅的财产，收缴罚款 3 万余元，并向商人筹借军饷 2 万元。[①] 不但汇出款项给上海的党中央做活动经费，还派军需干部宋裕和带上 500 元前往江西，赔偿大柏地群众在战斗中被殃及的损失。红四军还夺取了郭凤鸣的军需工厂，红四军官兵得以第一次统一了军装，每个人还领到了 4 元津贴费。

为了便于游击战争的开展，红四军在长汀进行了整编，把原来团的建制改为纵队，二十八团主力改为第一纵队，司令员林彪，党代表陈毅（后为熊寿祺）；二十八团一部与军部特务营合并为第二纵队，司令员胡少海，党代表谭震林；三十一团改为第三纵队，司令

---

① 《中共福建省委报告——闽西的形势与任务》（1929 年 4 月 19 日），中央档案馆、福建省档案馆编《福建革命历史文件汇集（省委文件）1929 年》上册，第 168 页。

员伍中豪，党代表蔡协民。每个纵队1200人，枪约500支。每个纵队下辖2个支队，每个支队下辖3个大队，大队以上设立党代表。红四军军长朱德，党代表毛泽东，政治部主任陈毅。分兵游击时，以纵队为单位，然后再以支队或大队为单位开展群众工作。

中共中央高度评价了红四军入闽的意义，中共中央机关报《红旗》专门发表文章指出“朱毛红军的这种胜利，必然重新唤起了闽西工农的斗争意识”，同时，“朱毛部队之进攻闽西，发动闽西的斗争，更使赣南的斗争得到掩护与援助。这种渐次分散红军的力量到群众之中去发动群众的策略，将使东南半壁完全造成赤色局面”①。

中共福建省委抓住契机，对进一步发展闽西的斗争制定了一系列措施。3月28日，中共福建省委制定了《关于闽西斗争工作大纲草案》（以下简称《大纲》）。《大纲》认为目前“闽西有造成割据局面的可能”，并归纳了6条有利条件：一是红四军入闽正值蒋桂军阀战争爆发，各路军阀没有余力对付红军；二是闽西的统治阶级力量十分薄弱，战斗力也很薄弱；三是闽西的群众经过不断的长期斗争，对革命有迫切要求；四是党的政治影响已经广泛深入群众中间，“广大的群众因为受反动派的压迫，更加亲密围绕我们党的周围，我们党已经为群众的唯一领导者”；五是我们党已经在过去的斗争中夺得不少武装；六是闽西地处江西、广东的边界，崇山峻岭，易守难攻。因此，要求闽西党的组织以上杭、长汀等四县为重心，“应由下而上的建立苏维埃政权，恢复闽西暴动委员会，作为暴动中群众最高的指导机关”，同时“恢复特委的组织，指导闽西各县的工作”。在割据的区域，“立刻实现我们党的政纲，没收地主阶级的土地，烧毁豪绅地主剥削农民的债券簿据，没收反动派的财产，救济贫苦的工农”。② 不久，中共福建省委派谢汉秋到龙岩，传达省委关于恢复闽西特委、任命邓子恢为特委书记等指示。

---

① 《朱毛红军与闽赣农民暴动之发展》（1929年4月13日）。

② 《中共福建省委关于闽西斗争工作大纲草案》（1929年3月28日），中央档案馆、福建省档案馆编《福建革命历史文件汇集（补遗）1923—1934年》，第56—59页。

在红四军帮助下，3 月 20 日，中共长汀临时县委改为县委，在此前后，还成立了闽西第一个县级红色政权——长汀县革命委员会，下设军事、宣传、财政等部门，主席邱潮保；并组织了 60 余人的长汀赤卫队。[①] 长汀县革命委员会是红四军离开井冈山后在赣南、闽西帮助地方党组织建立起来的第一个县级红色政权。同时，红四军与有关各区、乡党组织和农会的干部举行会议，部署了汀南以涂坊、南阳、四都为中心，汀东以新桥为中心，上杭以才溪为中心，连城以新泉为中心的农民暴动，红四军分兵于上述各地区配合行动。红四军还派出宣传员四处向民众宣传苏维埃和土地革命，“长汀的民众，听我们的宣传员的演讲，非常高兴，欢呼的声音，常常打断演讲的进行”。[②] 红四军前委通过长汀县委与上杭、永定、武平、平和县委取得联系，共同努力开展群众工作。

红四军入闽首战告捷，不仅使红四军士气大振，而且大大鼓舞了闽西工农群众的斗争热情，“各县农民一闻朱毛到长汀，便先后爆发斗争”，上杭“北四区有二十余乡农民在党领导及影响之下，起来肃清豪绅反动派，成立红军”，[③] 各乡村先后成立了苏维埃政权，当红军出发袭击反动驻军时，立即有 2000 多名群众持土枪参加作战；上杭北三区、东五区以及永定金丰、溪南等地农民群众则集中武装，恢复苏维埃组织，与豪绅地主作武装斗争。红四军入闽也使闽西党组织的政治影响更加扩大。闽西党组织不仅党员数量增加，还在许多新区域发展了党员，“龙岩党员近已增加至七八百人，前个月有四五百人。上杭、武平、永定等县也有相当的发展”。[④]

在此之际，蒋桂两派军阀冲突进一步激化，蒋桂战争爆发。3

① 《中共福建省委报告——闽西的形势与任务》（1929 年 4 月 19 日），中央档案馆、福建省档案馆编《福建革命历史文件汇集（省委文件）1929 年》上册，第 168 页。

② 攻石：《朱毛到了汀州》（1929 年 4 月 20 日），《红旗》第 20 期。

③ 《中共福建省委报告——闽西的形势与任务》（1929 年 4 月 19 日），中央档案馆、福建省档案馆编《福建革命历史文件汇集（省委文件）1929 年》上册，第 170 页。

④ 《中共福建省委报告——闽西的形势与任务》（1929 年 4 月 19 日），中央档案馆、福建省档案馆编《福建革命历史文件汇集（省委文件）1929 年》上册，第 171—172 页。

长汀云骧阁。毛泽东在这里召开的工会、农会和各行各业的代表大会上宣告闽西第一个县级红色政权——长汀县革命委员会成立

月 20 日，毛泽东在长汀主持召开红四军前委扩大会议。会议分析了江西、福建、浙江等省的政治、经济、军事状况，认为“福建全省，浙江全省，赣东赣南两地，统治阶级的军力非常薄弱”，同时党和群众的基础都比较好；这三省交通方便，可以直通海口，值得引起注意。建议中央“在国民党混战的初期，以赣南、闽西二十余县为范围，用游击战术，从发动群众以至于公开苏维埃政权割据，由此割据区域以与湘赣边界之割据区域相连接”。会议认为“唯闽西赣南一区内之由发动群众到公开割据，这一计划是决须确立，无论如何，不能放弃，因为这是前进的基础”①。这次会议明确提出了在闽西、赣南建立革命根据地的目标。

红四军前委扩大会议召开后不久，彭德怀来信，让红四军到赣南会师。考虑到蒋桂两派军阀冲突加剧，红四军前委决定趁势回师

① 《红四军前委关于攻克汀州及四、五军江西红二、四团行动方针等向福建省委和中央的报告》(1929 年 3 月 20 日)。

赣南，实现前委扩大会议计划，力图恢复井冈山革命根据地。4月1日，红四军离开闽西，回师赣南。

1929年4月3日，红四军前委在瑞金接到中共中央2月7日来信。中央二月来信指示红四军前委，按照党的六大的指示，“应有计划地、有关联地将红军的武装力量分成小部队的组织，散入湘赣边境各乡村中进行和深入土地革命”，以“避免敌人目标的集中和便于给养与持久的政策”；强调“你们必须认清目前的形势与党的任务，坚决地执行有组织的分编计划”。①

红四军前委和毛泽东认为中央二月来信所提意见不适当，所以由毛泽东代表前委给中央写了复信，对红军的行动策略问题提出了不同的看法。毛泽东指出，“以连或营为单位单独行动，分散在农村中，用游击的战术发动群众，避免目标，我们从前年冬天就计划起，而且多次实行都是失败的”，分兵容易被敌人各个击破，“愈是恶劣环境，部队愈须集中，领导者愈须坚强奋斗，方能应付敌人”。“我们用的战术就是游击的战术”，就是“分兵以发动群众，集中以应付敌人”，“敌进我退，敌驻我扰，敌疲我打，敌退我追”，“固定区域的割据，用波浪式的推进政策”，“强敌跟追，用盘旋式的打圈子政策”，“很短的时间，很好的方法，发动群众”，“这种战术正如打网，要随时打开，又要随时收拢，打开以争取群众，收拢以应付敌人。三年来都用这种战术”。②

在给中央的复信中，毛泽东还分析了南方数省的形势，明确提出，“我们建议中央在国民党混战的长期战斗中间，我们要和蒋桂二派争取江西，同时兼及闽西、浙西，在三省扩大红军的数量，造成群众的割据，以一年为期完成此计划”。“决定在国民党混战初期，以闽西赣南二十余县一大区为范围，用游击战术从发动群众以至群众的公开割据，深入土地革命，建设工农政权，由此一割据与湘赣

① 《中共中央给润之玉阶两同志并转湘赣边特委的指示信》（1929年2月7日），《周恩来军事文选》第1卷，人民出版社1997年版，第67页。

② 《红军第四军前委给中央的信》（1929年4月5日），《毛泽东文集》第1卷，人民出版社1993年版，第55—56页。

边之割据连接起来，形成一坚固实力，以为前进的根基”。①

红四军前委汀州扩大会议和4月5日给中央的复信所确立的创建闽西赣南革命根据地并将之与湘赣革命根据地连接起来的决策，为闽西革命根据地的形成及此后中央革命根据地的形成奠定了基础。

1929年4月蒋桂争夺华中的战火暂息。5月，粤桂两派战火重燃，闽西南军阀张贞、陈国辉奉命向潮汕出兵参战，国民党在闽西、闽南的防务一时空虚。中共闽西特委书记邓子恢立即写信将敌情变化报告红四军，建议红四军重返闽西，趁此有利时机发展闽西土地革命斗争的局面。此时由于蒋桂战争结束，赣敌又调整兵力进攻正在赣南活动的红四军，红四军遂转向瑞金。红四军前委在瑞金召开扩大会议，决定红四军再次入闽，配合闽西地方党组织和地方红军，创造公开的工农武装割据。5月17日，红四军从瑞金向长汀进发。敌军发现红四军行动，一面由李文彬旅紧追不放，一面令退踞上杭的卢新铭团在汀江东岸拦截，企图夹击围歼红四军。5月20日，红四军在长汀水口的汀江渡口渡江东进，向闽西重镇龙岩急进。待敌李文彬部和卢新铭部赶到汀江东西两侧，红四军早已突入闽西腹地。23日，红四军攻打龙岩城，击溃龙岩守敌国民党福建省防军第一混成旅陈国辉部的留守部队，敌参谋长庄凤骞逃往漳平，补充营残部逃往永福。为了诱敌归巢加以彻底消灭，红四军当天主动退出龙岩城，向永定县城进发。25日，消灭了永定地方团匪胡道南部，攻占永定县城，27日，红四军在永定城南门坝召开群众大会，宣布成立闽西第二个县级红色政权——永定县革命委员会，以张鼎丞为主席。红四军随即在永定县城、湖雷、金丰等处分兵，帮助组织群众工作，消灭民团势力。

6月3日，红四军回师再次攻打龙岩城，刚刚回窜龙岩城的守敌陈国辉残部再次溃逃漳平。为了歼灭敌人的有生力量，6月上旬，红四军主力再次撤出龙岩城，从大池出发，向上杭的白砂方向移动，

① 《红军第四军前委给中央的信》（1929年4月5日），《毛泽东文集》第1卷，人民出版社1993年版，第58页。

消灭了敌卢新铭所属一部，击毙敌人七八十人，俘敌100多人，缴枪100多支、火炮2门。随后挥师北上进驻连城县新泉，一面休整，一面深入农村发动群众，推动了连城南部13个乡的农民暴动，并建立连南革命委员会，迅速造成了连城南部的红色割据局面。

6月中旬，敌陈国辉部主力在广东参加蒋桂军阀混战后返回龙岩。红四军于19日第三次攻打龙岩县城。在地方党组织和当地群众的大力协助下，一番激战之后，除旅长陈国辉逃脱外，全歼闽西军阀陈国辉部主力2000余人，“共缴步枪九百余支，迫击枪四门，水机关枪六架，手机关四架”①。6月21日，闽西第三个县级红色政权——龙岩县革命委员会宣告成立，由邓子恢任主席。②

红四军“三打龙岩城”的胜利，奠定了闽西革命根据地的基础。

二、闽西主力红军的建立和土著军阀的覆灭

从1928年春开始，根据中共中央举行农民暴动的指示，闽西各县党组织领导农民举行了多次武装暴动，这些暴动为闽西农村的红色割据和地方红军的建立奠定了良好的基础。在暴动武装的基础上，闽西各地开始组织党领导的革命武装，开展武装斗争。平和暴动时，根据中央的有关规定建立了工农革命军独立第一团；龙岩后田暴动时，成立了闽西最早的一支游击队——龙岩游击队；永定暴动后组建了永定红军独立营，这是福建最早的称为“红军”的革命武装，但没有番号，也还算不上正式的中国工农红军。

1928年7月，中共福建临时省委为了实现“闽西总暴动”、建立苏维埃，决定在闽西建立地方红军：“马上编制红军。红军编制以团为单位，目前永定可编三团，上杭一团，龙岩、平和各一营”；要求红军连以上各级设党代表，党代表由中共闽西临时特委派遣；仿效海陆丰的做法，年龄21岁以上者编为红军、21岁以下者编为少年先

① 《中共闽西特委关于武装斗争、党务工作的报告》(1929年8月22日)。

② 《闽西工农斗争的形势》,《烈火》第10期，1929年7月15日。

锋队；同时，组织赤卫队。红军为志愿兵制，“红军可因斗争便利调动他往，赤卫队则专任保卫地方，不能任意调动”。①

8月，中共闽西临时特委集中永定、龙岩、上杭3县革命武装，合编成立了中国工农红军第七军第十九师，下辖3个团，龙岩白土和上杭蛟洋的武装编为第五十五团，团长傅柏翠，党代表陈锦辉；永定金丰和上湖雷的武装编为第五十六团，团长熊振声，党代表卢肇西；永定溪南里的武装编为第五十七团，团长张鼎丞，党代表邓子恢。

此后，闽西地方红军分赴闽西各县，攻打反动民团、镇压土豪劣绅，帮助地方党组织组织农民暴动。但刚刚由农民暴动队伍组建起来的闽西地方红军缺乏军事指挥人才，缺乏作战经验，且装备简陋，缺乏武器弹药，战斗力太弱，同时各个团战斗人员的组成地域性太突出，大多数战士不愿离家太久，面对国民党正规军队的反复“清乡”，中共闽西临时特委遂被迫决定停止大规模的武装斗争形式，各县队伍返回各县坚持游击斗争。

1929年5月19日，红四军第二次入闽。为策应红四军入闽，根据毛泽东的指示，中共闽西特委部署了上杭、永定、龙岩3县的策应行动，“西南武装集中袭击永城敌人，并开来东五区游击，直上芦丰，威逼上杭城，金丰武装向湖雷移动；北四区尽量发展广大群众向华家亭、白砂游击，直迫杭城；龙岩大小池，布置一个暴动局面；东山、白土发动杀土劣分谷平粜等斗争”②，并计划在策应行动中组编红军，永定编红军200人，上杭150人，龙岩、武平、长汀各50人，合计500人，编为一个营，另在上杭、永定设两个教导队。红四军进抵龙岩后，毛泽东指示闽西特委书记邓子恢，“要建立政治上坚定、组织上巩固、军事上具有坚强战斗力的红军”，并指出这是夺

① 《中共福建临时省委给闽西特委的指示信——关于闽西农暴与建立苏维埃问题》（1928年7月10日）。

② 《中共闽西特委报告——闽西暴动及政权、武装、群众组织情况》（1929年9月）。

取革命胜利和建立红色政权的重要条件。[①] 随后，中共闽西特委集中上杭蛟洋等地的红军游击队，编成中国工农红军闽西第五十九团，傅柏翠任团长，曾省吾任党代表，全团 300 余人。

6 月 6 日，邓子恢原拟在永定县坎市镇召开闽西特委扩大会议，进一步讨论建立闽西红军问题，后来因为参加白砂战斗而未果。白砂战斗结束后，红四军前委在上杭旧县决定组建红四军第四纵队。随即，红四军第四纵队成立，红四军前委任命傅柏翠为第四纵队纵队长，李任予为政治部主任兼“纵委”书记，下辖两个支队。[②] 长汀赤卫队，永定湖雷、溪南游击队，部分土匪武装及北四区红五十九团，合编为红四军第四纵队第七支队，支队长陈紫峰，党代表傅松茂；永定、龙岩、上杭东五区武装编为第四纵队第八支队，支队长卢肇西，党代表赖连璋。6 月中旬，第四纵队进驻连城新泉，红四军军长朱德宣布第四纵队正式成立。6 月下旬，第四纵队进驻龙岩城整训 20 多天，总人数已达 800 余人，有 400 多支枪。[③] 不久，胡少海接任第四纵队队长，张鼎丞为党代表，罗瑞卿为参谋长，谭震林接任第四纵队政治部主任。

红四军第四纵队归中共闽西特委直接指挥，与红四军前委发生密切关系，是闽西第一支正规主力红军部队。为加强第四纵队的力量，中共福建省委向红四军前委要求，“四军要尽可能的调派旧的干部参加到第四纵队来（如每连插一二人），把四军过去的经验连接来影响第四纵队。四军未离闽西之前，第四纵队当然要实地跟着四军去工作，去学习。他日四军要离闽时，就要设法保留一部分在闽西帮助群众去斗争”。[④]

7 月上旬，为粉碎国民党军队的闽粤赣三省“会剿”，红四军前敌委员会决定 4 个纵队到各地分兵发动群众。红四军的 4 个纵队分

① 邓子恢：《龙岩人民革命斗争回忆录》，福建人民出版社 1961 年版。

② 《中共闽西特委报告——闽西斗争形势和组织状况》（1929 年 8 月 28 日）。

③ 《中共闽西特委报告——闽西斗争形势和组织状况》（1929 年 8 月 28 日）。

④ 《中共福建省委给永定县委并转闽西特委、四军前委的信》（1929 年 8 月 7 日）。

别开赴闽西各县，在原来工作基础较为薄弱的地区发动农民暴动，进行土地革命，成立区乡苏维埃，开展筹款活动。第一纵队从永定坎市沿汀江上溯，然后折返上杭、永定边界，会同第四纵队一起开展工作；第二纵队出发到连城新泉、姑田一带；第三纵队留在龙岩附近，以巩固古田、大池、小池为中心区域的革命根据地为总目标，肃清红色区域境内的反动武装，相机向连城北部、武平、宁洋、漳平发展。红四军的“七月分兵”，进一步扫除了闽西境内的零星反动武装，促使各县的红色区域连成了一片。同时，闽西各县的群众武装队伍也在迅速扩大。各县发动群众收缴豪绅、民团武装，组织赤卫队，仅永定和龙岩两县的赤卫队人数都各超过2000人，拥有3700余支枪。①

8月初，红四军前敌委员会决定分兵两路，应对敌人的“会剿”：第一、第四纵队为一路，留在闽西与地方武装一起，采取游击战术，阻击敌军的进攻，并继续发动群众打土豪分田地，建立基层苏维埃政权；红四军军部率第二、第三纵队为一路，进击漳平，转至闽中外线，向敌人兵力薄弱的方向发展，以分散和转移敌军“会剿”闽西的力量。8月4日，朱德率领第二、第三纵队攻占宁洋县城。8月8日，攻占了漳平县城。8月15日，撤离漳平，经漳平县境的厚德，于8月20日进入大田县的武陵安。8月21日，红四军先头部队1000多人离开武陵安，经大石、福塘等地，于上午8时到达大田城郊玉田村，随即攻打大田县城，不克。当天下午，撤至大田石牌隔老街和老厝坪宿营。8月22日，经半岭到达屏山村。8月23日，从屏山村继续向安南永德进发。朱德率领红四军第二、第三纵队出击闽中，沿途严格执行群众纪律，并在途经各地刷写了大量宣传标语，扩大了红军的影响，推动了漳平、大田等地苏维埃运动的兴起。

8月底，红四军第二、第三纵队从永春返回闽西，先占漳平城，后又进驻永福，共歼敌张汝匡旅一个多团；永福一带的农民群众蜂起暴动，打击乡村反动势力。红四军因势利导，在永福、龙车等地

① 《中共闽西特委报告——闽西斗争形势和组织状况》（1929年8月28日）。

帮助地方党组织建立起 4 个乡苏维埃政权，开展打土豪分田地的斗争。9 月 6 日，收复龙岩城，打破了国民党军的三省“会剿”。

此时，具有重要战略位置的上杭仍被土著军阀卢新铭部盘踞。卢新铭部原是郭凤鸣残部，后被扩编，卢新铭接任福建省防军第二混成旅旅长，拥有兵力 2000 余人。9 月 20 日，在朱德的指挥下，红四军的四个纵队协同地方武装攻克“铁上杭”，除卢新铭带少数随从潜逃外，俘敌团长钟铭清以下官兵千余人，缴枪千余支。同时还搜捕了各地藏匿在上杭城内的土豪劣绅 200 余人。

攻占上杭后，红四军第一、第二、第三纵队各扩充为三个支队。第四纵队也得到扩充，原第七支队和第八支队则改为第十支队和第十一支队，支队各辖有三个大队，还成立了一个特务大队归司令部直接指挥，总计有 7 个大队，约 800 人，枪 500 支，其中好枪约 200 支，驳壳短枪有数十支。此外，准备在短期内将龙岩、杭西、汀南、连城一带的赤卫队编成第十二支队，进一步扩充第四纵队。[①] 随后，红四军各纵队立即分赴武平、永定、上杭三县地区，继续分兵发动群众，进行土地革命，建立苏维埃政权，扩大工农武装。红四军第三纵队在武平县东部的高梧、六甲、十方等区先后帮助地方组织成立了 20 多个乡苏维埃政府；上杭县、武平县、永定县的县苏维埃政府也接连宣告成立。10 月，红四军主力出击广东东江，第四纵队则在闽西独立作战，向连城的新泉、朋口、涂坊、温坊等地发展游击战争，迅速成长为一支正规红军。

至此，统治闽西的土著军阀郭凤鸣、陈国辉、卢新铭各部完全覆灭，闽西红色区域得到巩固和进一步的扩大。

三、中共闽西第一次代表大会和闽西土地革命

红四军第三次打下龙岩城后，毛泽东指示中共闽西特委，“闽西

---

① 《巡视员谢运康给中共福建省委的报告——关于金汉鼎入闽与我们的应付方策等情况和问题》(1929 年 10 月 25 日)。

局面已经大定，特委对各地工作要有个纲领才好”。中共闽西特委根据毛泽东的指示，“起草了一个土地革命斗争纲领，其中包括：取消租债，分配土地，分青苗，男女平等，婚姻自由，保护商店，肃清反革命，建立革命委员会、赤卫队、少先队等问题。这个纲领当即印发各县，对开展各地工作起了很大的作用”①。

随后，为了总结闽西党组织和人民的斗争经验，深入进行土地革命，巩固和发展闽西革命根据地，中共闽西特委决定于 1929 年 7 月 20 日至 29 日召开中共闽西第一次代表大会。

7 月 10 日，参加会议的闽西各级党组织及共青团选派的代表共 50 余人汇集到上杭蛟洋。在毛泽东的建议下，闽西特委即组织代表们“从事各项调查（土地、政治、党务、武装群众与政治组织、物价、洋货侵入与工农业破产等）费去一礼拜之久”②，毛泽东也亲自主持各种座谈会，了解情况、研究政策。

中共闽西一大通过的《土地问题决议案》

7 月 20 日至 29 日，中共闽西第一次代表大会在蛟洋召开，红四军前委派毛泽东、蔡协民、谭震林、江华、曾志 5 人为代表出席大会。大会选举邓子恢等 5 人为主席团，并选举张鼎丞、邓子恢、郭滴人等 13 人为决议案起草委员会委员，分政治、土地、组织、政权、宣传、工运、军运、妇女、共青团、济难会 10 个方面分别起草大会决议案。

---

① 邓子恢、张鼎丞：《闽西的春天》，《解放军文艺》1977 年第 4 期。

② 《中共闽西第一次代表会议情形》（1929 年 7 月），中共福建省委党校党史研究室编《红四军入闽和古田会议文献资料》，福建人民出版社 1979 年版，第 116 页。

大会分析了全国的政治形势和闽西的斗争环境，认为“全国范围内大小战争的继续爆发是毫无疑义的趋势，这样的形式，都是表明全国范围内各个统治阶级各派军阀，都很迅速的向着崩溃的前途走去”，“统治阶级的混乱，不统一、无办法，给了革命势力发展的很好机会”，而“闽西一带工农暴动的发展，和红军的游击……这种革命势力的发展与统治阶级内部的冲突相汇合，福建统治阶级之向着崩溃的前途行进是完全没有疑义的”①。

毛泽东在大会上明确提出闽西今后的任务是巩固和发展闽西革命根据地，并论述了闽西所具备的六个有利条件，“一、闽西根据地已有80万群众，经过长期斗争，而且暴动起来了；二、闽西各县有了共产党，这个党与群众建立了亲密的联系；三、闽西各县已建立了人民武装——红军、赤卫队；四、闽西的粮食可以自给；五、闽西处于闽粤赣三省边沿，山岭重叠，地形险阻，便于与敌人作战；六、敌人内部有矛盾，可以利用”。同时，毛泽东指出了巩固闽西革命根据地的三个基本方针，即深入地进行土地革命；彻底消灭土匪，发展工农武装，有阵地波浪式地向外发展；发展党，建立政权，肃清反革命。②

会议经过反复认真讨论，通过了《政治决议案》《土地问题决议案》《苏维埃政权决议案》《CY问题决议案》《妇女问题决议案》等，规定了苏维埃政权的组织步骤和任务等，为建立和发展闽西革命根据地指明了正确的方向，制定了具体的措施。

《政治决议案》明确提出闽西工农武装割据的两个重要意义：第一，“闽西痛苦的工农群众，为反抗反动政权的压迫，解除繁重的剥削，起来实行武装斗争，推翻反动统治，建立自己的政权——这是闽西工农政权的本身意义”；第二，“为发展更广大的群众，扩大土地革命的影响，于远地建立红军的根据地，与赣南东江及湘赣边界

① 《中共闽西第一次代表大会之政治决议案》（1929年7月），中共福建省委党校党史研究室编《红四军入闽和古田会议文献资料》，福建人民出版社1979年版，第67—68页。

② 邓子恢、张鼎丞：《闽西的春天》，《解放军文艺》1977年第4期。

的革命势力取得联系，促进一般革命潮流的高涨，把这样去和党的全国总任务争取群众，准备暴动，夺取政权联系起来——这是闽西工农政权的全国意义”。因此，根据对客观环境和主观力量的分析，“确定了闽西有一个工农政权武装割据的前途”。《政治决议案》提出了闽西党组织的总路线——“坚决的领导群众，为实现闽西工农政权的割据而奋斗”，主要任务是“1. 巩固并扩大党的组织；2. 发动并组织广大群众；3. 实行土地革命；4. 建立苏维埃政权；5. 扩大工农武装”。决议还提出了闽西党组织具体的 18 项任务：党内工作问题、土地问题、政治问题、武装问题、职工运动、农民运动、游击问题、妇女问题、青年问题、士兵问题、党和政权及群众发展方式、对商业资产阶级政策、对小资产阶级政策、对流氓无产阶级政策、对付敌军“进剿”、对付国民党改组派、反帝反军阀问题、与东江赣南湘赣边界之联系。①

这次大会突出的贡献，还在于根据党的六大关于土地问题的政策，总结了闽西土地革命的经验和《井冈山土地法》《兴国土地法》的精神，通过了《土地问题决议案》，在土地政策上有了新的发展。《土地问题决议案》提出：第一，“暴动推翻地主阶级政权后，须立即没收一切地主土豪及福会（公）堂等田地（不论典当卖绝一概没收），归农民代表会或农民协会分配”。第二，“自耕农田地不没收，但所耕田地除自食外尚有多余，经当地多数农民要求，得县、区政府批准者，得没收其多余的部分”。第三，分田的区域一般“以乡为单位，由某乡农民将他们在本乡及邻乡所耕田地总合起来共同分配”，如果碰到某一乡土地特别少到不能维持生活亦无其他生产补救情况下，经农民代表会议要求得县政府批准后，可以将相互毗连的三四个乡合为一个单位分配土地。第四，“分田手续先要很快的调查人口田地统计后，即定分田额数，分田时以抽多补少为原则，不可

---

① 《中共闽西第一次代表大会之政治决议案》（1929 年 7 月），中共福建省委党校党史研究室编《红四军入闽和古田会议文献资料》，福建人民出版社 1979 年版，第 73、75、82—91 页。

重新瓜分妄想平均以烦手续”。第五，“在未分田地方，田中谷子归原耕种农民收获，地主强收租谷，及农民私自送租者枪决。自己不种田而乱割别人禾稻者要办。此条目的在不打击富农，团结全体农民集中攻击目标于地主”。此外，还规定了“工农穷人欠土豪地主之债不还，债券借约限期缴交苏维埃政府或农会焚毁”。同时，提出在苏维埃政府政权巩固后开始征收土地税，用于“补助残废老病及建设地方公共事业，如创办学校，修路圳以及政府赤卫队用费等”。[①]

大会选举产生了新的中共闽西特委。特委执行委员 15 人，其中常委 5 人：邓子恢（特委书记）、蔡协民（组织科长）、蓝鸿祥（宣传科长）、雷时标、戴树兴。其他几名执行委员是：张鼎丞、卢其中、谭震林，郭滴人、练文兰、张用心、苏阿德、邓潮海、官近玖、郑金文。[②] 另推举张鼎丞为军委书记，傅柏翠、谭震林、卢肇西为军委委员。[③]

中共闽西一大是一次具有重大意义的会议，它确定了闽西党组织的总路线、政策和具体任务，对引导闽西土地革命的进一步发展、对巩固和发展闽西革命根据地起了重要作用。

闽西土地革命主要在龙岩、上杭、永定、武平、长汀、连城 6 县进行。1929 年 6 月下旬，根据 1928 年溪南分田的经验，龙岩各乡村即开始分田，7 月底中共闽西一大召开后全面推开分田工作。上杭于 8 月至 10 月间完成了土地分配。长汀于 6 月下旬涂坊暴动后开始分田，随着各地暴动的接连爆发，土地革命的范围不断扩大。连城于 7 月下旬南部 13 乡农民武装暴动成立连南革命委员会后开始分田。武平于 10 月红四军第三纵队来到高梧、十方后开始分田。中共

---

① 《中共闽西第一次代表大会土地问题决议案》（1929 年 7 月 27 日），中共福建省委党校党史研究室编《红四军入闽和古田会议文献资料》，福建人民出版社 1979 年版，第 101—104 页。

② 《各县县委名单表》（1929 年 7 月），中共福建省委党校党史研究室编《红四军入闽和古田会议文献资料》，福建人民出版社 1979 年版，第 119 页。

③ 《中共闽西第一次代表会议情形》（1929 年 7 月），中共福建省委党校党史研究室编《红四军入闽和古田会议文献资料》，福建人民出版社 1979 年版，第 117 页。

闽西一大后，毛泽东亲自到永定各地指导红四军第一纵队的群众工作和土地革命，10 月下旬永定县苏维埃政府成立后永定的土地革命迅速开展。至 1930 年上半年，闽西各县完成了土地分配。闽西的土地革命得到广大群众的拥护，因此闽西在很短的时间里“就在长汀、连城、上杭、龙岩、永定纵横三百多里的地区内，解决了五十多个区六百多个乡的土地问题，约有八十多万贫苦农民得到了土地”[①]。

在中国的广大农村没收豪绅地主等的土地，平均分配给穷苦农民群众，是一场伟大的革命。在党的六大《土地问题决议案》、中共闽西一大《土地问题决议案》的指导下，闽西党组织和人民群众在许多具体问题上创造了宝贵的经验：

第一，抢夺式与平分式的分谷斗争。在夏收和秋收之前发动群众的口号主要是分谷子。方式有两种：一种是抢夺式，即“游击队初到的地方，由宣传队号召群众到著名土豪家里破开仓门，领导群众把谷子一抢而空”；另一种是平分式，即“在政权比较稳定的乡村，由群众开会表决，组织粮食委员会或分谷委员会，先调查土豪谷子及人口数量然后再有组织的平分（粮食够者不分）”。这两种方式各有利弊。抢夺式的好处在于迅速把土豪谷子分完以发动群众，短处在于老弱者得不到，而且容易使群众认为谷子是共产党抢夺来发给他们的，对土豪的斗争留有借口。平分式的好处在于群众自己动手有组织地分，能使全体群众满意而坚决与土豪做斗争，短处在于费时较长。因此得出经验，“游击队新到地方群众基础尚未稳固者应采取抢夺方式，如在乡村间政权有比较可稳定者应采取平分方式”。虽然龙岩、上杭、永定对分谷子定有标准，但是实际上很多地方都是没收一切地主的谷子平分。[②]

第二，分田的经验。闽西分田多数是按照人口平均分配，凡乡中农民工人小商人及知识分子男女老幼一律分田地。客观上造成土

---

① 张鼎丞：《中国共产党创建闽西革命根据地》，人民出版社 1982 年版，第 37 页。

② 《富农问题——四军前委、闽西特委联席会议决议》（1930 年 6 月），中共龙岩地委党史资料征集领导小组、龙岩地区行政公署文物管理委员会编，《闽西革命史文献资料》第 3 辑，第 333 页。

地分割变小了，而且分到不会生产者手里，会生产者却少分了田地，他们“以交还余润为条件向无劳动力者佃田耕种，无形中又形成新的收租制度”①。这就需要苏维埃政权设法加以避免。

第三，关于没收土地的规定。原定自耕农的土地不没收，田契不焚烧，但是实际上“到处都做到没收一切土地，焚烧一切田契，无人敢出来反对，间或我们党提出纠正口号，群众便有些不满”。因此，闽西特委提出，“为争取农民群众起见，在土地斗争初期，不宜提出没收一切土地的口号，到了农民全部起来，多数要求平分一切土地时，党应赞助贫农坚决地没收一切土地，焚烧一切田契以巩固党在贫农中的领导权”。②

第四，抽肥补瘦原则的提出。中共闽西一大通过的《土地问题决议案》中“分田时以抽多补少为原则，不可重新瓜分妄想平均以烦手续”这一原则，在实际进行中使“富农得了护符把瘦田让人，自己把持肥田，贫农就不大满意”。因此，1930 年 2 月中共闽西特委第二次扩大会议做出的《关于土地问题决议案》提出，“分田方法以抽多补少为原则，抽出之田以肥瘠均匀为度，好田多者抽好田，坏田多者抽坏田”③。

中共闽西一大制定的土地革命纲领（后来被称为“闽西土地法”）和闽西土地革命实践创造的实际经验，较之党的六大土地革命纲领有了进一步的创新，不仅为闽西土地革命的深入发展提供了可靠保证，而且为中国共产党土地革命正确路线的最终形成奠定了重要基础。

---

① 《中共闽西特委通告第十五号——中共闽西特委第一次扩大会关于土地问题的决议》（1929 年 11 月 5 日），中共福建省委党校党史研究室编《红四军入闽和古田会议文献资料》，福建人民出版社 1979 年版，第 144—148 页。

② 《中共闽西特委通告第十五号——中共闽西特委第一次扩大会关于土地问题的决议》（1929 年 11 月 5 日），中共福建省委党校党史研究室编《红四军入闽和古田会议文献资料》，福建人民出版社 1979 年版，第 144—148 页。

③ 《中共闽西特委第二次扩大会议关于土地问题决议案》（1930 年 2 月 25 日），中共龙岩地委党史资料征集领导小组、龙岩地区行政公署文物管理委员会编《闽西革命史文献资料》第 3 辑，第 103 页。

四、古田会议的召开

正当闽西土地革命、武装斗争和苏维埃运动风起云涌，闽西革命根据地甫具雏形之际，红四军党内就红军建设问题产生了意见分歧，爆发了激烈的争论。这一场争论虽然是围绕着红四军要不要设立军委的问题展开的，但问题的实质是党和军队的关系，党对军队的领导的问题成为最主要的分歧焦点。

土地革命战争之初，红军和红军中的党组织是以农民为主体组织起来的。特别是红军长期在农村的游击战争的环境中进行活动，必然要受到来自农村和城市小资产阶级及其他非无产阶级思想的影响，其中比较突出的是单纯军事观点、流寇思想、军阀主义残余、个人主义、极端民主化、绝对平均主义等。这些非无产阶级思想极大地妨碍了党的正确路线的贯彻执行。作为红四军前委书记的毛泽东对于上述不正确的思想倾向曾力图加以纠正，对红四军党内部分领导干部在创建根据地和在红军中实行民主集中制原则等问题上出现的认识上的分歧也曾力图加以解决。红四军入闽后，中共中央派刘安恭到红四军工作。刘安恭早年留学德国，后加入中国共产党，南昌起义后到苏联学习军事，掌握一定军事理论和实战经验，因而被任命为红四军政治部主任。他支持争论中的错误观点，使红四军党内的争论渐趋激化。1929 年 5 月 23 日红四军攻克龙岩城后，由于军事行动和地方斗争需处理的问题比以前大增，前委兼顾不过来，决定成立红四军临时军委，由刘安恭任书记。① 刘安恭刚一主持军委工作就作出决定：前委只讨论红四军的行动问题，不要管军队的其他事，以限制前委的领导权。6 月 8 日，红四军前委在龙岩白沙召开扩大会议，讨论是否成立正式军委的问题时意见不一致。毛泽东在会上提出书面意见，认为目前“前委在组织上的指导原则根本发生

---

① 《红军第四军前委书记毛泽东给中央的报告》（1929 年 6 月 1 日），《中共中央文件选集》第 5 册，中共中央党校出版社 1990 年版，第 684 页。

问题”，“前委不好放手工作”，请求马上调换前委书记，让他离开前委。[1] 结果，参加会议的41人，以36票对5票，决定取消临时军委并否决了正式成立军委的要求，但围绕着党与军队的关系的争论并没有因此平息。白沙会议后不几天，会议争论的内容在党内群众中传开，并且争论愈加激烈。这些争论主要包括[2]：

第一，关于党的领导问题。1927年10月，毛泽东领导秋收起义部队在三湾改编，在军队中初步确立了党代表制度，团营两级建立党委，连一级建立支部，班排建立小组。这样，党委和支部就成为部队的领导核心，保证了党对军队的绝对领导。红四军成立后，朱德、陈毅曾先后担任军委书记。他们同毛泽东一起，对军队中党的建设作出了积极贡献。但是，在加强党的领导过程中，有些人反对“党管一切”，反对“一切归支部”，反对党员的个人自由受“限制”，要求党员要有相当“自由”，党所过问的范围要有所“限制”。毛泽东则认为，红四军党内争论的主要问题是“个人领导与党的领导斗争”，它是争论的“总线索”。

第二，关于军事观点与政治观点。红四军的建军实践特别是从井冈山向赣南闽西进军的实践说明，在分散的农村游击战争环境中，只有加强革命的政治工作，才能保证无产阶级思想在红军中的领导地位，红军才能坚强而不溃散，才能保存和发展。但是红四军内有些同志却把军事和政治对立起来，单纯军事观点时有发生，滋生了只注意“发展单纯的军事影响，而不去发展政治影响”的错误倾向。针对单纯军事观点，许多人则认为，政治工作是红军建设的保证，离开党的政治工作，“红军只是一个好听的名称罢了”。

---

① 《毛泽东在前委会议上提出的书面意见》（1929年6月9日）。

② 下文关于红四军党的第七次代表大会前夕内部争论的具体问题，主要参见《毛泽东给林彪的信》（1929年6月14日），中共中央文献研究室、中央档案馆编《建党以来重要文献选编（1921—1949）》第6册，中央文献出版社2011年版；江华：《关于红军建设问题的一场争论》，中国人民解放军历史资料丛书编审委员会编《红军初创时期游击战争·回忆史料》，解放军出版社1993年版；萧华：《朱毛红军侧记》，中共中央党校出版社1993年版。文中有关引文不一一注释。

第三，关于“家长制”。有的人指责前委的领导是“党的组织代替群众组织”，是“自上而下的家长制”。毛泽东对所谓“家长制”的问题做了分析。他指出“家长制”的含义是：只有个人命令，没有具体讨论，只有上级委派，没有群众选举。他认为，从支委到前委，重大问题历来都是经过集体讨论来决定的。“各级党部会议，特别是前委、纵委两级会议，不论是常委会、全体会”，除应到的委员外，“差不多每次”都吸收非委员的负责人参加。这些都是有会议记录可查的。至于说到各指导机关的产生，纵委和前委的成员，是“中央委派的，但这不能作为四军党内家长制的证明”。毛泽东反复强调“四军党内事实上寻不出家长制”。

第四，关于建立农村革命根据地。最突出的是对“罗霄山脉中段政权问题的不同的见解”，认为建立农村根据地和人民政权不是军队的任务，而是地方党的事。有的人面对井冈山根据地经济困难和湘南8月失败后的危急环境，要求“脱离边界斗争”，担心建立农村根据地会受到强大敌人的“围剿”，提出了“走州过府、流动游击”的口号。

第五，关于建立军委问题。对于前委白沙会议撤销临时军委，前委成员的意见基本一致，但对于在前委之下还要不要设立军委，产生了认识分歧。

面对这种状况，陈毅同毛泽东、朱德都认为有必要召开会议，解决存在的这些问题。6月19日，红四军第三次打下龙岩城，消灭了地方军阀陈国辉部，有了一个比较安定的环境。于是，6月22日在龙岩召开了红四军党的第七次代表大会。会议由陈毅主持。

这次会议对有关党的领导、建立农村根据地、军队民主制度、反对军阀作风等问题进行了讨论，形成并通过了《红军第四军第七次代表大会决议案》。由于会议准备仓促且只开一天会，在几个主要问题上未能完全分清是非，统一思想。大会对前委进行了改组，原由中共中央指定的前委书记毛泽东没有当选，前委书记改由陈毅担任。会后，毛泽东离开红四军的主要领导岗位到闽西休养并指导地方工作，红四军内部对于有关问题的争论得以暂时停止，但一些主要分歧并未能得到解决。

红四军党的第七次代表大会以后，陈毅主持召开前委会议，讨论分兵游击问题，将原由毛泽东、朱德参与制定的“闽西龙岩、永定、连城、上杭、汀州、武平六县游击计划”付诸实施。7 月底，当敌人三省“会剿”即将到来时，陈毅又主持召开了有朱德、毛泽东参加的前委会议，分析敌情，研究对策。会后陈毅前往上海参加中央政治局召开的军事会议并向中央汇报红四军的情况。

红四军党的七大闭会不久，朱德即率部转战闽西，出击闽中和东江。其间，他曾为红四军中党员政治水平低、各级党部不健全而深感忧虑，写信要求中央和地方党组织派党员及党的负责人前来帮助工作。9 月 20 日，红四军攻克了素称难攻的“铁上杭”后，朱德在城内太忠庙主持召开了红四军党的第八次代表大会。会后，朱德和郭化若等联名写信请毛泽东返回红四军工作。

当党中央收到红四军党的七大决议案后，在 8 月 21 日发出周恩来起草的给红四军前委的信，对这次大会提出批评，强调“红军不仅是战斗的组织，而且更具有宣传和政治的作用”，指出红军“必须采取比较集权制”，党的书记多负责任“绝对不是家长制”，事事“要拿到支部中去讨论去解决——这是极端民主化的主张”。①

陈毅到上海后，如实向党中央汇报了红四军从井冈山到闽西的斗争历程，特别是红四军党的七大和毛泽东离开部队去闽西特委指导工作等情况。中央决定由周恩来代表中央处理红四军的问题。在周恩来主持下，中央对红四军问题进行了仔细的讨论。9 月 28 日，中央对红四军的工作作出了书面指示。② 这封信是陈毅根据中共中央会议的精神和周恩来的多次谈话，结合红四军的实际，代中央起草，最后由周恩来审定的。中央九月来信围绕红军的建设提出了重要的

---

① 《中共中央给红四军前委的指示信》(1929 年 8 月 21 日)。

② 即《中央给红军第四军前委的指示信——关于军阀混战的形势与红军的任务》(1929 年 9 月 28 日)，史称“中央九月来信”。下文关于中央九月来信的引文，均引自《中央革命根据地历史资料文库・党的系统》第 1 册，中央文献出版社、江西人民出版社 2011 年版，第 632—644 页。

指导意见。

中央九月来信详细分析了当时军阀混战的形势，指出红四军在这种形势下应采取坚决斗争的前进精神，团结广大群众，打破敌人的“会剿”。红四军的经验证明，“中国的地势辽阔”，也是红军能够存在和发展的“一个条件”，“先有农村红军，后有城市政权，这是中国革命的特征，这是中国经济基础的产物。如有人怀疑红军的存在，他就是不懂得中国革命的实际，就是一种取消观念。”

关于红军中党的建设，九月来信就党的工作路线问题指出，“前委下面不需要成立军委”，“党对军队的指挥尽可能的实现党团路线，不要直接指挥军队，经过军部指挥军事工作，经过政治部指挥政治工作”，“前委对日常行政事务不要去管理，应交由行政机关去办，由政治委员监督，前委应着眼在红军的政治军事经济斗争的领导上”。——这一指示非常重要，既不违背党对军队绝对领导的原则，又避免了党委包办一切的事务主义现象，可以充分调动各方面工作人员的积极性，从而正确地解决了红四军党的七大上关于党的领导和军事领导的关系、政治和军事关系的争论。九月来信强调了党的民主集中制的原则，批评了极端民主化的现象。信中指出：“党的一切权力集中于前委指导机关，这是正确的，绝不能动摇，不能机械地引进‘家长制’这个名词来削弱指导机关的权力，来作极端民主化的掩护。”“前委对于一切问题毫无疑义地应先有决定后交下级讨论，绝不能先征求下级同意，或者不作决定俟下级发表意见后再定办法，这样不但削弱了上级指导机关的权力，而且也不是下级党部的正常生活，这就是极端民主化发展到极度的现象。前委在前次党的争论问题上，即表示这个弱点，这是一个损失。”一方面说明了党对军队的绝对领导原则是不能动摇的，而毛泽东的领导也是正确的；另一方面也指出前委领导不力，是整个前委的责任。

九月来信还提出了“纠正一切不正确的倾向”的要求。认为红军的来源只有收纳广大的破产农民，他们中自然会有“极浓厚的非无产阶级意识表现”，“红军中右倾思想如取消观念、分家观念、离队观念与缩小团体倾向，极端民主化，红军脱离生产即不能存在等观念，都非常错误”，这些观念于红军的存在和发展都产生了极大的妨碍。所以产生这些错误观念，“皆源于同志理论水平低落，党的教育缺乏”，“这些观念不肃清，于红军前途有极大危险，前委应坚决以斗争的态度来肃清之”。肯定了毛泽东在红四军党的七大上坚持要纠正军中发生的各种“毛病”的意见是完全正确的。

关于军队建设，九月来信既肯定了红四军两年来行之有效的各种政策，又指出应该注意的问题。信中指出红军的根本任务有三项：发动群众斗争，实行土地革命，建立苏维埃政权；实行游击战争，武装农民，并扩大本身组织；扩大游击区域及政治影响于全国。认为红军不能实现上面三个任务则与普通军队无异。来信肯定红四军在两年来的斗争中对于实现上述任务作出了巨大成绩，“在全国政治局势中有极大影响”，“继续努力下去，将必然要成为全国革命高潮的动力之一，这是无疑义的”。关于红军发展方向及战略问题，来信指出，“红军发展的方向，应该向着群众有发展斗争可能的地方，去扶助其发展，使当地的革命斗争深入，若经常停滞在边境，在缺乏斗争的某些边境，将减少红军的政治意义。对于敌人军事力量空虚地带或乡村中白色势力范围，应实行游击，以驱逐反动势力发动群众斗争。对于较小于我的敌人应该坚决的去歼灭他，非如此不能扩大本身及群众武装，绝不可有保守实力观望时局的等待倾向。”但来信同时指出“预定一年内夺取江西全省政权的决定，也是错误的”。强调“红军一切行动务要避免单纯的军事行动，要与群众斗争取得密切联系。”“有了广大群众在红军的周围，红军的一切困难及本身发展便将较顺利地得到解决。”信中肯定红四军主要采取在粤、湘、赣、闽四省边界游击的策略是对的，但要注意使这四个区域的赤色势力联系起来。

来信还要求红四军前委“应团结全体同志努力向敌人斗争，实现红军所负的任务”，“要加强指导机关的威信，与一切非无产阶级意识作坚决的斗争”；要求“经过前委会议”，毛泽东应仍为前委书记，“并须使红四军全体同志了解而接受”。

根据中央的指示，陈毅于 10 月 22 日经香港绕道回到闽西红四军前委机关。陈毅当即召开前委会议，传达了中央九月来信和周恩来的指示。会后，陈毅派专人把中央九月来信送到上杭苏家陂给毛泽东，并附上自己的一封信，促请毛泽东回前委主持工作。11月26日，毛泽东在中共福建省委特派员谢汉秋的陪同下，从上杭经长汀的南阳、涂坊到达红四军前委驻地长汀县城，遵照中央指示，仍任前委书记。两天后，红四军前委在长汀召开了扩大会议。这次会议"进一步检查了红军的一般情况，决定了红军的整顿和训练问题，议论了十二月的工作，准备召开党的第九次代表大会"。① 当晚，毛泽东代表前委给中央写信，汇报"四军党内的团结，在中央正确指导之下，完全不成问题。陈毅同志已到，中央的意思已完全达到"。②

12月3日，前委率领红四军第一、第二、第三纵队从长汀开赴连城新泉，与第四纵队会合。红四军在新泉进行了10天的军事、政治训练，为召开红四军党的九大作准备。毛泽东、朱德、陈毅在新泉召开了各种调查会、讨论会，广泛听取军内外的意见，对红四军存在的种种错误思想和行为进行普遍深入的调查。12月中旬，红四军进驻上杭古田后，毛泽东召集各纵队、支队和一部分大队党代表举行联席会议，就红四军存在的问题，鼓励大家发表意见，并指导各提案小组进行研究。接着，毛泽东依据党中央指示精神，结合红四军的实际情况起草了《中国共产党红军第四军第九次代表大会决议案》。

1929年12月28日、29日，中国共产党红军第四军第九次代表大会（即古田会议）在上杭古田溪背村的曙光小学召开。大会由陈毅主持。会上毛泽东作政治报告，朱德作军事报告，陈毅传达了中央九月来信以及中央关于开除取消派陈独秀等党籍的决议案。会议选举产生了新的红四军前敌委员会，毛泽东、朱德、陈毅、罗荣桓、林彪、伍中豪、谭震林等11人为委员，毛泽东任书记。会议认真总

---

① 《红四军前委关于向东江损失原因和回闽西占长汀后工作情况向中央报告》（1930年1月6日）。

② 毛泽东：《致中共中央》（1929年11月28日）。

结了红四军创建以来的经验教训，统一了思想认识，一致通过了毛泽东起草的决议案。决议案系统地阐述了建党建军的根本性问题，不仅把中央九月来信具体化了，而且结合红四军的实际情况发展了中央九月来信的内容。

古田会议会址

《中国共产党红军第四军第九次代表大会决议案》（即古田会议决议）共有九个部分：（一）纠正党内非无产阶级意识的不正确倾向问题（即后来收入《毛泽东选集》第一卷的《关于纠正党内的错误思想》）；（二）党的组织问题；（三）党内教育问题；（四）红军宣传工作问题；（五）士兵政治训练的问题；（六）青年士兵的特种教育；（七）废止肉刑问题；（八）优待伤兵问题；（九）红军军事系统与政治系统关系问题。决议在充分吸收中央九月来信精神的基础上，联系红四军建立以来两年多的实践经验，把中央的指示精神具体地落到实处，创造性地解决了建党建军的一系列问题。

古田会议决议开宗明义地指出："红军第四军的共产党内存在着各种非无产阶级的思想，这对于执行党的正确路线，妨碍极大。若不彻底纠正，则中国伟大革命斗争给予红军第四军的任务，是必然担负不起来的。四军党内种种不正确思想的来源，自然是由于党的组织基础的最大部分是由农民和其他小资产阶级出身的成分所构成的；但是党的领导机关对于这些不正确的思想缺乏一致的坚决的斗争，缺乏对党员作正确路线的教育，也是使这些不正确思想存在和发展的主要原因。”① 为此，古田会议围绕着党的思想建设、组织建设、宣传教育、党与军队的关系，以及废止肉刑、优待伤病兵等方面，对红四军存在的问题逐一进行系统的阐述。由于对红四军存在问题的分析是建立在具体实践经验的基础上，且在事先经过认真细致的调查研究，所以，古田会议决议不仅提出问题有的放矢，而且分析了问题的表现形式、来源，还提出了操作性很强的具体纠正方法。

针对单纯军事观点，即“以为红军的任务也和白军相仿佛，只是单纯地打仗”的观点。决议指出，这种观点在政治上认为军事政治二者是对立的，不承认军事只是完成政治任务的工具之一，甚至说“军事好，政治自然会好；军事不好，政治也不会好”，更进一步认为应该是军事领导政治。在组织上把红军的政治机关隶属于军事工作机关，提出“司令部对外”的口号。在宣传工作上忽视宣传队的重要性。在群众组织上忽视军队士兵委员会的组织和对地方工农群众宣传的组织。“这种思想如果发展下去，便有走到脱离群众、以军队控制政权、离开无产阶级领导的危险，如像国民党军队所走的军阀主义的道路一样。”为此，决议旗帜鲜明地指出，中国的红军是一个执行革命的政治任务的武装集团，红军绝不是单纯的打仗，它除了打仗消灭敌人军事力量之外，还要担负宣传群众、组织群众、武装群众、帮助群众建立革命政权、建立共产党的组织等项重大的任务。红军如果没有了对群众的宣传、组织、武装和建设革命政权等目标，就会失去打仗的意义，也就失去了红军存在的意义。特别

---

① 毛泽东：《关于纠正党内的错误思想》（1929 年 12 月），下文有关红四军党内各种错误思想的引文，均引自《毛泽东选集》第 1 卷，人民出版社 1991 年版，第 85—96 页。

是对于红军宣传工作的任务，决议予以更多的关注，指出“红军宣传工作的任务，就是扩大政治影响争取广大群众。由这个宣传任务之实现，才可以达到组织群众，武装群众，建立政权，消灭反动势力，促进革命高潮等红军的总任务。所以红军的宣传工作是红军第一重大的工作。若忽视了这个工作，就是放弃了红军的主要任务，实际上等于帮助统治阶级削弱红军的势力”。为了纠正单纯军事观点，决议有针对性地提出了五条纠正的方法：（一）通过教育提高党内的政治水平，肃清单纯军事观点的理论根源，认清红军和白军的根本区别。（二）加紧官兵的政治训练，特别是对俘虏成分官兵的教育更要抓紧。同时，尽可能由地方政权机关选派有斗争经验的工农分子加入红军，从组织上削弱以至去掉单纯军事观点的根源。（三）发动地方党组织和群众政权机关对红军党的工作进行批评，以影响红军的党组织和红军的官兵。（四）党组织对于军事工作要积极关注和认真讨论。一切工作要在党内讨论和决议后再到群众中进行贯彻执行。（五）编制红军法规，明确规定红军的任务，以及军事工作系统和政治工作系统的关系，红军和人民群众的关系，士兵的职能及其和军事政治机关的关系。尤其是对于军事系统和政治系统的关系和分工，决议作出了详细明确的规定。

针对极端民主化的倾向，即所谓“由下而上的民主集权制”“先交下级讨论，再由上级决议”的观点。决议指出首先要从理论上铲除极端民主化的根苗。必须明确极端民主化的危害在于损伤乃至完全破坏党的组织、削弱以至完全毁灭党的战斗力，使党担负不起斗争的责任，由此造成革命的失败。要认识到极端民主化来源于小资产阶级的自由散漫性。这种自由散漫性带到党内，就成了政治上和组织上极端民主化的思想。这种思想是和无产阶级的斗争任务根本不相容的。在组织上要厉行集中指导下的民主生活。党的领导机关要有正确的指导路线，遇事要拿出办法，以建立领导的中枢。上级机关要了解下级机关的情况和群众生活的情况，成为正确指导的客观基础。党的各级机关解决问题时不能太随便，但一成决议就要坚决执行。上级机关的重要决议，必须迅速地传达到下级机关和党员群众中去。党的下级机关和党员群众对于上级机关的指示，要经过详尽的讨论，理解、领会其精神，并提出执行的方法。

针对少数不服从多数的非组织观点。决议提出了纠正办法：(一）开会时要使到会的人尽量发表意见。有争论的问题要弄清是非，不要调和敷衍。一次不能解决的，二次再议，最终形成明确的结论。(二）党的纪律之一是少数服从多数，少数人在意见被否决之后，必须拥护多数人所通过的决议。除必要待下一次会议再提出讨论外，不得在行动上有任何反对的表示。(三）党内批评是坚强党的组织、增加党的战斗力的武器，不应当利用批评去作攻击个人的工具。(四）要教育党员懂得党的组织的重要性，对党委或同志的批评应当在党的会议上提出。

针对绝对平均主义的观点。决议列举了红四军存在的诸多平均主义现象：发给伤兵的费用，不管伤的轻重都一律要求平均发给；官长骑马，不认为是工作需要，而被认为是不平等的制度；分物品要求极端平均，不考虑有任何特殊情况；背米不问大人小孩、体强体弱一律要求平均背；住房子要求分的一样，司令部住大一点的房子也要被骂；派勤务要一样，稍多一点都不行；“甚至在一副担架两个伤兵的情况，宁愿大家抬不成，不愿把一个人抬了去”。对此，决议指出绝对平均主义只是农民小资产者的一种幻想，就是到了社会主义，物资分配也要按照“各尽所能，按劳取酬”的原则和根据工作的需要，绝无所谓绝对的平均。红军人员的物资分配应该做到大体上平等，但是必须反对不问一切理由的绝对平均主义，因为这不是斗争的需要，相反是有碍于斗争的开展。特别是对于伤病员，决议强调发给伤病兵的零用钱要酌量伤病的轻重，重伤重病的要比轻伤轻病的多给一点，重伤重病的不分官兵一律发给调养费。伤病兵的衣服被子除统一配置外，应该在各部队官兵中发起募捐。

针对主观主义的倾向。决议指出，对于政治形势的主观主义分析和对于工作的主观主义指导，其必然结果不是机会主义就是盲动主义。所以，要努力通过教育党员使党员的思想和党内的生活政治化和科学化。首先，要教育党员努力用马克思列宁主义的方法去分析政治形势和估量阶级势力，以代替主观的分析和估量。其次，要求党员注意社会经济的调查和研究，由此来决定斗争的策略和工作的方法，使同志们知道，离开了实际情况的调查，就要堕入空想和盲动的深坑。再次，党内批评要防止主观武断和把批评庸俗化的做法，说话要有证据，批评要注意政治。

针对个人主义的倾向。决议列举了个人主义的表现形式，即报复主义、小团体主义、雇佣思想、享乐主义、消极怠工、离队思想等，指出个人主义的社会来源是小资产阶级和资产阶级思想在党内的反映。首先应通过加强教育，从思想上纠正个人主义；其次要把握好处理问题、分配工作和执行纪律的尺度。注意设法改善红军的物质生活，充分利用时机进行休息整理，以改善物质条件。

针对流寇思想。决议指出，由于红军中游民成分占很大的数量，以及全国特别是南方各省有广大游民群众的存在，这就使红军中产生了流寇主义的政治思想。具体表现为不愿意做艰苦工作，不愿意去建立根据地、建立人民群众的政权，并由此去扩大政治影响，而只是用流动游击的方法去扩大政治影响。扩大红军不是走由扩大地方赤卫队、地方红军到扩大主力红军的路线，而是采用“招兵买马”“招降纳叛”的路线。不耐烦和群众在一块作艰苦的斗争，只希望跑到大城市去大吃大喝。“凡此一切流寇思想的表现，极大地妨碍着红军去执行正确的任务，故肃清流寇思想，实为红军党内思想斗争的一个重要目标”。在纠正的方法上，决议提出：（一）加紧教育，批评不正确思想，肃清流寇主义。（二）对现有红军基本队伍和新来的俘虏兵加紧反流氓意识的教育。（三）争取有斗争经验的工农积极分子加入红军队伍，改变红军的成分。（四）从斗争的工农群众中创造出新的红军部队。

针对盲动主义残余。决议指出盲动主义的社会来源是流氓无产者思想和小资产阶级思想的综合表现，必须从思想上肃清盲动主义，从制度上和政策上纠正盲动的行为。同时指出“枪毙逃兵的制度和肉刑制度，也是带着盲动主义性质的”，而且这种情况在红四军内较严重存在。如在由福建地方武装组建的第四纵队中，由于第一、二、三纵队调去的官长一味蛮打士兵，导致士兵纷纷逃离，结果由于遭到士兵的反对，那些官长也站不住脚，不得不离开第四纵队。决议强调这种“与红军的斗争任务完全背驰的现象，如不赶快纠正，危险不可胜言”。为此，决议专门将废止肉刑问题单列出来进行分析，并决定以制定法律的形式加以解决。

针对红军党的组织问题。决议指出，“红军党的组织问题，现在到了非常严重时期，特别是党员的质量之差和组织的松懈，影响到红军的领导与政策的执行非常之大”，提出对党组织进行全面的整顿。要求对犯有政治观念错误、吃食鸦片、发洋财、赌博等，且屡戒不改的，不论干部与非干部一律清除出党。进一步完善入党的条件，规定只有具备了政治观念没有错误（包括阶级觉悟）、忠实、有牺牲精神、能积极工作、没有发洋财的观念、不吃鸦片、不赌博等条件的同志才能被介绍入党。要求各级党部不仅要解决问题和指导实际工作，而且要有计划地举办各种训练班、讨论会等，承担起教育同志的任务。严格执行党的纪律，废止对纪律的敷衍现象；分清党员社会职业与党的工作的性质。每个党员（除了党内负有重要或专门任务的革命职业家外），必须担负一项社会职业，同时在他的社会职业中担负党给他的工作。各级党部要保持积极的工作态度，下级对上级要有详细的报告，上级对于下级的报告要有详尽的讨论和答复。支部会及支委以上各级党部，要有计划地召开支部会、小组会。

古田会议是一次具有伟大历史意义的重要会议。古田会议正确解决了红四军党内在建党建军基本原则问题上的争论，统一了思想。古田会议确定的原则，此后不但在红四军中实行了，而且在其他部分的红军中和各革命根据地中也逐步得到了实行，特别是在闽西革命根据地较早地得到贯彻执行。旧中国是半殖民地半封建的社会，经济文化落后，军阀混战。在农村革命战争的环境中，在党和红军的成分主要是农民的条件下，如何克服来自农民和小资产阶级及其他非无产阶级的思想影响，保持党的无产阶级先锋队性质，把军队建设成为无产阶级领导的新型人民军队，是事关党的事业兴衰成败的根本性问题。贯穿于古田会议决议之中的关于从思想上建党、在政治上建军的理论，丰富和发展了马克思列宁主义的有关学说，是毛泽东思想初步形成的一个重要标志。这一理论最终成为中国共产党关于党和人民军队建设的伟大纲领。

古田会议后，红军提出了一套军队政治工作的方针和方法，并制定了一系列加强政治工作的文件。图为其中的部分文献

五、《星星之火，可以燎原》与毛泽东“农村包围城市”革命道路理论的形成

1930 年新年前夕，红四军第一纵队司令员林彪给毛泽东写了一封信①，与毛泽东讨论了对于时局的估量和红军的行动问题。林彪认为中国革命高潮未必能够迅速到来，所以不赞成毛泽东关于争取江西的计划。收阅林彪来信后，毛泽东认为，林彪以及其他一些同志还不相信中国农村革命根据地的创立和发展对于中国革命的巨大作用，而且仍然对中国农村红色政权能不能长期存在、中国革命的高潮能不能迅速到来持悲观的右倾错误观点。林彪来信促使毛泽东对中国革命发展道路的有关理论问题做了进一步的思考。

毛泽东自 1927 年率领秋收起义部队上井冈山创建农村革命根据地以来，就一直根据革命形势的发展变化，不断思考中国革命发展

① 毛泽东 1930 年 1 月 5 日写给林彪的信，即 1991 年收入《毛泽东选集》第二版的《星星之火，可以燎原》。

道路的有关理论问题。

在井冈山时期，毛泽东就把列宁关于资本主义政治经济发展不平衡、无产阶级革命能够在资本主义统治薄弱的国家首先取得胜利的理论应用于中国革命，提出并论证了中国的一小块或若干小块红色政权（即革命的“星星之火”）能够存在和发展的客观依据：“一国之内，在四围白色政权的包围中，有一小块或若干小块红色政权的区域长期地存在，这是世界各国从来没有的事……它的发生不能在任何帝国主义的国家，也不能在任何帝国主义直接统治的殖民地，必然是在帝国主义间接统治的经济落后的半殖民地的中国。因为这种奇怪现象必定伴着另外一件奇怪现象，那就是白色政权之间的战争。帝国主义和国内买办豪绅阶级支持着的各派新旧军阀，从民国元年以来，相互间进行着继续不断的战争……因为有了白色政权间的长期的分裂和战争，便给了一种条件，使一小块或若干小块的共产党领导的红色区域，能够在四围白色政权包围的中间发生和坚持下来。湘赣边界的割据，就是这许多小块中间的一小块……我们只须知道中国白色政权的分裂和战争是继续不断的，则红色政权的发生、存在并且日益发展，便是无疑的了。”① 毛泽东同时指出，红色政权的存在和发展，还需要必要的主客观条件：“（1）有很好的群众；（2）有很好的党；（3）有相当力量的红军；（4）有便利于作战的地势；（5）有足够给养的经济力。”② 毛泽东还总结了井冈山根据地对敌斗争的经验，即：坚决地和敌人作斗争，创造罗霄山脉中段政权，反对逃跑主义；深入割据地区的土地革命；军队党组织帮助地方党组织的发展；正规军队帮助地方武装的发展；集中红军相机迎击当前之敌，反对分兵，避免被敌人各个击破；割据地区的扩大采取波浪式的推进政策，反对冒进政策。这些经验对红军的建设和根据地的巩固，同时对于“农村包围城市、武装夺取全国政权”革

---

① 毛泽东：《中国的红色政权为什么能够存在?》（1928 年 10 月 5 日），《毛泽东选集》第 1 卷，人民出版社 1991 年版，第 48—49 页。

② 毛泽东：《井冈山的斗争》（1928 年 11 月 25 日），《毛泽东选集》第 1 卷，人民出版社 1991 年版，第 57 页。

命道路的形成都有着重要的意义。

1929年2月7日，中共中央给毛泽东、朱德来信。中央认为，自广州起义以来，党在城市中的无产阶级基础削弱了，“工农群众的组织和斗争都还未有健全的较平衡的发展”，而城市的“无产阶级若不在我们党的指导之下领导革命的发展，则反帝运动——尤其是反日运动便如目前的复兴也会被资产阶级领导向着反革命方向走，工人斗争可以为改良主义的口号所欺骗，暴动的农民区域可以为敌人聚集的力量在城市斗争已经被压下去之后来图谋消灭（自然不能根本消灭）”。由于没有城市斗争的发展，农村也不可能取胜，所以，今后“党的主要工作在建立和发展党的无产阶级基础（主要的是产业工人支部）与领导工农群众日常生活的斗争和组织群众”。中央要求红四军前委及朱德、毛泽东“必须认清目前的政治形势与党的任务”，“将红军的武装力量分成小部队的组织散入湘赣边境各乡村中进行和深入土地革命”，避免目标集中，被敌人消灭；中央提出“朱毛两同志留在部队中目标既大，徒惹敌人更多的注意”，因此“决定朱毛两同志有离开部队来中央的需要”。① 4月3日，红四军收到了中央来信。4月5日，毛泽东即复信。毛泽东指出：“中央此信对客观形势及主观力量的估量都太悲观了。”他依据对中国国情的深刻了解，指出：“抛弃城市斗争沉溺于农村游击主义是最大的错误，但畏惧农民势力发展，以为将超过工人的领导而不利于革命，如果党员中有这种意见，我们以为也是错误的。因为半殖民地中国的革命，只有农民斗争不得工人领导而失败，没有农民斗争发展超过工人势力而不利于革命本身的。”他不同意中央关于分散兵力的主张，指出，为了隐匿目标而以连或营为单位分散在农村中用游击的战术发动群众的做法，“从前年冬天就计划起，而且多次实行都是失败的”。毛泽东指出，秋收起义以来红四军所用的战术，同古今中外都不同，

① 参见《中央给润之、玉阶两同志并转湘赣边特委信——关于目前国际国内形势和党的军事策略》（1929年2月7日），《中共中央文件选集》第5册，中共中央党校出版社1990年版，第29—38页。

即“分兵以发动群众，集中以应付敌人”“敌进我退，敌驻我扰，敌疲我打，敌退我追”“固定区域的割据，用波浪式的推进政策”“强敌跟追，用盘旋式的打圈子政策”“很短的时间，很好的方法，发动群众”。运用这种战术，“群众的斗争的发展是一天天扩大的，任何强大的敌力是奈何我们不得的”；“愈是恶劣环境，部队愈须集中，领导者愈须坚强奋斗，方能应付敌人”。他在复信中明确表示不能离开红四军，要在赣南、闽西地区利用军阀混战的有利条件，“以闽西赣南二十余县一大区为范围，用游击战术从发动群众以至群众的公开割据，深入土地革命，建设工农政权，由此一割据与湘赣边之割据连接起来，形成一坚固势力，以为前进的根基”，逐步扩大农村革命根据地，以促进革命高潮的到来。毛泽东在复信中虽然也有“党的无产阶级基础之建立，大区域产业支部之创造，正是目前党在组织方面的最大任务”、农村的斗争是“帮助城市斗争”等提法，[①] 但此信的中心思想是强调农村斗争的重要性和必要性，要求创造与扩大红军，要求巩固和扩展农村革命根据地。

中央二月来信在红四军领导层中有着不同的反响。毛泽东不同意中央对形势的分析和斗争的部署，但有的同志同毛泽东的认识有分歧，缺乏建立巩固的根据地的深刻观念，主张四处流动游击，这就使红四军部分领导者之间围绕要不要建立巩固的根据地和如何建设军队的一些原则问题出现了分歧和争论。而 1929 年 6 月下旬召开的红四军党的第七次代表大会未能正确解决上述问题，毛泽东被迫离开了红四军的领导岗位，到闽西各地指导地方工作，并继续思考、探索建立革命根据地和中国革命重大原则问题。

1929 年 7 月，毛泽东在中共闽西第一次代表大会上总结了创建闽西革命根据地的经验，阐述了巩固和发展闽西革命根据地的六个条件和三条基本方针。毛泽东在会上阐述的闽西根据地能够巩固和发展的条件与《井冈山的斗争》一文中所指出的井冈山根据地能够

---

① 《红军第四军前委给中央的信》（1929 年 4 月 5 日），《毛泽东文集》第 1 卷，人民出版社 1993 年版，第 54—62 页。

存在和发展的条件在原则上是一致的，而毛泽东所提出的巩固和发展农村革命根据地的三条基本方针，显然丰富和发展了毛泽东关于红色政权和工农武装割据的思想。

1929 年的中央九月来信，肯定了毛泽东对党的建设、军队建设以及建立农村革命根据地的正确主张。12 月下旬，毛泽东根据中央九月来信起草的古田会议决议，确定了着重从思想上建设，同时从组织上建设，并正确、积极地开展党内思想斗争，切实加强党内思想政治教育，用无产阶级思想克服非无产阶级思想的党的建设的原则，创造性地解决了中国共产党长期在农村和农民出身的党员占多数的情况下如何保持党的先进性这一革命道路理论必须解决的关键性问题，从而为“农村包围城市、武装夺取全国政权”革命道路理论的形成提供了前提。同时，古田会议决议明确批评了流寇主义思想，提出了解决流寇主义思想的方法，从而肯定了毛泽东关于建立农村革命根据地的中心区域的思想。古田会议决议为党对正确革命道路的探索做出了重要贡献。

古田会议结束后一个星期，为应对国民党军的第二次闽粤赣“三省会剿”，红四军按计划由朱德率领第一、第三、第四纵队开向连城，毛泽东和红四军前委率第二纵队留驻上杭古田。1930 年 1 月 5 日，在古田赖坊村的协成店，毛泽东就对于时局的估量和红军的行动问题给林彪写了一封回信（即《星星之火，可以燎原》）。毛泽东在这一篇党内通信中，针对林彪以及党内一些同志对时局估量的悲观思想进行了分析和批评，并系统阐述了他自创建井冈山革命根据地以来对中国革命发展道路的有关问题的所有思考。

毛泽东认为，林彪来信所反映的思想观点在中共党内和红四军内部都有一定的代表性。毛泽东在回信的开头说：“新年已经到来几天了，你的信我还没有回答。一则因为有些事情忙着，二则也因为我到底写点什么给你呢？有什么好一点的东西可以贡献给你呢？搜索我的枯肠，没有想出一点什么适当的东西来，因此也就拖延着。现在我想得一点东西了，虽然不知道到底于你的情况切合不切合，但我这点材料实是现今斗争中一个重要的问题，即使于你的个别情

毛泽东 1930 年 1 月 5 日给林彪的回信，后以“星星之火，可以燎原”为题收录于《毛泽东选集》一书。图为龙岩市上杭县古田镇赖坊村协成店毛泽东写作《星星之火，可以燎原》旧址

况不切合，仍是一般紧要的问题，所以我就把它提出来。”“我要提出的是什么问题呢？就是对于时局的估量和伴随而来的我们的行动问题。”①

毛泽东批评林彪说：“我从前颇感觉、至今还有些感觉你对于时局的估量是比较的悲观。去年五月十八晚上瑞金的会议席上，你这个观点最明显。我知道你相信革命高潮不可避免的要到来，但你不相信革命高潮有迅速到来的可能，因此在行动上你不赞成一年争取江西的计划，而只赞成闽粤赣交界三区域的游击；同时在三区域也没有建立赤色政权的深刻的观念，因之也就没有由这种赤色政权的深入与扩大去促进全国革命高潮的深刻的观念。”②

毛泽东批评了那种“认为在距离革命高潮尚远的时期做这种建

① 《毛泽东给林彪的一封信》(1930 年 1 月 5 日)，《中共中央文件选集》第 6 册，中共中央党校出版社 1989 年版，第 553—554 页。

② 《毛泽东给林彪的一封信》(1930 年 1 月 5 日)，《中共中央文件选集》第 6 册，中共中央党校出版社 1989 年版，第 553—554 页。

立政权的艰苦工作为徒劳，而希望用比较轻便的流动游击方式去扩大政治影响，等到全国各地争取群众的工作做好了，或做到某个地步了，然后再来一个全国武装起义，那时把红军的力量加上去，就成为全国形势的大革命”的主张，指出“这种全国范围的、包括一切地方的、先争取群众后建立政权的理论，是于中国革命的实情不适合的”。① 毛泽东认为上述这种主张的理论来源，就在于“没有把中国是一个许多帝国主义国家互相争夺的半殖民地这件事认清楚”。② 据此，毛泽东在回信中回顾井冈山和赣南闽西斗争经验的同时，根据中国社会的基本特点，从理论上进一步论证了中国革命应当走什么道路的问题。

毛泽东认为中国社会的基本特点决定了中国革命只能走乡村包围城市的道路。他指出，中国是一个许多帝国主义国家互相争夺的半殖民地，他们以划分势力范围的分裂剥削政策对中国进行分割统治，并支持各派军阀对中国人民实行残酷的压迫和剥削。各派反动军阀为了维护他们自身及其帝国主义主子的利益，互相之间展开了激烈的争权夺利的斗争，连年不断的互相长期混战，就是这种争夺的最高表现。这就是当时中国社会的基本特点。在这个基本特点下产生了两种情况：一是军阀混战都以中心城市（甚至包括县城）为争夺目标，因此他们各自都在城市中建立了强大的军队，对城市实行严密的恐怖统治。这就使得中国共产党领导的革命力量在城市中不能立足。1927 年以来党领导的各地城市暴动，包括南昌起义、广州起义那样的大城市暴动和黄安、麻城等小的县城暴动都相继失败，就是明证。然而城市以外的广大乡村，特别是偏远乡村和各省之间的边界地区，就成为反动统治链条上的薄弱环节。由于军阀互相割据，这些地区成了三不管状态，即国民党中央管不着，相邻的两省军阀也都不管，因此连带着就产生了“一件怪事”，“即红军和游击

① 毛泽东：《星星之火，可以燎原》（1930 年 1 月 5 日），《毛泽东选集》第 1 卷，人民出版社 1991 年版，第 97 页。

② 毛泽东：《星星之火，可以燎原》（1930 年 1 月 5 日），《毛泽东选集》第 1 卷，人民出版社 1991 年版，第 98 页。

队的存在和发展，以及伴随着红军和游击队而来的，成长于四围白色政权中的小块红色区域的存在和发展”。[1] 这种“四围白色政权中的小块红色区域”，就是中国共产党领导红军开辟的城市以外的乡村政权。所以，中国社会的基本特点决定了中国革命不能走城市武装起义的道路，而只能是先在乡村做“建立政权的艰苦工作”，以积蓄和发展自己的力量，由此逐步推进而取得城市、取得全国范围的胜利。中国革命要走农村包围城市的道路，反映了中国革命发展的特殊规律。为此，毛泽东在信中还重申了对“城市中心”的思想的批评。

毛泽东认为，党领导的红军战争是中国无产阶级领导之下的农民革命斗争的最高形式，中国的资产阶级民主革命实质上是农民的土地革命。他指出，由于在半封建半殖民地的社会里农民大众遭受着深重的苦难，所以当时农民普遍起而反抗，农村起义具有“全国规模的发展”[2]，他们“是愿意积极地参加革命战争，并愿意使战争得到彻底胜利的。他们是革命战争的主力军；然而他们的小生产的特点，使他们的政治眼光受到限制……所以他们不能成为战争的正确的领导者”。[3] “农民必须由无产阶级政党领导”[4]，才能克服那种狭隘性、散乱性和无政府状态，组织起自己的正式队伍——红军和游击队，建立起自己的红色政权，从而才能“使革命和战争走上胜利的道路”[5]。这种战争形式和组织形式超出历代农民战争。所以毛泽东在信中深刻地指出：“红军、游击队和红色区域的建立和发展，

---

① 毛泽东：《星星之火，可以燎原》（1930 年 1 月 5 日），《毛泽东选集》第 1 卷，人民出版社 1991 年版，第 98 页。

② 毛泽东：《星星之火，可以燎原》（1930 年 1 月 5 日），《毛泽东选集》第 1 卷，人民出版社 1991 年版，第 98 页。

③ 毛泽东：《中国革命战争的战略问题》（1936 年 12 月），《毛泽东选集》第 1 卷，人民出版社 1991 年版，第 183 页。

④ 周恩来：《关于党的“六大”的研究》（1944 年 3 月 3、4 日），《周恩来选集》上卷，人民出版社 1997 年版，第 178 页。

⑤ 毛泽东：《中国革命战争的战略问题》（1936 年 12 月），《毛泽东选集》第 1 卷，人民出版社 1991 年版，第 184 页。

是半殖民地中国在无产阶级领导之下的农民斗争的最高形式，和半殖民地农民斗争发展的必然结果”①。这就说明了只有走农村包围城市的道路，才能取得中国革命的最后胜利。

毛泽东认为，中国社会矛盾的发展决定了中国革命高潮不可避免地很快会到来。他指出，1929 年前后的中国革命的潮流正处在“开始复兴的时候”②。但是，不但红军和地方党内有一种悲观的思想，就连中央也不免为那种表面上的情况所迷惑，而发生了悲观的论调。特别是在红军中工作的人，“一遇到败仗，或四面被围，或强敌跟追的时候，往往不自觉地把这种一时的特殊的小的环境，一般化扩大化起来，仿佛全国全世界的形势概属未可乐观，革命胜利的前途未免渺茫得很”。③ 针对这种悲观思想，毛泽东分析指出：“既然国际上帝国主义相互之间、帝国主义和殖民地之间、帝国主义和它们本国的无产阶级之间的矛盾是发展了，帝国主义争夺中国的需要就更迫切了。帝国主义争夺中国一迫切，帝国主义和整个中国的矛盾，帝国主义者相互间的矛盾，就同时在中国境内发展起来，因此就造成中国各派反动统治者之间的一天天扩大、一天天激烈的混战，中国各派反动统治者之间的矛盾，就日益发展起来。伴随各派反动统治者之的矛盾——军阀混战而来的，是赋税的加重，这样就会促令广大的负担赋税者和反动统治者之间的矛盾日益发展。伴随着帝国主义和中国民族工业的矛盾而来的，是中国民族工业得不到帝国主义的让步的事实，这就发展了中国资产阶级和中国工人阶级之间的矛盾，中国资本家从拼命压榨工人找出路，中国工人则给以抵抗。伴随着帝国主义的商品侵略、中国商业资本的剥蚀和政府的赋税加重等情况，便使地主阶级和农民的矛盾更加深刻化，即地租和高利

① 毛泽东：《星星之火，可以燎原》（1930 年 1 月 5 日），《毛泽东选集》第 1 卷，人民出版社 1991 年版，第 98 页。

② 毛泽东：《星星之火，可以燎原》（1930 年 1 月 5 日），《毛泽东选集》第 1 卷，人民出版社 1991 年版，第 100 页。

③ 毛泽东：《星星之火，可以燎原》（1930 年 1 月 5 日），《毛泽东选集》第 1 卷，人民出版社 1991 年版，第 100 页。

贷的剥削更加重了，农民则更加仇恨地主。因为外货的压迫、广大工农群众购买力的枯竭和政府赋税的加重，使得国货商人和独立生产者日益走上破产的道路。因为反动政府在粮饷不足的条件之下无限制地增加军队，并因此而使战争一天多于一天，使得士兵群众经常处在困苦的环境之中。因为国家的赋税加重，地主的租息加重和战祸的日广一日，造成了普遍于全国的灾荒和匪祸，使得广大的农民和城市贫民走上求生不得的道路。因为无钱开学，许多在学学生有失学之忧；因为生产落后，许多毕业学生无就业之望。如果我们认识了以上这些矛盾，就知道中国是处在怎样一种皇皇不可终日的局面之下，处在怎样一种混乱状态之下。就知道反帝反军阀反地主的革命高潮，是怎样不可避免，而且是很快会要到来。中国是全国都布满了干柴，很快就会燃成烈火。'星火燎原'的话，正是时局发展的适当的描写。只要看一看许多地方工人罢工、农民暴动、士兵哗变、学生罢课的发展，就知道这个'星星之火'，距'燎原'的时期，毫无疑义地是不远了。"①

毛泽东认为，建立红色政权是促进革命高潮最重要的因素，对于中国革命具有远大的意义。他指出："单纯的流动游击政策，不能完成促进全国革命高潮的任务，而朱德毛泽东式、方志敏式之有根据地的，有计划地建设政权的，深入土地革命的，扩大人民武装的路线是经由乡赤卫队、区赤卫大队、县赤卫总队、地方红军直至正规红军这样一套办法的，政权发展是波浪式地向前扩大的，等等的政策，无疑义地是正确的。"② 毛泽东在这里重申了他在《中国的红色政权为什么能够存在?》一文中关于"工农武装割据"的思想，这一思想的总概念就是无产阶级领导的农民土地革命、武装斗争和农村革命根据地的政权建设这三个方面的有机结合。毛泽东认定"必须这样，才能树立全国革命群众的信仰，如苏联之于全世界然。必

---

① 毛泽东：《星星之火，可以燎原》(1930年1月5日)，《毛泽东选集》第1卷，人民出版社1991年版，第100—102页。

② 毛泽东：《星星之火，可以燎原》(1930年1月5日)，《毛泽东选集》第1卷，人民出版社1991年版，第98页。

须这样，才能给反动统治阶级以甚大的困难，动摇其基础而促进其内部的分解。也必须这样，才能真正地创造红军，成为将来大革命的主要工具。总而言之，必须这样，才能促进革命的高潮”①。

毛泽东在回信的最后满怀革命豪情地指出：“马克思主义者不是算命先生，未来的发展和变化，只应该也只能说出个大的方向，不应该也不可能机械地规定时日。但我所说的中国革命高潮快要到来，决不是如有些人所谓‘有到来之可能’那样完全没有行动意义的、可望而不可即的一种空的东西。它是站在海岸遥望海中已经看得见桅杆尖头了的一只航船，它是立于高山之巅远看东方已见光芒四射喷薄欲出的一轮朝日，它是躁动于母腹中的快要成熟了的一个婴儿。”②

毛泽东 1930 年 1 月 5 日给林彪的回信，表明毛泽东在关于中国革命道路的认识上已经产生一个飞跃：第一，完全摆脱了城市中心思想。当时全党都在探索促进革命高潮的策略，党中央主张以城市为中心，加强工人运动来促进革命高潮。而毛泽东强调红军和农村红色政权“是促进全国革命高潮的最重要因素”，实际上提出了以农村为中心的思想；第二，既以农村为中心，红军的任务就不能是到处流动游击，只能是走建立红色政权、深入土地革命、帮助地方武装的发展、巩固和扩大农村革命根据地，以此促进革命高潮到来，从而夺取全国革命的胜利的道路。虽然文章中没有用“农村包围城市”这样的文字来表达，但毛泽东的论述实际上解决了中国革命应当把革命重心放在城市还是放在农村的关键性问题，从而标志着切合中国国情的“农村包围城市、武装夺取全国政权”革命道路理论已经基本形成。

土地革命战争时期，以毛泽东为代表的中国共产党人在建立农村革命根据地、开展土地革命、实行红色割据的实践中，逐渐形成

① 毛泽东：《星星之火，可以燎原》（1930 年 1 月 5 日），《毛泽东选集》第 1 卷，人民出版社 1991 年版，第 98—99 页。

② 毛泽东：《星星之火，可以燎原》（1930 年 1 月 5 日），《毛泽东选集》第 1 卷，人民出版社 1991 年版，第 106 页。

的关于党的建设、军队建设、政权建设的理论，关于土地革命的政策和统一战线的政策，以及关于“农村包围城市、武装夺取政权”的革命道路的理论，构成了一个关于中国革命基本问题的理论体系，这就是毛泽东思想的初步形成。而其中关于“农村包围城市、武装夺取政权”的革命道路理论的基本形成，则是毛泽东思想初步形成的主要标志。

六、闽西苏维埃政府的成立

到 1929 年 11 月，闽西的龙岩、上杭、永定、武平、长汀、连城、漳平、平和等县，“数百里赤色区域，几十万劳苦群众已普遍的建立了苏维埃政权（已成立县苏四个，区苏五十余个，乡苏四百余个），而且经过了五六个月的长期的光荣战争，虽然目前因为反动势力之进攻城市政权不能保守，然而乡村政权则确有坚固的基础”①。随着闽西革命根据地的逐步扩大，迫切需要建立一个全苏区统一的苏维埃政府，而此时成立全闽西统一的苏维埃政府的条件业已成熟。为此，中共闽西特委组织成立了闽西工农兵代表大会的筹备处。

1930 年 2 月 6 日，闽西工农兵代表大会筹备处颁布《苏维埃政府组织法》和《工农兵代表大会选举条例》。《工农兵代表大会选举条例》规定，在闽西苏维埃政权管辖所及的地区，年满 16 岁以上的劳动群众，不分男女均享有选举权和被选举权，并规定了各界、各单位代表名额和代表选举办法。随后，根据选举条例，闽西各县区乡开展了广泛的选举运动，推选出参加闽西工农兵代表大会的代表。

经过一个多月的筹备，1930 年 3 月 18 日至 24 日，闽西第一次工农兵代表大会在龙岩召开。

大会讨论通过了《闽西第一次工农兵代表大会宣言》和军事、

---

① 《中共闽西特委通告第十四号——中共闽西特委第一次扩大会关于苏维埃工作问题的决议》（1929 年 11 月 2 日），中共福建省委党校党史研究室编《红四军入闽和古田会议文献资料》，福建人民出版社 1979 年版，第 138 页。

经济、财政、文化、建设等5项决议案，制定了苏维埃政府组织法案、土地法案、山林法案、借贷条例、工会法案、劳动法案、优待士兵条例、商人条例、婚姻法、合作社条例、裁判条例、暂行税则条例等16项法案和条例。

《闽西第一次工农兵代表大会宣言》全面分析了全国和福建的政治形势和闽西政治经济背景，认为“闽西赤色政权非特日臻于巩固之境，而且是一个不可避免的发展前途，而实现这一前途，必须执行下列的任务”：（一）集中一切力量向外发展赤色区域，尤其要向漳厦潮汕发展，以解决整个闽西的社会经济问题，巩固闽西赤色政权，扩大政治影响。（二）扩大红军，统一军事指挥权，共图向外发展，促成全省总暴动局面，完成武装拥护苏联、消灭军阀混战、巩固土地革命胜利的三大任务。（三）扩大“打倒帝国主义”“反对第二次世界大战”“武装拥护苏联”“反对国民党军阀混战”的宣传，揭破第三党改组派机会主义者欺骗群众的假面具，以提高群众的阶级觉悟。（四）整理各级苏维埃，建立真正的民主政权，使广大工农兵士贫民群众直接管理政事，以达到自己痛苦的解除，而巩固赤色政权基础的目的。（五）统筹闽西社会经济之发展与调节，使纸、木、烟能够输出，外来生活必需品源源而来，调节粮食、金融，以解决赤色区域群众之生活问题。（六）统一财政，厘定税则，限制开支，确立预算制度，建立财政独立基础。（七）确定劳动法。切实保护工人利益，发动工人群众更热烈地起来，成为革命的主力，同时要设法救济城市贫民，以巩固城市政权基础。（八）确定土地法、山林法，解决债务纠纷，使土地革命胜利更加一重保障。（九）改良士兵生活和待遇，提高士兵地位，确定优待士兵条例，以加强红军力量。（十）保护妇女青年利益，彻底废除家庭社会对妇女青年的一切剥削和压迫，打破旧礼教，解除婚姻不自由的痛苦，引进妇女青年群众参加政权，使成为革命之先锋。（十一）修理道路桥梁，建造被毁房屋。整顿水利，从事新旧的建设等。（十二）实行免费教育，编制教材，开办报馆及各科训练班，举行识字运动，以提高群众文化程度。（十三）扩大济难会工作，以救济被难群众。上述诸项，“是巩固闽西土地革命胜利，推动全国革命高潮更快到来之主要条件，大会决以全力贯彻这一主张，愿我全闽西群众协力执行，以期实现”①。

闽西第一次工农兵代表大会的宣言和全部决议案及法案、条例，贯彻了进行反帝反封建的革命运动，推翻帝国主义和国民党的反动统治，保障劳动人民彻底解放的根本利益这一基本精神，对于此后闽西苏区镇压敌人，保护人民，巩固和发展土地革命的胜利成果，发展生产，提高苏区人民的物质生活和文化生活水平，争取土地革命战争的胜利，发挥了巨大的作用。

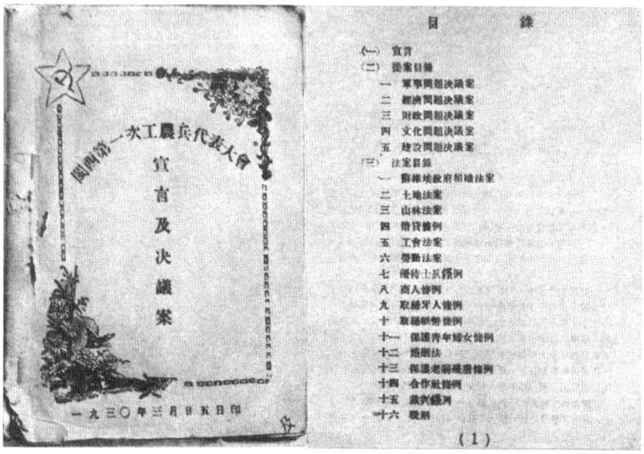

1930 年 3 月闽西第一次工农兵代表大会通过的宣言及决议

大会选举邓子恢、张鼎丞、郭滴人、卢肇西、陈正、傅柏翠、蓝维仁等 35 人为闽西苏维埃政府执行委员会委员，以邓子恢为主席；闽西苏维埃政府统一领导闽西苏区各县苏维埃政府的工作，下设劳动部、土地部、军事部、裁判部、财政部、经济部和文化教育部。闽西苏维埃政府的成立，标志着闽西革命根据地的正式形成。

1930 年 3 月，中共中央代表恽代英视察闽西。3 月 26 日，恽代英在中共中央机关报《红旗》上发表了《闽西苏维埃的过去与将来》一文，高度赞扬闽西苏维埃政权。他认为“闽西八十万工农群众从斗争中建立的苏维埃政权，获得朱毛红军长期游击战争经验的帮助

① 《闽西第一次工农兵代表大会宣言及决议案》（1930 年 3 月 25 日），中共福建省委党校党史研究室编《红四军入闽和古田会议文献资料（续编）》，福建人民出版社 1980 年版，第 216—223 页。

与指导，在政治上确实已表现了伟大的成绩。他们驱逐了地主豪绅国民党军阀，分配了土地，改良了工人生活，他们的政治影响在全福建乃至东江赣南工农群众中间都普遍的扩大”。[①]

闽西苏维埃政府成立后，闽西特委和苏维埃政府进一步加强了闽西红军的建设。首先是统一闽西红军的指挥权，将上杭、长汀、武平、龙岩、永定、连城等县的赤卫团编成红军第九军，后根据中共中央决议改为红军第十二军，邓毅刚为军长，邓子恢为政治委员，陈正为政治部主任，邓壹为参谋长，全军 6 个团 3000 人。1930 年四五月间，“红军第十二军第一百团，在漳平、南靖、平和、龙溪、华封（今华安县——引者注）各县转战数月，发动了数十万的闽南群众蓬勃的斗争，经过数月与敌人血战肉搏的艰辛奋斗，各部反动武装都受了严重惩办”[②]。红十二军的成立，为肃清闽西境内的团匪，发展闽南的斗争，抵御敌人的进攻，保卫刚诞生的闽西苏维埃政府，发挥了巨大的作用。到 1930 年下半年，闽西根据地和粤东北、赣东南的部分根据地连成闽粤赣根据地，为后来中央革命根据地的建立奠定了基础。

七、《调查工作》与毛泽东关于“思想路线”概念的形成

1930 年 4 月底，按红四军前委原定计划，毛泽东率红四军转战江西寻乌。5 月上旬，在红四军消灭了寻乌澄江的地主武装后，毛泽东指导召开了寻乌县第一次工农兵代表大会，正式成立了寻乌县苏维埃政府。随后，红四军分兵在江西的寻乌、安远、平远等地发动群众，建立基层苏维埃政权，扩大赣南革命根据地。5 月，毛泽东在寻乌进行了深入的社会调查，并写下了《寻乌调查》一文。在

---

① 恽代英：《闽西苏维埃的过去与将来》（1930 年 3 月），中共福建省委党校党史研究室编《红四军入闽和古田会议文献资料（续编）》，福建人民出版社 1980 年版，第 212 页。

② 《盛极一时的岩城群众慰劳欢送革命战士出征东江》（1930 年 5 月 17 日）。

寻乌调查期间，毛泽东深感红军内部教条主义盛行对中国革命的危害，结合古田会议前后他对反对教条主义的思考和在闽西赣南各地进行社会调查的经验，将他之前写下的短文《反对本本主义》进行了修改补充，写下了《调查工作》一文。6 月，毛泽东等率领红四军离开寻乌转战入闽。6 月 11 日至 13 日，毛泽东在长汀南阳主持召开了红四军前委、闽西特委联席会议。在长汀期间，毛泽东将《调查工作》一文交由闽西特委安排出版。①

毛泽东在创建闽西革命根据地的实践中，一贯重视调查研究工作，并积极反对和纠正教条主义的倾向。1929 年 3 月红四军解放长汀城后，毛泽东邀请长汀城里的裁缝、佃农、教书先生、钱粮师爷、衙役、流氓游民等社会各阶层六种人，在辛耕别墅内召开调查会，了解闽西及长汀的政治状况、经济状况、风俗民情，为红四军制定适应闽西情况的斗争策略提供依据。随后红四军颁布了《告绿林兄弟书》《告商人和知识分子》等文告，阐述了红四军及前委的各项政策，为红四军在闽西发动群众支持和参加革命奠定了基础。1929 年 7 月中共闽西第一次代表大会正式开幕前，毛泽东向中共闽西特委建议，让参会代表就闽西的土地、政治、党务、武装群众与政治组织、物价、洋货侵入与工农业破产等各方面问题，进行深入细致的调查研究，以便中共闽西第一次代表大会能够制定出切合闽西实际情况的路线和方针政策。1929 年 11 月，毛泽东在长汀城召开工人座谈会。12 月，毛泽东又在新泉整训期间召开农民调查会、士兵调查会等，为召开红四军党的第九次代表大会做准备。正因为毛泽东一贯注重调查研究，通过调查研究了解、掌握了大量的闽西社会实际

---

① 1961 年 3 月 11 日，毛泽东把《调查工作》改名为《关于调查工作》，并写了一段批语："这是一篇老文章，是为了反对当时红军中的教条主义思想而写的。那时没有用'教条主义'这个名称，我们叫它做'本本主义'。写作时间大约在 1930 年春季，已经三十年不见了。1961 年 1 月，忽然从中央革命博物馆找到，而中央革命博物馆是从福建龙岩地委找到的。看来还有些用处，印若干份供同志们参考。"1964 年，这篇文章编入《毛泽东著作选读》（甲种本）时，毛泽东又将《关于调查工作》改名为《反对本本主义》，写作时间确定为 1930 年 5 月；1986 年出版的《毛泽东著作选读》和 1991 年出版的《毛泽东选集》第 2 版等均收入了这篇文章。

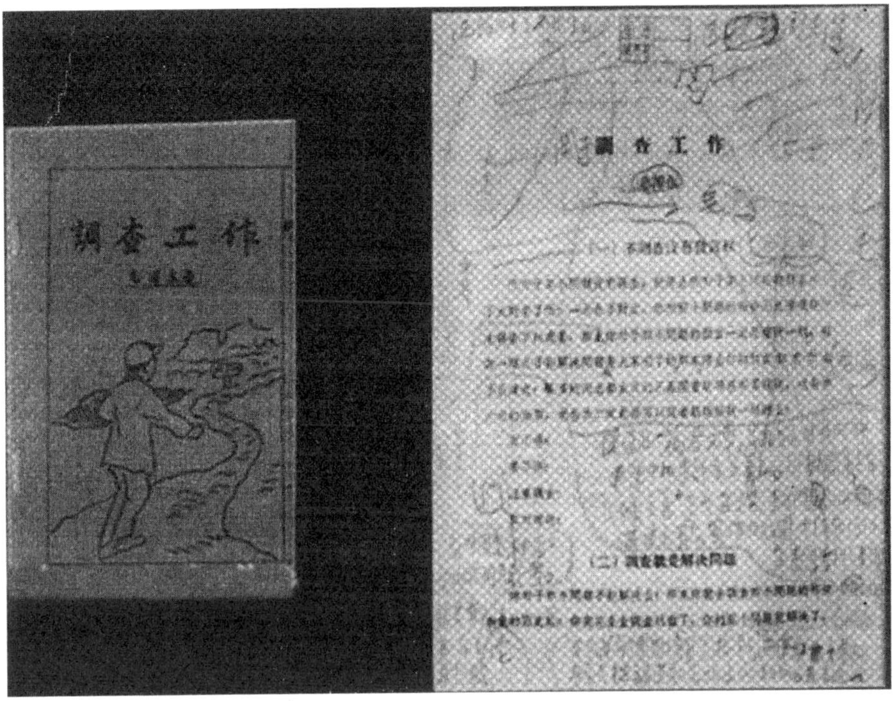

图为《调查工作》石印本及毛泽东 1961 年 3 月将《调查工作》改名为《关于调查工作》印发有关同志参考时的手稿

情况，所以他在创建中央苏区的革命实践中提出了许多切合实际的正确主张，并在闽西、赣南等土地革命斗争中发挥了积极的指导作用。

但与此同时，党内红军内李立三“左”倾冒险错误日趋严重，又使毛泽东深感“本本主义”的危害。1929 年 6 月 8 日，在红四军内部关于军队建设问题大争论背景下，林彪给毛泽东写了一封信，反映了他对红四军内部争论的有关问题的看法，并且表示不赞成毛泽东离开前委，希望毛泽东有决心纠正党内的错误思想。6 月 14 日，毛泽东在连城新泉驻地给林彪回复了一封长信。毛泽东在回信中批判了“形式主义的理论”，强调指出：“共产主义者的思想和行动总要稍为科学一点才好，而一部分同志则恰恰与科学正相反对，一篇演说、一个行动已可以找出很多的矛盾出来。说话完全不顾及这话将要发生的影响，不管对不对，乱说一顿便了。”毛泽东写道：“不从需要上实际上去估量，单从形式上去估量，这是什么一种共产主义者的态度呢?! 请问实际弄得不好，形式上弄得再好看又有什么用处呢?!”“这种形式论发展下去，势必不问一切事的效果，而只是它的形式，危险将不可胜言。”① 毛泽东尖锐地指出：“形式主义之来源是由于唯心主义，唯心主义之来源是由于游民、农民与小资产阶级成分中产生出来的个人主义，这与小团体主义、流寇思想、单纯军事观点等等是在一条路线基础上的，只是一个东西。这种思想发展的另一方面必定是分权主义——也是代表游民、农民、小资产阶级的一种思想，而与无产阶级的斗争组织（无论是阶级的组织——工会，与阶级先锋队的组织——共产党，或它的武装组织——红军）不相容的。”② 在信中，毛泽东第一次明确提出了“思想路线”这个概念。他写道：“我们是唯物史观论者，凡事要从历史和环境两方面考察才能得到真相。我现举出了自有四军以来的历史问题的各方面，以证明近日的问题（军委问题，但原则问题）只是历史的结穴，历史上一种错误的思想路线上的最后挣扎。”③ 毛泽东认为，红四军内部关于党与军关系的争论，实际是思想路线之争。毛泽东在信中明确提出了要从思想路线的高度克服党内的非无产阶级思想，实现非无产阶级出身的党员无产阶级化的问题。在毛泽东看来，要化解红四军内部的争论，克服各种非无产阶级的不正确思想，最根本的就是要解决思想路线问题。毛泽东的这封信，是总结中国共产党领导的人民军队建设的重要文献，系统地提出了党对红军的绝对领导和红军建设的一系列根本原则，为半年后起草古田会议决议打下了初步基础。

1929 年下半年以后，原在党内存在的某些“左”倾思想又有发

① 毛泽东：《给林彪的信》（1929 年 6 月 14 日），《毛泽东文集》第 1 卷，人民出版社 1993 年版，第 70、72 页。

② 毛泽东：《给林彪的信》（1929 年 6 月 14 日），《毛泽东文集》第 1 卷，人民出版社 1993 年版，第 74 页。

③ 毛泽东：《给林彪的信》（1929 年 6 月 14 日），《毛泽东文集》第 1 卷，人民出版社 1993 年版，第 74 页。

展。1930 年 2 月，中共中央发出了第 70 号通告，即《目前政治形势与党的中心策略》。通告错误地估计了当时形势，否认革命发展的不平衡性，认为全国革命高潮即将到来，党的总任务是准备武装起义，推翻国民党政府，建立全国苏维埃政权。为实现这一总任务，要求全党把组织工人政治罢工、组织地方起义、组织兵变，扩大红军，以争取一省或几省首先胜利，作为准备武装起义的中心策略。4 月 3 日，中央给红四军前委的信中提出，“必须坚决向中心城市发展，是红军当前的主要任务”，具体要求红四军坚决向赣江下游发展，配合整个革命形势与武汉首先胜利的前途，取得九江以保证武汉胜利，并批评毛泽东在闽粤赣三省边界地区建立红色政权的主张是“割据政策”“保守观念”。实际上，正是中共中央领导人“左”倾冒险错误的发展以及中央 4 月 3 日来信促使毛泽东进一步修改充实以前写下的短文《反对本本主义》，以求能够足以说服同志。

在《调查工作》一文中，毛泽东深入浅出地阐述了调查研究工作的必要性和重要性。在文章的开头，毛泽东根据在革命实践中的亲身体会，提出了“没有调查，没有发言权”① 这个振聋发聩的响亮口号。他指出：“成天地闭着眼睛在那里瞎说，这是共产党员的耻辱。”“中国革命斗争的胜利要靠中国同志了解中国情况”，共产党人要坚持“从斗争中创造新局面的思想路线”。他指出：“资产阶级政党也是天天在那里讨论斗争策略的，他们的问题是怎样在工人阶级中传播改良主义影响，使工人阶级受他们的欺骗，而脱离共产党的领导，怎样争取富农去消灭贫农的暴动，怎样组织流氓去镇压革命等等。在这样日益走向尖锐的短兵相接的阶级斗争的形势之下，无产阶级要取得胜利，就完全要靠他的政党——共产党的斗争策略的正确和坚决”。然而，“共产党的正确而不动摇的斗争策略，决不是少数人坐在房子里能够产生的，它是要在群众的斗争过程中才能产生的，这就是说要在实际经验中才能产生。因此，我们需要时时了

① 参见毛泽东：《反对本本主义》，《毛泽东农村调查文集》，人民出版社 1982 年 12 月版，第 1—12 页。本节下文所引《调查工作》原文均见此篇文章，不再一一加注。

解社会情况，时时进行实际调查”。毛泽东进一步指出，“调查就是解决问题”，“一切结论产生于调查情况的末尾，而不是在它的先头”，“调查就像‘十月怀胎’，解决问题就像‘一朝分娩’”。

毛泽东深刻地阐明了“本本主义”的危害性。毛泽东认为，本本主义者不根据实际情况决定工作方针，他们只知道照章办事，“开口闭口‘拿本本来’”，拒绝实际调查，而那种不作调查、纯主观瞎说一顿的做法，就“一定要弄坏事情，一定要失掉群众，一定不能解决问题”。“离开实际调查就要产生唯心的阶级估量和唯心的工作指导，那末，它的结果，不是机会主义，便是盲动主义”。他指出，对上级指示也绝不能采取本本主义的态度，“我们说上级领导机关的指示是正确的，决不单是因为它出于‘上级领导机关’，而是因为它的指示内容，是适合于斗争中客观和主观情势的，是斗争所需要的”。因此，不管实际情况如何，“一味盲目执行”上级指示“是很不对的”，“这不是真正在执行上级的指示，这是反对上级指示或者对上级指示怠工的最妙方法”。他还进一步指出，“我们说马克思主义是对的，决不是因为马克思这个人是什么‘先哲’，而是因为他的理论在我们的实践中在我们的斗争中证明了是对的”。对于马克思主义的“本本”是要学习的，但是这种学习“必须同我国的实际情况相结合。我们需要‘本本’，但是一定要纠正脱离实际情况的本本主义”。而本本主义者的那种“只要遵守既定办法就无往而不胜利”的想法“是完全错误的”，这“完全是一种保守路线。这种保守路线如不根本丢掉，将会给革命造成很大损失，也会害了这些同志自己”。

毛泽东强调了反对“本本主义”的重要性。他指出，为要纠正“本本主义”，“只有向实际情况作调查”，而调查工作又必须有正确的方法。他明确提出，“我们调查工作的主要方法是解剖各种社会阶级”，通过这种解剖“明了社会各阶级的政治经济情况”，了解“各阶级现在的以及历史的盛衰荣辱的情况”，“明了各种阶级的相互关系”，从而“得到正确的阶级估量”，以便据此定出我们正确的斗争策略，即“确定哪些阶级是革命斗争的主力，哪些阶级是我们应当争取的同盟者，哪些阶级是要打倒的”，这就是我们进行社会调查的主要目的。为要在调查工作中做好阶级分析，他还提出必须采用群众路线的调查方法，“到群众中作实际调查去”。

毛泽东在《调查工作》一文中所阐述的基本思想，就是必须坚持实事求是、一切从实际出发、理论联系实际的思想，就是马克思列宁主义的普遍原理必须与中国革命的具体实践相结合的思想。正是这篇光辉著作，提出了实事求是、群众路线、独立自主的毛泽东思想的活的灵魂的三个基本点的雏形，并且相当深刻地阐明了它们之间的内部联系。这些思想为中国共产党人从教条主义的束缚中解放出来，从对共产国际和苏联经验的盲目迷信中解放出来，为坚持把马克思主义同中国革命实际相结合、独立自主地解决中国革命的实际问题奠定了思想基础，同时也为全党接受从而进一步发展“农村包围城市、武装夺取政权”的正确革命道路奠定了思想基础。

第四章　闽北革命根据地的形成

一、闽北工农红军的建立

1929 年 1 月，以崇安上梅为中心的第二次崇（安）浦（城）农民暴动，在中共福建省委特派员杨峻德和崇安县委的领导下，迅速波及崇安东、西、北部，浦城西部，建阳北部，以及江西铅山南部纵横 50 公里的区域，声势浩大，极大地冲击了闽北地区国民党的反动统治，引起了国民党闽赣两省反动当局的恐慌。1929 年 2 月下旬，国民党福建省防军第三旅卢兴邦部派出一个团在地方反动民团的配合下，在崇安县全县范围内开展了大规模的“清乡”，重点进攻暴动区域。敌军每攻占一地，大肆烧杀抢掠，搜捕“民众队”领导人。一时间，白色恐怖笼罩各地。

根据这一形势，中共崇安县委决定将“民众队”的公开斗争转为秘密活动，由村镇转到崇山峻岭中去，并在原有“民众队”的基础上建立脱产的游击队。各路游击队人数从一二十人到几十人不等，由陈耿、徐福元、左诗赞、邹福、张银黄、李金寿等共产党员担任领导，白天分散发动群众，秘密发展党团组织，晚上集中打土豪、筹款，骚扰、袭击敌人，在深山密林中同敌人迂回作战。为加强游击队的武器装备，游击队还在上梅等地的深山中建立了兵工厂，生产“过山垄”“杉树炮”“挨丝炮”“锡炸弹”等土制武器。在反“清乡”的斗争中，初步建立了以崇安东部的上梅、西部的吴三地、崇安浦城交界的黄龙岩为中心的 3 块游击根据地，保存和发展了暴动成果。

为了避实就虚瓦解敌人的“清乡”，不断扩大红色区域，1929年2月，中共福建省委特派员杨峻德和崇安县委指示崇安西乡游击队转向武夷山北麓的铅山、上饶南部地区开展工作，作为日后与赣东北地区联系的桥梁。陈耿、徐福元、邹福、吴永明等人率领600多名游击队员，由桐木关、分水关、温林关越过武夷山，进入江西信江以南的铅山和上饶境内的车盘、乌石、石垅、峨嵋板一带活动。陈耿、邹福率领的一路游击队出分水关后，决定首先集中力量打击闽赣边界国民党当局设立的“厘金卡”，扩大游击队的影响。“厘金卡”的“盐勇”不但盘查往来闽赣的肩担盐贩，禁止食盐进入红色区域，而且见什么抢劫什么，当地农民敢怒不敢言。2月下旬，陈耿同游击队支队长邹福带领的20余名队员在乌石墟场袭击“盐勇”，缴获6支长枪、1支短枪。游击队员还在乌石村墙上涂写“打倒土豪、平田废债”革命标语。徐福元、李纪贵率领的一路游击队出温林关，经江东源、望里岭，袭击和烧毁了铅山县石塘镇的警察所，夺取了一批枪支，回师路上又打了几个土豪。崇安游击队的游击活动有力地推动了信江南岸一带山区的农民运动。

1928年1月，中共崇安县委在此成立。图为武夷山市上梅乡上梅村后坊自然村中共崇安县委旧址

同年4月，崇安县委书记陈耿指派原籍铅山县东坑的游击队员余水发、黄凤阶、周茂真等回铅山开展革命活动，随后建立了东坑、篁村、龙鹤3个村的“民众会”，为东坑“民众队”举行暴动作了准备。5月，余水发等受当地“民众会”委托，专程向陈耿汇报了东坑暴动的准备情况。陈耿认为，东坑仅有土豪地主武装，没有正规的国民党军驻守，容易发动暴动，建立根据地，同意东坑暴动如期举行。为了确保暴动成功，陈耿还派出一支游击队直接参加东坑暴动。6月14日，余水发带领崇安游击队20余人，携带火枪（鸟铳）19支，由崇安桐木关直奔东坑。队伍路经篁村时逮捕了篁村地主程翰，将其押解东坑，并按照预定计划在东坑召开暴动大会，正式宣布成立“革命团”为暴动指挥机关，隶属崇安县委领导。16日，暴动队伍开到石垄，打开杨村地主的谷仓，把粮食分给贫苦的农民和纸工。接着袭击了涂家，不久又攻下了紫溪。暴动队伍所到之处，到处都掀起了打土豪、抗租抗税的斗争，革命势力遍及铅山县南部方圆数十里山区。崇安县委指导下以东坑为中心的铅山农民暴动，开辟了铅山南部地区的武装割据局面，推动了铅山县21个区的革命形势，为日后闽北苏区和赣东北苏区的合并打下了基础。

崇安游击队的广泛出击，打破了敌人的经济封锁，打出了游击队的威风，争取了群众，扩大了政治影响，使游击队在艰苦的环境中日益壮大起来。截至1929年4月，闽北游击队发展到16支队伍，有2000多人，500多支枪（大部分为土枪），巩固和发展了以崇安为中心的闽北游击根据地，地域范围包括崇安东部的上梅、岩后及南部的北坑一带，崇安北部的山坳、齐白、岭阳和崇浦边界的岱后一带，崇安西南部的黄坑、溪源、坑口和江西信江南部铅山、上饶的篁村、乌石、车盘一带。

闽北游击根据地的建立、巩固和发展，以及武装割据局面的形成，“若只有地方性质的赤卫队而没有正式的红军，则只能对付挨户团，而不能对付正式的白色军队。所以虽有很好的工农群众，若没有相当力量的正式武装，便决然不能造成割据局面，更不能造成长期的和日益发展的割据局面”①。因此，1929年4月，中共崇安县委根据当时形势发展的需要，在上梅乡下屯村召开会议，决定将红色武装的领导机关从军政一体化的“民众局”中分出，成立“红军局”，由陈耿任总指挥，统一领导崇安地区武装力量，同时将16支游击队武装整编为“红军团”。其间，“红军局”颁布了由杨峻德起草的《红军之意义》和《红军之组织》两个重要文件。《红军之意义》明确规定了红军的性质、任务和目标等：“红军就是民众自己武装之组织。红军是由民众中最勇敢、最革命、最忠实之分子组成起来的。红军是专为打倒帝国主义、打倒军阀，杀尽贪官、污吏、土豪、劣绅、地主、资本家，及推翻国民党的统治而组织的经常作战之军队。”②

1929年10月，中共崇安县委在岚谷黄龙岩村召开会议，宣布正式成立中国工农红军第五十五团。红五十五团下辖3个营、9个连和1个特务连，共500余人。县委书记陈耿兼任团长，左诗赞、丁细俤为副团长。红五十五团直属中共崇安县委领导，各连均成立了党支部，建立了党对红军的绝对领导。

红五十五团的成立，为闽北党的组织在更广大的地域实现武装割据的局面、建立苏维埃红色政权、开展土地革命创造了重要条件。中共福建省委高度称赞了闽北土地革命新发展的意义：“虽然他们在斗争中有很多的错误，但他们斗争的意义谁都不能忽视的。他们已成了推动福建全省总暴动的动力之一”。③

二、以崇安为中心的闽北革命根据地的形成

1930年1月，福建土著军阀、福建省防军第三旅旅长卢兴邦策

① 《毛泽东选集》第1卷，人民出版社1991年版，第50页。

② 《红军之意义》（1929年），中共福建省建阳地委党史办、福建省建阳地区档案馆编《闽北党史文献》第1集，第164页。

③ 《福建省委要求增加出席全国苏维埃大会代表名额的报告》（1930年3月22日），中央档案馆、福建省档案馆编《福建革命历史文件汇集（省委文件）1930年》，第159页。

动“一六”事件，绑架了国民党福建省政府官员，蒋介石下令国民党军第五十六师刘和鼎部讨伐。卢兴邦为了对付刘和鼎，调走了在闽北崇安“清乡”的大部分部队，崇安县城驻防部队包括警备队和民团仅180余人。这一场新军阀之间的混战，“根本动摇了闽北的统治，很明显给闽北红色一个很好的发展机会”。[①]

崇安县委抓住“刘卢战争”爆发的良机，集中红军兵力，以连为单位，乘敌空虚攻占村镇，全面出击，短短一个月内就占领了崇安县北部的大洋、岚谷、吴屯等大乡镇，解放了崇安的大部分乡村。红五十五团还打出外线，分别进入建阳县北部、浦城西部和江西的铅山、上饶南部作战，控制了邻县邻省的大片乡镇，扩大了以崇安为中心的闽北红色区域。红五十五团也由原来的500余人、100多支枪迅速发展到1200多人、700余支枪[②]。

中共福建省委非常重视闽北的革命斗争，对“闽北崇安武装斗争已经发展，并与江西信江苏维埃区域有相当的联络”[③] 的斗争形势寄予厚望。1930年2月，中共福建省第二次代表大会在厦门召开，中央代表恽代英到会指导。大会根据中共中央关于福建“游击战争与苏维埃区域的发展将不仅于闽西，必须深入扩大到泉、漳各属以至闽北”的指示[④]，提出“闽北、崇安斗争已经日益发展，为要使斗争更加群众化，必须加紧发展当地群众工作，召集乡村或工厂作坊职业的代表大会，成立苏维埃政权，以为指导斗争的机关”[⑤]。为了

① 《福建军委给中央的报告——关于闽西闽北红军工作问题》（1930年6月19日），中共福建省建阳地委党史办、福建省建阳地区档案馆编《闽北党史文献》第1集，第205页。

② 《福建省委要求增加出席全国苏维埃大会代表名额的报告》（1930年3月22日），中央档案馆、福建省档案馆编《福建革命历史文件汇集（省委文件）1930年》，第159页。

③ 《福建省第二次代表大会决议案》（1930年3月1日），中央档案馆、福建省档案馆编《福建革命历史文件汇集（省委文件）1930年》，第106页。

④ 《中央给福建省委指示——开展群众运动、反对军阀战争》（1930年1月16日），中共建阳地委党史办、福建省建阳地区档案馆编《闽北党史文献》第1集，第167页。

⑤ 《福建省第二次代表大会决议案》（1930年3月1日），中央档案馆、福建省档案馆编《福建革命历史文件汇集（省委文件）1930年》，第130页。

加强闽北崇安的工作，“造成闽北广大范围的地方暴动”，大会决定成立中共闽北特委，省委秘书长杨峻德调任特委书记，负责组建闽北特委，领导闽北革命斗争。

杨峻德返回闽北后，在崇安召开闽北党员会议，根据中共福建省第二次代表大会的精神，正式成立了中共闽北特委，书记杨峻德、组织翁耀先、宣传彭凤人；特委下辖崇安、建瓯县委和建阳、政和、松溪等县的特支、党支部。中共闽北特委全面部署了苏维埃政权的建设工作，决定以崇安为中心，加快闽北苏维埃政权建设的步伐。

1930 年 3 月，在杨峻德、陈耿、左诗赞等人指导下，开始在各区范围内自下而上地建立乡、村一级苏维埃政府。3 月，下梅、小南、柘洋、大南乾等 4 个乡苏维埃政府相继成立。西乡和北乡也先后建立了乡（村）苏维埃政府。4 月初，东乡上梅、下梅两个区全面完成了建立乡（村）苏维埃政权工作。4 月上旬，上梅（一区）、下梅（二区）苏维埃政府成立，上梅区苏维埃政府以游钦发为主席，下辖上梅、金竹、南树、厅下、东源、横硬等 20 个乡苏维埃政府；下梅区苏维埃政府以丁细俤为主席，下辖下梅、均山、山后、外坑、东际等 18 个乡苏维埃政府。

4 月 12 日，崇安县临时革命政权——崇安县革命委员会在上梅区下屯村成立，主席丁辉如，副主席张银英。县革命委员会下辖上梅、下梅 2 个区苏维埃政府。

5 月 1 日，在中共福建省委发起的“红五月工作”的高潮中，崇安县第一次工农兵代表大会在上梅召开，到会代表 500 余人。经过大会选举，选出崇安县苏维埃政府执行委员 27 人，闽北地区第一个县级革命政权——崇安县苏维埃政府宣告成立，左美华当选为县苏维埃政府主席，张银英等 7 人当选为副主席，主席、副主席 8 人组成主席团。县苏维埃政府设立人民、土地、军事、裁判、经济、财政、文化等 7 个委员会和 1 个秘书处。与此同时，大会还制定和颁布了土地法和其他法令。①

崇安县苏维埃政府成立后，红五十五团直接投入帮助各区建立苏维埃政府的工作。同年6月，成立了岚谷、大安、坑口等6个区苏维埃政府。7月，成立了白水、上铅（上饶、铅山南部交界边区）、建浦（建阳、浦城、崇安交界边区）等3个区苏维埃政府；8月，成立了黄墩、广浦（广丰、浦城交界边区）、崇浦（崇安、浦城交界边区）等7个区苏维埃政府。至此，崇安县苏维埃政府下辖有福建崇安县大部、建阳县北部、浦城县西部和江西上饶、铅山、广丰南部的上梅、下梅、白水、黄土、大南、坑口、廓前、大洋、大安、旸角、黄墩、程墩、岚谷、浆溪、上铅、广浦、建浦、崇浦计18个区苏维埃政府、234个乡（村）苏维埃政权，人口达20多万。

崇安县苏维埃政府的成立，标志着与中央革命根据地遥相呼应、与赣东北革命根据地形成掎角之势的闽北革命根据地的正式形成。

崇安各级苏维埃政府建立后，随即在闽北苏区开始了第一次土地革命运动。为了取得经验以迎接大规模的土地革命高潮，崇安县委于1930年3月在上梅、白水两个区搞了分田试点。试点的分田分三步：第一步，以乡为单位，召开群众大会，宣传党的土地政策，强迫地主豪绅交出所有田契、债约。经群众审查，认定确实收齐，再由乡苏维埃政府送交区苏维埃，经区苏维埃政府检验后集中烧毁。第二步，按户登记人口，划分阶级成分，张榜公布。第三步，将地主多余土地平均分给贫雇农，富农多于平均数量的土地归乡苏维埃政府作为公田之用，地主多分差田，中农不动，并废除1929年以前的债务，取消一切苛捐杂税。县委领导的这两个区的分田试点，为崇安和闽北苏区的土地革命的全面进行提供了成功的经验，同时也是1930年3月20日福建省委发布的第六号通告中要求各地"特别是要宣传闽西、闽北土地革命经验"的典型。

---

① 《崇安徐淮报告》（1930年11月），中共福建省委党史研究室、中共浙江省委党史研究室、中共安徽省委党史研究室、中共江西省委党史资料征集委员会合编《闽浙皖赣革命根据地》上册，中共党史出版社1991年第1版，第231页。

5月，根据上梅、白水两地试点的经验和做法，崇安县苏维埃政府颁布了土地法，提出了“彻底没收地主土地归苏维埃，分配给地少或地弱的农民耕种”① 的土地政纲，强调在土地革命中要依靠贫、雇农，团结中农，限制富农，消灭地主阶级，保护中小工商业者，同时给地主以生活出路，给富农以经济上的出路。

闽北革命根据地土地革命是在各级苏维埃政府领导下有计划有步骤地开展的，主要分为5个步骤进行。

1. 各区、乡苏维埃政府相应成立土地委员会，负责审查、监督各地的分田工作，受理群众意见。崇安县委还在上梅瓦厂下举办分田骨干训练班，选调各乡党支部书记、乡苏主席30余人参加，历时20余天。分田骨干训练班组织干部学习《十大政纲》《土地纲领》，有效地提高了分田骨干的政策水平。

2. 以乡为单位，召开群众大会，宣传党的土地改革政策，强迫地主交出所有田契和债单，经群众确认收齐后，由乡苏政府交区苏政府检验后集中烧毁。

3. 按户登记人口，根据经济状况划分阶级成分，“光收租、不劳动”的为地主；“山多田多，放高利贷，自己参加劳动”的为富农；“不进不出”的为中农；“虽有少量土地，但主要靠租田种”的为贫农；“常年帮地主做长工”的为雇农；“做纸、理发、裁缝”的为工人。划分成分后张榜公布。

4. 由各乡苏土地委员会主持，将暴动前所有土地（包括庙产、祭产等）作该乡应分土地的总数，并将土地分为上、中、下3等，按16岁以上的成年人为大口，16岁以下和60岁以上的为小口，以原耕为基础，考虑土质好坏、离村远近、产量高低等情况，予以抽多补少，好坏均匀，合理分配，贫雇农、红军家属酌量多分好田，地主多分坏田，同时留下相当数量的公田，也叫红军田，村上谁参

① 《崇安徐淮报告》（1930年11月），中共福建省委党史研究室、中共浙江省委党史研究室、中共安徽省委党史研究室、中共江西省委党史资料征集委员会编《闽浙皖赣革命根据地》上册，中共党史出版社1991年版，第232页。

加红军，就可分到一份红军田。

各地分田较普遍的是以村为单位，分配时将全村田亩打乱，按人口平分，原则是：在雇农、贫农、工人、中农所分的田中，上、中、下3等都有，上等田的比例，贫雇农和工人比中农多些，中农上等田少些，下等田多些，富农、地主分坏田，已逃走的地主按其留在苏区的亲属的人口分田。

在分配土地中，对生产条件特殊、田少山多的崇安县西乡和浦城县岱后一带主要生产竹、纸的地方，按土地法的有关原则，把竹山等划分成片，分配给农民和工人；山林属苏维埃政府所有，未予分配，采伐者须经乡苏政府批准。

崇安县苏维埃政府还宣布取消一切苛捐杂税，1925年以后的债务一律废除，1929年以后的不付利息，苏维埃政府只收土地税，红军免交，红军家属、贫雇农、中农交30%，地主、富农按15%～20%交纳。

5. 分田后按户造册登记，由乡苏政府发给土地证。

1930年5月至7月，以崇安为中心的闽北苏区的18个区、275个乡（村）开展了土改运动，被分配的土地约40万亩，近15万人口分得了土地。

闽北苏区前所未有的土地革命运动大大解放了生产力，苏区人民群众的革命热情愈发高涨，苏区各项建设展现出崭新的景象，有力地支援了革命战争，对闽北革命根据地的巩固和发展起了重要作用。

三、建松政地区苏维埃运动的兴起

1927年7月，中共中央指派陈昭礼到建瓯，8月中旬成立了直属中央的中共闽北临时委员会，由陈昭礼任书记，领导福州、南平、邵武、建瓯等地革命斗争，同时成立了建瓯县委（书记季康）和崇安县特支（书记徐履峻），推动了闽北早期苏维埃运动。12月，闽北临委与闽南临委合组成立中共福建省临时委员会，根据党的八七会议精神，在全省各地组织农民武装暴动，并将建瓯、建阳、崇安列为暴动第 4 区①。1928 年 1 月初，中共福建临时省委在建瓯建立了中共建安特委，书记葛越溪，委员潘作民、季康、杨峻德、翁树年、彭信，建安特委兼建瓯县委（同年 8 月后，葛越溪脱党，建安特委及建瓯县委解体）。② 中共建瓯县委在建瓯农村发动群众，建立农民协会。短期内建瓯各地的农民协会普遍建立，东区的上屯和西区的 18 个乡村农民协会发展会员近千人；南区的南才里农民协会有会员 100 余人；西北区的曹岩、徐地一带成立了 100 余人的农民协会；东北区的凤（封）山、大庙、水吉等地也相继成立了农民协会，会员多达 1200 余人。正如 1928 年 1 月 28 日中共福建临时省委给中央的报告中所指出的：建瓯“农运方面最近又很快的发展”。③ 2 月，中共建瓯县委遵照中共福建临时省委关于发动农民暴动的部署，发动了闽北首次农民暴动——建瓯上屯农民暴动，但暴动随即失败。④

1928 年 4 月，中共建瓯县委根据中共福建临时省委“深入农村革命活动”的指示，派杨则仕回到政和县凤池村，以教员为公开职业，利用课余和夜晚的时间深入农户，访贫问苦，与农民促膝谈心，向农民宣传共产党的政治主张和革命道理，启发农民的阶级觉悟，又以结拜兄弟的形式组织了“赤色读书会”。读书会以传播革命思想为宗旨，不定期地进行革命书刊的学习，传播马列主义。读书会的成员大多是进步青年。通过读书会的活动，杨则仕团结与教育了周围群众，培养了一批革命积极分子。

1928 年 9 月，中共崇安县委领导的上梅暴动揭开了闽北土地革

① 《福建政治现状及目前工作大纲》（1927 年 12 月 4 日），中共福建省建阳地委党史办、福建省建阳地区档案馆编《闽北党史文献》第 1 集，第 15 页。

② 参见中共福建省委组织部等编《中国共产党福建省组织史资料（1926 年 2 月—1987 年 12 月）》，福建人民出版社 1992 年版，第 65 页。

③ 《中共福建临时省委紧急扩大会议综合报告》（1928 年 1 月 28 日），中央档案馆、福建省档案馆编《福建革命历史文件汇集（省委文件）1927 年—1928 年（上）》，第 81 页。

④ 冯奇：《闽北革命根据地的历史地位与作用》，马洪武主编《中国革命根据地史研究》，南京大学出版社 1992 年版，第 130—131 页。

命的序幕，革命斗争如烈火燎原，燃遍了闽北大地。

1928年冬，杨则仕以读书会成员为骨干，吸收了凤池、西表等地忠实可靠的10余名贫雇农，秘密组织了凤池村赤色农民协会。1929年3月，政和县第一次农协会代表大会在凤池村福立庙召开，大会推举杨则仕为农协会会长，提出“打倒土豪劣绅”“抗租、抗息、抗捐税”的革命口号，订立了“严守秘密，听从指挥，宣传革命，发展组织”的会员守则。政和县第一次农协会代表大会的召开，标志着政和农民运动的兴起。广大农民对农协会的依赖促进了农协组织的发展。不久，农协会由凤池发展到山溪、大洋和朱地等村，会员也发展到100多人。农民有了自己的组织，对革命的要求越来越迫切。鉴于形势发展的需要，杨则仕迅即着手党组织的建立工作。经过严格选择，1928年12月，农协会积极分子杨则震、陈机水由杨则仕介绍加入中国共产党，并成立了以杨则仕为组长的政和凤池党小组。

1929年春，中共福州市委派黄可英到建瓯整顿党的组织。黄可英以建瓯乡村师范学生的身份作掩护，在张伯坚、蔡攀一、彭凤人的积极协助下，迅速找到一些失散转入地下的大革命时期的党团员，重组了中共建瓯县委，由黄可英任县委书记。建瓯县委的重新组建，对政和党支部的建立起了直接作用。1929年3月，杨则仕到建瓯向黄可英汇报了政和农民运动和党小组的建立情况，得到建瓯县委的认可和肯定。杨则仕返回政和凤池后，遵照建瓯县委的部署和要求，加速了建党工作。同年7月，凤池党小组又发展了杨成立、杨则镐、池大汉等7个党员。同月，建（瓯）松（溪）政（和）边区第一个党支部——中共政和支部正式成立，杨则仕任书记。翌年春耕之际，中共政和支部通过农会领导农民开展减租斗争。佃户采取统一行动“登门退佃”，迫使地主将原来“主八佃二”“主六佃四”的契约改为“主佃各半”“主四佃六”。初次斗争取得了胜利，农民的斗争情绪十分高涨，政和党组织和农民协会组织也进一步发展壮大。翌年3月，中共政和支部扩建为中共政和县特别支部，书记杨则仕。[①]

---

① 中共政和县委党史研究室：《政和革命史》，1997年7月内部印行，第22页。

1929 年 4 月，松溪县路下桥西溪村的青年农民杨振有等人与崇安革命委员会工作人员取得联系，表达了举行起义的想法。崇安县革命委员会遂派遣伍弟奴等人到松溪县路下桥西溪村开展农民运动。他们依靠当地群众，通过亲戚串联亲戚、朋友串联朋友的方式，秘密宣传革命道理，号召群众效法崇安农民组织起来，团结在共产党的旗帜下，开展“五抗”斗争。一个月后，松溪塘边、竹后、中村、庆下、西溪头和浦城莫止、豪村等地的农民相继加入了“民众会”。于是，中共崇安县委再派遣祖籍路下桥的张天送，以为母亲扫墓的名义回到西溪村。张天送与伍弟奴、杨振有等“民众会”骨干策划武装暴动计划，决定先除去路下桥民愤极大的税棍“太保爷”杨牯仔、杨理明兄弟，以调动群众的革命积极性。6 月 19 日，伍弟奴带领 17 名“民众会”会员，带着土铳、大刀、长矛，前往抓捕杨牯仔、杨理明。杨牯仔闻风跳楼逃跑，杨理明被捕获，连夜被押往崇安白水街。崇安县苏维埃政府表扬了路下桥农民暴动，暴动队伍编入“红军团”，并奖励步枪两支，任命伍弟奴为排长，直属崇安县苏维埃政府“红军局”领导，在松溪地区开展革命斗争。在崇安上梅，他们亲眼看到了杨理明在镇压反革命的群众大会上被处决，个个斗志昂扬。8 月 11 日，伍弟奴又带领路下桥红军夜袭浦城水北街反动民团，缴获手枪一支。一时间，路下桥各村抗捐税、打土豪的斗争风起云涌，百姓扬眉吐气。中共福建省委巡视员丘泮林认为，“现在松溪北部，农民已自动起来攻打民团，用鸟枪、梭标去和他们五六十杆枪的民团开火，结果民团被赶跑，还缴了一杆短枪”，“松溪的游击战争也已经起来了，必然很快地可以与东乡打成一片”。[①] 为了迅速开辟这一地区，崇安县委书记陈耿亲自到路下桥视察工作，讲授军事知识，对武装行动做出部署。在党的领导与人民群众的支持下，路下桥“红军”一边放手发动群众，一边不断袭击反动民团，

① 《丘泮林闽北巡视报告》（1930 年 10 月），中共福建省委党史研究室、中共浙江省委党史研究室、中共安徽省委党史研究室、中共江西省委党史资料征集委员会合编《闽浙皖赣革命根据地》上册，中共党史出版社 1991 年第 1 版，第 215 页。

在此后两年多的时间里，发生大小战斗30余次，活动区域遍及松溪、浦城、建阳、政和4县边界地区的48个乡村，“民众会”会员也发展到1000多人，形成了红色割据。1929年12月，中共松溪县特别支部成立（书记不详）。①

1929年6月，在中共崇安县委的领导下，爆发了以松溪路下桥为中心的建（瓯）松（溪）政（和）浦（城）边界48个村庄的农民武装暴动。图为南平市松溪县花桥乡塘边村在路下桥暴动遗址修建的建松政农民暴动纪念馆

1930年2月，杨峻德根据中共福建省委的指示，正式成立了中共闽北特委，书记杨峻德；特委下辖崇安、建瓯县委和建阳、松溪、政和等县的特支、党支部。② 中共闽北特委根据中共福建省第二次代表大会的精神，全面部署了苏维埃政权的建设工作，决定以崇安为中心，加快闽北苏维埃政权建设的步伐。

1930年春，由于松溪路下桥革命武装队伍的不断扩大，崇安县

① 中共松溪县委党史研究室编《松溪革命史》（修订本），1990年6月内部印行，第15页。

② 中共福建省委组织部等编《中国共产党福建省组织史资料》，福建人民出版社1992年版，第60—61页。

苏维埃政府“红军局”派人送来100多个印有“红军”字样的红袖标及部分枪支、手榴弹，并将路下桥农民暴动武装改编为一个连，编入中国工农红军第五十五团，由伍弟奴任连长，刘智有任副连长，下辖3个排，共300多人。此后，国民党地方当局多次派省保安团、县保安队以及松溪、政和各地的反动民团进攻路下桥，焚掠村庄，残杀群众。伍弟奴带领路下桥红色武装灵活机动、避实就虚，给敌人以沉重打击，活动范围也不断扩大。翌年，其活动区域已包括北到浦城的新塞岭、南至政和的奖山和水吉的漳溪、东临松溪的渭田、西至南浦溪东岸的广大地区，以路下桥为中心的建松政边区红色割据初具规模。

1930年10月，根据中共中央的决定，闽北苏区和中共闽北特委及崇安、浦城、建阳、邵武等地党组织划归赣东北苏区和中共赣东北特委领导，建瓯县委及政和、松溪特支、党支部仍归中共福建省委领导；11月，中共福州市委派詹何到建瓯，建立了建瓯县行动委员会。建松政党的组织巩固、发展苏区的努力并未停滞，且得到了闽北苏区的支持、领导。1931年4月，中共闽北分区委在崇安坑口召开第一次扩大会议，仍强调“加紧建瓯、延平、泽（洋）口、水吉等处工作，布置夺取闽北的政治经济中心城市”；“派遣同志去松溪、浦城、建瓯、顺昌等处”，建立工作，发展党的组织，发动群众斗争。①

1931年4月，方志敏率领红十军第一次转战闽北。5月，中共福州中心市委派张剑平到建瓯，传达福州中心市委扩大会议精神，建瓯县行动委员会撤销，中共建瓯县委恢复，张伯坚任书记；中共建瓯县委下辖政和、松溪特支。② 此后，建瓯东、西区的抗租、抗税、抗捐斗争此起彼伏，农民运动逐步向政和、建阳边界发展。同

① 《中共闽北分区委第一次扩大会政治任务决议案（节录）》（1931年4月），中共福建省委党史研究室、中共浙江省委党史研究室、中共安徽省委党史研究室、中共江西省委党史资料征集委员会合编《闽浙皖赣革命根据地》上册，中共党史出版社1991年版，第284、288页。

② 中共福建省委组织部等编《中国共产党福建省组织史资料》，福建人民出版社1992年版，第103页。

年夏，建瓯、松溪、政和旱情严重，在青黄不接之时，不良地主勾结奸商囤积居奇，国民党地方政府则高价出售陈粮。中共政和特支发动农民进行破仓分粮斗争，打开地主的粮仓分掉粮食。破仓分粮斗争由政和的凤池、山溪、东平开始，迅速波及水吉的姜地、龙安、杭头、樟墩，松溪的新铺、溪尾、青山、郑墩、梅口、路桥，政和的二、五区，浦城的水北各地。1931 年 5 月下旬，在中共崇安县委的帮助下，“民众会”在路下桥正式成立了松溪县第一个革命政权——路下桥苏维埃政府，隶属于闽北分区革命委员会，并提出“打土豪、分田地”的纲领。路下桥苏维埃政府由伍弟奴任主席，黄振荣为内务员、张火生为生产员、潘文锡为财政员、何小妹为妇女队长、范金凤为卫生员、罗天喜为儿童队长。路下桥苏维埃政府下辖建瓯、松溪、政和及浦城边界的 48 个村苏维埃政府。同年 9 月后，伍弟奴、刘智有等相继牺牲，路下桥苏维埃政府解体，建松政边区苏维埃运动转入低潮。

1932 年 7 月，中共福州中心市委为了进一步推动和巩固建松政地区日益发展的苏维埃运动，决定将建瓯县委升格为建瓯中心县委，任命庄又陵为中心县委书记。① 9 月，方志敏率红十军第二次转战闽北。10 月，罗炳辉、谭震林率中央红军第二十二军攻占邵武，打通了中央苏区与闽北苏区的联系。至年底，中共建瓯中心县委下属党组织发展到 7 个特支，并创办了中心县委机关报《红旗报》；成立了西区区委、区苏（张其恩任区委书记，张斯仔任区苏主席）和东区区苏（县委委员黄可英任区苏主席，李高年任区苏副主席），下辖 12 个党支部、4 个团支部，有党员 70 多人，各乡普遍建立了农会和苏维埃政权。其间，建瓯四里八乡都成立了农民武装，并在农民武装的基础上成立了闽北工农游击第一支队（队长张沐、政委黄可英）②。

---

① 中共福建省委组织部等编《中国共产党福建省组织史资料》，福建人民出版社 1992 年版，第 103 页。

② 《建瓯工农成立了自己的武装——闽北工农游击第一支队》（1932 年 12 月 3 日），中共建阳地委党史办、福建建阳地区档案馆合编《闽北党史文献》第 2 集，1984 年版，第 290 页。

建松政地区的苏维埃运动日益发展壮大。1933 年 4 月，中共建瓯中心县委及下属党组织重新划归中共闽北分区委领导，建松政地区成为赣东北苏区及闽北苏区的组成部分。①

四、红十军第一次入闽作战

1928 年党的六大以后，由于贯彻了大会的正确路线，各地党组织在领导农民的斗争中逐步形成了开展游击战争、土地革命和建设农村革命根据地等一整套办法，使红军和农村革命根据地不断巩固和扩大，在全国范围内出现革命走向复兴的局面。随着局势的好转，党内“左”的急性病又逐渐发展起来。1930 年 6 月 11 日，李立三主持召开的中共中央政治局会议通过了《新的革命高潮与一省或几省首先胜利》的决议案，以李立三为代表的“左”倾冒险错误在党中央占据了统治地位。

这个决议主观主义地夸大估计了国际和国内的政治形势，认为当时革命力量的初步恢复和发展以及当时军阀战争的爆发，就已经具备了全国各地大规模武装暴动的条件，因此在中心城市爆发伟大的工人斗争必然形成全国革命高潮，中国革命的总爆发必将引起世界革命的总爆发。甚至认为一省或数省革命首先胜利的开始，即是向社会主义革命的开始，于是做出了组织全国中心城市起义和集中全国红军进攻中心城市的冒险计划。为了执行这个“左”倾冒险计划，决定将党、青年团、工会的各级领导机关合并为准备起义的各级行动委员会，并决定调红一军团攻南昌；调红二、三军团攻长沙，并命令左右江区的红七军北上进攻桂林等地；调赣东北的红十军攻九江；还计划调集部队“会师武汉，饮马长江”。

1930 年 7 月 25 日，中共福建省委巡视员邱泮林（省委秘书长）来到崇安。27 日，中共崇安县委召开了扩大会议。会上，邱泮林传

---

① 中共福建省委组织部等编《中国共产党福建省组织史资料》，福建人民出版社 1992 年版，第 103 页。

达了党中央关于将闽北根据地与赣东北根据地合并，调闽北红军到赣东北苏区编入红十军攻打大城市的决定，以及福建省委关于执行中央决定将党、团等组织合并成立行动委员会的决定。与会人员围绕中央和福建省委的决定和有关指示展开了激烈争论。虽然与会人员对抽调刚刚组建的闽北红军主力红五十五团去攻打大城市表示异议，但还是服从了上级决定。会议通过了归并赣东北根据地后的工作方案与紧急措施：一、立即集中并扩大红军；二、红军集中后应迅即向外出击，同时向江西方向发展；三、组织雇农工会，解决雇农迫切要求解决缺食少穿及缺乏农具等问题；四、改造各级苏维埃政府领导；五、深入土地革命。[①] 同时，将崇安党、团、工会合并，选举产生了崇安县行动委员会，由邱泮林直接指导。

扩大会后，崇安苏区立即掀起了一个扩大红军的热潮，数日之间有 1000 多名纸工、船工及贫苦农民报名参加了红军。崇安县苏维埃政府以这些新战士为主组编成立了闽北红军教导团，由陈耿兼任教导团团长。这时，闽北红军已有 2 个团，计 2400 多人。

李立三“左”倾冒险错误在闽北苏区的贯彻，引起了闽北苏区广大干部战士的思想混乱，尤其是在调离闽北红军的问题上，发生了“左诗赞事件”，导致闽北部分红军的分裂。左诗赞原任闽北红军第五十五团副团长，在开辟革命根据地与建立红军的斗争中有所贡献。在 7 月召开的崇安县委扩大会议上，他对调离闽北红军持反对意见。会后，他借口生病回到老家高洋，策动红五十五团第一连抵制集中红军开赴赣东北的命令，并劫夺闽北兵工厂枪支，自行成立了“闽北红军第五十七团”，在崇安、浦城和江西铅山的边境地区活动。左诗赞拥兵“独立”的做法无疑是错误的；崇安县总行委视之为反党反革命行为，决然“宣布他的罪状”，“开除他的党籍”，也出于党的组织原则。但崇安县总行委派教导团对“红五十七团”进行

① 《丘泮林闽北巡视报告》（1930 年 10 月），中共福建省委党史研究室、中共浙江省委党史研究室、中共安徽省委党史研究室、中共江西省委党史资料征集委员会合编《闽浙皖赣革命根据地》上册，中共党史出版社 1991 年版，第 206 页。

军事“讨伐”，激化了党内的对立情绪，从而加剧了闽北红军队伍的分裂。9月间，左诗赞到上海向中共中央军委申诉后回到崇安岚谷，曾向崇安县总行委提出在中央代表未到前双方应该合作开展革命斗争的建议。但这一建议遭到拒绝。左诗赞在走投无路之下，不得不收拢部队，重新打起“红五十七团”的旗号，继续坚持在崇安、浦城、铅山边界地区“独立”开展打土豪等革命斗争。“红五十七团”得到当地群众的拥护，部队曾迅速发展到近千人，下辖3个营、1个特务连，但终因孤军无援，遭敌围攻，部队损失惨重。后“红五十七团”余部被闽北分区委解除武装，左诗赞等人被处决，造成了悲剧。①

1930年10月，在邱泮林、饶功美的督促下，闽北红军第五十五团和教导团1500多人，于10月5日由崇安县军委会参谋长李静愚、五十五团长李克敌率领，从崇安经分水关开赴赣东北，编入中国工农红军第十军。至此，中共闽北特委已撤销，闽北苏区崇安、浦城、建阳、邵武党的组织正式划归中共赣东北特委领导（建瓯及松溪、政和党的组织仍归福建省委领导），闽北、赣东北两块革命根据地正式合并。

随后，新成立的赣东北红军第十军按中央的指示迅即向外出击。在方志敏的领导下，红十军没有完全按照“左”倾冒险错误主张冒险攻打九江，而是以游击战的行动在赣东北攻克了都昌、湖口、鄱阳、彭泽、马当、秋浦、乐平等城镇，并在这一带开展群众工作。红十军攻下都昌后，按原来部署分兵进攻湖口。但由于地方武装编入主力红军，而主力红军远离根据地，敌人趁机集中了横峰、铅山、上饶、广丰、玉山等5县的靖卫团向红十军的后方进攻，致使赣东北、闽北苏区受到严重摧残。此时，红十军又得知蒋、冯、阎军阀混战结束，国民党军将对赣东北、闽北苏区大举进攻，在方志敏、

① 《丘泮林闽北巡视报告》（1930年10月），中共福建省委党史研究室、中共浙江省委党史研究室、中共安徽省委党史研究室、中共江西省委党史资料征集委员会合编《闽浙皖赣革命根据地》上册，中共党史出版社1991年版，第210—213页。

黄道等坚决主张下，红十军星夜兼程返回根据地。

1930 年冬，国民党军开始了对各革命根据地反革命“围剿”，国民党福建省防军暂编第一旅钱玉光部奉命进攻闽北苏区，江西汤恩伯部的胡基三、马励武两个团取配合之势，也从江西向闽北苏区扑来。两股敌军同时压向闽北苏区，使闽北苏区的形势紧张起来。到年底时，闽北苏区大片区域丧失。

李立三“左”倾冒险错误在赣东北、闽北苏区的推行，造成的危害是严重的，错失了闽北苏区进一步发展的有利时机。正如方志敏所说，“假若我们不执行错误的立三路线（虽然在执行中，因行不通，修改了许多），那我们所获得胜利必更大。但错误是已经不可挽回的（地）错误过去了。”[①]

恰在闽北苏区危急之际，中共中央代表涂振农到达赣东北苏区。涂振农传达了党的六届三中全会精神，批评与检讨了赣东北苏区执行李立三“左”倾冒险错误的问题，提出赣东北党组织的中心任务是粉碎敌人的“围剿”，并制定了许多具体措施。中共赣东北省委决定撤销各级行动委员会，恢复原来党、团、工会组织，并决定在缩编红十军的同时成立闽北红军独立团，派回闽北苏区，投入反“围剿”的斗争。

1931 年 1 月，闽北红军独立团 300 多人在谢春钱和邹琦的带领下回到崇安县坑口乡。为了统一根据地党和红军的领导，打退国民党反动派的“围剿”，邹琦一行到达坑口后，立即根据赣东北省委的指示，组建了中共闽北分区委员会、闽北分区革命委员会和分区军事委员会，由萧韶任中共闽北分区委书记，邹琦任闽北分区革命委员会主席兼分区军事委员会主席，李静愚任军委会参谋长，黄富武任共青团闽北分区委书记，同时撤销了崇安县行动委员会，恢复崇安党、团、工会组织。

闽北红军独立团从赣东北回到崇安，给闽北苏区军民带来了收

① 方志敏：《我从事革命斗争的略述》，1935 年 3 月，中共江西省委党史资料征集委员会编《方志敏文集》，江西人民出版社 1999 年版，第 60 页。

复失地的信心和力量。徐福元带领地方武装迂回敌后，到崇安、浦城边区开展游击活动，并在浦城樟村与当地赤卫队配合，打垮了一股反动民团，迫使敌人收缩兵力。与此同时，闽北独立团分兵出击，在崇安的黄土、枫坡、公馆等地阻击敌钱玉光部，屡获战果，威震敌军。2月中旬，闽北独立团集中优势兵力，先发起对大安守敌的进攻，然后趁敌军慌乱求援的间隙转而迅速向浆溪、长滩、洋庄、星村一线推进，一路收复了崇安西南部的大片苏区。

蒋介石对中央苏区的第一次“围剿”失败后，于1931年2月任命其军政部长何应钦任南昌行营主任，主持湘、鄂、赣、闽4省“围剿”红军的任务，发动对中央苏区的第二次“围剿”。同年3月，国民党军向闽北苏区发起更大规模的第二次“围剿”。在敌人的重点进攻下，闽北独立团和崇安赤警营虽经几番恶战，终难抵挡敌军的猛烈进攻。坑口失守后，闽北分区党政机关撤到崇安的大王凹、五府冈一带山区打游击。新收复的闽北苏区又一次逐渐丧失，只剩下崇安西南部的少数地区。

在这危急时刻，闽北分区委派出精干人员，日夜兼程赶赴赣东北，请求赣东北省委火速派兵援助。为了恢复和巩固闽北苏区，粉碎敌人的第二次“围剿”，中共赣东北省委决定由方志敏任红十军代政委，与军长周建屏等率领红十军向闽北进军。4月27日，红十军从横峰葛源铺前街出发，经上饶、铅山，越过桐木关，进入福建境内。28日，红十军到达崇安境内与闽北独立团会合，并当即决定了反攻计划：第一步，先打掉距崇安坑口5华里敌重兵据守的长涧源，解除对闽北分区委机关的威胁。第二步，攻打商业重镇赤石。赤石驻有国民党海军陆战队一个团的兵力，它是进攻闽北苏区的主力，把这个团的敌人消灭了，就基本解除了闽北苏区的军事危机。

长涧源是从江西进入闽北的要道，虽是小村庄，但敌人把这里的民房土屋都改建成坚固碉堡，成为敌军威胁闽北根据地的一个据点。红军对敌发起几次强攻，均未能奏效。4月29日，红军改用挖地道爆破的办法，炸毁了敌碉堡，全歼福建省防军第三旅卢兴邦部一个连。

1931 年 4 月，方志敏等率红十军第一次入闽作战。图为红十军部队在武夷山市洋庄乡坑口村街头题写的红色标语

5 月 3 日，经过休整的红军部队开始攻打赤石镇。赤石是紧靠崇阳溪边的大市镇，更是福建武夷岩茶的集散地，正是春茶季节，这里聚集了一批富商大贾。守敌是国民党海军陆战队林秉周旅的 1 个团。敌人在这里修筑了坚固的工事：沿河是一道两丈高的围墙，镇子周围有 8 个大碉堡，布置了大量兵力据守。经过 3 个小时激战，红军炸毁了镇外围的 8 个碉堡，然后顺势攻进赤石镇内，全歼赤石守敌。红军占领赤石后，缴获了敌军大批枪支弹药及军用物资，另外还筹集了银圆 10 多万元、黄金 2000 余两，解决了部队的给养问题。5 月 7 日，红十军回师赣东北苏区。启程前，为了加强闽北红军的力量，更好地担负起保卫和扩大苏区的重任，红十军对闽北红军独立团进行了整编，将红十军特务营编入独立团，任命特务营营长黄立贵担任独立团团长，入闽后历次战斗所缴获的上千支枪（炮）、数万发子弹也全部留给了独立团。得到扩充、加强后的闽北红军独立团如虎添翼。

5 月中旬，在江西东固的山区持续待机 20 余日后，红一方面军开始对“围剿”中央苏区之敌进行反攻，并在随后的半个月中迅速打破了国民党军对中央苏区的第二次“围剿”。6 月 14 日，闽北红军独立团也一举攻克了崇安县城。在此前后，在中共闽北分区委的领导下，闽北苏区人民纷纷起来，配合红军向反动民团和大刀会进行斗争，收复失地，闽北苏区出现了新的转机。

五、闽北分区苏维埃政府的成立

1931 年 7 月，中共赣东北省委派黄道到崇安担任中共闽北分区委书记。7 月上旬，为总结闽北苏区革命斗争的经验教训，提出此后任务，并研究下一步的工作方针，由黄道主持，中共闽北分区委在崇安坑口召开了闽北分区委第一次扩大会。会议首先分析了闽北革命根据地建立一年多来的形势，认为闽北革命根据地建立以后敌人内部矛盾日益加深，如卢兴邦和刘和鼎的矛盾，钱玉光和杨树庄的矛盾，都愈演愈烈。敌人加紧对苏区的军事“围剿”，一方面是为了自身的生存，一方面是争夺地盘。因而对待敌人必须保持清醒的头脑，要有分析、有策略地与其作针锋相对的斗争。会议认为只要继续不断斗争，中央苏维埃政府必能巩固建立，而闽北苏区的巩固、扩大也不成问题。会议对闽北党组织过去一年多的工作方针也作了实事求是的批评，认为过去的闽北党组织接受了李立三“左”倾冒险错误，“只图扩大而不深入”，结果“连带原有的苏区也不巩固”。①会议指出，闽北苏区的挫折，主要是执行李立三“左”倾冒险错误的结果，这个教训是值得引为鉴戒的。

会议提出了闽北党组织的政治任务和工作方针，即继续批判李立三“左”倾冒险错误，“动员全体党员深入工农劳苦群众当中，发动最广泛的苏区及非苏区的群众，在民族解放与土地革命口号之下，

---

① 《中共闽北分区委第一次扩大会政治决议案（节录）》（1931 年 4 月），中共福建省委党史研究室、中共浙江省委党史研究室、中共安徽省委党史研究室、中共江西省委党史资料征集委员会合编《闽浙皖赣革命根据地》上册，中共党史出版社 1991 年版，第 280 页。

为拥护苏维埃而斗争”。[①] 会议确定了扩大闽北苏区的主要路线：“（1）加紧信江两岸的工作，如铅山、上饶、贵溪等处，迅速的和赣东北特区打成一片。（2）建立建阳、光泽、邵武、资溪工作，和赣西南中央苏区及闽西苏区取得联系。（3）建立松溪、浦城工作，和浙南斗争取（得）联系。（4）加紧建瓯、延平、泽（洋）口、水吉等处工作，布置夺取闽北的政治经济中心城市”。[②]

中共闽北分区委第一次扩大会议通过的《政治任务决议案》，把发动群众深入土地革命，建设红军与发展党的统战工作，视为党的工作的统一整体和加强苏维埃政权、巩固地发展革命根据地的根本条件，并明确地提出了各块革命根据地的联合有助于打破国民党反动派的进攻。在这个纲领性文件的指导下，闽北党组织迅速发展，闽北苏区也进入一个巩固发展的新阶段。7 月 11 日，闽北分区第一次工农兵代表大会在崇安坑口召开，选举产生了闽北分区苏维埃政府，主席邹琦，设立了军事部、土地部、财政部。[③] 会后，闽北苏区根据赣东北特区苏维埃政府颁布的土地法，开始进行第二次分田。

在 1931 年 7 月开始的对中央苏区的第三次“围剿”中，国民党海军陆战队林秉周旅也重整旗鼓和江西汤恩伯部配合，以崇安县城和闽北苏区首府坑口为进攻重点，再次对闽北苏区发动了进攻。闽北党组织根据敌情，命令红军部队主动撤出崇安县城，随即又将分区党政机关迁至大安；红军部队则向敌后运动，采取打一仗消灭一股敌人的办法，大量消灭敌人的有生力量。数月之间，闽北独立团

---

① 《中共闽北分区委第一次扩大会政治决议案（节录）》（1931 年 4 月），中共福建省委党史研究室、中共浙江省委党史研究室、中共安徽省委党史研究室、中共江西省委党史资料征集委员会合编《闽浙皖赣革命根据地》上册，中共党史出版社 1991 年版，第 280 页。

② 《中共闽北分区委第一次扩大会政治决议案（节录）》（1931 年 4 月），中共福建省委党史研究室、中共浙江省委党史研究室、中共安徽省委党史研究室、中共江西省委党史资料征集委员会合编《闽浙皖赣革命根据地》上册，中共党史出版社 1991 年版，第 284 页。

③ 中共福建省委组织部等编《中国共产党福建省组织史资料》，福建人民出版社 1992 年版，第 158 页。

往返崇安、建阳、浦城与邵武、光泽等县边境，大小战斗数十起，歼敌近千人。闽北苏区地方武装也积极行动，配合独立团给敌人以有力的打击。

9 月 1 日至 5 日，中共赣东北省第一次代表大会在葛源召开，中共赣东北省委成立，书记万永诚。10 月，中共闽北分区第一次代表大会在大安召开，黄道仍任中共闽北分区委书记。会后，中共闽北分区委创办了党校，出版了《红旗周报》等刊物，加强了闽北苏区党的建设。

12 月 11 日至 15 日，闽北分区第二次工农兵代表大会在崇安大安召开，选举产生了新的闽北分区苏维埃政府及执行委员 29 人，洪全生任主席；分区苏维埃政府增设内务、交通、教育、文化、劳工、社会、工农检查、国民经济、裁判各部及法院、保卫局、分区银行等机构，进一步健全了苏维埃政权。①

12 月 18 日，敌林秉周旅也被迫撤出崇安县城，国民党反动派对闽北苏区的第三次反革命“围剿”宣告破产，闽北苏区全部收复。闽北苏区由此进入了一个稳定发展的新时期。

---

① 中共福建省委组织部等编《中国共产党福建省组织史资料》，福建人民出版社 1992 年版，第 158—159 页。

第五章　中央苏区福建省的成立

一、中共闽西第二次代表大会召开前后

1930年5月，鉴于中原大战全面爆发，蒋介石无力顾及南方各省，福建的地方军阀又正自相火拼，毛泽东、朱德率领红四军主力第三次入闽。6月2日，红四军主力进逼武平县城。盘踞在武平城内的地主民团闻讯慌忙逃窜，红四军未费一枪一炮就顺利占领武平。接着朱德率军转入上杭，并在上杭官庄击溃敌周志群新编第十四旅，乘胜占领长汀县城。

6月11日，毛泽东和朱德在长汀县南阳（今属上杭）召开中共红四军前委、闽西特委联席会议（即南阳会议）。参加会议的代表有80余人，毛泽东作了关于形势和任务的报告，邓子恢代表中共闽西特委作了关于土地问题、粮食问题、流氓无产者问题的报告。邓子恢在报告中介绍了闽西特委和苏维埃政府为解决分配土地肥瘦不均、富农占便宜、贫雇农吃亏和谷贱伤农等问题，实行“抽多补少，抽肥补瘦”的分田原则，创办粮食合作社，建立工农银行，实行奖励开荒、增产粮食的政策。接着，会议讨论通过了“富农问题”和“流氓问题”两个决议案。《富农问题》决议案坚持以乡为单位，按人口平分土地的办法；在土地分配问题上，除了肯定“抽多补少”原则，为了限制富农把持好田又正式肯定了“抽肥补瘦”的原则。同时，还批评了“共同生产，共同消费”的平均主义的“左”倾思想。《富农问题》决议案作为土地革命时期第一个专门解决富农问题的文件，进一步丰富和发展了党的土地革命政策，推动了闽西、赣

南革命根据地土地革命斗争的深入发展，为中国共产党后来逐步制定了一条中国式的马克思主义的土地革命总路线：依靠贫雇农，联合中农，限制富农，保护中小工商业者，消灭地主阶级，变封建半封建的土地所有制为农民的土地所有制奠定了进一步的基础。

随后，为了贯彻中央会议精神，中共中央派涂振农为中央特派员到达汀州。因此，红四军和闽西特委的联席会议也移到汀州城举行。汀州会议上涂振农传达了党中央1930年5月在上海召开的全国苏维埃区域代表大会的有关决议和6月11日党中央政治局通过的《新的革命高潮与一省或数省首先胜利》的决议以及关于整编红军的指示，提出“四军发展路线：总的路线是夺取武汉。头一步要打下吉安，发动赣西割据，再由赣西与八军攻下九江，一面屏蔽武汉，一面胁迫南京”。[①] 汀州会议原则上接受了党中央关于整编红军的命令和计划，但对党中央要求红军实行战略转变，攻打南昌、九江、长沙、武汉等大城市，实现“以武汉为中心的附近省区首先胜利”的冒险计划和方案，毛泽东和朱德都表示了怀疑和抵触。

6月19日，根据中央整编红军的指示，红四军、红六军（后改称红三军）、红十二军整编为第一路军（不久改称第一军团），朱德任总指挥，毛泽东任政治委员。全军团共2万余人。另外，还成立了中国革命军事委员会，毛泽东为主席，朱德、陈毅等17人为委员。当天，红军在长汀南寨坝广场隆重举行中国工农红军第一路军成立大会，毛泽东、朱德在大会上发表讲话，并亲自授予第一路军军旗。

6月22日，毛泽东与朱德签发关于红军第一路军由闽西出发向江西集中的命令，指出：“本路军有配合江西工农群众夺取九江、南昌以建设江西政权之任务，拟于七月五日以前全路军开赴广昌集中。”23日，毛泽东、朱德率领部队由长汀出师北上，经石城向广昌进发，离开闽西苏区。

1930年7月8日至20日，中共闽西第二次代表大会在龙岩城召

① 《中共中央特派员涂振农同志报告纪要》（邓子恢记录）（1930年6月）。

开。参加会议的有龙岩、永定、上杭、长汀、武平、平和、连城等县代表以及特委委员、旁听代表有90多人。会议的第一天由福建省委常委兼军委书记王海萍（卢哇利）代表省委致词，出席全国苏维埃区域代表会议的闽西代表郭滴人作政治报告。王海萍根据中央精神，对政治形势作了片面的分析，认为“我们现在正站在大事变的前面，全国全世界的革命高潮已经来到我们面前了”。“目前的政治形势，一方面是统治阶级急剧地走向崩溃，全国军阀的大混战已经不断地爆发，在政治上、在经济上，都是一天天的动摇破产，这一危机是国民党必然崩溃的背景。在另一方面，全国工农兵贫苦群众已经不断地起来罢工、暴动、兵变配合的平衡发展，必然要配合起来形成中国革命高潮”。这一分析判断脱离了闽西的主客观实际，否定了中共闽西第一次代表大会的正确路线。报告提出了“集中一切革命力量扩大斗争到广东去，首先夺取闽粤桂三省政权，争取全国革命胜利”的总任务，[①] 为完成这一总任务，闽西党组织的中心工作，第一是要猛烈扩大红军，第二要加紧反对富农斗争，因为富农“剥削贫农和雇农，比地主还要来得残酷。因此富农始终对革命是动摇的，是反革命”。他也指出，排除富农主要先从政治上、经济上防止其发展，“我们不应把富农当做豪绅来打。”[②]

闽西第二次代表大会期间，闽西苏维埃政府于7月15日召开第二次执委扩大会议，以闽西苏维埃政府成立4个月来在“政治策略和政府内部工作”方面犯有错误为由，改选了常委和各部部长。邓子恢被免去闽西苏维埃政府主席职务，改任经济部长（实际上未到任），闽西苏维埃政府主席改由张鼎丞担任。此后，邓子恢又先后被免去中共闽西特委书记及红二十一军政委的职务，改由郭滴人任中共闽西特委书记、李任予（李力一）任红二十一军政委。不久，邓子恢调任中共福建省委巡视员，到闽中、闽东等地区开展白区工作。中共闽西二大以后，李立三“左”倾冒险错误的理论与策略在闽西

① 《省委代表卢哇利在中共闽西第二次代表大会上的致词》（1930年7月8日）。

② 《省委代表卢哇利在中共闽西第二次代表大会上的致词》（1930年7月8日）。

苏区开始全面执行。

1930年8月初，中共福建省委经多次争论后，确定接受中央政治局会议的决定，合并党、团组织，成立了福建省总行动委员会。8月间，福建省总行动委员会派王海萍到闽西苏区传达中央政治局会议的决定，并布置贯彻“一省或数省首先胜利”的“左”倾冒险计划，强调闽西红军应集中力量向广东前进，并以广州为中心，促成闽、粤、桂三省总暴动。随即，闽西总行动委员会成立，并与福建省总行动委员会脱离关系，改归中共中央南方局领导。[①]

在李立三“左”倾冒险错误的支配下，“红二十一军向广东东江出击了。此时，正是粤、桂战争之后，广东军阀的统治已经获得了暂时的统一，比较稳定。防卫东江的敌人是比较强的，潮梅一带经常驻有两个师以上的兵力；此外，东江一带豪绅地主的武装也比较强悍”。在这种情况下，闽西“只有新成立的、兵员不足、装备尚差的红二十一军，而去实现‘闽、粤、桂总暴动’，并且要在敌我力量对比显然不利于我的条件下，不顾一切地、盲目地与广东军阀作正面战斗，这不仅是不智的，而且是愚蠢的”[②]。

红二十一军向广东进军时，不但在战略上犯了严重错误，并且在战术上也犯了严重错误。他们没有估计到，红二十一军急急忙忙地从苏区转入国民党统治区作战，粮食、弹药、交通、运输等工作不可能有充分的准备；不是采取“赚钱就来，赔钱不干”的游击战术原则；不是打敌人的弱点，而是采取强攻硬攻单纯的军事观点。因此，红军在进攻大埔、袭占高陂等战斗中连连受挫，虽然沿途也陆续解放了一些乡镇，但很快又被敌人侵占。

出击东江的连续失利，使得士气低落，许多指战员反对继续执行向东江发展的计划。在此情况下，红二十一军只得于9月10日前后返回闽西苏区。正在这时，中央巡视员到达闽西。在中央巡视员

① 中共福建省委组织部等编《中国共产党福建省组织史资料》，福建人民出版社1992年版，第59页。

② 张鼎丞：《中国共产党创建闽西革命根据地》，人民出版社1982年版，第42—43页。

的指导下召开的闽西总行动委员会与红二十一军军委联席会议，继续坚持“左”倾错误，认为“集中这个力量进攻东江都是正确的，无论如何解决，不能动摇或变更这一路线”。会后，红二十一军攻打强敌据守的上杭城，致被钟少奎部击败。在一败再败之后，仍不觉悟，又把部队拖去打平和县城，但在平和的长乐遭遇敌第四十九师主力，激战受挫。12 月，再北上攻打连城，又告失败。

在李立三“左”倾冒险错误的支配下，为了支持闽西红军的冒险出击，闽西总行动委员会“日日夜夜忙于军事动员工作，招兵补充主力红军，重新建立各县的赤卫团和各区乡的游击队，以适应战争的要求；忙于战争经费的筹措和医药卫生等工作；还忙于动员妇女、少先队、儿童团，劝说逃兵归队，慰劳欢送红军等工作”；但是“对于既定的财经政策和土地政策的贯彻，对于群众工作和政权工作的领导，都被忽视或放松了”[①]。闽西总行动委员会把自己仅仅当作党的组织，“事实上取消了团的系统，放松了青年的特殊工作，同时又妨害了群众日常的独立工作”。[②] 同时，在苏区内部执行了“左”的阶级政策和经济政策。“盲目增加了雇工工资，在城镇中则提高手工业工人工资，不适当地人为地提高手工业产品价格，这不仅打击了富农和手工业主，而且也侵犯了中农利益，因而引起中农不满，雇贫农相当孤立”，[③] 还提高了商品税，甚至规定小商人不得参加政权。[④] 在富农政策方面，不仅认为富农“自始至终是一个反革命的东西”，而且把“反富农变成打富农”，采取打土豪的方式去打击富农，“这样只打击富农个人的方法，结果不独富农恐慌，一般中农贫农因受富农煽动，也同样发生恐慌”。[⑤]

1930 年 11 月，国民党军对中央苏区进行第一次“围剿”。面对强敌，毛泽东在罗坊主持召开了红一方面军总前委会议，确定了

① 《共青团闽西特委报告第一号》（1930 年 11 月 15 日）。

② 《中共福建省委通告》（1930 年 11 月 24 日）。

③ 邓子恢：《龙岩人民革命斗争回忆录》。

④ 闽西第二次工农兵代表大会：《反富农斗争决议案》（1930 年 9 月）。

⑤ 闽西第二次工农兵代表大会：《反富农斗争决议案》（1930 年 9 月）。

“诱敌深入赤色区域，待其疲惫而歼灭之”的战略，并决定红军主力东渡赣江，在苏区幅员较大、地形有利、群众条件好且便于此后发展的赣江以东地区与敌作战。东渡赣江后，红一方面军在赣南与敌周旋，诱敌深入，敌急切地寻求与红军主力作战，但到处扑空。12月，蒋介石亲自到南昌指挥对中央苏区的进攻，并调在武汉的第十九路军入赣参战，同时命令驻闽的第五十六师由建宁向石城推进，第四十九师由漳州向龙岩推进，暂编第二旅由闽北向长汀推进，驻粤东的第六十二师向永定推进，“围剿”闽西苏区和堵截红一方面军东进。

闽西苏区由于“左”倾冒险错误的影响，红二十一军成立不久即连连受挫，使4000余人的队伍仅剩下400余人。11月，红二十一军余部与红二十军合编为新红十二军，全军2600余人。12月，敌第五十六师进至建宁、泰宁，暂编第二旅进至永安，敌第四十九师由闽南向闽西进攻，刚成立的新红十二军一时无力抵挡。15日，敌第四十九师进占龙岩，闽西苏维埃政府被迫迁至永定虎岗。随后，长汀、漳平等地也告失守。国民党军阀和土豪劣绅组织的“救乡团”进入闽西后疯狂反攻倒算，大批革命干部和群众惨遭杀害。闽西军民实行坚壁清野，艰苦斗争。新红十二军在平和大芦溪击溃敌第四十九师1个营，俘虏100余人，缴枪80余支、子弹2万余发，11月20日在长汀赤卫队和群众的配合下收复长汀，12月2日进占连城。[①]

1930年12月29日，国民党军第十八师主力向龙冈推进，急于寻找红军主力决战。该地区人民条件和地形条件均对红军有利，敌人又是孤军冒进，于是红一方面军主力秘密西进，埋伏在龙冈附近山中待机歼敌。12月30日，当国民党军第十八师师长张辉瓒率其师部及两个旅由龙冈进至小别附近时，即遭到红一方面军主力猛烈攻击，包括张辉瓒在内的9000余人全被歼灭。张辉瓒师被歼后，在源头的谭道源师仓皇东撤。红军乘敌阵势混乱挥戈东向，星夜向东韶急进。1931年1月3日，谭师退到东韶，立足未稳就遭红军突袭，

① 《福建省军委关于十二军的报告》(1930年12月16日)。

半数被歼，官兵被俘3000余人，残部向南丰方向溃逃，其他敌军慌忙撤退，国民党军对中央苏区的第一次“围剿”遂被粉碎。

与此同时，1930年10月，中共中央为传达贯彻六届三中全会的决议精神，同时落实党中央对闽粤赣苏区的工作计划，将闽西、东江两特委合组为闽粤赣特区委（相当于党的省委组织机构），决定派邓发赴闽粤赣苏区主持工作。党中央赋予邓发的使命是：停止冒进政策，将闽西苏区有阵地的向东江开展，使闽粤赣苏区打成一片。具体工作任务是：（一）恢复地方武装，加强苏区职工工会和农会组织，加强少先队和反对“左”的行动；（二）恢复和加强城市工作，从东江、闽西分别派人到潮汕、漳州等地，组织白区工作委员会；（三）改造和加强苏维埃；（四）建立党的中心领导和主力红军，成立闽粤赣特区委和各中心县委，把东江红军和闽西红军两边靠拢。①

11月初，南方局巡视员陈舜仪到达闽西，传达了党的六届三中全会决议，撤销闽西总行动委员会，恢复中共闽西特委；中共闽西特委与中共福建省委脱离关系，暂归南方局领导。②

在此前后，邓发到达东江地区。南方局领导人李富春在东江大南山大溪坝村主持召开了东江苏区党代表会议，决定成立以邓发为书记的中共闽粤赣特区委，原中共东江特委机关撤销，在东江另设西南、西北两个地委，隶属闽粤赣特区委领导。会后，邓发在东江苏区领导干部方方、肖向荣的陪同下，于11月下旬由东江转赴闽西苏维埃政府所在地的龙岩县城。

12月初，邓发在龙岩主持召开了闽西苏区党代表会议，邓发在会议上传达了六届三中全会的决议和党中央关于成立闽粤赣特区委、特区苏维埃政府的决定。会议讨论了闽粤赣苏区的政治、军事形势，确定了“巩固闽西苏区，与东江苏区打成一片的战略方针”。由邓发主持分别召开的东江、闽西地区党代表会议，统称为中共闽粤赣边

① 《邓发同志在闽西党史座谈会上的发言记录》（1945年2月23日）。

② 中共福建省委组织部等编《中国共产党福建省组织史资料》，福建人民出版社1992年版，第113页。

区第一次代表大会。在有东江地区党代表李明光、方方、肖向荣等出席的闽西苏区党代表会议上，正式成立了以邓发为书记的中共闽粤赣特区委员会（亦称为中共闽粤赣边区特委），并建立以邓发、萧劲光等为领导的中共闽粤赣特区军事委员会和红军闽粤赣军区司令部，从而统一了对闽西、东江地区党组织和红军的领导。中共闽粤赣特区委员会成立后归南方局领导，闽西各县党组织由中共闽粤赣特区委直接领导，闽西特委撤销。①

为了粉碎国民党军对闽西苏区的第一次“围剿”，中共福建省委在闽西党组织与省委脱离关系之际，就“组织动员广大群众坚决粉碎张贞的进攻”，致信中共闽西特委，对闽西苏区的反“围剿”斗争做了具体部署。② 新建立的中共闽粤赣特区委和闽西苏维埃政府在反“围剿”最初阶段失利后，结合福建省委的意见，调整了部署，集中优势兵力，向分散与弱小之敌进行反攻。1931 年 1 月上旬，东江红十一军四十八团从饶平进入闽西，会合新红十二军一〇一团，在永定地方赤卫队及溪南里、湖雷群众的配合下，攻占永定城，歼灭守城的保安队和民团数百人，缴枪 300 余支，子弹万余发。2 月间，新红十二军从上杭古蛟出击反攻，在湖邦、石牌前歼灭敌第四十九师二九二团大部，残敌逃回龙岩城；接着坎市、船巷、白土等地赤卫队也接连向敌反攻，消灭各地反动民团，并迫使坎市之敌撤退。至此，国民党军第四十九师龟缩在龙岩城内，结束了对闽西苏区的“围剿”。闽西军民的反“围剿”斗争，在粉碎国民党军第四十九师对闽西苏区进攻的同时，直接配合红一方面军取得了第一次反“围剿”的胜利。

---

① 参见中共福建省委组织部等编《中国共产党福建省组织史资料》，福建人民出版社 1992 年版，第 113、115—116 页。

② 《中共福建省委致中共闽西特委信——组织动员广大群众坚决粉碎张贞的进攻》（1931 年 1 月 3 日）。

二、中共闽粤赣苏区第二次代表大会的召开

在粉碎了国民党军对闽西苏区的第一次“围剿”后，1931 年 2 月 26 日，中共闽粤赣特区委在永定虎岗召开常委第一次扩大会议。会议传达了党中央于 1930 年 10 月发出的《九十六号通告》；听取了中共闽粤赣特区委书记邓发的政治报告；会议根据中央《九十六号通告》中关于李立三“左”倾冒险错误的新的指示精神，通过了关于取消第一次闽粤赣党的代表大会政治路线的决定，作出了中国革命形势与目前党的紧急任务的决议。会议召开之际，尽管中共闽粤赣特区委尚未收到党的六届四中全会的正式决议，但会议强调了“国际路线”的指导，实际上已经接受了党的六届四中全会的精神，接受了比李立三“左”倾错误更“左”的王明“左”倾教条主义。会议认为“闽粤赣苏区的工作在闽粤赣第一次代表大会以前都是立三路线领导之下，与共产国际的路线是相对立的”，[①] 一方面完全否定了闽粤赣苏区以往正确的政策和策略，为会后打击持正确主张的同志埋下了伏笔，一方面又未能清算李立三“左”倾错误的性质和根源，反而强调“目前党内的主要危险还是‘右倾’，所以要集中火力反对‘右倾’”。[②] 会议着重提出了“重新分配一切土地”的口号，号召进一步开展反富农斗争，实行所谓“土地革命利益完全落在贫农中农身上”的政策。与此同时，还提出了“以肃反为中心”的口号，要求在党、政、军中开展肃清所谓“社会民主党”和反对一切反动政治派别的斗争。这些决定不仅没有纠正、克服李立三“左”倾错误，反而使闽粤赣苏区“左”的错误更趋发展。

1931 年 2 月，蒋介石纠集 20 万兵力，向中央苏区发动第二次“围剿”。随即，漳州的敌第四十九师张贞部和广东的敌第六十二师香翰屏部开始向闽西进攻。3 月中旬，敌第四十九师一个团进占永

---

① 《中共闽粤赣特委常委第一次扩大会议决议》(1931 年 2 月 27 日)。

② 《中共闽粤赣特委常委第一次扩大会议决议》(1931 年 2 月 27 日)。

定坎市，敌第六十二师一个团进占永定峰市。3月下旬，永定县苏维埃政府所在地湖雷和永定县城相继失守。国民党军和反动团匪对闽西苏区进行了残酷摧残。闽粤赣苏区军民为保卫闽西苏区、配合中央主力红军粉碎敌第二次“围剿”，展开了积极的反“围剿”战斗。4月间，为了保护春耕，红新十二军在永定赤卫队、少先队2000余人的配合下，先后两次反攻坎市；4月中旬，红新十二军在长汀、上杭地方武装警卫连、赤卫队的配合下，先后反攻温坊和上杭北四区。5月，敌进占长汀濯田、龙岩小池后，面对红新十二军的不断反攻，暂时停止了进攻。在此期间，中共闽粤赣特区委于1931年5月改称中共闽粤赣省委，7月邓发调苏区中央局工作，卢永炽接任省委书记。[①]

5月底，红一方面军打破了国民党军的第二次“围剿”，进攻闽西苏区的敌第四十九师和第六十二师已成惊弓之鸟，陆续退守龙岩、漳州、永安等地。红一方面军乘胜在以瑞金为中心的赣闽边区转入进攻，分兵发动群众，打土豪、分田地，筹粮筹款。6月，红新十二军的反攻，曾两次占领长汀。6月下旬，红一方面军第十二军由赣入闽，先后攻取宁化和长汀。经过4个月的攻势作战，红一方面军先后占领会昌、寻乌、安远、信丰、广昌、连城、上杭、武平等县城，拔除地方豪绅武装盘踞的土围子几百处，歼灭大量地主豪绅武装及国民党地方部队，使赣南、闽西苏区连成一片。

1931年7月初，蒋介石调集30万人的兵力向中央苏区发动第三次“围剿”。敌第四十九师从龙岩向小池、坎市推进，第六十二师从大埔、蕉岭向北推进，新编第二师从永安向清流、连城推进，三面合击闽西苏区，并防止红军主力东进。

红一方面军继续采取“诱敌深入”的方针，待国民党军深入根据地中心区再集中兵力反击。7月10日前后，毛泽东、朱德率领红一方面军主力从闽西北出发，经宁化、长汀、瑞金回师苏区中心区。

---

① 中共福建省委组织部等编《中国共产党福建省组织史资料》，福建人民出版社1992年版，第114—115页。

8月初，红一方面军连续发起莲塘、良村、黄陂战斗，歼敌1万余人。8月底，军阀混战再起，两广军阀向湖南进军，蒋介石不得不转移兵力于湖南。9月，红一方面军乘其退却之机，接连发起老营盘、高兴圩、方石岭战斗，再次歼敌1万余人，胜利粉碎了国民党军的第三次“围剿”。此后，中央苏区闽西与赣南两个部分完全连成了一片。

在第三次反“围剿”中，根据红一方面军的指示，闽西苏区军民采取了灵活机动作战的方针。7月上旬，敌第四十九师占领大池后集中兵力进攻闽西苏维埃政府驻地白砂。新红十二军避开强敌，撤离白砂，向敌人兵力薄弱的长汀方向进攻，击溃了敌新编第二师第六旅，占领长汀。随后乘胜反击，夺回白砂。8月2日，敌新编第二师第六旅进行反扑，进占长汀；10日，敌第四十九师攻占虎岗。新红十二军则向上杭西部的回龙出击，而后沿汀江而下，会同彭扬军政学校第三分校的学员和地方武装，向上杭东部进攻，在庐丰、蓝家渡、丰稔市等地连创敌钟绍葵部，随后再向白砂转移。9月上旬，根据闽粤赣军区的命令，新红十二军向长汀、连城方向发展。6日在朋口击溃敌新编第二师第十二团的进攻。8日占领钟屋村，并击退敌第十二团的反扑，歼其一部。11日攻占长汀城，守军新编第二师第十一团向连城逃窜。10月，红十二军进至长汀与新红十二军会合，由红十二军调出2个师编入红四军，将新十二军并入红十二军，仍称红一军团第十二军。在此期间，中共闽粤赣省委书记卢永炽于1931年11月叛逃，罗明接任省委书记。[①] 11月、12月间，红十二军向连城、宁化、清流发展，全歼敌新编第二师第六旅第十一团，占领了连城县和汀、连、宁广大地区，打通了闽西与宁化、清流、归化、建宁红色区域的联系。1932年2月，为了统一“指挥红军十二军和独立师，及各县独立武装，配合工农群众的力量，巩固和发展福建全省的苏维埃政权”，“巩固闽西，向闽北发展，使福建

① 中共福建省委组织部等编《中国共产党福建省组织史资料》，福建人民出版社1992年版，第114—115页。

与江西苏区完全打成一片”,[①] 成立了福建军区指挥部，以罗炳辉为司令员、谭震林为政委。红十二军在完成长汀、连城的群众工作后，转而向上杭、武平进击。2月23日，红十二军在武平击溃敌钟绍葵部2个主力营，攻占武平县城，26日又进占上杭城。随后，红十二军与武平独立团又乘胜追歼钟绍葵残部，直抵闽粤边界的岩前、象洞。红十二军克服杭武，创造了闽粤赣边界地区的新局面。

自王明“左”倾教条主义在中共中央取得统治地位后，“左”倾教条主义者加紧推行其错误的方针、政策，并排斥打击抵制和反对“左”倾教条主义错误的人。1931年8月30日，王明主持下的中共中央在中央苏区第一次党代表大会召开前夕发出《中央给苏区中央局并红军总前委的指示信》。指示信在笼统肯定中央苏区反“围剿”战争、土地革命、创建红军和苏维埃政权建设等所取得的成就的同时，却以大篇幅对毛泽东为代理书记的苏区中央局及中央红军进行了不切实际的批评，强令苏区中央局贯彻执行“左”倾教条主义的方针政策。11月上旬，中央苏区第一次党代表大会（即赣南会议）在瑞金叶坪召开。赣南会议完全接受了中央九月指示信，否定了毛泽东等在政治、军事、土地革命政策方面的一系列正确主张；会议改选了苏区中央局，撤销了毛泽东代理书记的职务，同时决定撤销红一方面军总前委，实际撤销了毛泽东的总前委书记和红一方面军总政治委员职务。

1932年初，为了贯彻赣南会议的精神，确定闽粤赣苏区此后的工作方针，中共闽粤赣省委即开始筹备召开中共闽粤赣苏区第二次代表大会，并在省委机关报《红旗》上发表了专题文章就大会筹备工作做了宣传和部署。中共苏区中央局十分重视闽粤赣苏区党的第二次代表大会的召开，专门于2月19日发出《中共苏区中央局致闽粤赣省委并转省代表大会的信》，就革命形势、闽粤赣苏区自第一次党的代表大会以来的成就与问题、闽粤赣苏区今后的工作任务等，

---

① 中共闽粤赣省委、共青团闽粤赣省委：《告福建工农群众书》（1932年2月15日）。

做了详尽的指示。中共闽粤赣苏区第二次代表大会原计划在1932年2月7日召开，由于准备工作不充分，后来中共闽粤赣省委决定延迟至3月上旬召开。

1932年3月，中共闽粤赣苏区第二次代表大会于长汀召开。图为全体代表合影

1932年3月上旬至中旬，根据中共苏区中央局指示信的精神，在汀州召开了中共闽粤赣苏区第二次代表大会。苏区中央局委员任弼时代表苏区中央局出席大会，在大会上传达了中共苏区中央局《关于目前政治形势的分析与苏区党的紧急任务决议案》的精神和《中共苏区中央局致闽粤赣省委并转省代表大会的信》，并作了政治报告。罗明代表闽粤赣省委在会上作了一年多来的工作总结和今后任务的报告。大会通过了《目前政治形势与闽粤赣苏区党的任务决议》《关于党的建设问题决议》《关于苏维埃工作决议》《关于白区工作决议》等。这些决议总结了1930年12月闽粤赣苏区第一次党代表大会以来闽粤赣苏区党组织在武装斗争、红军建设、土地革命、政治建设、白区工作以及党的组织建设中的成绩与经验教训，并提出了闽粤赣苏区党今后的斗争方针和任务。

大会指出，“闽西党一年来坚决的反对立三路线，领导工农群众向国际路线转变中得到很大的成绩，但也存在着严重的错误”，“这许多错误就是中央和中央局所指出的缺乏明确的阶级路线与充分的群众工作”，号召“全省党员一致和错误斗争，肃清立三路线的残余，集中火力，反对右倾的机会主义的消极”。大会认为，当前全国革命形势有利于闽粤赣苏区的发展，闽粤赣苏区党组织应以“开展革命战争，推翻国民党军阀的统治”“开展革命战争，反对帝国主义瓜分中国的世界大战与武装拥护苏联”的口号，“动员工农劳苦群众与红军积极向外发展，积极开展革命战争，发展扩大闽粤赣苏维埃区域，夺取中心城市”，“首先就要加紧巩固闽西，完全贯通闽赣两省苏区，积极地向北发展，这样来响应和援助全国乃至福建潮梅的反日反帝反国民党的革命运动，来配合全国各苏区，特别是江西苏区向外发展的行动，以取得赣鄂湘几省革命的首先胜利”。[①]

大会最后选举产生了新的中共闽粤赣省委，罗明、张鼎丞、谭震林、李明光、郭滴人、刘晓当选为省委常委；罗明担任省委代理书记、刘晓担任组织部长、李明光担任宣传部长、李坚真担任妇女委员会书记、肖向荣担任秘书长。此外，根据中共苏区中央局的指示，中共闽粤赣省委改称为中共福建省委。[②]

中共闽粤赣苏区第二次代表大会是在中央苏区第三次反“围剿”取得胜利，闽西、赣南苏区完全打通，而闽西因肃清“社会民主党”斗争导致革命力量元气大伤的情况下召开的。虽然大会所通过的有关决议中也接受了以王明为代表的“左”倾教条主义错误主张，但由于周恩来已进入中央苏区就任苏区中央局书记，并已着手清理和纠正“左”的错误造成的某些问题，闽粤赣党组织内许多负责人对于毛泽东等人领导创建闽西苏区的一系列正确的方针政策更有着深刻的体会和认同，大会作出的有关决议及其所确定的方针、任务等仍然包含了切合闽粤赣苏区实际的若干内容。中共闽粤赣苏区第二次代表大会对于此后闽粤赣苏区促进巩固和发展，仍然起了一定的积极作用。

---

① 《中共闽粤赣苏区党第二次全省大会决议——目前政治形势与党的任务决议》(1932 年 3 月 14 日)。

② 参见中共福建省委组织部等编《中国共产党福建省组织史资料》，福建人民出版社 1992 年版，第 134—135 页。

三、中央苏区福建省苏维埃政府的成立

在中共闽粤赣省委筹备和召开中共闽粤赣苏区第二次代表大会前后，闽西苏维埃政府也同时开始筹备召开福建省第一次工农兵代表大会和成立福建省苏维埃政府事宜。

此时，中华苏维埃共和国临时中央政府已经成立，闽粤赣苏区的党政军主要领导人张鼎丞、邓子恢、罗炳辉、谭震林、范乐春、张华先等都参加了中央政府的领导机关；中华工农兵苏维埃第一次全国代表大会通过并颁发了《中华苏维埃共和国宪法大纲》《土地法》《劳动法》，以及财政、经济、文化教育、工农检查等一系列国家法令；而至1931年底，闽粤赣苏区的范围已从闽西扩展到闽西北，10余个县（市）已普遍建立了县、区、乡苏维埃政权；中共闽粤赣苏区第二次代表大会刚刚召开，产生了新的中共福建省委。这一切都为福建省第一次工农兵代表大会的召开和中央苏区福建省苏维埃政府的成立创造了有利条件。

在中共闽粤赣省委和闽西苏维埃政府的领导下，1931年11月25日，闽西第三次工农兵代表大会在汀州召开，大会听取出席中华苏维埃第一次全国代表大会的闽西苏维埃政府领导人张鼎丞、郭滴人等关于大会精神的传达，通过了相关决议，并且具体确定了为召开福建省第一次工农兵代表大会的各项筹备工作。会后，在中共闽粤赣省委和闽西苏维埃政府的领导下，闽粤赣苏区经过由下而上地召开乡、区、县各级工农兵代表大会，顺利地完成了召开福建省第一次工农兵代表大会的筹备工作。

福建省第一次工农兵代表大会召开前夕，为了切实贯彻新成立的中华苏维埃共和国临时中央政府的各项政策法令，利用第三次反“围剿”胜利以后有利形势，进一步巩固和发展赤色区域，动员闽粤赣苏区军民投入革命战争，临时中央政府还专门发出《给福建省第一次工农兵苏维埃大会的指示》，对召开福建省第一次工农兵代表大会作了详尽的指示。

指示信指出，第三次反“围剿”胜利及中华苏维埃共和国临时中央政府成立后，全中国各苏维埃区域和工农红军迅速发展，特别是反帝的民族革命运动正在汹涌地向前发展，必然要汇合在苏维埃旗帜之下，以民族革命战争来驱逐帝国主义，推翻国民党统治，而争取苏维埃在全国的胜利。因此，当前的任务是“继续这些胜利更努力的动员千百万工农群众，来参加革命战争，来进行大大向外发展的革命战争去夺取邻近的中心城市，夺取苏维埃首先在一省和几省的胜利”。中央认为，这个任务也是“这次大会所负的最主要的中心任务”。

为了实现上述中心任务，临时中央政府在指示信中要求福建省第一次工农兵代表大会应具体地讨论动员群众的各种具体的方针，实施劳动法、土地法的实施方案，扩大红军和执行优待红军的实际执行办法，制定发展的方向和干部配备、发展苏区经济、提高生产的实施方案，以及执行经济政策的具体办法，节俭经济、帮助发展革命战争的办法，整顿地方武装与加强政治军事工作、运用游击战术的办法和各级苏维埃工作检查的具体实行办法，等等。

临时中央政府的指示信还强调，闽西的发展方向应是向北发展，中心工作是巩固杭武，认为这“不仅是巩固粤赣的联系，而且主要的是加强和巩固向外发展，进行革命战争的力量和基础，不求巩固根据地的冒进主义要坚决反对，同样的对于不积极向外发展，只求巩固的保守主义，那更是在执行目前大大向外发展进行革命战争的任务上是极端有害的，大会更应坚决同这种倾向做斗争”；[①] 指示信还强调，“必须详细讨论整顿地方武装与加强政治军事工作以及运用游击战术的办法，以提高地方武装在革命战争中的作用”[②]。这些具体的正确主张，实际上坚持了毛泽东一贯推行的关于革命根据地应当实行有阵地的波浪式向外发展的方针，对于福建省第一次工农兵

① 《苏维埃临时中央政府给福建省第一次工农苏维埃大会的指示》，《红色中华》，1932 年 3 月 23 日。

② 《苏维埃临时中央政府给福建省第一次工农苏维埃大会的指示》，《红色中华》，1932 年 3 月 23 日。

代表大会的召开和闽粤赣苏区此后的巩固、发展，都有着积极的意义。

1932年3月18日，福建省第一次工农兵代表大会在长汀隆重召开，会期4天。中华苏维埃临时中央政府特派任弼时为中央代表参加并指导大会。到会代表100余人，还有党、团、工农群众团体代表也出席了会议。场内的装饰庄严华丽，大会开幕时军乐大作，爆竹声四处鸣响，全场一致热烈欢呼鼓掌，继高唱国际歌。代表们为死难烈士默哀一分钟。[①]

大会的第一天，由中华苏维埃临时中央政府代表任弼时作政治报告；由张鼎丞宣读中华苏维埃临时中央政府给大会的指示信，并代表闽西苏维埃政府作“闽西苏维埃政府一年来工作报告”。

随后，与会代表对中华苏维埃临时中央政府的指示信和任弼时、张鼎丞的报告进行了认真的讨论；经与会代表讨论，大会先后通过了《实行劳动法令》《土地问题》《军事问题》《财政经济问题》《苏维埃建设问题》等决议案；大会还通过了拥护中国共产党、拥护红军、拥护苏联、拥护中央政府对日作战的决议等通电。

大会通过的各项决议案确定福建省苏维埃政府最高权力机关为全省工农兵代表大会，大会闭幕期间省苏维埃执行委员会为最高政权机关，下设若干机构，负责处理日常事务。同时建立各县、区、乡的工农兵代表会议制度。要求用最大的力量巩固和扩大红军，并加强地方武装，配合工农红军，发展游击战争，打击以至消灭国民党军阀团匪的进攻。

强调深入土地革命，发展生产。规定在永定、上杭、长汀等老区开展土地检查，收回富农所得的好田，消灭豪绅地主残余，以保证土地果实落到贫雇农手上。在宁化、连城、武平等新发展区域，应按中央的土地法令，以斗争的方式没收并分配土地，坚决执行地主不分田、富农分坏田的政策。为奖励开垦荒地，规定农民开垦的

---

① 《福建省工农兵苏维埃代表大会盛况》，《红色中华》，1932年3月23日。

荒地在若干年内免征土地税，也可以租给富农耕种。号召整修水利，发展苏区农业经济。

为了进一步发展苏区经济建设，规定政府应努力发展纸、烟、木材生产。要注意促进果林、畜牧业生产。注意改良与发展农业经济，改良水利、种子，鼓励多种杂粮，发展农业生产。发展各种合作社，尤其要根据闽西特点大力发展纸业合作社。疏通赤白区贸易，吸引白区商人来苏区经商。杜绝各地合作社及私商自行发行纸币，已经发行的应该收回销毁。

为了加强财政工作，决定统一税收，除中央规定的农业税、商业税以外，其他税项应予取消。农业税，规定每人收得干谷 3 石以上的为起码征收标准。正式税收应由政府税收部门统一征收，其他收入如对土豪、反动派的罚款及没收所得，都应交国库。严格预决算制度，未经上级批准的行政费用不得取用。各级政府应经常派员检查财政，如发现违反预算舞弊浪费，应以纪律处罚。

要求加强苏维埃政权的建设，克服过去存在的各种形式主义和官僚主义，与此相适应地划小行政区，使苏维埃政府便于深入基层，密切和群众的联系。

上述决议，总结了闽粤赣苏区过去革命斗争的经验和教训，确定了福建省苏维埃政府今后各项工作的方针和政策，尽管一定程度上反映了“左”倾教条主义的指导方针，但总体上还是比较正确的，对于中央苏区福建省的进一步巩固和发展有着积极的指导意义。

3 月 21 日，大会选举成立了福建省苏维埃政府。张鼎丞、阙继明、张思垣、范乐春、蓝兴南、张仁标、郭滴人、傅源标、涂康元、李六如、钟显光、张必发、罗明、张福娣、王锦标、陈特生、高元芳、刘祥文、李明生、李明光、程朝远、江鼎仁、赵发桂、张华先、刘永生、曾凡林、王海萍、傅才秀、游端轩、谭震林、罗炳辉、黄甦、赖芹香、郭玉杨、沈德昌等 35 人为省苏维埃政府执行委员会委员；钟友勋、赖荣章、钟加瑞、魏荫华、张邦富、李材昌、赖如昌、赖月华、马明亮、廖佩钦、张子卿、许应生、游荣长等 13 人为候补执行委员。[①]

3 月 22 日，福建省苏维埃政府执行委员会举行第一次全体会议，选举张鼎丞、阙继明、张思垣、范乐春、李六如、郭滴人、钟显光、张华先、谭震林等 9 人为执行委员会主席团；张鼎丞为省苏维埃政府主席，阙继明、张思垣为副主席，温仰春为秘书长。福建省苏维埃政府下设 8 个部，范乐春为土地部长，郭滴人为文化部长，张思垣兼劳动部长，阙继明兼工农检查部长，李六如为财政部长兼内务部长，钟显光为粮食部长，张华先为裁判部长。[②] 后又增设国民经济部和妇女部，邱赐泽为国民经济部长，赖月华为妇女部长。

福建省苏维埃政府成立后，闽西苏维埃政府不复存在。

中央苏区福建省苏维埃政府的成立，标志着苏区福建省党政军建设的全面加强，从而使福建苏区进入了全盛发展的时期。

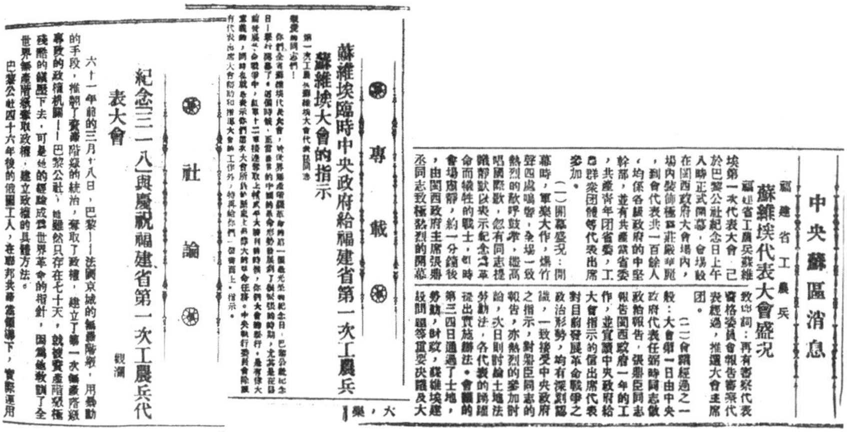
中央蘇區消息

蘇維埃代表大會盛況

福建省工農兵

福建省工農兵蘇維埃第一次代表大會，已於巴黎公社紀念日上午入時正式開幕，會場設在閩西政府大會場內，場內裝飾極為莊嚴華麗，到會代表共一百餘人，均係各級政府的中堅幹部，並有共產黨省委，共產青年團省委，工會群眾團體等代表出席參加。

（一）開幕盛況：開幕時，軍樂大作，爆竹聲四處鳴響，全場一致熱烈的歡呼鼓掌，繼高唱國際歌，忽有同志提議靜默以表示紀念為革命而犧牲的戰士，即時會場肅靜，約一分鐘後，由閩西政府主席張鼎丞同志致極熱烈的開幕致詞；再有審察代表資格委員會報告審察代表經過，推選大會主席團。

（二）會議經過之一般：大會第一日由中央政府代表任弼時同志做政治報告，張鼎臣同志報告閩西政府一年的工作，並宣讀中央政府給大會指示的信，出席代表對目前發展革命戰爭之政治形勢，均有深刻認識，一致接受中央政府之指示，對鼎臣同志的報告，亦熱烈的參加討論，次日則討論土地法勞動法，各代表的踴躍提出實施辦法。會議的第三四日通過了土地，勞動，財政，蘇維埃建設問題等重要決議及大

專載

蘇維埃臨時中央政府給福建省第一次工農兵蘇維埃大會的指示

親愛的同志們！

社論

紀念「三一八」與慶祝福建省第一次工農兵代表大會

觀瀾

六十一年前的三月十八日，巴黎——法國京城的無產階級，用暴動的手段，推翻了資產階級的統治，奪取了政權，建立了第一次無產階級專政的政權機關——巴黎公社。她雖然只存在七十天，就被資產階級殘酷的鎮壓下去，可是她的經驗成為世界革命的指針，因為她教訓了全世界無產階級奪取政權，建立政權的具體方法。

巴黎公社四十六年後的俄國工人，在聯邦共產黨領導下，實際運用

中华苏维埃共和国临时中央政府机关报《红色中华》报道福建省第一次工农兵代表大会盛况和发表的社论

① 《福建省苏维埃政府通令第一号——成立福建省苏的事》(1932 年 3 月 25 日)。

② 《福建省苏维埃政府通令第一号——成立福建省苏的事》(1932 年 3 月 25 日)。

四、宁清归地区苏维埃运动的兴起和发展

1929年3月，毛泽东、朱德率领红四军第一次入闽，歼灭国民党福建省防军第二混成旅，攻占长汀县城，建立了长汀县革命委员会；5月，红四军再次入闽，三打龙岩县城，歼灭国民党福建省防军第一混成旅，又接连攻占坎市和永定县城等地，建立了永定县革命委员会、龙岩县革命委员会。红四军两次入闽、闽西苏维埃运动和土地革命的蓬勃发展，在宁化、清流、归化各县引起了极大的反响。

1930年1月，为发展赣西南局面，开辟更为广阔的苏维埃区域，红四军离开闽西，转战赣西南。1月3日，朱德率红四军第一、三、四纵队从上杭古田出发。9日，经连城的北团进入清流县的灵地。10日，在清流的锅蒙山击溃敌马鸿兴部6个连和附近各县民团的阻击，歼敌600多人，缴获大量枪支弹药。当日，经俞坊、马家、安乐、谢坊、丁坑口、鱼龙铺向宁化挺进。11日，朱德率部到达宁化城关，在县衙门前召开群众大会，朱德亲临大会演讲，号召工农群众起来闹革命，打土豪，分田地，建立苏维埃政权。红军还把从土豪那里没收来的衣服粮食分给群众。14日，红四军第一、第三、第四纵队经宁化济村、龙头进入江西广昌。在此前后，1月7日，毛泽东率红四军第二纵队离开古田，先后经连城县的姑田，清流县的洞口、林畲，归化县的盖洋、张地，于16日抵宁化县的泉上地区。17日到达水茜。18日到达安远。19日，经宁化县的肖坊、营上、吴家等地进入江西境内。朱毛红军转战闽西北的宁清归地区，所到之处积极宣传，号召群众武装起来闹革命，极大地鼓舞了宁化、清流、归化各县劳苦大众的革命热情，许多青年自动要求参加红军。

在毛泽东、朱德率红四军转战闽西北宁清归地区的同时，1930年1月，中共福建省委也指示闽西特委，要求“督促汀、岩二县委，

加紧已往有了相当门路的漳平、宁化、清流三县的工作”。① 1930年3月，闽西第一次工农代表大会的召开进一步推动了宁、清、归地区土地革命斗争的发展。

红四军途经宁化期间，宁化党组织负责人徐赤生曾主动与红四军取得联系，并得到指示：“要迅速领导工农举行武装暴动”。红四军离开宁化后，徐赤生立即召开宁化各地党组织负责人会议，传达红四军领导的指示，研究举行武装暴动的问题。② 此后，宁化党组织就开始积极准备举行武装暴动。同年夏，宁化县青黄不接，极端贫困的宁化人民陷入绝境。宁化县党组织认为，长期以来宁化人民反对压迫剥削、追求革命的情绪很迫切，青黄不接更是举行武装暴动的时机。此前经过半年的充分准备，宁化西南部各乡已建立了党的组织，发展了大批农会会员；曹坊党支部积极筹款，以防匪患为名购买了一批枪支弹药，有了自己的武装；对宁化西南部各乡几股民团的策反工作也取得了一定成效；而且闽西革命根据地已经形成，红一军团和红十二军正在长汀整编，宁化武装暴动能够就近得到红军有力的支援。举行武装暴动的时机已经成熟。于是，宁化县党组织决定发动宁化西南5乡农民暴动，由曹坊先行，其他各乡后续响应。

6月下旬，在红军第一军团一纵队的支持下，宁化县党组织领导了宁化西南部半个县包括曹坊、禾口、淮土、李七坑、济村等乡村的农民武装暴动，召开各乡群众大会，打土豪，破仓分谷，收缴土豪、民团的枪支弹药，声势浩大，震动全县。国民党宁化县政府官员和县保卫总团头目等纷纷逃往外地。在武装暴动的基础上，先后建立了宁化南乡革命委员会、宁化西乡革命委员会、李七坑乡革命委员会，并一度占领宁化县城，成立了中共宁化特区委员会，还成立了宁化县革命委员会（张志农任主席），组建了宁化赤卫大队

---

① 《中共福建省委给闽西特委及四军前委信——政治形势，闽西党的过去及今后工作》（1930年1月8日），中共龙岩地委党史资料征集领导小组、龙岩地区行政公署文物管理委员会编《闽西革命史文献资料》第3辑，第20页。

② 中共宁化县委党史工作委员会编《宁化党史资料9》，第91页。

(共200余人，150多支长短枪，后改编为宁化游击大队)，诞生了闽西北的第一个县级苏维埃政权和第一支革命武装。此后，宁化游击大队接受红二十一军第五纵队的指挥，在宁化与长汀边境开展游击斗争，先后在长汀的新桥、馆前、童坊、四都、古城、灌田、水口、涂坊、南阳、河田等地配合红五纵队与敌作战，取得了一定的胜利，并奉命乘胜攻打长汀县城。

与此同时，1930年5月，汀东游击队进入清流县城，开展筹款和宣传。6月下旬，红一军团一部进入清流的荷坑、田口一带活动，并建立了田口游击大队，拥有100多人(后编入红一军团)。8月间，中共清流城市支部和中共归化城市特别支部相继成立。9月，清流的李坊、廖坊等乡村成立了乡革命委员会，建立了赤卫队。同年冬，红军第十二军一部进入宁化西南部恢复苏区，并分兵清流、归化，许多乡镇得到解放，清流的荷坑、茜坑、长校、黄石坑、江坊等乡村先后建立了苏维埃政权。

1931年1月中旬，红十二军一〇一团进入清流的里田，使宁化、清流边境的红色区域迅速发展，淮土、曹坊、武层、里田等地也相继恢复和建立了苏维埃政权。4月中旬，中共闽粤赣特区委从上杭、长汀县委抽调人员到宁化加强各级党组织和苏维埃政权的领导力量，以宁化曹坊为中心，拓展宁清归苏区。

1931年5月底，中央苏区第二次反“围剿”取得胜利。6月10日，毛泽东在江西省南丰县的康都村主持召开红一方面军临时总前委第八次会议，对宁清归地区工作做了部署。会议提出，闽西红军发展的主要方面“要向汀州、连城、归化、宁化、清流等县，才能与赣东南联系起来而扩大十二军”。① 6月22日，总前委召开的第九次会议进一步对红十二军分兵宁化、清流、归化等地开展工作做了具体部署。

6月下旬，红十二军进入宁化后，向宁化北部发展，解放了中沙、河龙、水茜、湖村等地；红四军第十一师进入清流县东北部，

① 中共江西省委党史研究室等编《中央革命根据地历史资料文库·军事系统(10)》，中央文献出版社、江西人民出版社2015年版，第791页。

解放了林畲、石下等地，并派出干部帮助林畲、孙坊、蛟石等乡村建立苏维埃政权。红四军第十三师进入归化县西南部的湖坊等地，发动群众，开展抗租、抗高利贷斗争。

在红军向闽西北区域分兵开展工作期间，6月28日至7月1日，红一方面军总前委书记毛泽东在建宁给红十二军军委、谭震林政委、红三十五军军委及闽赣边工作委员会周以栗书记接连发出了3封指示信，针对红军分兵开展工作的情况和当前的形势，从全局出发，对红十二军及红一方面军各部的工作做了进一步部署，提出了具体的任务要求。

毛泽东在6月28日的信中指出："此次十二军工作区域分得不妥当，清流、连城应让十二军作第二步工作区。十二军中心任务应不是筹款，而是建立深入宁化、石城、长汀三县的工作。十二军担任这三县，三十五军担任瑞金一县，三军担任于都、会昌二县，均以两个月（七、八两月）为限期，分完田，建立地方武装、地方临时政权和临时党部，把这四个问题真正的解决，使于、瑞、石、宁、会、汀六县连成一片。这是我们的中心任务。"因此，"须变更康都决议，把三十四师迅速调返来，使他担任宁化全县，三十五师担任石城全县，三十六师担任长汀全县，军直属队在三县之间，望坚决照此布置"。毛泽东还就红三军团的行动计划强调指出"西、南、北三面都不可，便只有东方是好区域：第一，蒋系地盘，无直接威胁两广之弊；第二，地势偏僻，即不受威胁，若较之我们出南丰、宜黄者为小；第三，有山地纵横，无河川阻隔，最宜造成新战场；第四，有款可筹，军以内不愁给养；第五，群众很多，可以出兵扩大红军。因有这些条件，我们应该在这区域作长期工作计划。三军团应以建宁、泰宁、将乐为工作区域，以顺昌、邵武、光泽为筹款区域。四军应以归化、清流、连城为工作区域，以沙县、永安、尤溪为筹款区域，即在三县筹款自给"①。

---

① 中共江西省委党史研究室等编《中央革命根据地历史资料文库·军事系统（10）》，中央文献出版社、江西人民出版社2015年版，第799—800页。

根据敌情的变化，毛泽东在 6 月 30 日晚的信中又对红十二军的具体任务做出部署，指出："根据各方面情况判断，敌军定很迅速地向我们进攻已毫无疑义。在此形势下，决不能容我们此时期做准备工作，大概下月内准备作战。已电令四军及三军团不去顺昌、沙县，立即摆在将乐、归化筹款，以十天为筹款时期"，"集中地点在宁化、石城。昨信谈十二军筹款不是主要任务，宁化、石城、长汀三县群众工作才是主要任务，现在看来筹款和群众工作同样是主要任务，并且做群众工作若布置得多，只对筹款有帮助，决不妨碍筹款的。大约此信到宁化时，三十四师已在清流筹款五天左右，已经筹得相当款子了，该应去信要他们迅速结束清流筹款，开回宁化，布置宁化为重要地点，一面筹款，一面把群众大大发动，做到分配田地。三十五师之一团应在安远，其另一团及师部应去石城，白水工作暂时放弃，因为石城是很要紧的。军直属队在宁化境内，三十六师在长汀（注意做石、瑞、汀、宁县交界工作）。这样以主力在宁化、石城两县各有一部，筹款与群众工作两俱顾及。要达此目的，三十四师必须从清流、连城撤宁化，并须迅速撤回才不会妨碍宁化工作"。[①]"宁、石、长汀三县工作，在目前形势之下，只能计划做一个月（一个月后敌容许再延长就是），即在七月内把三县工作做个又好又多，中心点是要把田地分配。如因地域太宽，部队分配不来，即择重要地点分配，如宁化之安远、中沙、县城、禾口、石牛五点；石城之小松、丰山、县城、坪山、龙岗、大畲坪六点；长汀之县城、馆前、古城及四县交界点。每处需有一个阶级认识明确、领导力强的人去指导，如震林、炳辉、谭政三同志应不在一块，每人专任指导一处，同时兼任巡视一处或两处，每隔十天集合各军委机关开会一次。震林同志一人普遍的出去巡视，不专任一处亦可"。"你们接到此信，须根据上述原则，重新来一个布置"。

红十二军军委接到毛泽东 6 月 28 日的指示信后，29 日即向毛泽

---

① 中共江西省委党史研究室等编《中央革命根据地历史资料文库·军事系统（10）》，中央文献出版社、江西人民出版社 2015 年版，第 802—803 页。

东复信汇报了部队布置及工作情况。7月1日，毛泽东根据红十二军的汇报写了第三封信给红十二军军委，再次强调指出："你们现在这种布置可以做一个月，短时期做一星期至十天。一星期至十天满，三十四师在清流、连城的部队，即行撤回宁化，布置在中沙到长汀界上的线上，及宁化与石城两县交界的线上，多点的工作起来，一百〇四团仍在都上、安远到中沙的一线上，但工作要向江西边界推进，使与江西赤区连接。一百〇三团及三十五师师部，十天后应去石城"；"工作区重新划分，你们只管宁、石、长三县，真正要做好三县工作，非长期用大力不可"。①

7月上旬，按照毛泽东和红一方面军总前委的部署，红十二军在宁化抓紧筹款扩红，发动群众开展土地斗争等，为准备第三次反"围剿"并使战略要地宁化成为巩固的苏区打下了基础。与此同时，7月初，红军在归化、清流等工作区域发动群众、开展土地斗争、筹款扩红已取得成效，并首次解放了归化、清流县城。7月5日，成立了归化县革命委员会，蔡福钦任主席，下辖雪峰城市区革命委员会及县东南、西北办事处；并相继成立了贫农团、工会、农会等，初步开展了打土豪分田地的斗争，还组织了游击队、赤少队，吸收了一批青年参加红军。归化红色区域的发展，使国民党福建当局感到不安，当时，《福建民国日报》载，"归化东北区无一片净土，大小二百余乡尽成匪窟"，"东区如沙溪、梓口坊、岩前、地美、夏阳等乡，西北区如大陂、常坪、白叶、鳌坑、枫溪一带，大小二百余里，已无一片净土"。② 7月6日，清流县革命委员会成立，红十二军派出的清流籍军事干部曾德高任主席，副主席伍先球，财政部长刘德元，土地部长钟老四。清流县革命委员会下辖里田、城郊、城北、嵩口、嵩溪等区革命委员会和李家、泽坊、长校、留坑、茜坑、江坊、林畲等13个乡革命委员会。

---

① 中共江西省委党史研究室等编《中央革命根据地历史资料文库·军事系统(10)》，中央文献出版社、江西人民出版社2015年版，第808页。

② 中共三明市委党史研究室编《三明革命史》，中央文献出版社2001年版，第36页。

至此，宁化、清流、归化 3 个县苏区打通了联系，宁清归苏区初步形成，并开始由西南面向东北面发展。

为粉碎国民党军队对苏区发动的第三次“围剿”，红军主力于 7 月中旬撤离宁化、清流、归化，转战赣南。1931 年 9 月，在取得了第三次反“围剿”胜利之后，红一方面军一部又进入宁化、清流、归化，再次收复各县县城并发展了大片苏区，打通了闽西与闽西北红色区域，使两块苏区连成一片。与此同时，中共闽粤赣省委派出以王兴旺、吴富莲、郑国勋、王昭沛等 20 人组成的工作团到宁化、清流、归化三县，配合红军加强宁清归苏区党组织和苏维埃政权建设。9 月底，根据闽粤赣省委指示，中共宁（化）清（流）归（化）工委在曹坊成立，由王兴旺任书记。工委的主要任务是开展群众工作，首先以曹坊为中心，广泛深入地发动群众，打土豪分田地，建立农会，组织地方武装，成立苏维埃政权等。经过月余时间的群众工作，建立了曹坊、南城堡、方田、禾口、淮阳等区党的工作委员会。10 月间，宁清归工委从曹坊迁驻淮阳，筹备宁化县第一次工农兵代表大会。

11 月上旬，宁化县第一次工农兵代表大会在淮阳召开，闽西苏维埃政府主席张鼎丞亲自主持了会议。到会代表 100 多人。会上正式宣布成立宁化县苏维埃政府，选举了县苏维埃执委及主席团成员，由曹正刚担任县苏主席。县苏政府下设 8 部 1 局工作机构。接着成立中共宁化县委，书记王兴旺，副书记兼组织部长郑国勋，宣传部长刘祥文，军事部长马周亮，妇女部长吴富莲（女）。成立少共宁化县委，书记王昭沛。12 月间，中共归化县委、中共清流县委相继成立，隶属中共宁清归工委领导，肖恒太任中共归化县委书记，马锡扬任中共清流县委书记。归化县委下辖东南、西北、华枫、鳌龙、雪峰、城市等 5 个区委、中心支部；清流县委下辖城郊、城北、嵩溪、嵩口、安乐等区委。由于红军向宁清归发展，扫除了各县的地主武装，解放了广大地区，12 月底，宁清归 3 县共有 16 个区建立了苏维埃政权。

1931 年 11 月 7 日至 20 日，在瑞金召开了第一次全国工农兵代

中華蘇維埃共和國中央執行委員會佈告

主席 毛澤東
副主席 項英 張國燾
公曆一九三一年十二月一日

中华苏维埃共和国中央执行委员会第一号布告

表大会，成立了中华苏维埃共和国临时中央政府，中央苏区正式形成，宁清归苏区成为中央苏区的组成部分。12 月 4 日，为了巩固和发展宁清归苏区，中共中央指示“闽西北（宁化、清流、归化等县）应发展广大的游击运动与土地革命，阻滞敌人，巩固后方与扩大苏区”。① 在苏区中央局和闽粤赣省委的领导下，宁清归苏区各地组建一大批地方武装，土地革命和苏维埃政权建设也深入发展。1932 年 2 月，根据苏区中央局关于在宁化等地建立强有力的中心县委以领导其他县委的指示，中共闽粤赣省委将中共宁清归工委改为中共宁清归中心县委（又称中共宁化中心县委），书记霍步青，组织部长郑国勋，宣传部长廖有銮，军事部长张思崇，妇女部长吴富莲（后朱月倩），秘书张敏禄。同时成立了少共宁化中心县委，书记高一致。中共宁化中心县委机关设在宁化城关基督教堂。同年 2 月，中国工农红军福建军区成立，以罗炳辉为司令员，谭震林为政治委员，谭政为政治部主任；福建军区下辖杭永岩、汀清连、宁清归 3 个军分区。3 月，中央苏区中共福建省委和福建省苏维埃政府成立。3 月下旬，宁清归军分区成立大会在宁化城关召开，任命杨春山为司令员、霍步青为政治委员。军分区下设参谋、侦察、动员、组织、宣传、地方工作、供给、卫生等科室；军分区下辖宁化独立团、清流独立团以及宁清归各县区独立营、警卫连等部队。不

① 《中共中央给各苏区中央分局、省委及红军各军政治委员的训令》（1931 年 12 月 4 日），引自中共中央文献研究室、中央档案馆编《建党以来重要文献选编（一九二一——一九四九）》第 8 册，中央文献出版社 2011 年版，第 750 页。

久，集中各县区警卫连编为独立第五团。5月间，军分区积极扩建地方武装队伍，在宁化安乐组建成立了东南游击支队，胡明才为支队长，不久支队扩编至3个连，共500余人；在中沙组建成立了宁北游击支队，共200余人，支队长李魁元。8月，宁化独立团与独立第五团合编为福建军区独立第七师。8月底，清流县召开第一次工农兵代表大会，宣告清流县苏维埃政府成立，由王兴旺任主席。10月，按照中革军委的命令，福建军区在宁化县城成立宁（化）石（城）清（流）军分区指挥部，与宁清归军分区同一套领导班子，指挥宁石清3县地方武装。在此前后，宁化、清流、归化各地还先后组建了宁南游击队、宁西游击队、归化游击大队、清流游击大队等，并在苏区范围内大力清除反动地方武装；宁清归苏区的各级党组织和苏维埃政权、群众团体也相继建立和发展。至1932年下半年，宁清归苏区已建立了宁化、清流、归化3县的县委和县级革命政权，以及3县范围内200多个区、乡的基层党组织和苏维埃政府。宁清归苏区成为中央苏区向东北方向发展的战略要地。

1933年2月，“左”倾教条主义者在福建苏区开展反“罗明路线”斗争，认为中共宁清归中心县委没有执行党的“进攻路线”，而是执行了“罗明路线”，从而对宁清归苏区各级干部实行残酷的斗争和打击，严重削弱了宁清归苏区的革命力量。这时，国民党军正对中央苏区进行第四次“围剿”。3月间，敌军进占归化、清流两县县城及大部区域。3月下旬，为加强中央苏区东南区域的防御，中革军委调集兵力组成东南作战军进入清流、连城等地作战。叶剑英率领东南作战军4000多人进击清流县城，重创敌军，挫败了其妄图进一步进犯宁化苏区的企图。7月，东方军进入宁清归苏区作战，收复了宁化、清流、归化3县。宁清归军分区从宁化移驻清流城关，军分区政委黄火星兼任中共清流县委书记，萧来芙任中共归化县委书记。8月1日，福建省苏维埃政府根据中央部署在第四次执委扩大会上提议，以宁化的安远、河龙及建宁的均口部分地域设立彭湃县，[①] 并决定从福建省苏和宁化县苏政府抽调100名干部到清流、归化工作。8月16日，中央人民委员会第48次会议又作出决定：以宁化泉上一带增设泉上县，原彭湃县下辖的巫坊、泉上、店上三个区划归泉上县管辖。[②] 同时，中央和福建省派出工作团200多人进入宁清归苏区，以加强建立政权、分配土地和发展武装的工作。8月中旬后，彭湃县、泉上县相继成立了党的组织和苏维埃政府，由王珍任中共彭湃县委书记、袁锡林任彭湃县苏维埃政府主席；吴瑞民任中共泉上县委书记、曾芹仲任泉上县苏维埃政府主席。与此同时，清流县原有的党组织和苏维埃政权也得到恢复，并新建了伍家坊等10多个乡苏维埃政权。归化县建立了华枫和鳌龙区委、区苏维埃政府。12月，归化县第一次工农兵代表大会召开，成立了归化县苏维埃政府，由叶鸿飞担任主席。至此，宁清归苏区共建立了宁化、清流、归化、彭湃、泉上5个县、44个区的各级党组织和苏维埃政权。同时，建立了各级的少共（共青团）、农会、工会、妇女会、儿童团、少先队、反帝拥苏大同盟、革命互济会等群众团体组织。宁清归苏区各项工作和建设进入了蓬勃发展时期。

随着区、乡苏维埃政权的建立和发展，宁清归苏区根据战争的形势，抓住各个有利时期，分批次迅速而深入地开展了土地革命斗争。如宁化全县的土地分配工作大体上分为三批进行。第一批，从1931年5月至1932年3月，分配土地的有曹坊、淮土、禾口、治平（长宁）、南城堡等区；第二批是1932年秋冬开始，有城郊、安乐、丁坑口、横锁、下巫坊、中沙等区；第三批是在1933年7月东方军攻克泉上土堡、全县尽入苏区范围的情况下进行分配土地，有泉上、湖村、店上、安远、营上等区。分配土地一般在短时间内就全部完成，如归化县的华枫、鳌龙、雪峰等区在20天内就完成了土地分配

① 《福建省苏第四次执委扩大会议决议案》（1933年8月4日）。

② 《人民委员会第四十八次会议》（1933年8月16日），中共江西省委党史研究室等编《中央革命根据地历史资料文库·政权系统（7）》，中央文献出版社、江西人民出版社2013年版，第921页。

工作。东方军恢复宁清归苏区的大片地域后，时值稻谷黄熟收成在望，中共宁清归中心县委为迅速开展新区土地分配工作，从实际出发，采取了平分青苗或平分谷子的分配办法。

宁清归苏区分田时，在红军工作队指导下，一般先以乡为单位成立分田委员会。归化县则在县、区、乡各级苏维埃政权设立没收委员会和土地分配委员会。归化县苏维埃政府还举办骨干训练班，集中各区、乡苏维埃政府副主席、内务部长、农会主席、妇女主任和文书，学习《十大政纲》《土改指南》，达到统一认识、统一要求。在分田委员会领导下，发动群众没收地主的浮财，如衣服、谷子、生猪和农具等，分给贫苦农民，并当众烧毁田契；召开群众大会，各户自报自耕土地、租人土地及所欠债务，或占有土地及放债收租等剥削量，由贫农团或农会评定阶级成分。凡是占有很多土地、放债且不劳动者就评为地主，在地方上有势力压迫人的地主就评为土豪。土地多、放债、雇工、剥削，自己也参加劳动，评为富农。自己有土地，有农具，参加劳动，不剥削人，也不受别人剥削或受别人轻微剥削，评为中农。一部分中农有些剥削，其剥削量不超过全家收入25%的评为富裕中农。土地很少或没有土地，租别人的田种，耕牛农具也缺乏，兼做零工，借有高利贷，受人剥削，评为贫农。专门给别人做长工的评为雇农。赌博、抽鸦片且不劳动者评为流氓。如宁化曹坊全乡200多户，评为地主14户（其中土豪4户），富农10户、雇农3户、工人5户、流氓8户，其余都是贫农和中农。阶级划分后，分田委员会没收本乡所有土地，以原耕为基础，按人口平均，按“抽多补少、抽肥补瘦”原则进行分田。土地分为三等九则（即好、中、差三等，每等又分为上中下三则），好田多的抽好田，坏田多的抽坏田，都是好田的也要抽出好田，补入坏田，不过总比别人的好田多一些。抽出一部分特别好的田，作为红军公田，由群众代耕，收入谷子由乡苏维埃保管，红军家属有困难时给予接济。分田的数量，因各乡土地总数的不同而不同。如宁化曹坊乡每人平均分15担，其中上田3担，下田3担，中田9担；竹园乡每人分12担；禾口老街每人分4担。但宁清归苏区的分田斗争也出现了

“左”的现象，富农以原耕为基础，好田抽得多，坏田总比贫苦农民更多。中农一般保留自己的田，有多的抽好田，不足的补坏田。地主不分田（也有一些乡，地主也分一点土地，跑掉的不分），地主家属保留一些坏田给他种，逃跑掉的地主家属不分田。划为工商兼地主的没收全部土地，商贩本人不分田。

宁清归苏区的土地革命发展不平衡，工作中也出现了不少“左”的偏差，但各地基本实行了闽西苏区早先制定的分田原则，苏维埃区域80%以上农民都得到土地，极大地激发了人民参加革命战争和发展苏区生产的热情。

五、“左”倾教条主义错误对中央苏区福建省的影响

1930年9月，中共六届三中全会纠正了李立三等对中国革命形势的“左”的估计，结束了“左”倾冒险错误在党中央的统治，但没能在思想上理论上彻底清理以李立三为代表的“左”倾冒险错误，对它表现了某些调和妥协。10月间，共产国际给中共中央来信，提出“立三路线”就是反共产国际的政治路线。王明等立刻打起“反对调和主义”的旗号，猛烈攻击三中全会后的党中央，要求彻底改造党的领导。他们认为，“立三路线”是在“左”的词句下掩盖着右的实质，宣称党内目前的主要危险是“右倾”。1931年1月7日，在共产国际代表米夫的直接干预下，中共六届四中全会在上海召开。会议以批判三中全会所谓对于“立三路线”的“调和主义”为宗旨，强调反对“党内目前主要危险”的“右倾”，决定“改造充实各级领导机关”。会议以后，中共中央的领导权实际上为得到米夫全力支持的王明所操纵。六届四中全会在党的历史上没有任何积极的建设性作用。从这时起，以王明为主要代表的“左”倾教条主义错误在党中央领导机关开始了长达4年的统治。

国民党军对中央苏区发动第一次“围剿”时，闽西苏区首府龙岩和永定、长汀、坎市等主要城镇相继陷落，苏区内外的反动派趁机制造谣言，扰乱民心。同时，少数混入红军的动摇分子在战斗失利时投敌或逃亡。苏区党组织和红军的一些领导人对于困难局势和

失败主义情绪看得过于严重，估量上发生偏差，“觉得干部、群众、军队都不行”[1]；在主观推测的同时，赣南苏区在1930年下半年开展的肃清“AB团”的斗争对闽西也产生了一定的影响。闽西苏区的一些领导人实际上并不了解“AB团”为何物，不作认真的调查研究，就错误地认定“闽西的改组派、社会民主党及一切反动派也同样的活动”。[2] 这种唯心的推断，进一步助长了他们急欲在苏区内部开展肃反斗争以扭转局势的意念，以致把苏区内外敌人的破坏活动与群众的消极情绪混为一谈，甚至把党内同志的正确批评也视为“反革命团体”的破坏。

1931年1月初，红十二军召开“纪念李卜克内西、卢森堡、列宁大会”。卢森堡和李卜克内西都是德国社会民主党和第二国际的左派领袖，后来第二国际堕落为修正主义，他们又与之作了坚决的斗争，并为国际共产主义事业牺牲了自己的生命。在纪念大会上，一些缺乏国际共运史知识的青年军人呼喊了“社会民主党万岁”的口号，闽西党组织和红十二军的一些领导人主观地认定这是一个潜伏在苏区的反革命派别，随即逮捕了10多人。这一事件成了引发整个苏区肃清“社会民主党”斗争的导火线。

此后，闽西开始部署和发动大规模肃清“社会民主党”斗争，在苏区各地追查并逮捕“社会民主党”分子。从1月初至2月底，先后在上杭、永定等地逮捕“社会民主党”“改组派”“第三党”60余人。其中为首者是被指控为“社会民主党闽西特委宣传部长”的原永定暴动领导人之一、红十二军第一〇〇团政委林梅汀，其余也大多是红军及地方的领导骨干，而且多为知识分子出身的年轻干部。2月14日，闽西苏维埃政府召开各县苏维埃裁判肃反委员联席会议，要求各级政府“加紧健全肃反的组织，担负迅速肃清苏维埃区域内的各种反动派别的迫切任务”。闽西苏维埃政府向全苏区发出通告，特别强调了肃反的重要性和紧迫感，要求各地肃反委员会立即行动

---

① 《邓发同志在闽西党史座谈会上的发言记录》（1945年2月23日）。

② 《团闽西特委报告》（1931年1月8日）。

起来，“迅速消灭这些最危险的敌人”。[1] 这次会议之后，闽西各级党组织和政府层层充实肃反机构，全面展开肃清“社会民主党”。闽西苏维埃政府还制订了《反对社会民主党的宣传大纲》，号召群众积极投入揭发与打击“社会民主党”的斗争。

为配合正在兴起的肃清“社会民主党”斗争，闽西苏维埃政府于2月间制订公布了肃清“社会民主党”的政策，规定“社会民主党”的一般成员由县肃反委员会处理，其主要负责人，各县应将人犯及口供一起送交闽西苏维埃政府审理，“千万不能轻易处理”。[2] 另外，闽西苏维埃政府又公布了《自首条例》，宣布在半个月的自首期内，“凡属反动党不论党魁党羽，一律准其自首免罪”。[3] 据此，在最初两个月的发动阶段，闽西肃清“社会民主党”的打击面还不是很大，在处置“犯人”的政策上也作出了一些比较慎重的规定。但由于闽西苏区根本不存在“社会民主党”之类的“反动派别”，各地的肃反很难发动，于是在一些地区开始不同程度地滥施肉刑和逼供信，尤其是闽西苏维埃政府肃反委员会在审理林梅汀等“社会民主党”案件过程中率先刑讯逼供，制造了“闽西社会民主党特委”的冤案。

1931年2月27日，中共闽粤赣特区委召开第一次扩大会，根据党的四中全会精神，强调“目前党内的主要危险还是‘右倾’，所以要集中火力反对‘右倾’”，号召大张旗鼓地开展肃清“社会民主党”和反对一切反动政治派别的斗争，从而促使肃清“社会民主党”斗争向着更“左”的方向发展。

根据会议精神，3月1日，在永定虎岗召开了“闽西工农兵审判反革命社会民主党分子代表大会”，大会设立了以闽西肃反委员会主席林一株为主审的“革命法庭”，对“闽西社会民主党特委”一案进行公审和判决，其中林梅汀等“主犯”被判处极刑。虎岗审判大会滥施极刑，给以后的肃清“社会民主党”斗争树立了一个极坏的

---

① 《闽西苏维埃政府通告第十九号（裁字第一号）》（1931年2月21日）。

② 《闽西苏维埃政府通告第二十号（裁字第二号）》（1931年2月21日）。

③ 《闽西苏维埃政府布告第九号——反动政治犯自首条例》（1931年2月）。

样板。

3月15日，中共六届四中全会中央代表团到达永定县虎岗。3月20日，在永定的虎岗召开了闽粤赣特区委常委、共青团、政府、工会党团会议，传达贯彻六届四中全会决议，并确定闽西党组织目前的中心任务之一是肃清"社会民主党"，自上而下地彻底改造苏维埃。4月4日，中共中央发出致闽粤赣特区委信，认为闽西已到了非常严重的时期，"社会民主党"等反动政治派别已经普遍地打入党组织和红军，"从蒋介石到傅柏翠都有整个的联系和计划"。闽西苏区目前最主要的危险是"右倾"，"对一切消沉、悲观、保守、失望、逃跑等等的观念要给以无情的打击"。

按照中央指示信的精神，中共闽粤赣特区委于5月14日作出了《关于彻底肃清社会民主党、AB团的决议》，号召各地要"以肃反为一切工作的中心"，限令在两个月内肃清"社会民主党"。闽西肃反机关及其领导人林一株大搞逼供信，不但使受牵连者越来越多，更导致肃反机关和林一株凌驾于各级党政军领导机关之上，恣意粗暴践踏苏维埃法制，进一步加剧了肃反扩大化。于是，错误肃反波及到了闽西整个红军、党和苏维埃各级机构，以及共青团、少先队、儿童团系统。这一大规模的肃反斗争前后延续一年多时间，闽西的党团员人数大为减少。闽西红十二军肃反后大量减员，战斗力大为削弱，根据地在国民党军和反动民团的进攻下也大为缩小。

肃清"社会民主党"斗争损害了党和苏维埃的形象，破坏了党在群众中的威信，"使党与群众隔离，使积极勇敢的工农分子不敢加入共产党，不敢参加苏维埃政府与投入红军"；[①] 同时，由于党组织严重脱离群众，苏区群众的革命热情受到严重压抑，大大影响了苏区的建设和巩固。

闽西的肃清"社会民主党"的错误也遭到闽西苏区许多党员干部群众的抵制，甚至反抗。1931年5月27日，杭武县第三区第三大队队长李真、副政委张纯铭等，为反对上级乱抓人，营救被指控为

---

① 《中共中央为肃反问题致闽西省委信》（1932年1月21日）。

“社会民主党”分子而遭关押的区委书记何登南等200多名干部群众，率领第三大队包围了区苏维埃政府，放出被捕人员。在此前后，杭武县第二区及永定县溪南、虎岗等地也发生过类似的反抗行动。

1931年7月，闽西党组织和苏维埃的领导机关开始认识到肃清“社会民主党”斗争所产生的严重问题，认为必须采取措施减轻或消除种种不良影响。由于以林一株为主席的肃反委员会引起了苏区干部群众的强烈不满，闽西苏维埃政府于7月15日撤销了这一机构，另行成立以郭滴人为处长的闽西苏维埃政府政治保卫处，林一株降为副处长。闽西的肃反局面愈趋恶化同样引起了中共中央的注意。8月29日，中共中央发出《致闽粤赣苏区省委的信》，对于大规模捕杀“社会民主党”分子表示不满，并对闽西苏区是否存在大量的“社会民主党”分子表示怀疑，严肃地批评了闽西肃清“社会民主党”斗争中存在着的工作简单化、把一切问题归罪于“社会民主党”破坏而掩饰自身缺点、实行惩办主义等3点错误。中共中央来信对于闽西各级领导机关震动极大。但是由于闽西党政机关并未真正认识到肃反扩大化的错误所在，所以这一斗争仍在错误发展。中共闽粤赣省委对于中共中央和苏区中央局关于纠正肃反错误的指示也迟迟不作传达，“肃反工作转变仍然非常弱”。①

中共苏区中央局和毛泽东根据中共中央8月29日来信，积极采取措施予以纠正。1931年11月，张鼎丞在瑞金参加第一次全国苏维埃代表大会期间，向毛泽东汇报了闽西肃清“社会民主党”斗争的问题。毛泽东十分重视，指示立即纠正，并拨专款抚恤被害者家属。这次大会结束以后，中共苏区中央局又于12月5日向各级党组织发出指示信，指出赣南、闽西苏区在肃清“AB团”和“社会民主党”工作中存在着严重错误，必须毫不犹豫地加以纠正。

1931年12月，周恩来由上海经粤东进入中央苏区就任苏区中央局书记。他于12月中旬到达闽西后，沿途目睹了肃清“社会民主

---

① 《中共闽粤赣苏区党第二次全省大会决议——目前政治形势与闽粤赣苏区党的任务》(1932年3月14日)。

党”斗争所造成的严重后果，即于 12 月 18 日致信中共临时中央报告闽西的情况。周恩来在报告中指出：“闽西解决社党所得的恶果非常严重”，“他们处理方法之错误，如中央历次所指示的殆过之无不及”，转变很是困难，但决心“与此问题严重斗争”。[①] 周恩来的到达及他给临时中央的信，对于进一步纠正肃清“社会民主党”斗争的错误极为重要。一个月以后，中共临时中央专门就肃反问题给闽粤赣省委发出指示信。这封信以十分强硬的措辞批评闽西在肃反工作方面犯了“不可宽恕的错误”，指出“中央一刻也不能容忍这种错误的继续存在”，严令闽粤赣省委以自我批评的态度同这些错误做坚决的斗争。

经过中共临时中央、苏区中央局以及毛泽东、周恩来等领导同志的坚决制止，闽西苏区的党组织和苏维埃政府下决心纠正错误，并逐步停止肃清“社会民主党”斗争。1932 年 3 月，中共闽粤赣苏区第二次代表大会和福建省第一次工农兵代表大会对过去一年在肃清“社会民主党”斗争中的重大错误分别进行了严肃的反省与检讨，总结了沉痛的教训，从而基本结束了长达 1 年零 3 个月的闽西肃清“社会民主党”斗争。

1933 年 1 月，中共临时中央因在上海无法立足，遂决定接受共产国际的指示，中央机关由上海陆续迁往中央苏区。临时中央政治局委员中，博古、陈云等去苏区，康生去莫斯科。李竹声留在上海，组织中共上海中央执行局，作为临时中央的派出机关，代表中央指导白区党的工作，并负责同共产国际联系。1 月底，博古、张闻天、陈云及杨尚昆等到达瑞金。1 月 30 日，博古主持召开“中央会议”，临时中央政治局委员张闻天、苏区中央局代理书记任弼时等出席。博古在会上传达共产国际的意见：为了工作方便，原上海和苏区的政治局委员合起来选出一个中央总负责人。博古当选为总负责人，张闻天为常委兼宣传部长、中央党报委员会书记，任弼时为组织部长兼党校校长，陈云为常委兼全总苏区执行局党团书记，刘少奇为

---

① 《伍豪自中区来信》（1931 年 12 月 18 日）。

全总苏区执行局委员长。会议还决定，临时中央与苏区中央局合并，对外称中共中央局。中共中央局即是临时中央，但对外有时仍用苏区中央局名义。从此，中共临时中央直接领导中央苏区的工作。

中共临时中央迁入中央苏区后，博古等在中央苏区继续全面推行王明“左”倾教条主义，反对毛泽东等的正确主张。他们不但排斥毛泽东在苏区党和红军的领导地位，而且排挤和打击拥护、执行毛泽东正确主张的同志，在中央苏区开展了所谓反对“罗明路线”的斗争。

早在1932年4月1日，毛泽东率领中央红军东路军总部到达汀州，准备进攻漳州，消灭漳州军阀张贞独立师，夺取敌人的枪支弹药等军用物资，帮助闽南地区开展游击战争，为第四次反“围剿”作准备。随后，中共福建省委代理书记罗明也奉命随中央红军东路军参加了这次战役。东路军完成战役任务后于5月中旬主动撤出漳州。

罗明在进军漳州时跌伤了腰部，伤口发炎，于6月间在汀州的福音医院住院治疗。在此期间，毛泽东也在这里疗养。这时他虽然仍是中华苏维埃中央政府主席，但已受到中央“左”倾教条主义领导人的排斥。8月间，就在罗明伤势痊愈可以出院的时候，毛泽东同罗明进行了整整一个上午的谈话。主要内容有两方面：一是总结中央根据地第一、二、三次反“围剿”的经验；二是研究第四次反“围剿”的打法。毛泽东指出，福建应加紧开展广泛的地方游击战争，配合主力红军的运动战，以便主力红军能够集中兵力消灭敌人的有生力量，粉碎敌人的“围剿”。毛泽东还指出，闽西的战略地位很重要，要认真对付国民党驻漳州的十九路军的进攻。他分析了十九路军的情况，认为十九路军虽然人数多、装备好，但却是被蒋介石强迫来打红军的，士气不高；而上杭、永定、龙岩一带是老革命根据地，干部和群众的觉悟较高，基础较好，应该在这一带加紧动员，开展游击战争，牵制和打击驻漳州和广东的国民党军队的进攻。罗明完全接受毛泽东同志的意见，还认为自己比较熟悉闽西各县的情况，决定亲自回去贯彻。就在谈话后的第二天，罗明便出院赶回汀州省委驻地，召开省委会议，传达毛泽东的意见。参加这次会议的有张鼎丞、谭震林、刘晓、李明光、郭滴人、李坚真等人，大家一致赞成毛泽东的主张，并决定派罗明兼任省委驻（上）杭、永（定）、（龙）岩边区的全权代表，直接领导当地的游击战争，而在他离开省委期间，由省委常委兼组织部长刘晓主持省委工作。会后，罗明便到长汀、新泉、上杭、永定等县，召开县委扩大会议，向当地干部传达了毛泽东的意见，检查和部署了工作。随后，罗明和福建省军区司令员谭震林、上杭县委书记方方在杭永岩前线成立了中共前敌委员会，具体领导政治动员和军事行动。① 在罗明的领导下，边区积极开展游击战争，取得了良好的战果。从 1932 年 9 月至 12 月，以上杭白砂为中心，连续对敌作战三次，都打了胜仗。

根据杭永岩边区的斗争实际，罗明于 1933 年 1 月 21 日在连城新泉，向福建（闽粤赣）省委写了《对工作的几点意见》的报告，随后又在旧县写了《关于杭永情况给闽粤赣省委的报告》。提出：红军应向敌人力量薄弱的地方发展，以巩固和扩大闽西根据地。处在根据地边缘区的地方武装应先打击当地的地主武装，对国民党正规军不要硬打，要采取游击战、运动战；要有计划、有步骤地扩大红军，不能一味削弱地方武装去“猛烈扩大红军”；“党在闽西上杭、永定等边区的条件比较困难，党的政策应当不同于根据地的巩固地区”。罗明这些意见是在调查研究和总结经验的基础上提出来的，它充分体现了毛泽东军事思想的基本原则和实事求是的思想方法，尖锐地抨击了“左”倾教条主义的军事路线和形而上学的思想方法。罗明的意见和报告符合福建苏区的实际情况，反映了广大群众的愿望，无疑是正确的，但却被“左”倾领导人指责为“右倾机会主义”和对革命悲观失望的“罗明路线”。

1933 年 2 月 15 日，苏区中央局通过了《关于闽粤赣省委的决定》，认为省委是“处在一种非常严重的状态中”，已经“形成了以罗明同志为首的机会主义路线”。中央局决定“在党内立刻开展反对

① 《罗明回忆录》，福建人民出版社 1991 年版，第 120—121 页。

以罗明同志为代表的机会主义路线的斗争”，“立刻召集省的临时代表会议，尽量吸收中心支部的工人雇农同志参加，成立新的省委”，“立刻撤销罗明同志省委代理书记及省委驻杭永岩全权代表工作”。① 同一天，中央局的机关报《斗争》登载了“反对罗明路线”的报告。2月20日，少共苏区中央局也作出决定，“开展反罗明路线斗争”，并给“罗明路线”戴上了“反国际反中央反党”的帽子。这样，反对“罗明路线”的斗争就在福建苏区开展起来了。

2月24日，福建省委在汀州召开省临时代表会议，批判“罗明路线”，中央局派员参加，福建省委张鼎丞、刘晓、郭滴人、方方、李坚真都出席了。罗明按照党中央的决定在会上作了检查。会上虽然对罗明进行了批判，但是各地代表在论谈中仍有许多不同意见的争论。会议最后由中央代表作总结，宣布了补选省委委员的名单。

在反对“罗明路线”的斗争中，“左”倾教条主义的领导者还贯彻了宗派主义的组织路线，打击和撤换了一大批各级党政军领导干部。省军区司令员谭震林由于不愿检查“罗明路线”错误而受到批判，被撤销了在军区的一切职务；张鼎丞被撤销了省苏维埃政府主席的职务；郭滴人是龙岩党组织的主要创始人，也不断受到打击，先调到省委宣传部，不久调到省军区宣传部，后来又调去领导几十人修筑工事，最后调到军区当教员；刘晓和省团委书记陈荣也被指责为“腐朽的自由主义和调和主义”而受到批判；方方和李坚真都被调离原职，另行分配工作；许多县、区的领导干部也不断受到批判并被撤职。

在中央苏区福建省开展反“罗明路线”斗争的同时，“左”倾教条主义的领导者还在江西省开展了反“江西罗明路线”的斗争。这两次错误的党内斗争强化了“左”倾错误方针在中央苏区的统治，打击一大批中央苏区的党政军干部，给革命事业造成了严重的损失。

---

① 《中央局关于闽粤赣省委的决定》（1933年2月15日），中共江西省委党史研究室等编《中央革命根据地历史资料文库·党的系统（4）》，中央文献出版社、江西人民出版社2011年版，第2548—2549页。

中共临时中央进入中央苏区以后，“左”倾教条主义领导人在土地问题上也全面否定了以毛泽东为代表的关于“必须正确地对待中农和富农（‘抽多补少’，‘抽肥补瘦’，同时坚决地团结中农，保护富裕中农，给富农以经济的出路，也给一般地主以生活的出路）”[①]的正确主张，强令推行“富农分坏田，地主不分田”、消灭富农经济等“左”的土地政策。

在土地问题上贯彻“左”倾教条主义错误首先是从闽西开始的。1931 年 2 月，中共闽粤赣特区委就在永定县虎岗村召开扩大会议，传达了六届四中全会的精神，在土地政策方面提出了“深入非富农而是中农贫农的土地革命”和“重新分配一切土地”的口号。[②] 同年 6 月，闽西苏维埃政府颁布了《重新分配土地的条例》，规定“豪绅地主及其家属的土地彻底清查没收”，“富农的土地，同样没收（没收以后，其能劳动的，另分坏田给他）”，“将所没收的土地，连同农民自己所有的一切土地，依照劳动力及人口……马上重新分配”。[③] 这一条例基本上贯彻了王明“左”倾教条主义错误的《土地法（草案）》精神，执行的结果不仅扰乱了农村的阶级阵线，而且造成了严重侵犯中农利益的错误。

1931 年 11 月，苏区中央局在瑞金召开苏区党的第一次代表大会，通过了《政治决议案》，批评“抽多补少”，“抽肥补瘦”和“分配土地给一切人”的原则是“模糊土地革命中的阶级斗争”，“犯了富农路线的错误”，重申“富农分坏田”，全面否定了以毛泽东为代表的正确路线和正确政策。[④] 在 11 月于瑞金召开的第一次全国苏维埃代表大会上，通过了《中华苏维埃共和国土地法令》，强调各苏区

---

① 《关于若干历史问题的决议》(1945 年 4 月 20 日),《毛泽东选集》第 3 卷，人民出版社 1991 年版，第 972 页。

② 见《中共闽粤赣特委常委第一次扩大会决议》(1931 年 2 月 27 日)，中共龙岩地委党史资料征集研究委员会等编《闽西革命史文献资料》第 5 辑，第 75 页。

③ 中共龙岩地委党史资料征集研究委员会等编《闽西革命史文献资料》第 6 辑，第 108 页。

④ 见中共江西省委党史研究室等编《中央革命根据地历史资料文库·党的系统（3）》，中央文献出版社、江西人民出版社 2011 年版，第 1827 页。

内已经分配的土地“如不合本法令原则者则须重新分配”。[①] 1932年3月17日，中华苏维埃临时中央政府向即将召开的福建省第一次工农兵苏维埃大会发出指示，要求大会对闽西苏维埃以往执行土地革命任务的工作“来一个工作检查”。[②] 3月29日，中央临时政府执行委员会在检查瑞金县工作后作出决议，要“对于全县土地分配，应迅速来一个检查”。[③] 从此，实际上在全中央苏区展开了查田运动。

1932年7月，福建省苏维埃政府根据苏区中央局的指示，颁发了《检查土地条例》，宣布在福建苏区开展检查土地运动。检查土地当时叫“查田定产”，有的叫“评阶级划成分”。首先成立调整土地的专门机构——查田定产委员会，主任由贫农团或乡贫农协会主任兼任，委员由乡代表大会选举产生，由9至11人组成（小乡由7至9人组成）。当选查田定产委员会成员须具备五个条件：（1）忠诚老实；（2）积极工作；（3）有一定种田经验；（4）大公无私，群众拥护；（5）贫苦农民。整个工作由苏维埃政府统一领导，党团员起核心作用。然后各乡村召开群众大会，广泛宣传，调查摸底，按段按丘查田定产。插牌子，把可耕种的土地分为上、中、下三个等级，同时核定产量，把好田、坏田、秧田、地瓜田、水田、旱田，肥田、瘦田互为搭配。紧接着，先抽出红军公田，而后本着“抽肥补瘦”原则（好田多者抽出好田补入瘦田，坏田多者抽出坏田补入肥田，使各户肥瘦田均匀），以乡为单位平均分配土地。对富农分坏田，对地主、土豪劣绅不分田，对逃走者不分田，山林打乱平分。

福建查田运动初期，广大干部和群众仍然坚持以毛泽东为代表

---

① 见中共江西省委党史研究室等编《中央革命根据地历史资料文库·政权系统（6）》，中央文献出版社、江西人民出版社2013年版，第127页。

② 《苏维埃临时中央政府给福建省第一次工农兵苏维埃大会的指示》（1932年3月17日），中共江西省委党史研究室等编《中央革命根据地历史资料文库·政权系统（6）》，中央文献出版社、江西人民出版社2013年版，第213页。

③ 《中央执行委员会检查瑞金工作后的决议》（1932年3月29日），中共江西省党史研究室等编《中央革命根据地历史资料文库·政权系统（6）》，中央文献出版社、江西人民出版社2013年版，第218页。

的正确土地革命路线和政策，检查土地工作较为慎重、认真，差错比较少；一次又一次的没收与重新分配土地，许多地方的干部群众已经产生了厌倦和不满，对“左”倾教条主义的土地政策采取了消极和抵制的态度；查田运动中一些“左”的政策断了地主的生计，过分打击了富农以及一部分本来可以争取的中间势力，因而严重地脱离了群众。所以，到 1933 年 6 月以前，除少数地区有所行动外，查田运动仍然未能完全发动起来。①

1933 年 6 月 1 日，中华苏维埃共和国临时中央政府发布《关于查田运动的训令》，6 月 2 日，中共苏区中央局作出《关于查田运动的决议》。这两个文件要求在查田运动中，把“查田查阶级”同“肃反与检举”联系起来②，“把一切冒称‘中农’、‘贫农’的地主富农，完全清查出来。”③ 6 月 12 日，中共福建省委作出“开展深入的查田运动”的决议。尽管有关决议提出要“防止侵犯中农的利益，与任何消灭富农的企图”，④ 但在中央苏区正在开展的反“罗明路线”斗争的影响下，中央苏区福建省各地仍然出现了许多“左”的倾向。

1933 年 6 月至 7 月间，毛泽东先后主持召开了江西、福建 8 县区以上苏维埃负责人查田运动大会和 8 县贫农团代表大会。这两个会议听取了毛泽东所作的《在八县查田运动大会上的报告》，通过了《八县区以上苏维埃负责人员查田运动大会所通过的结论》《八县贫农团代表查田运动大会的决议》。毛泽东坚持了党的土地革命的正确阶级路线，强调了“联合中农，是土地革命中的最中心策略”，绝不

① 《中央政府关于查田运动的训令》（1933 年 1 月）。

② 《苏区中央局关于查田运动的决议》（1933 年 6 月 2 日），中共江西省委党史研究室等编《中央革命根据地历史资料文库·党的系统（4）》，中央文献出版社、江西人民出版社 2011 年版，第 2662 页。

③ 《中央政府关于查田运动的训令》（1933 年 6 月 1 日），中共江西省委党史研究室等编《中央革命根据地历史资料文库·政权系统（7）》，中央文献出版社、江西人民出版社 2013 年版，第 759 页。

④ 《闽粤赣党在经济战线上的任务决议》（1933 年 6 月 12 日），福建省档案馆等编《闽粤赣边区革命历史档案汇编》第 1 辑，档案出版社 1987 年版，第 320 页。

允许侵犯中农利益，并注意区别富裕中农与富农的界线，“使富裕中农稳定起来”；毛泽东指出“查田运动是查阶级，不是按亩查田”，“查阶级是查地主富农阶级，查剥削者，查他们隐藏在农民中间而实在不是农民的人，查这些少数人，决不是查中农贫农工人的阶级”，并强调“不使中农弄成富农”、“富农弄成地主”。①

但由于中共临时中央一再强调“反右倾”和“进攻路线”的口号，尤其是在大力开展反“罗明路线”之后，上述有关正确的方针未能得到贯彻，因而福建省在8、9两个月开展的查田查阶级工作开始出现了许多“左”的倾向。宁化县查出地主、富农564家，没收土地14500余担；汀东县查出地主、富农220家，没收土地3100担；长汀县查出地主、富农180多家，没收土地2000余担。② 每户平均被没收的土地，宁化是25担半，汀东是14担半，长汀是11担。按当时闽西中农5口之家的平均占有土地为30担进行比较，就清楚地表明，查田运动查出的所谓地主、富农，其中大部分是中农、富裕中农，还有相当一部分是贫农甚至雇农。

由于查田运动中出现的问题很多，引起了中央苏区广大干部群众的不满和抵触，并要求采取必要措施予以纠正。1933年10月10日，临时中央政府颁发了由毛泽东起草和主持制定的《怎样分析农村阶级》和《关于土地斗争中一些问题的决定》。这两个文件虽然力图纠正查田运动在分析农村阶级方面的偏向，并且规定“凡在1933年10月10日以前各地处置之阶级成分有不合本决定者，应该依据本决定予以变更”。③ 于是，福建省苏维埃政府又召开了一次查田运动总结会，检查纠正一些地方“左”的问题。但是，复查纠偏还不

---

① 毛泽东：《在八县查田运动大会上的报告》（1933年6月），中共中央党校党史教研室编《中国近代经济史资料选编》（党校系统内部发行），1985年11月，第397—403页。

② 《福建省第一次查田总结》（1933年9月27日），见《红色中华》第113期。

③ 《中华苏维埃共和国中央政府人民委员会命令第四十九号——公布关于土地斗争中一些问题的决定》（1933年10月10日），中共江西省委党史研究室等编《中央革命根据地历史资料文库·政权系统（7）》，中央文献出版社、江西人民出版社2013年版，第1035页。

到一个月，1933年10月下旬以后，查田运动又继续执行“左”倾教条主义错误。在“进攻路线”的口号之下，“左”倾冒险主义者错误地认为扩大红军、推销公债和支前运输等任务只有通过查田运动的促进才能完成。他们在加剧“反右倾”、全面开展反“罗明路线”的同时，强调复查纠偏要“更普遍地开展查田斗争，特别要深入落后区的查田工作”，并组织查田突击队深入“落后区”帮助搞查田运动，其结果“造成从肉体上消灭地主，并且侵犯了中农利益，破坏了生产”。①

1934年3月15日，第二次全国苏维埃代表大会新选出的中央人民委员会，根据同年1月党的六届五中全会有关决议的精神，发出关于继续开展查田运动的《训令》。训令认为，在查田运动中纠正过左错误，是对查田运动的阻碍并给地主、富农以反攻的机会，因而是错误的。这样，“左”倾错误主义又进一步发展起来。至1934年5、6月以后，第五次反“围剿”形势日益恶化，各地全力以赴开展扩红、征粮等支前运动，查田运动被迫停止。

---

① 张鼎丞：《中国共产党创建闽西革命根据地》，福建人民出版社1982年版，第64页。

第六章　闽南革命根据地的形成与发展

一、（南）靖（平）和（漳）浦革命根据地的形成

大革命的失败，导致中共漳属各县地方组织遭到破坏，国共合作条件下兴起的各县农民运动和农会组织遭到破坏和摧残。大革命失败后，在白色恐怖中保存下来的各县中共组织和党员顽强地坚持斗争，重新建立党直接领导的农会组织，漳属各县的农民运动在革命低潮中逐步恢复发展。

1928年3月，中共福建临时省委在接到平和临时县委关于平和暴动的报告后，即指示漳属各地党组织，开展武装斗争，以牵制国民党军独立第四师张贞部（1930年12月改为第四十九师）向平和的进攻。中共漳州县委随即派王占春到南靖县程溪南坑村组织了程溪暴动。程溪暴动有力配合了平和农军的斗争，虽然没有取得完全的胜利，但仍然扩大了党的政治影响，推动了漳属各县农民运动的发展。程溪暴动前后，中共福建省委还加强了对漳属各县党组织和农会、农民武装斗争的领导。在漳浦丹井、马坪等地抗捐抗税的斗争中，新成立的中共漳浦县委整顿了农会、组建了农军。中共漳州县委派李南金等在龙溪（漳州南乡）、林和尚等在石码、蔡光宗等在海澄城乡领导的“抗捐、抗税、抗租、抗息、抗夫”斗争也蓬勃发展；而随着各地农民自卫武装队伍的建立，漳属各县的农民运动进一步转向武装斗争的新的阶段。

1928年10月，中共福建省委召开紧急代表会议贯彻党的六大精神。会议通过的《农运工作决议案》指出，闽南漳州、石码、漳浦

的农民运动和武装斗争“要从日常生活中发动农民作抗租、抗税、抗捐、抗粮、抗债的斗争”，“大规模的武装暂时没有组织的必要和可能，但要注意零星小队的组织和训练”，而“总的目标应该向漳州发展，包围漳州”，注意“由漳浦丹井打通到漳州；由漳浦官浔打通到石码；由漳浦马坪、白水营打通到海澄；由石角东打通到漳州；使三县的工作能互相呼应”。此外，还“应注意向同安、南靖、云霄发展，以便与泉属及闽西联络”。①

根据省委的指示，中共漳州县委在漳州南、北乡领导了广泛农民运动。至1929年初，在王占春、李金发的领导下，南乡的古县、四社、上洋、下洋、下陈、东山、庵兜、九母窑、林前、蔡坑、新塘、半林、梅溪、林下、琪塘、岭兜、路边、桥南、西张、溪尾、木棉等广大乡村都成立了农会和赤卫队；南乡农民运动和武装斗争还与邻县农民运动相呼应，在从漳浦、九龙岭到漳州、石码、海澄的数百里地区内建立了数十个革命据点。北乡农民运动也发展迅猛，从漳州城郊的浦里、五昌、高坑、乌石、金砂等地到华安南部的丰山，普遍建起了农会，会员发展到数千人。在这基础上，中共漳州县委还组建了各有10余人枪的南乡游击队和北乡游击队。此后，这两支党领导的游击武装活跃在漳州南、北乡及邻近各县的广大农村，打击反动民团、镇压地方封建反动势力，积极开展武装斗争，日渐发展壮大。

1930年2月15日，中共福建省第二次代表大会在厦门召开，中共中央派恽代英莅会指导。会议就“农民运动”问题提出，福建“党应在地方暴动的整个布置下，不断的领导农村斗争，发展游击战争，同时党应当领导自发的农村暴动”，“党必须在每一次群众斗争中都加紧武装组织的工作，在群众斗争走〔向〕尖锐之时应当坚决发展游击战争，削弱乡村反动武装，组织红军，帮助群众实行没收

① 《中共福建省委紧急代表会议文件》（1928年10月），中央档案馆、福建省档案馆编《福建革命历史文件汇集》甲3册，1984年版，第246页。

地主土地，建立苏维埃政权。”① 会议要求，“加紧发动和领导漳州附近和各县农民抗捐、抗税、抗粮、抗租、抗债的斗争，并与闽西斗争联系起来造成地方暴动”。②

3月初，根据省第二次党代会的精神，中共漳州县委派王占春、冯翼飞等人到北乡加强农运工作的领导，准备武装暴动。5月，中共北乡区委按照漳州县委的部署，召集北乡各村农会负责人会议，决定于5月29日（乌石亭的圩日）将各村农民武装集中在乌石亭，攻打乌石亭联防民团，举行北乡农民武装暴动；会议研究确定了暴动的具体计划，并成立了暴动指挥部，由北乡区委负责人郑华任总指挥。

5月29日天将破晓，按照暴动指挥部的部署，北乡各路暴动队伍3000多人先后全部汇集乌石亭，华安丰山一带的农民武装也渡过九龙江支流北溪按时到达乌石亭。各路暴动队伍汇集后，暴动指挥部下达暴动开始命令，暴动队伍首先割断联防民团的电话线，随即向民团团部进攻，团丁们面对声势浩大的农民武装，吓得仓皇而逃。暴动队伍攻占民团团部后，在乌石亭圩街上召开群众大会，宣传党的土地革命主张，宣布成立北乡苏维埃政府。会后，手持各式武器的3000多人暴动队伍，在郑华带领下从乌石亭出发到邻近各村举行示威游行。暴动队伍途经埔尾、乌石、顶高坑、塘边、庵下、仙景、新厝、下高坑、白石板、浮山亭、霞苍等村，沿途打土豪，并在霞苍村处决了一名民愤极大的反动封建族长。北乡农民暴动震惊了国民党地方军政当局，当日下午，国民党军独立第四师就派出军队进行“清乡”。北乡游击队和农民武装进行了顽强抵抗，一些赤卫队员英勇牺牲，不少农会会员惨遭杀害，终因枪支少装备差，被迫退入天宝大山的梅仔埕。北乡暴动虽然遭到镇压，但北乡游击队在党的领导下此后仍然坚持在赤洋村一带开展游击活动，后来与南乡游击

① 《福建第二次代表大会决议案》（1930年3月1日），中央档案馆、福建省档案馆编《福建革命历史文件汇集》甲6册，1985年版，第126页。

② 《福建第二次代表大会决议案》（1930年3月1日），中央档案馆、福建省档案馆编《福建革命历史文件汇集》甲6册，1985年版，第78—79页。

队合编成闽南工农红军游击队第一支队，成为开展闽南游击战争的主要力量。

在此前后，在中共福建省委的领导下，随着漳属各县农民运动和武装斗争的发展，各县党的组织都得到恢复和发展。除了饶和埔诏4县边界地区党的组织归闽西特委、东江特委共同领导之外，中共漳州市委（1929年9月由漳州县委改建，先后由王于洁、何水平任书记）辖有区委3个、支部22个，党员196人；① 海澄县委辖有支部4个，党员20多人，书记蔡光宗；石码特区委辖有支部3个，党员25人；② 南靖特支、漳浦特支、港尾特支各有党员10余人。漳属各县党组织的恢复和不断发展壮大，为开展闽南游击战争和创建闽南革命根据地提供了坚强领导。

1930年6月，中共中央政治局召开会议通过了由李立三起草的《目前政治任务的决议》（即《新的革命高潮与一省或几省首先胜利》），李立三“左”倾冒险错误在党中央取得了统治地位。8月，根据中央的指示精神，中共漳属特别行动委员会在漳州成立，统一领导漳属各县党、团、工会等的工作。1930年9月，党的六届三中全会纠正了李立三“左”倾错误。11月，根据中共福建省委指示，撤销漳属特行委，成立中共闽南特委统一领导漳属各县党的工作。但不久，因国民党军队的进攻和叛徒的出卖，闽南特委和闽南工农武装遭到破坏，特委书记何德顺被捕后牺牲，特委工作再度停顿。1930年12月，中共福建省委派省委军委秘书陶铸到漳州重建中共闽南特委，任命陶铸为书记、董云阁为副书记、卢肇西为军事委员，恢复了闽南党的工作，加强了对漳属地区土地革命斗争的领导。

中共闽南特委重建后，陶铸一面抓党组织的恢复和建设，一面加强党对武装斗争的领导。陶铸经过深入漳州各县考察，了解到许多地方虽然先后都建立了游击队，并开展了武装斗争，但各地农民

---

① 《中共福建省委关于组织工作向中央的报告》（1929年9月30日），中央档案馆、福建省档案馆编《福建革命历史文件汇集》甲5册，1985年版，第316页。

② 《福建省党组织统计表》（1930年3月14日），中央档案馆、福建省档案馆编《福建革命历史文件汇集》甲6册，1985年版，第144—147页。

革命武装基本上都各自为战，而且行踪漂泊不定，不能成为群众斗争的坚强后盾。陶铸认为，“有了武装必须继续发动群众，带着枪去发动群众，不然可能变成了流寇”。[①] 为此，中共闽南特委决定整顿农民武装，加强对闽南武装斗争的领导，以打开漳州地区土地革命战争新的局面。

1930年12月13日，中共闽南特委召集南北乡两支游击队的骨干在南乡开会，正式成立工农红军闽南游击队第一支队（简称红一支队），全队共28人、长短枪20支，支队长王占春，政委李金发，参谋长冯翼飞，政治部主任谢少萍，陶铸代表中共闽南特委随军行动。在红一支队成立会上，陶铸结合他到漳州后了解到的情况，向游击队队员分析了全国和闽南的形势，总结了前一阶段武装斗争的经验教训，提出今后的任务，即“立即开展游击战争，实行土地革命，武装保卫闽西苏区，准备建立漳属苏维埃政权”。[②] 在陶铸的直接领导下，成立了中共红一支队特别支部，有党员9人、团员5人；[③] 制定、宣布了三项纪律：遵守命令服从指挥；打土豪要归公；不拿工农小商人半点东西。[④] 红一支队的建立，使闽南工农武装由小型的、分散的组织向集中的、统一的、日益正规化的红军队伍转化，成为党直接指挥下的一支地方红军队伍。此后，红一支队立即投入了在广大农村建立苏维埃政权、创建闽南革命根据地的游击战争。

按照中共闽南特委的部署，红一支队深入发动群众，在乡村中组织农会，在漳州近郊的九湖、上南乡、下南乡、石码一带，以及龙溪、海澄、漳浦、平和、南靖等县边境各地乡村，袭击小股国民党军队和反动民团、攻打乡公所、打杀土豪捐棍、清除敌特侦探，打击农村的反动势力，并在南乡的洋尾溪、石桥、前园、蔡坑等十

---

① 陶铸：《关于闽南党领导武装斗争情况》（1956年5月23日）。

② 《一年来的漳属游击队》（1931年9月28日）。

③ 《中共厦门中心市委给中央报告——市委组织情况及工人的斗争》（1931年7月31日），中央档案馆、福建省档案馆编《福建革命历史文件汇集》甲9册，1986年版，第59页。

④ 《一年来的漳属游击队》（1931年9月28日）。

几个乡村建立了游击队的基点，红一支队迅速发展到近百人枪。

红一支队成立后，立即遭到国民党军第四十九师张贞部的“清剿”。国民党军第四十九师部队在反动地主武装的配合下，在漳州南乡各个村庄设岗组成封锁网，并在各乡村烧杀抢掠，许多革命群众的生命财产遭到了严重摧残。红一支队先后在九湖的鸡母石山与敌遭遇、在洪塘村被敌一个连包围，虽然都击退了敌军的进攻，但陷入了被动的境况。1931 年 2 月间，陶铸与红一支队果断决定，红一支队跳出敌军的封锁网，转向漳浦。此后，红一支队在漳浦西北部的山区、半山区和漳浦、海澄的边界地区，袭击反动民团、攻打乡公所和反动警察，开辟了新的游击区。国民党军第四十九师发现红一支队转移到了漳浦，随即重新调集兵力进行“会剿”。红一支队在反动军队、民团的四面围堵、跟踪追击下，被迫化整为零分成 3 个小队隐蔽活动。

1931 年 3 月，在厦门中共福建省委机关被国民党当局破坏。5 月，中共中央决定暂不恢复福建省委，改设直属中央的厦门、福州两个中心市委，另指定邓子恢为两个中心市委巡视员，负责沟通，必要时与党中央接头。① 7 月，根据中共中央的决定，中共厦门中心市委和福州中心市委正式成立，直接隶属中共中央。中共厦门中心市委统一领导闽南漳州、泉州各县及闽中莆田、仙游党的组织。在此期间，陶铸先调厦门、后调福州工作，中共闽南特委所属党组织和红一支队改由中共漳州县委领导。

中共厦门中心市委成立后，分散隐蔽活动的红一支队重新集结，并转入南靖、平和、漳浦交界地区的山前、小山城、车本、欧寮一带开展游击战争。8 月 9 日，中共漳州县委在红一支队的基础上成立了闽南红军游击司令部，司令员王占春，政委李金发，参谋长冯翼飞，队伍共计 100 多人。② 闽南红军游击司令部成立后，立即决定在

---

① 《中央常委会议》19 号（1931 年 5 月 27 日）。

② 中共福建省委组织部等编《中国共产党福建省组织史资料（1926 年 2 月—1987 年 12 月）》，福建人民出版社 1992 年版，第 94 页。

南靖、平和、漳浦三县的边界地区建立游击根据地。王占春、冯翼飞等率红一支队先是在南靖山前一带袭击反动民团，击毙敌南靖县警备第四大队队长，缴获部分枪支弹药。随后，在小山城、龙岭一带发动群众，组织农会，建立武装。接着，红一支队应群众要求，返回龙溪、海澄一带，先后袭击了南乡邹塘村联防民团和海澄侦探所，并在各乡村镇压了反动分子10多人。红一支队和各县农民自卫武装还积极配合闽西苏区的第三次反"围剿"，贴标语、发传单、砍电线杆、破坏公路，牵制敌张贞部对闽西苏区的进攻。9月，中共漳州县委在驻南靖的敌四十九师独立团中策动兵变。该团第一营有4个连，每个连都有不少秘密的中共党员，其中第三、第四连为数较多。9月21日，第三和第四连的官兵200多人拒绝进攻红军游击队，在共产党员颜长标（陈秀）的率领下举行兵变（即"山城兵变"）。兵变爆发后，颜长标把起义队伍改编为闽南工农游击队第二支队第二大队，以颜长标为大队长、陈炳辉为副大队长，并率队向平和县小溪方向挺进，迫使张贞从龙岩调回进攻闽西苏区的一个旅进行镇压。尽管红二大队遭敌重兵围追堵截，除少数人突围外大部殉难，大队长颜长标重伤后被捕而英勇就义，但有力策应了闽西苏区的反"围剿"，推动了闽南的武装斗争。10月20日，红一支队再度进入小山城，镇压了群众最为痛恨的2个土豪劣绅，召开贫雇农大会，成立农民协会，开展抗租抗债斗争。11月5日，在中央红军打破国民党军第三次"围剿"、闽西、赣南苏区连成一片的胜利形势下，闽南红军游击队司令部发表《告工农群众书》，号召闽南广大劳苦群众组织起来，参加红军，深入开展土地革命。11月18日，厦门中心市委在漳州南乡举行庆祝红一支队成立一周年活动，充分肯定了红一支队一年来的斗争，并要求红一支队进一步依靠群众，着手建立革命根据地。

12月，邓子恢以中共厦门中心市委巡视员身份到漳州巡视工作。在邓子恢的指导下，中共漳州县委和红一支队先后召开各种会议，进行充分讨论，总结武装斗争的经验教训，转变单纯军事观念，决定进一步放手发动群众，依靠群众开辟和建立农村革命根据地；并在红一支队中建立了党的地方工作委员会，从政治上保证党的路线方针的贯彻执行。随后，红一支队兵分三路，分别到山前、小山城一带，海澄、石码、南乡一带，北乡、西乡及南靖一带，了解群众的迫切要求，发动群众开展斗争，靖和浦地区创建革命根据地的革命斗争出现了崭新的局面。

小山城地处漳浦、平和、南靖三县交界处，山高路险，远离城镇，与外界联系不多，这里的民众不仅强悍，而且拥有土枪、土炮等武器，素来对反动军阀的统治强烈不满，富有斗争精神。中共漳州县委认为小山城一带是开展游击战争、实行红色割据、创建靖和浦边区革命根据地的理想之地。

1932年春节前夕，军阀张贞强行在闽南各县摊派“飞机捐”，小山城仅100多户就被摊派600块大洋，小山城贫苦农民对此异常愤怒。中共漳州县委决定因势利导，发动小山城贫苦农民进行抗捐斗争，并在此基础上着手创建革命根据地。2月上旬，邓子恢、李金发、王占春等率领红一支队进驻小山城。在中共漳州县委的领导下，先是派人向张贞请愿，要求减捐，但反动军阀当局蛮横拒绝了小山城民众的减捐要求，还威胁出兵镇压，小山城贫苦农民的反抗情绪更趋激烈。漳州县委和红一支队遂决定引导农民的斗争从要求减捐发展到武装抗捐抗税，小山城农民欢欣鼓舞，斗志昂扬。在中共漳州县委的领导下，小山城组织了农会和赤卫队，抗缴所有的苛捐杂税。与此同时，中共厦门中心市委及时指示漳州县委，为了保障小山城斗争的胜利，要引导农民群众“从反抗民团反〔抗〕军阀，深入到反豪绅地主，因此〔为〕只有抗租抗债反豪绅地主才能真正得到贫农雇农的拥护，才能真正团结农村无产阶级”；要扩大开展斗争的地域范围，“把小山前〔城〕得到的经验扩大到四周去”，“分散敌人的进攻目标”；要“丝毫不得迟缓”地扩大红一支队和赤卫队，“吸收小山前〔城〕四周乡村的失业工人和贫农雇农”。[①] 根据中心市

① 《中共厦门中心市委给漳州县委的信——关于保障小山前〔城〕胜利的指示》（1932年2月3日），中央档案馆、福建省档案馆编《福建革命历史文件汇集》甲9册，1986年版，第116—117页。

委的指示，漳州县委即在抗捐抗税斗争中进一步发动群众开展减租、平粜、禁止粮食外运和“取消债务”的斗争。小山城的革命斗争也迅速扩大到附近十几个村庄，各村群众也纷纷组织起农会和赤卫队，加入抗捐抗税和抗租抗债的斗争。云霄县古楼、荷步一带的农民也自发地来到小山城，要求红一支队分兵领导云霄的抗捐抗税和抗租抗债斗争。红一支队随即进入云霄的大洞、岳坑、大径、瓦窑坑、大湖一带，发动和组织群众开展斗争。一时之间，以小山城为中心的靖和浦边区革命烽火熊熊燃烧，震动了闽南各地。

3 月 1 日，国民党军第四十九师两个连会同漳浦、南靖、平和三县反动民团 1500 多人，分三路向小山城、龙岭、车本发起进攻。中共漳州县委即领导红一支队和赤卫队利用靖和浦边界地区山高林密的有利地势，在农民群众的大力配合下分头迎敌。红一支队和赤卫队首战即胜，击溃了一路反动民团及警备队。3 月 5 日，国民党军第四十九师两个连在反动民团的配合下，再次向小山城发起进攻。红一支队和赤卫队与敌激战一天，毙敌数十人，并于傍晚时分撤入密林中，保存实力。小山城被敌军攻占后，红一支队和赤卫队机动灵活地与敌周旋，日夜袭扰敌军。敌军惶惶不安，被迫于 3 月 7 日撤出小山城。

经过这次斗争，靖和浦边区人民群众的斗争激情更加高涨，红一支队进一步发展壮大，党和红军的政治影响也进一步扩大。3 月中旬，在邓子恢的指导下，中共漳州县委召开扩大会议，深入分析靖和浦边区面临的政治、军事形势，确定了县委和红一支队“扩大游击战争、创造赤色区域”的中心任务。会后，漳州县委和红一支队即在靖和浦边区发动群众展开武装肃反工作，清除地主恶霸反动势力，建立健全农会、妇女会、儿童团和赤卫队等组织，准备开展土地革命。

至 1932 年 4 月，边区的斗争已从限制米价、借谷限债，发展到分谷、分田，烧契约，实行土地革命，并初步建立起以小山城、龙岭、车本为中心，纵横百余里，包括 30 多个乡村的靖和浦革命根据地。

二、饶（平）（平）和（大）埔诏（安）革命根据地的形成

大革命失败后，闽粤边界的饶平、大埔、平和等县先后爆发了中国共产党领导的农民武装暴动，反抗国民党的血腥屠杀。在农民武装暴动的基础上，各县中共地方组织积极发动农民，组织工农革命军，并互相支持，开展武装斗争．清除乡村反动势力，抗击闽粤两省国民党军队的进攻。

1928年7月，闽粤两省国民党反动当局调集重兵，加紧进攻闽粤边界的赤色区域。平和、饶平、大埔3县县委在大埔的樟树村召开联席会议，决定避敌锋芒，保存有生力量，将革命武装的主力转移到敌后。会后，大埔工农革命军独立第十五团西渡韩江，进入铜鼓嶂山区开辟新区；独立第十四团等向东进入诏安的秀篆、霞葛、官陂一带。7月，中共闽西特委成立，平和县委（同年12月后改为临时县委）按福建省委的指示改隶中共闽西特委。在闽西特委的领导下，平和县委将原福建工农革命军独立第一团改编为中国工农红军平和独立营和平和特务营，积极配合永定等县的农民运动和武装斗争，开展创建苏维埃区域的斗争。8月，中共饶平县委机关驻地温子良村遭敌突袭，县委书记林逸响、委员詹锦云等18人被捕牺牲，饶平县委被破坏，并与中共东江特委失去联系，赤色区域各乡村也遭到严重摧残，幸存的县委领导人詹瑞兰、刘金丹、余丁仁等分别带区、乡党员干部及一部分赤卫队员转至诏安县秀篆及平和县大溪一带隐蔽。埔东革命委员会主席温仰春及罗时元等也率领刚成立的大埔工农革命军独立支队转至诏安县的官陂。此后，饶平县委委员余丁仁、大埔县委委员谢卓元等在平和县委委员朱赞襄等人的帮助下，将分散隐蔽在平和、诏安、大埔边界地区的饶平、大埔共产党员组织起来成立了4个党支部。11月，在这4个党支部为基础上，以余丁仁、谢卓元、朱赞襄为领导人成立了中共饶大特委，作为临时领导机构。随即，中共福建省委派常委、组织部部长谢汉秋

到诏安等地巡视指导工作，中共饶大特委遂暂时归中共福建省委领导。[①] 1929 年 1 月，中共东江特委派刘锡三设法恢复中共饶平县委。刘锡三先与隐蔽在诏安县秀篆一带的詹瑞兰、刘瑞光等取得联系，随即在秀篆的虎坑村主持召开中共饶平县委扩大会议，恢复饶平县委。重新成立的饶平县委以刘锡三为书记，以刘锡三、詹瑞兰、刘瑞光为常委。在中共饶平县委的领导下，隐蔽在诏安原饶平党员陆续返回饶平，饶平各地的农民运动和武装斗争再次兴起。2 月，在平和红色区域逐步发展的形势下，于长乐乡张坑村召开平和县工农兵代表大会，成立了平和县革命委员会。3 月，中共大埔县委在洲瑞下坝子村召开党的中坚分子会议，改选县委，丘宗海任书记。在此前后，中共东江特委撤销中共饶大特委，并派刘锡三、温仰春在诏安县霞葛厚安村主持成立了中共闽粤边工作委员会，书记刘锡三、组织部部长温仰春、宣传部部长余丁仁，隶属东江特委。[②]

1929 年 3 月和 5 月，毛泽东、朱德率红四军两次入闽作战，先后歼灭国民党福建省防军第二混成旅和第一混成旅各 2000 余人，奠定了闽西革命根据地的基础。影响所及，闽粤边界的平和、诏安、饶平、大埔各县人民革命情绪高涨，“各县农民一闻朱毛到长汀，便先后爆发斗争”，平和“因前次斗争失败，工农进步分子四散来漳厦做工，此次朱毛消息一到，便自动联系回家活动，成立红军与民团斗争”。[③] 饶和埔诏边区的农民运动和武装斗争更趋发展。4 月，在中共福建省委的指导下，中共平和临时县委经整顿，恢复为县委，书记陈彩芹；同时，因平和红军独立营在攻打象湖山反动民团时受挫，平和县委将平和红军独立营和特务营合并，改编为平和县赤卫军，并设总指挥部领导，罗育才任总指挥。不久，为联合抗击闽粤

① 《中共福建省委十一月份党的组织工作报告》（1928 年 12 月 11 日），中央档案馆、福建省档案馆编《福建革命历史文件汇集》甲 3 册，1984 年版，第 302 页。

② 中共福建省委组织部等编《中国共产党福建省组织史资料（1926 年 2 月—1987 年 12 月）》，福建人民出版社 1992 年版，第 60 页。

③ 《中共福建省委报告——闽西的形势与任务》（1929 年 4 月 19 日），中央档案馆、福建省档案馆编《福建革命历史文件汇集》甲 4 册，1984 年版，第 170、171 页。

两省国民党军队对饶和埔诏边区的进攻，平和、饶平、大埔 3 县县委联合决定从各县抽调部分武装成立中国工农红军饶和埔独立支队，支队长詹阿燧、党代表温仰春，下辖 3 个大队。饶和埔独立支队的成立推动了饶和埔诏边区的农民运动和武装斗争的发展，平和县则以长乐乡为中心，逐渐向外发展，逐步建立起包括 2 个区、24 个乡范围的苏维埃区域[①]。7 月，陈彩芹、罗育才等在上杭蛟洋参加了毛泽东亲自指导召开的中共闽西第一次代表大会。会后，中共平和县委积极准备根据闽西苏区的经验开展分田分地，进行土地革命。与此同时，饶和埔诏边区党的组织也进一步发展壮大。中共饶平县委健全了上饶区委，恢复和发展了浮山区委、黄冈区委，全县党员 130 多人，先后建立支部 10 个；中共大埔县委加强了埔北、高陂、三河、大麻 4 个区委的领导，建立党的支部 22 个，党员达 349 名；中共平和县委在巩固五坎、长乐两区委的同时，还帮助大埔县建立了中共梅河特别支部。[②]

10 月，根据中共中央的指示，在闽西的红四军出击东江，转战大埔及梅县等地，推动了饶和埔诏边区革命形势的发展。中共东江特委召开常委扩大会议决定，为扩大饶和埔诏边区斗争成果，建立饶平、大埔、平和三个县委联席会议机构，进一步协调边区斗争的领导和部署[③]。随后，饶平、大埔、平和三县委召开联席会议，成立了军联委机关。同时，中共东江特委将驻饶城（今饶平县三饶镇）的国民党军蒋光鼎部教导团一个连起义部队和饶平工农革命军独立第十四团、饶平游击队、大埔工农革命军独立支队等集中在诏安马坑龙伞崇，整编为中国工农红军第六军十六师四十八团，团长罗时

---

① 中共福建省委组织部等编《中国共产党福建省组织史资料（1926 年 2 月—1987 年 12 月）》，福建人民出版社 1992 年版，第 73 页。

② 中共饶平县委党史研究室等编《饶和埔诏苏区史料汇编》，广东人民出版社 1994 年版，第 8 页。

③ 《中共东江特委常委扩大会议决议》，（1929 年 10 月），转引自中共饶平县委党史研究室等编《饶和埔诏苏区史料汇编》，广东人民出版社 1994 年版，第 9 页。

元、政委温仰春、副团长杨康华、副政委兼政治部主任连半天。[①] 红四十八团成立后，成为饶和埔诏边区武装斗争的主力。此后，红四十八团和各县游击队、独立营、赤卫队为配合红四军出击东江，团结战斗，频频出击，清除地方反动势力。红四十八团转战饶和埔诏边区共摧毁40多个反动据点，缴获大批武器物资，武装了地方游击队、赤卫队，并先后打通了饶平双善与平和长乐之间的连接，打开了东江与闽西苏区的通道。1930年春，红四十八团和平和独立营又远征永定镜湖、中坑，围歼龙岩大旗、小旗民团，并与闽西红十二军取得联系。不久，红四十八团扩大到300多人。

1930年3月，闽西第一次工农兵代表大会在龙岩召开，并成立了闽西苏维埃政府，平和县革命委员会主席陈彩芹当选为闽西苏维埃政府候补执行委员。在此前后，中共大埔县委领导成立了大埔县革命委员会，下辖埔北、高陂、大麻、三河4个区革命委员会；中共饶平县委领导成立饶平县革命委员会，下辖上饶区、区南区革命委员会。5月，东江苏维埃代表大会在丰顺县八乡山召开，并成立东江苏维埃政府，饶平的詹瑞兰，大埔的李明光、钟道生等9人当选为东江苏维埃政府执委会委员。会后，中共大埔县委领导成立了大埔县苏维埃政府。饶和埔诏边区各县的苏维埃政权建设稳步发展。在此前后，中共饶平县委贯彻中共闽西第一次代表大会的精神，依据闽西苏区的经验，进行分田斗争，开展土地革命，先在饶平的双善成立上饶区分田委员会，进行分田试点。中共大埔县委、平和县委均派人员参加了双善的分田试点工作，共同总结经验，然后回各县按照基本相同的方针政策开展分田斗争。此后，饶平、平和、大埔、诏安4县边界的苏维埃区域实行没收豪绅地主、祠堂、庙宇、教堂等的土地财产及富农出租的土地，集中烧毁一切田契债券，废除封建土地所有制；以乡为单位，以原耕为基础，抽多补少，抽肥补瘦，抽近补远，由乡苏维埃统一分配，按人口平分，红军官兵与

① 中共福建省委组织部等编《中国共产党福建省组织史资料（1926年2月—1987年12月）》，福建人民出版社1992年版，第80页。

一般民众同等分田；分田的具体做法是通过民主评议后张榜公布，经三榜定案后插签定田，最后发给土地证。[①] 至1930年秋，在饶平、平和、大埔、诏安4县边界69个乡的苏维埃区域中，先后有49个乡实行了分田，参加分田的人口达14万多人，共分得29万多亩土地。[②] 各县苏区实行土地革命后，农民群众的生产积极性空前高涨，出现苏区生产建设的高潮。群众拥军优属，帮军烈属代耕，兴修水利，改善生产条件，劈山开路，保障苏区交通畅通；集资开办消费合作社，初现集体经济雏形。如饶平的双善、平和的象湖、大埔的青溪等地，以民办公助形式投资入股创办了消费合作社，设秘密采购站于白区，解决军民日用食盐、煤油、布匹、电池等苏区紧缺物资，外销山区柴、炭、竹木产品，保障了苏区供给。苏区内还实行义务教育，创办平民学校、民众夜校。双善、和村、象湖、秀篆、霞葛等根据地还建立了后方军械修制厂、医院等。饶平、平和、大埔、诏安4县边界苏区内出现了生机勃勃的崭新的社会面貌。

1930年10月，根据中共六届三中全会的决定，中共中央南方局领导人李富春在东江大南山召开党员代表会议，宣布成立中共闽粤赣特区委员会，书记邓发。在中共苏区中央局正式组成前，中共闽粤赣特区委员会暂时归中共中央南方局领导。会后，邓发、李明光、李坚贞等在大埔主持召开饶平、大埔、平和三县县委联席会议，传达了中共六届三中全会《关于苏维埃区域党的组织问题决议案》及大南山会议精神。11月，中共南方局代表陈舜仪巡视大埔、饶平，在大埔和村再次召开饶平、大埔、平和三县县委联席会议，决定撤销三县原县委，建立中共饶（平）、（平）和、（大）埔县委员会，隶属中共闽西特委，统一领导饶平、大埔、平和、诏安四县边区的红色区域及白区的工作。12月，在中共闽西特委的具体指导下，正式组成中共饶和埔县委，书记邱宗海，委员詹瑞兰、连铁汉、谢卓元、

---

① 中共饶平县委党史研究室等编《饶和埔诏苏区史料汇编》，广东人民出版社1994年版，第14页。

② 中共漳州市委党史研究室：《中共闽南地方史（新民主主义革命时期）》，中央文献出版社1995年版，第121页。

陈顺凡、刘振群、张华云、熊洁（荣杰）等。12 月 7 日，闽粤赣特区苏维埃筹备委员会成立，饶和埔县委书记邱宗海当选为筹委会委员，参与筹委会的日常工作，由谢卓元代理县委书记。中共饶和埔县委成立后，立即组建了饶和埔县革命委员会，主席刘振群。平和红军独立营、饶平红军第三连等武装力量也划归饶和埔县委领导。随后，中共饶和埔县委、县革命委员会将饶和埔诏四县边区划分为 11 个区：饶平的黄冈、诏安的汀洋埔为第一区；饶平的浮山及诏安的景坑一带为第二区；饶平的上饶为第三区；平和的大溪为第四区；平和的长乐、九峰为第五区，平和的秀芦为第六区；平和的象湖、五坎为第七区；大埔埔北为第八区；大埔埔东为第九区；大埔埔南为第十区；大埔埔南与饶平的九村等瓷业生产地区为第十一区。[1] 并着手建立健全各区区委，筹建区、乡苏维埃政府，整顿和发展地方武装。同年冬，红四十八团奉命配合闽西新红十二军进攻东江，在出击高陂时受挫，随即受命随新红十二军转战永定、上杭（翌年 5 月被整编为红十二军三十四师一百团第四连）。红四十八团北上闽西后，平和独立营也抽调人员编入闽西红军，中共饶和埔县委以平和独立营的干部为骨干，抽调区乡赤卫队战士，重新组建了饶和埔独立营。

至此，饶和埔诏革命根据地正式形成，并成为闽粤赣（福建）苏区的重要部分。饶和埔诏县辖 11 个区、69 个乡，苏区人口 22 万多人，苏区地域范围大约东起诏安的西潭深湖、西隔韩江与八乡山相望、南抵饶平的黄冈、北至平和的象湖与闽西苏区接壤。

1931 年 2 月 8 日，中共饶和埔县委、县革命委员会在区乡苏维埃政权普遍建立的基础上，在大埔大产伴村的邱氏宗祠召开饶和埔县第一次工农兵贫民代表大会，共 300 多人参加。中共饶和埔县委向大会提交了《对饶和埔县第一次工农兵贫民代表大会的提案》，内容包括反帝、反对国民党统治、支持苏联革命；红军建设；工农军

---

① 中共饶平县委党史研究室等编《饶和埔诏苏区史料汇编》，广东人民出版社 1994 年版，第 9 页。

事化；八小时工作制；土地；男女平等；反高利贷；组织生产和消费合作社；税收；文化教育；反托洛斯基机会主义、社会民主党等14项。大会经过选举正式成立了饶和埔县苏维埃政府，主席余丁仁；[①] 并讨论通过了包括《婚姻法》《修正山林矿产法草案》《裁判条例》《保护妇女、青年条例》在内的各项政策法令草案。大会期间，遭国民党军队突袭，大会代表、县委、县苏大部分成员在饶和埔独立营的掩护下，突围后转至饶平白花洋，后转到诏安石下，一部分人员转移至永定。但上饶、埔东、长乐一带苏维埃区域均遭到敌军烧、杀、抢的严重摧残，县委书记邱宗海在转移途中牺牲。3月，中共闽粤赣边区特委派刘锡三接任饶和埔县委书记。随后，刘锡三在诏安石下主持召开了县委扩大会议，总结饶和埔县的前段工作，对健全各级党政组织、恢复老区、开辟新区作了部署；会议成立了中共饶和埔诏县委，刘锡三任书记，谢卓元、连铁汉、张崇、荣洁(熊杰)、张华云任县委委员，隶属中共闽粤赣边区特委领导。[②] 会后不久，中共苏区中央局为加强东江苏区的领导，决定接受中共两广省委的建议，将中共闽粤赣边区特委领导的东江西南、西北两分委合并恢复中共东江特委，暂时划与两广省委领导，[③] 但因饶和埔诏苏区已与闽西苏区接壤，饶和埔诏县委仍隶属设于闽西的中共闽粤赣特区委就近领导。

中共饶和埔诏县委成立后，根据中共闽粤赣特区委（省委）的指示在饶和埔诏苏区开展肃清社会民主党、AB团的斗争，错杀了一

---

① 中共福建省委组织部等编《中国共产党福建省组织史资料（1926年2月—1987年12月）》，福建人民出版社1992年版，第74页。

② 闽粤赣边区党史编审领导小组：《中共闽粤赣边区史》，中共党史出版社1999年版，第88页；中共饶平县委党史研究室编《中国共产党饶平历史》第1卷（1919—1949)，第90页。

③ 《中共两广省委给中央的报告——新省委的组织、检查过去工作错误和安排今后工作》(1931年3月29日)，中央档案馆、广东省档案馆编《广东革命历史文件汇集》甲19册，1984年版，第77页；《中央给闽粤赣特委信——闽粤赣目前形势和任务》(1931年4月4日)，中共江西省委党史研究室等编《中央革命根据地历史资料文库·党的系统》第3册，中央文献出版社、江西人民出版社2011年版，第1567页。

些同志，县革委主席刘振群等也被作为社会民主党分子遭到错杀。饶和埔诏苏区错误开展的肃清社会民主党、AB团斗争使饶和埔诏苏区革命力量遭受了严重损失。

1931年6月，中共闽粤赣省委派陈明昌到饶和埔诏苏区参加饶和埔诏县委的领导工作，并传达闽粤赣省委关于扩大红军、纠正苏区“肃反”错误等的指示。随后，饶和埔诏县委根据省委的指示停止了错误“肃反”，并将各级武装力量整编组成中国工农红军第六军第二师第二团特务营第三连，动员失散在外地的区乡干部、赤卫队员归队，参加红三连的整编，红三连由30多人扩充成100多人，由邱春光任连长、张崇为指导员、黄佛为副连长。红三连经过整训后，发起了恢复老区、开辟新区的一系列战斗，袭击各处反动民团，镇压反动分子，连战皆捷，并恢复了进入闽西的通道。12月，作为闽西代表团成员的饶和埔诏县余丁仁等3人，在赴江西瑞金出席中华苏维埃第一次全国代表大会后返回饶和埔诏苏区，在诏安石下村召开全县干部会，传达了“一苏大”会议精神及《中华苏维埃共和国土地法》《中华苏维埃共和国劳动法》《关于经济政策的决定》《关于红军问题的决议案》等重要法律和决议。此后，随着“一苏大”会议精神的贯彻执行，饶和埔诏苏区的局势进一步稳定。

三、中央红军东路军克漳和闽南革命委员会的成立

1931年9月下旬成立的以博古为首的中共临时中央政治局继续推行王明“左”倾教条主义错误，多次提出夺取中心城市，以实现“革命在一省与数省首先胜利”。同年12月6日，临时中央发出指令，要求中央红军“首取赣州，迫吉安”，向北发展；1932年1月9日，临时中央做出的《关于争取革命在一省与数省首先胜利的决议》指出，“占取一二个重要的中心城市，以开始革命在一省数省的首先胜利是放到党的全部工作与苏维埃运动的议事日程上面了”。[①] 这不

① 《中共中央文件选集》第8册，中共中央党校出版社1991年版，第42页。

但把革命胜利的基点放在了中心城市的夺取上，完全否定了毛泽东为代表的中央红军领导人所制定的正确战略战术，否定了以农村包围城市最后夺取全国胜利的革命道路思想，而且发出了夺取中心城市的直接号令。1月10日，中革军委下达军事训令，规定中央红军坚决夺取赣州，然后以赣州为中心向北发展，再攻打南昌等大城市，争取中国革命在江西省的首先胜利。2月上旬，中央红军发起赣州战役。由于赣州三面环水，敌守备坚固，久攻不下，中央红军攻城部队伤亡甚大，只得于3月上旬撤出战斗。

3月中旬，苏区中央局在赣县江口中革军委驻地召开会议，讨论中央红军此后的行动方针。会上，苏区中央局拒绝了毛泽东关于中央红军应向赣东北方向发展的意见，多数同志仍主张中央红军主力向赣江西岸发展，以利于继续夺取中心城市。会议决定第一、第五军团组成中路军在赣江东岸活动，第三军团为西路军，在赣江西岸活动，尔后“夹赣江而下”向北发展。

3月20日，国民党粤军进犯闽西中央苏区。中革军委决定中央红军中路军改称东路军，短期进军福建，相机打击入侵之敌。为了加强东路军的军事指挥，毛泽东以中华苏维埃共和国临时中央政府主席和中革军委委员的身份随军东征福建。

3月30日，毛泽东在长汀就东路军行动问题致电苏区中央局书记周恩来，建议东路军夺取漳州。毛泽东认为东路军必须直下漳州、泉州，“方能调动敌人，求得战争，展开时局。若置于龙岩附近筹款，仍是保守局面，下文很不好做”。“据调查，漳州难守易攻，故我一军团及七师不论在龙岩打得着张贞与否，均拟直下漳州”。“一军团已开至汀东之新桥休息，以乱敌探耳目，候七师取齐，即先向东行”。[①] 并建议红五军团迅速由赣入闽，以集中兵力击敌。毛泽东关于东路军“直下漳泉”的计划很快得到苏区中央局书记周恩来的批准。

4月1日，为了支持毛泽东的行动计划，周恩来从瑞金赶到汀

① 《毛泽东致电周恩来——对一、五军和七师行动的意见》（1932年3月30日）。

州，并召开攻打漳州的作战会议。毛泽东、周恩来、任弼时、林彪、聂荣臻、罗荣桓和罗明、张鼎丞、刘晓、郭滴人、李明光、谭震林等出席会议。毛泽东在会上分析了第三次反“围剿”胜利后的政治形势，提出红军攻打漳州在于缴获敌人装备，解决红军给养，发展闽南革命，不求长期占领。福建省委书记罗明介绍了漳州地方党组织和国民党军第四十九师张贞所部的近况及漳州的地理环境。福建省苏维埃政府主席张鼎丞介绍了闽西苏区形势以及各县的武装情况。周恩来听取这些报告后，肯定了毛泽东的建议，重申东路军入漳作战不是要占领中心城市，而是要消灭军阀张贞部，充实红军装备，扩大政治影响。周恩来还要求中共福建省委和省苏维埃政府全力支援东路军攻打漳州，做好支前工作。①

4月3日，东路军红一、五军团分别从长汀和信丰的新田出发，向龙岩、漳州方向前进。

4月5日，福建省苏维埃政府发出《为打破广东军阀进攻和消灭张贞宣言》，号召福建省广大劳苦工农立即动员起来，配合红军与敌人作战，消灭福建军阀，消灭广东军阀，反对军阀进攻苏区，打退日本帝国主义对中国的侵略。根据省苏维埃政府的指示，长汀、上杭、龙岩等县均组织了数十人到数百人不等的运输队、担架队，随东路军行动，并在东路军征途沿线设立粮站，保障东路军粮食补给。

4月7日，毛泽东经上杭旧县赶到白沙与红一军团会合后，红一军团进抵龙岩以西约25公里的大池，在龙岩城的敌第四十九师一四五旅毫无察觉。10日拂晓，红一军团从大池出发，乘敌不备，发起猛烈进攻，歼灭小池守敌一部，继在考塘又全歼敌一个团及一个补充营。当天下午，红军乘胜攻克龙岩城，敌一四五旅旅长杨逢年率残部逃往漳州。是役，红军消灭敌张贞部近2个团，俘敌685名，缴获无线电机1部、炮2门、机关枪10挺、步枪1000余支和子弹12万余发，以及无数军用品。②

---

① 《罗明回忆录》，福建人民出版社1991年版，第109—110页。

② 《红军攻下龙岩城》（专电），《红色中华》，1934年4月13日。

1932 年 4 月，东路军与中共闽浙赣省委联席召开了研究攻打漳州的军事会议。图为会议地点：长汀中华基督教堂

4 月 11 日，毛泽东在龙岩召开红一军团师以上干部会议，研究下一步行动计划。会议分析，敌四十九师张贞部共 9 个团，在龙岩仅被我军消灭不到 2 个团，张贞一定会在闽南某地集中兵力与我决战。于是，确定由罗炳辉率领红十二军在闽粤边的上杭、武平地区警戒粤敌，保障红军的后路和右侧翼，红一军团则索性在龙岩休息，让敌人集结兵力，待红五军团赶到与东路军主力会合后，再向集结之敌进攻。

4 月 12 日，红五军团按预定计划到达龙岩。后得知敌四十九师全部退守漳州。东路军即由龙岩出发，于 15 日进抵距漳州西 20 多公里的马山。

4 月 17 日、18 日，毛泽东与东路军总部负责人冒雨到前沿阵地调查后召开军事会议。防守漳州的敌四十九师一四五、一四六两个旅及地方反动靖卫团、保安队等共八九千人，敌两个旅的主力部署在漳州天宝到南靖一线，一部分兵力控制漳州市区；敌军主阵地地势险要，山岭起伏，北扼天宝大山，南靠宽阔的九龙江，要进攻漳州，必先突破从大尖山到天宝以北的一线阵地。据此，林彪、聂荣臻、罗荣桓等东路军领导人确定以红四军主攻敌天宝阵地，以红十五军为助攻，歼灭从宝林到南靖一线的敌人，向漳州城发展，以红三军为预备队，首先歼灭漳州外围之敌，而后乘胜夺取漳州。

4 月 19 日拂晓，东路军发起攻击。红四军向杨梅岭、十字岭、风霜岭的敌阵地发起猛烈进攻，与据险顽抗的敌一四六旅展开了激烈的战斗，歼灭天宝大山守敌后又向天宝发起总攻，敌一四六旅大部分被歼，敌人的防线全面崩溃；从漳州城出来的增援之敌，在天宝东南遭红军迎头痛击，也被打回了漳州城。红十五军在宝林到南靖一线也迅速攻占榕子岭、笔架山敌阵地，随即突破敌宝林桥防御，攻占南靖县城，敌一四五旅大部被歼。当日晚，张贞将漳州城中弹药库焚毁，连夜率残部弃城向漳浦、诏安方向逃窜。4 月 20 日上午，东路军顺利进入漳州城。漳州战役东路军共歼敌 4 个团，击毙、俘敌 1674 人，缴获步枪 2331 支、机枪 9 挺、山炮 2 门、平射炮 2 门、飞机 2 架、电话机 10 部、兵工厂全部以及大量弹药。①

4 月 20 日，毛泽东在漳州城西北寻源中学的校长楼（后该楼被福建人民称为“芝山红楼”）驻地，听取了中共厦门中心市委巡视员邓子恢和闽南工农游击队司令员王占春等人关于闽南工作情况的汇报。毛泽东指示：红军在漳州不打算久住，只停留个把月。当前革命的重心仍然在农村，要抓紧有利时机，扩大以漳浦小山城为中心的苏区，进一步发展新的农村革命根据地。

4 月 21 日，毛泽东在漳州驻地主持召开东路军师级以上干部会议，讨论战区总检查和第二次行动等问题。会议决定：准备随时打

① 《红一军团龙岩漳州两役经过报告》(1932 年 4 月 30 日)。

1932年4月，毛泽东率领中央红军东路军攻克漳州。图为漳州市芗城区胜利路118号东路军总部旧址暨毛泽东旧居——芝山红楼，现辟为“毛泽东率红军攻克漳州纪念馆”

击入闽的粤军；扩大宣传及政治影响等。会上，毛泽东提出红军对民族资产阶级、小商人的筹款政策为自愿捐助，商业要照常营业，可以通过商会向一般工商业者筹款。随后，东路军在漳州成立了由李富春和毛泽覃为负责人的筹款委员会，并在主要城镇也设立了相应的机构，采取没收和募捐的形式筹款。由于红军纪律严明，对群众秋毫无犯，所以深得漳州广大群众的支持。东路军在短时期内共筹得钱款100多万元（光洋），还筹集了大批食盐、药品、布匹、鞋子等物资，除补充部队给养和分给贫苦群众外，大量物资和钱由漳州汽车工人组成的运输队和闽西苏区派出的数万名支前人员运回苏区中央局和中革军委所在地长汀、瑞金。

4月22日，毛泽东在漳州主持召开了红三军、红四军及总部连以上干部会议，并在会上作了题为《目前政治形势及第二次行动问题报告》。随即致电周恩来，报告漳州战役的胜利及下一步的工作方针：以龙溪圩为中心，扩大南靖、平和、漳浦、龙溪、云霄等五县新苏区，筹集战争经费。鉴于当前斗争形势，决定在漳州“公开宣传，秘密组织”，不建立政权，只建立临时政权机关。此后，东路军各部短距离分兵，开赴漳州所属各县，数日内连克龙溪、南靖、海澄、漳浦、平和、长泰等县。随即红四军一部分留驻漳州，一部分开赴石码、石美、角美、海澄、长泰一带，红三军到漳浦、云霄一带，红十五军到南靖、平和一带，按第二次行动计划深入各地发动群众，进行宣传、筹款、扩红。东路军还在闽南地方党组织配合下大力打击各县地主反动武装，恢复党领导的工会、农会等群团组织，发动群众开展打土豪、分田地的斗争，废除苛捐杂税和高利贷，烧毁地契、债据，并建立地方武装。

东路军攻克漳州后，闽南党组织号召城市进步工人、青年到漳州当红军，还成立专门机构密切配合红军深入开展扩红工作。红军也以团为单位成立扩大红军委员会，各军政治部在驻地设报名点。红军干部、战士和闽南工农革命委员会成员一道，深入群众，宣传发动，主动做知识青年的思想工作。红军战士组成三人一组、五人一队的宣传小分队，手拿着红旗，写着“募兵”两个大字，在街头巷尾向群众宣传、演讲，大力宣传共产党的抗日主张，揭露国民党当局“攘外必先安内”的反动方针。红军还运用刷标语、绘漫画、印传单等形式宣传抗日，宣传党的抗日道理。红军的宣传使漳州进步青年深受教育，许多青年因此而聚集起来，要求红军分派他们做些力所能及的工作，并主动参与宣传红军、宣传抗日的活动。通过红军灵活多样卓有成效的宣传发动，漳州各地的许多工人、农民、青年教师、学生主动报名参加了红军，高捷成、李子芳、苏静、苏精诚、李兆炳、汪慰农、肖达如等都是在这个时候参加红军的。漳州南山寺的7名和尚在红军的感召下，也毅然脱下袈裟报名参加了红军。在厦门、集美求学的30多名台湾青年学生也赶到离厦门不远的石码（龙溪）加入了红军。①。据统计，东路军在漳州扩红达1500多人。“（红军）在漳州地区发动群众，打土豪筹款，动员群众参加

① 参见罗明：《加快闽西党的战斗历程和福建人民的斗争》（1977年1月26日）。

红军以及部队整训等工作，都取得很大成绩。”①

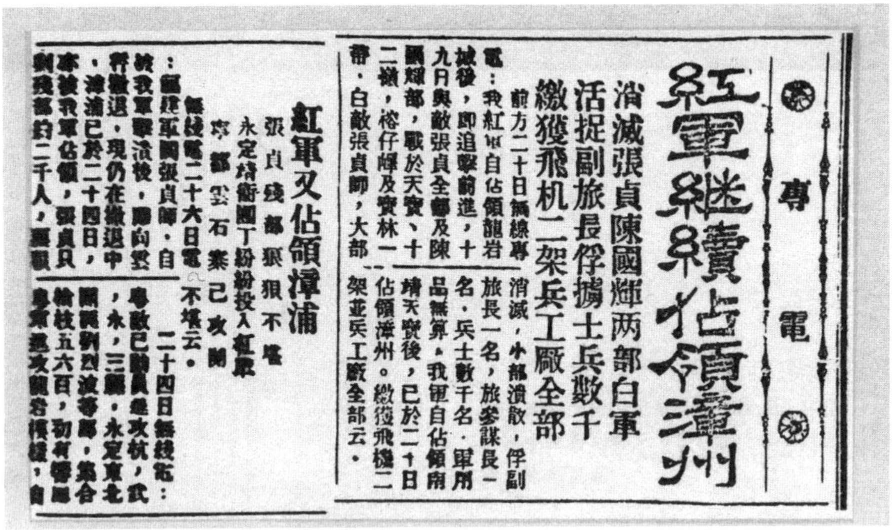

專電

紅軍繼續佔領漳州

消滅張貞陳國輝两部白軍

活捉副旅長俘擄士兵數千

繳獲飛机二架兵工廠全部

前方二十日無線專電：我紅軍自佔領龍岩城後，即追擊前進，十九日與敵張貞全部及陳國輝部，戰於天寶、十二嶺，榕仔嶂及寶林一帶，白敵張貞師，大部消滅，小部潰散，俘副旅長一名，旅參謀長一名，兵士數千名，軍用品無算，我軍自佔領南靖天寶後，已於二十日佔領漳州。繳獲飛機二架並兵工廠全部云。

紅軍又佔領漳浦

張貞殘部狼狽不堪

永定靖衛團丁紛紛投入紅軍

[illegible]部雲石寨已攻開

無綫電二十六日電：福建軍閥張貞師，自被我軍擊潰後，即向[illegible]撤退，現仍在撤退中，漳浦已於二十四日，本被我軍佔領，張貞只剩殘部約二千人，[illegible]不堪云。

二十四日無綫電：[illegible]

《红色中华》报道东路军于 4 月 20 日攻克漳州市、24 日占领漳浦县城的胜利消息

4 月 24 日，为了推动漳州地区的苏维埃运动向前发展，东路军在漳州东坂后（今漳州青年路）礼拜堂召开漳州工农兵代表大会。东路军政治部主任罗荣桓、漳州地方党组织和游击队领导人邓子恢、王占春等出席了会议。会上，宣布成立闽南工农革命委员会，并推举王占春担任主席。会议号召漳州工农大众团结在中国共产党的周围，在闽南工农革命委员会的领导下，积极配合红军开展工作，向敌人作坚决的斗争，解放一切劳苦群众。4 月 27 日，闽南工农革命委员会发出第一号布告，宣告闽南工农革命委员会是“闽南工农劳苦群众的临时政权机关”，闽南工农革命委员会的任务就是“发动和扩大工农群众的阶级，团结和组织武装起来消灭反动势力的残余。农民组织农会、游击队，消灭豪绅地主、资产阶级的武装，没收地主豪绅的物产和粮食分配给劳苦群众。工人组织自己阶级的工会，实现苏维埃劳动法，增加工钱减少工作时间，救济失业工人，和资本家做坚决的斗争”，号召一切劳苦群众“在革命委员会领导下，用

① 《聂荣臻回忆录》，解放军出版社 2007 年版，第 118 页。

革命的铁拳，向我们的敌人作坚决的残酷的斗争，解放我们一切痛苦、压迫”。[①]

5月1日，“军民庆祝红军胜利攻克漳州大会”在中山公园召开，漳州城乡群众1万多人参加，大会由王占春主持。中央苏区福建省委代理书记罗明作为红军代表和漳州工人代表何浚分别在大会上讲话，声讨张贞反共、反人民的罪行，向漳州人民阐述东路军攻克漳州对于闽南革命的伟大意义，宣传共产党的政策和主张。

5月28日，中央红军东路军为了执行新的作战任务主动撤离漳州，回师中央苏区腹地。

中央红军东路军攻克漳州的胜利，对于保卫和巩固闽西苏区，发展闽南游击战争、苏维埃运动和闽南革命根据地，支援东江革命根据地的斗争，都起到了重要作用；攻克漳州所缴获的大量军用物资以及巨额筹款，一定程度上解决了中央苏区和中央红军财政和物资都很紧缺的困难，为中央苏区的第四次反“围剿”做了切实的准备。

四、闽南革命根据地的持续斗争

1932年4月中央红军东路军入漳前夕，中共厦门中心市委与中共福州中心市委曾联合致信中共临时中央，建议“红军占领漳州后，此时闽南工作之重心是在漳属，因此加强漳属党的领导是非常必要的”，请求中央在漳州设立“闽南省”，以王海萍、陶铸、邓子恢、李金发、林和尚等13人组成中共闽南省委。[②] 但临时中央回信没有同意。东路军攻克漳州后，毛泽东等在漳州期间多次与中央苏区福

---

① 《闽南工农革命委员会布告第一号——闽南工农革命委员会的任务》（1932年4月27日），中央档案馆、福建档案馆编《福建革命历史文件汇集》甲15册，1986年版，第243页。

② 《中共厦门、福州中心市委联席会给中央的报告——关于成立闽南省委及人选问题的意见》（1932年4月15日），中央档案馆、福建省档案馆编《福建革命历史文件汇集》甲第9册，1986年版，第193页。

建省委代理书记罗明，省苏维埃政府执委、厦门中心市委书记王海萍，漳州县委书记蔡协民等，商议在闽南发展苏维埃运动、建立新苏区的有关问题。闽南工农革命委员会成立后曾准备组建闽南苏维埃政府，并成立了以邓子恢为主席，林路、吴庭坚为副主席的闽南苏维埃政府筹备机构，后因临时中央没有同意而未正式成立。[①] 鉴于临时中央的意见及闽南革命斗争的实际情况，毛泽东提出漳属各级党组织应致力于在闽南地区“创造小红军，建立小苏区”。[②] 此后，根据中共临时中央、苏区中央局的意见和毛泽东的指示，闽南靖和浦苏区、饶和埔诏苏区的革命斗争持续发展。

在靖和浦苏区。中央红军东路军驻漳之际，根据毛泽东等的指示，闽南工农游击队配合东路军在漳浦、南靖、平和三县交界地区深入发动群众，打击反动民团，扩大农民武装，建立红色政权，进行土地革命，队伍迅速扩大到六七百人。5月中旬，小山城、龙岭分别召开了工农兵代表会，成立了苏维埃政府；漳浦的车本，平和的欧寮、三坪、山前和南靖的龙溪圩、南浦厝、上坪庄等地也建立革命委员会。

中央红军东路军撤离漳州前夕，为了建立和发展以南靖、平和、漳浦边界为中心的闽南革命根据地，毛泽东与东路军总部商定，从东路军各主力部队抽调尹林平等34名营、连、排、班一级的军事干部和200多支枪，帮助漳州党组织加强武装斗争。5月下旬，漳属各县新建的农民赤卫队和原来的游击队集中于漳浦县城进行整编，以中央红军选派的军事干部为骨干，正式成立中国工农红军闽南独立第三团，冯翼飞任团长，王占春任政委，尹林平任副团长，谢小平任政治部主任，蔡协民任总指挥。闽南红三团编成6个战斗连和1个团直属队，同时在连队建立党支部，设立连政委。“此外并成立五

---

① 许其伟：《1932年至1936年闽南地区的革命斗争》（1957年4月）。

② 《今后中心任务和新区、白区工作的意见》（1932年4月22日），《毛泽东军事文集》第1卷，军事科学出版社、中央文献出版社1993年版，第269页。

小队游击队散布在石码、海澄和漳州南北乡一带游击”[①]。

中央红军主动撤离漳州后，中共漳州县委和红三团即转移到小山城，转入靖和浦苏区中心区域开展土地革命战争。6月初，国民党军第四十九师余部在地方反动武装的配合下，从诏安回窜漳浦，并开始猖狂进攻靖和浦苏区和红三团。6月2日，漳州县委指挥红三团于漳浦象牙庄主动出击，击溃了敌四十九师一个团的进攻，歼敌200余人，并乘胜攻下漳浦县城。但红三团撤离县城后在崎溪寨子村陷入敌四十九师的重重包围，经过激战方得以突围，红三团政委王占春在战斗中牺牲。此后，红三团又迭遭龙溪圩、车本战斗的失利，红三团团长冯翼飞牺牲，部队损失严重，靖和浦苏区革命斗争受到了重大挫折。在此前后，针对靖和浦苏区的失利，中共厦门中心市委在王明“左”倾教条主义错误的影响下，认定中共漳州县委书记蔡协民对敌人进攻的政治分析“脱离阶级立场，忽视其进攻危险性”，“采取保守主义，逃跑的上山主义，放弃苏区根据地”，“对社党及反动派采取腐庸的慈悲主义，忽视肃反工作”，是“彻底的右倾机会主义”[②]，从而在漳州党组织内开展了反“蔡协民路线”的斗争，并对蔡协民、曾志等进行了“无情的斗争”[③]，撤销了两人的党内职务。

1932年10月底，中共厦门中心市委决定以杨道平、何鸣等7人组建中共漳州中心县委，书记杨道平，并就漳州工作发出指示信，要求漳州党组织“接此信后，即召集干部会议，讨论这封指示信的

① 《中央巡视员仲云给中央信——关于漳州工作和红军情形的报告》，(1932年5月21日)。中央档案馆、福建省档案馆编《福建革命历史文件汇集》甲第7册，1985年版，第361页。

② 《中共厦门中心市委关于漳州斗争的失败经过和工作布置》(1932年7月23日)，中央档案馆、福建省档案馆编《福建革命历史文件汇集》甲第10册，1986年版，第33—34页。

③ 《中共厦门中心市委关于“八一”工作及军事、组织、预算等问题向中央的报告》(1932年8月4日)，中央档案馆、福建省档案馆编《福建革命历史文件汇集》甲第10册，1986年版，第72页。

工作执行，马上成立中心县委。”[①] 1933 年 1 月，中共漳州中心县委在漳浦龙岭召开扩大会议，总结红三团初期武装斗争的经验教训，制定新的斗争策略，并调整了中心县委领导班子，由何鸣任书记，何浚任组织部长，许其伟任宣传部长。与此同时，充实了红三团的领导，由尹林平任团长（后为张长水），何鸣任政委，刘克斌（兼参谋长）、王奕修任副团长，谢少萍任政治部主任（后为李克己）[②]。

1932 年 7 月后，中共厦门中心市委又在中共漳州中心县委和红三团内部进行肃清“社会民主党”斗争，靖和浦苏区先后有许多红军指战员、党员和革命群众被错杀。靖和浦苏区错误的肃清“社会民主党”斗争给闽南革命斗争造成了严重的损失。

1933 年 11 月福建事变爆发后，第十九路军根据与中华苏维埃共和国临时中央政府及工农红军签订的《反日反蒋初步协定》，于 12 月中旬停止“围剿”靖和浦苏区和红三团。

1933 年 12 月初，中共漳州中心县委和红三团得知“福建事变”发生，即抓紧利用这一时机开始恢复和巩固老苏区、开辟新苏区的工作，广泛宣传“没收豪绅、地主的土地分配给贫苦农民”“只有苏维埃政府的土地法，才能为农民谋福利”等口号，准备深入开展土地革命斗争。12 月下旬，中共厦门中心市委派黄会聪到漳州巡视工作，指导召开漳州中心县委第三次扩大会议。会上，黄会聪分析了福建事变发生后的形势，并根据新的情况布置漳州的工作，要求漳州中心县委应利用福建事变的机会，“正确的灵活的运用下层统一战线，尽量采取公开活动来组织与武装群众，坚决的发动与领导群众起来抗捐、抗税、抗租、抗债、分米、分谷的斗争。在赤区应该建立农民委员会，没收地方富农的土地分配给农民，扩大土地革命斗争。同时，将白区的游击队，改为抗日义勇军，广泛的开展反日反

---

① 《中共厦门中心市委给漳州的指示信——漳州工作中的缺点及纠正意见》（1932 年 10 月 31 日），中央档案馆、福建省档案馆编《福建革命历史文件汇集》甲第 10 册，1986 年版，第 125 页。

② 中共福建省委组织部等编《中国共产党福建省组织史资料（1926 年 2 月—1987 年 12 月）》，福建人民出版社 1992 年 12 月版，第 94—95 页。

国民党的运动”[1]。

1934 年 2 月下旬，中共厦门中心市委派黄会聪、吴亚鲁到漳州巡视工作，指导召开漳州中心县委第四次扩大会议，传达中华苏维埃第二次全国代表大会的精神。会议批评了漳州中心县委中一部分同志所存在的“分配土地目标太大，地广人少，农民不需要土地”等思想，强调指出漳州党组织目前的紧急任务是抓紧扩大土地革命，在根据地内分田，建立苏维埃政权。

根据中共厦门中心市委的指示，漳州中心县委举办了分田训练班，就如何划分阶级、分田和建立苏维埃政权对区、乡干部进行培训，还成立了印刷部，出版《工农报》，印发《土地法》《如何划分阶级》《苏维埃政府》等小册子作为干部学习材料，并在山城、山树埔、山坪顶等处开办夜校，向广大农民群众宣传苏维埃土地法和各项分田政策，提高群众的阶级觉悟。接着，漳州中心县委在漳浦的山城进行试点分田，何浚、林路、许其伟等中心县委领导均深入各乡村指导分田。山城分田取得经验后，漳州中心县委在靖和浦中心区域 14 个乡、约 1 万人口的地区组织群众深入开展了大规模的分田运动。

靖和浦苏区土地革命全面铺开后，中共漳州中心县委根据厦门中心市委关于要“加强党对苏维埃的领导”，“依着党的明确阶级路线，依照苏维埃的土地法令，彻底解决土地问题，使土地真正落在雇农、贫农、中农的手中”的指示[2]，认真贯彻苏维埃的土地革命路线，以各乡村党团员及负债多、土地少的农民群众为分田骨干，建立贫农团，并在乡苏维埃政府下设土地委员会，由土地委员会具体负责分田工作。同时，每 10 户推行一名代表参与分田工作。

---

① 《中共厦门中心市委给漳州中心县委指示信——过去工作中的机会主义错误与目前工作任务》（1934 年 3 月 30 日），中央档案馆、福建省档案馆编《福建革命历史文件汇集》甲第 11 册，1986 年版，第 242—243 页。

② 《中共厦门中心市委给漳州中心县委指示信——过去工作中的机会主义错误与目前工作任务》（1934 年 3 月 30 日），中央档案馆、福建省档案馆编《福建革命历史文件汇集》甲第 11 册，1986 年版，第 246 页。

分田的步骤为：首先划分阶级，确定没收土地的对象；然后没收地主阶级的土地、公田、庵田，以及反革命分子的土地和富农多余的土地，群众则自报田亩和人口，以乡为单位，进行总亩数和人口的统计，将田地分为上、中、下三等；再通过民主评议，在原耕土地的基础上，按人口平均分配，抽多补少，抽肥补瘦，个别中农不愿参加平均分配土地的，允许其保留原有土地，充分照顾中农的利益。分田结束后，烧毁旧田契，取消一切债务，确定土地所有权。靖和浦苏区的分田，得到广大贫苦农民群众及绝大多数中农的热烈拥护，出现了一片“分田分地真忙”的景象。在分田后的第一季，各乡农业生产普遍获得丰收，苏区农民满怀丰收的喜悦参加各种群众组织和农民武装，使得苏区内农民武装力量得到扩大和加强。党组织为了使贫雇农、中农真正从土地革命中得到好处，还及时了解、改正分田运动中存在的问题，发现个别乡或个别户的土地分配不够合理时，便立刻调查、改正。至夏种时，靖和浦苏区共有 14 个乡完成了分田和查田工作。

1934 年 3 月，为了适应土地革命新的形势，中共漳州中心县委改组为中共靖和浦中心县委，由何浚任书记、林路任组织部长、许其伟任宣传部长，李克己、何兴、吴庭坚、潘文川、刑渊源等任委员。靖和浦中心县委下辖第一、二、三、五区及中心区 5 个区委①。3 月 18 日，中共靖和浦中心县委在平和欧寮召开靖和浦苏维埃代表大会，正式成立靖和浦边区苏维埃政府，选举林路为政府主席，吴庭坚为副主席。② 边区苏维埃政府下辖 2 个区、18 个乡苏维埃政府和 1 个乡革命委员会，苏区总人口约 2.8 万人。靖和浦边区苏维埃政府的成立标志了靖和浦革命根据地的正式形成。

靖和浦边区土地革命的深入发展和苏维埃政权的建立，使得国民党地方当局和土豪劣绅惊恐万状。1934 年初，国民党地方当局又

---

① 中共漳州市委组织部等编《中国共产党福建省漳州市组织史资料（1926 年 7 月—1987 年 12 月）》，福建人民出版社 1993 年版，第 51 页。

② 中共福建省委组织部等编《中国共产党福建省组织史资料（1926 年 2 月—1987 年 12 月）》，福建人民出版社 1992 年版，第 94 页。

调集国民党军队和地方反动武装大举进犯靖和浦边区。红三团与各区、乡赤卫队、自卫队、模范队相互配合打击进犯之敌，守卫苏区，同时派出部分兵力出击外围，开辟新区，骚扰打击敌人后方，牵制敌人向靖和浦中心区的进攻，并积极争取将靖和浦边区与饶和埔诏、东江苏区连成一片。红三团积极的武装出击，为靖和浦边区土地革命斗争和苏维埃政权建设的顺利开展，提供了坚强保障。

在饶和埔诏苏区。中央红军东路军撤离漳州后，中共饶和埔沼县委继续发动群众，恢复农会等革命群众团体，打击地方反动势力，进一步恢复和扩大苏区范围，饶和埔诏边区革命斗争进一步高涨。6月，县委在诏安石下召开饶和埔诏县工农兵代表大会，选举成立了饶和埔诏县苏维埃政府，主席余丁仁、委员刘锡三、谢卓元、刘达三、张崇、张达秀、李和尚等。县苏维埃政府下设有军事、粮食、土地3个委员会。[①] 7月，饶和埔诏县委召开县、区委及红军、游击队连以上干部参加的扩大会议。会议重申了组织和发动群众，开展抗租抗税斗争，深入土地革命，扩大游击战争的方针；提出了党组织建设的总目标，要求结合夏收斗争与“八一”纪念工作，与闽粤赣苏区及红军的发展配合起来，冲破敌人的“围剿”，恢复和发展饶和埔诏苏区；强调必须千方百计地努力整顿与扩大党的组织，切实巩固党，加强党在群众中的领导力量。会后，根据会议商定，刘锡三、余丁仁到官陂赤竹坪、陈坑一带，连铁汉、苏国书到马坑，张崇到平和大溪，陈明昌到双善，谢卓元、华云留在石下、炉坑开展工作，贯彻县委扩大会议精神，并很快恢复了饶和埔诏县第三、第四、第五、第九和第十一区的区委和区苏维埃政府，并在石护坑等3个乡的198个村苏维埃区域进行了分田，进一步调动了群众保卫苏区、建设苏区的积极性。

9月2日至8日，广东军阀陈济棠部二九二团出动一个整编团的兵力并纠集了各乡反动民团，从官陂连续向石下、马坑发起数次的

① 中共诏安县委党史研究室：《诏安人民革命史》，中共党史出版社1995年版，第34页。

进攻。红三连和赤卫队英勇抗击，终因敌强我弱、寡不敌众，伤亡惨重，县委机关和红三连撤至龙伞岽大山。14日，县委机关和红三连又被敌包围，红三连、赤卫队与敌人展开肉搏战斗，掩护县委成功突围，最后转移到饶平岩下村时仅存20多人。此后，县委将突围的武装人员及县委工作人员组成县委武装工作队，黄佛任队长，张崇任指导员，分成3个工作组分散活动，坚持斗争。余丁仁率一组赴诏安的深湖、拱桥一带，陈明昌率一组赴饶平的双善一带，谢卓元、张崇率一组留在石下、马坑一带坚持斗争，至11月，形势才稍有好转。翌年春，刘锡三因长期艰苦斗争肺病复发，由余丁仁县委代理书记。7月，刘锡三在饶平浮山打石埔被敌包围受伤后牺牲。不久，中央苏区中共福建省委巡视员赖洪祥接任县委书记①。

1933年11月，“福建事变”爆发，十九路军和“中华共和国人民革命政府”与工农红军和中华苏维埃临时中央政府签订了抗日反蒋协定，饶和埔诏苏区获得有利于恢复和发展的转机。1934年4月，余丁仁率领饶和埔诏游击武装在潮（安）澄（海）饶（平）红三大队的配合下全歼黄牛山白扇会反动武装，拔除这一反动据点打通了饶平、诏安边界的游击走廊。随后，饶和埔诏游击武装又在潮澄饶红三大队配合下袭击上饶的联防团，拔除了官陂、霞葛等反动据点，推动了苏区斗争形势的恢复。此后，深湖赤卫队扩大到200多人，马坑赤卫队扩大为100多人，西岩山游击队也发展到七八十人，基层党组织也得到恢复。饶和埔诏县委遂将苏区调整为两个区，诏安的石下、马坑、赤竹坪一带为县委的中心区，建立6个党支部、党员三四十人；大埔的百侯、饶平的上饶、九村等西岩山一带为第二区，建立9个党支部、党员五六十人。

1934年5月1日，根据中共中央关于成立中共闽粤边特委，统一领导中央苏区福建省委领导的饶和埔诏县委、厦门中心市委领导的靖和埔中心县委、东江特委领导的潮澄饶县委，以猛烈的游击战

---

① 中共福建省委组织部等编《中国共产党福建省组织史资料（1926年2月—1987年12月）》，福建人民出版社1992年版，第139页。

争牵制国民党军兵力，粉碎国民党军第五次“围剿”在东方战线对中央苏区的进攻的决定，黄会聪与吴亚鲁、何鸣在靖和埔苏区组成了中共闽粤边临时特委，黄会聪任临时特委书记。[①] 中共闽粤边临时特委归中共苏区中央局直接领导，靖和埔革命根据地被纳入了中央苏区的范围。8月，中共闽粤边区第一次代表大会在平和县邦寮山召开，正式选举产生了边区特委领导机构，书记黄会聪，常委何鸣、何浚、林路、许其伟、余丁仁、谢卓元、张华云。[②] 此后，在苏区中央局直接指挥和中共闽粤边特委的领导下，靖和浦苏区和饶和埔诏苏区军民展开积极的游击战争，策应中央主力红军的第五次反“围剿”。

① 中共福建省委组织部等编《中国共产党福建省组织史资料（1926年2月—1987年12月）》，福建人民出版社1992年版，第199页。

② 中共福建省委组织部等编《中国共产党福建省组织史资料（1926年2月—1987年12月）》，福建人民出版社1992年版，第201页。

第七章　中央苏区闽赣省的成立

一、建（宁）黎（川）泰（宁）苏区的形成

1931 年 1 月，红一方面军总司令朱德、总政委毛泽东预计到国民党军在第一次“围剿”失败后一定会组织新的更大规模的“围剿”，决定红一方面军分兵在江西和福建的边界地区加紧发动群众，筹集经费，开辟新苏区。为此，红一方面军总部发出“红一方面军继续移师建宁、南丰、广昌一带继续筹款”，“用最大的力量继续筹足 3 个月给养，准备敌人再向我们移动时大举消灭它”① 的命令。根据命令，红三军团总指挥机关以南丰为中心，红四军以康都为中心，红十二军以广昌为中心，红三军第八师在南丰通建宁及黎川大道一线、红四军第十师和第十二师进入建宁县的西北地区，发动群众，打土豪、筹集资财，扩大红军。

2 月，红一方面军一部打垮了建宁县的里心、芦田、桂阳等乡村的地主武装保卫团，在当地宣传共产党和红军的纲领政策，发展了一批斗争积极分子，并吸收了一批青年参加红军。在红军的帮助下，建宁的桂阳、贤河、陈余、岩上、靖安、水南桥、里心、宁源、芦田等乡村很快组织起农会、贫农团，并通过选举成立了临时红色政权——乡革命委员会。接着各乡开展了打土豪、分财产、分田地

---

① 《红军第一方面军胜字第五号命令——继续移师建宁南丰广昌一带筹款的命令》（1931 年 1 月 18 日），中共中央革命军事委员会编印：《军事文献——第二次国内革命战争时期党内绝密文件 1》，第 123 页。

1931年5月31日，毛泽东、朱德率红一方面军攻占建宁县城。图为三明市建宁县溪口街49号红一方面军临时总前委、总司令部旧址暨毛泽东、朱德旧居

的斗争。为了配合红军行动，保卫革命胜利果实，组建了桂阳游击队和宁源游击队，两支工农武装共50多人。3月初，红军和游击队在里心的戴家一带活动，击退了国民党军第五十六师一部的进攻，开辟了建宁县西北乡村的游击区，为在建宁等地创建苏区打下了基础。

3月上旬，红一方面军开始部署第二次反“围剿”的各项工作。4月中旬至下旬，苏区中央局在宁都连续召开会议，确定了毛泽东提出的“诱敌深入”，在根据地内歼灭敌人的反“围剿”作战方针。5月16日，第二次反“围剿”开始，红一方面军从富田打起，向东横扫，白云山战斗、白沙战斗、中村战斗和广昌战斗，四战四捷。5月27日，红军克复广昌城，奉命增援广昌的敌五十六师闻讯，半路撤回建宁。

5月28日，红一方面军临时总前委书记毛泽东在广昌城主持召开总前委第三次会议，决定继续向东横扫，集中兵力打击敌五十六师，夺取建宁城。会后，红军一万余人挥师东进，进击建宁城。

5月31日拂晓，红军向建宁城守敌第五十六师发起攻击，到下午6时，攻入城内占领全城，战斗结束。此战共歼敌4个团，击毙敌团长1名，俘敌旅长、团长各1名，俘敌官兵3000余人，缴获长短枪2500余支，无线电台1部，山炮2门，无线电台人员全部投诚。还缴获西药、粮食、被服、布匹、光洋等大量军需物资。城内的华美学校、明伦堂、文庙、南门操场和几条街道堆满了缴获的物资。敌师长刘和鼎带残部向泰宁方向逃跑。至此，红一方面军在建宁城赢得了第二次反"围剿"最后一仗的胜利，取得了五战五捷，痛快淋漓地打破了国民党军的第二次"围剿"。

5月31日，毛泽东在建宁县城红三军团司令部驻地主持召开了红一方面军总前委第五次会议，就建宁战斗作了总结。6月2日，在红一方面军总司令部驻地建宁溪口天主教堂，毛泽东主持召开了红一方面军总前委第六次会议，部署了第一期向北、第二期向南、第三期向西的战略进攻计划。计划第一期工作最多不过两个月。对外工作四项：迅速建立游击队；迅速分田；建立苏维埃；建立党和团的组织。对内工作三项：筹款，除本身食用外，要筹足100万元作第三期作战费用；加强军事技术训练、政治训练、党和团的训练；扩大红军数量3万人。①

从6月初开始，红军各部按总前委的部署，在闽赣边界扩大根据地，筹款扩红，发动群众开展土地革命。6月2日，红一方面军指战员和建宁群众在县城南门广场召开军民大会，庆祝建宁大捷和第二次反"围剿"胜利，毛泽东、朱德等出席大会并作了鼓舞人心的讲话。会上宣读了第二次反"围剿"胜利捷报，表彰了这一次战斗

① 兴国县政协文史资料研究委员会编《兴国文史资料选辑》第3辑（中央革命根据地第二次反"围剿"专辑），第152页。

的有功人员。大会还宣告成立建宁县革命委员会，任命聂景祥为主席，归中央苏区江西省苏维埃政府领导。同时，成立了红一方面军总前委直属的中共建宁委员会，帮助组建地方党的组织。在中共建宁委员会的领导下，红军工作团还分赴建宁各区乡开展群众工作，帮助建立了城市、桂阳、里心、黄泥铺、渠村 5 个中心区，成立了中心区委和革命委员会①，组织了农会、贫农团、妇女会、赤卫队、少先队等。全县农村开展了分田斗争，打土豪劣绅，没收土豪的浮财，烧毁田契、债据，按照“原耕不动，抽多补少，抽肥补瘦”的原则，初步分配了田地。组建了各区、乡游击队。不久，在主力红军的帮助下，闽赣边的地方红军南（丰）广（昌）建（宁）独立团成立，团长余福生，政委李立民，全团 7 个连。建宁的游击队编入独立团，编为 5 个连。6 月下旬，建宁 4 个中心区革命委员会经选举正式改为中心区苏维埃政府。

6 月 3 日，红三军团第六师在师长郭炳生、政委彭雪枫的率领下，从建宁出发，经弋口、梅口，指向泰宁城关。驻泰宁城的国民党军第五十六师工兵营和两个中队的保卫团已先后弃城而逃。4 日，红军不费一枪一弹占领泰宁城，并缴获敌工兵营遗留的一批弹药。5 日，泰宁军民在城隍庙举行庆祝大会，彭雪枫在会上作了讲话。此后，按照总前委的部署，红六师一个团驻扎泰宁县城，一个团置于建宁、泰宁之间，保持与总部的联系，一个团置于泰宁、邵武之间，相机向邵武、光泽推进。各部队立即投入宣传发动群众、开展打土豪的斗争。在红军支持下，泰宁城区、朱口、上青、大田等乡轰轰烈烈地展开打土豪、筹粮筹款斗争，镇压了 7 名罪大恶极的土豪，广大劳苦群众焚烧了田契、债据，分得了粮食、衣服、农具等。红六师政治部把打土豪中涌现出的积极分子杨志和、陈官年、肖金才、兰集祥、谢思才，邹家福等 10 余人吸收为中共党员，并成立了中共泰宁支部，书记杨志和，归中共建宁委员会领导。6 月 7 日，在红军

---

① 参见中共福建省委组织部等编《中国共产党福建省组织史资料》，福建人民出版社 1992 年版，第 167 页。

工作团的帮助下，泰宁县革命委员会宣告成立，主席黄春标，归中央苏区江西省苏维埃政府领导①。革委会下设军事、土地、财政、粮食、裁判、劳动、文化、教育、工农检察等部。与此同时，还成立了城市区革命委员会，主席肖金才；东北乡革命委员会，主席邓家成；西南乡革命委员会，主席杨志和。接着，成立了县农会、县工会，还组建了一支60余人的泰宁游击队。至6月下旬，泰宁县成立了城市、朱口、新桥、大田、大均（今大渠）5个区革命委员会和38个乡革命委员会②，全县发展赤卫军452人，各区乡普遍建立了区乡武装。

红军解放泰宁后，按总前委的部署，红六师又向将乐县城进军。红军先在将乐县光明乡击溃团匪罗鸿标部，活捉匪首罗鸿标及匪徒100余人，缴获机枪1挺、战马10匹及黄金、银圆等财物，解救出被掳的群众100余人。接着红军在光明乡等乡村发动群众，打土豪筹款，并成立了楔里乡革命委员会，组建了楔里游击队。6月23日，红六师进抵将乐县城，守敌闻风而逃。在红军的支持下，6月28日，在将乐县城召开群众大会，选举成立了中华苏维埃将乐县革命委员会，红六师派出干部顾勇珍（安徽人）任将乐县革命委员会主席。7月，顾勇珍随部队离开将乐后，将乐县大源乡肖坊村谢有兴接任县革命委员会主席③，并成立了农会、工会、贫农团，组建了将乐县赤卫队。

这期间，红一方面军总司令部在建宁青云阁组建了红一方面军无线电总队，并先后在溪口杨家屋和青云阁举办了无线电集训班。无线电总队下设4个分队，由王诤任总队长，伍云甫任政委④，并开

① 参见中共福建省委组织部等编《中国共产党福建省组织史资料》，福建人民出版社1992年版，第167—168页。

② 中共泰宁县委党史研究室、泰宁县革命老根据地建设委员会办公室编《泰宁人民革命史》，厦门大学出版社1992年版，第19页。

③ 中共将乐县委党史研究室编《中共将乐地方史第一卷（1919—1950）》，第26页。

④ 江西省邮电管理局邮电史编辑室编《苏区邮电史料汇编（下）》，人民邮电出版社1988年版，第367页。

始监听敌军电讯。按照总前委的部署，还在建宁城组建了红一、三军团山炮连，并利用溪口百尺台进行炮兵训练[①]。红一方面军后勤经理处还进行物资调剂供给，在建宁城办起红军被服厂，从建宁、石城、宁都招收裁缝师傅和女工，将建宁战斗缴获的布匹、被褥、军服加工完成1万套红军服装，改善了红军的着装。

7月初，蒋介石调集兵力开始对红一方面军和中央苏区进行第三次“围剿”，红一方面军总司令部和总前委决定千里回师赣南，在根据地腹部打破敌“围剿”。7月上旬，毛泽东、朱德率红一方面军总司令部从建宁出发，回师赣南，各部队也开赴赣南集结。

在主力红军转战之际，建宁、泰宁、将乐的党组织和苏维埃政权全力以赴动员组织群众支前，配合红军行动。建宁县组织1000余人的运输队随军行动。建、泰两县的游击队、赤卫队做好牵制敌人、掩护主力红军转移的准备。7月中旬，国民党军新编第四旅进占将乐、泰宁、建宁县城，建宁游击队撤往建、泰交界处开展游击斗争，不久与泰宁的游击队会合，合编为建泰独立团，积极袭扰进犯的敌军。不久，南广建独立团在建宁伊家湾与建泰独立团会合，建泰独立团编入南广建独立团，继续在闽赣边界山区坚持游击斗争。

11月，在江西瑞金召开中华苏维埃第一次全国代表大会，建宁、泰宁作为中央苏区的组成部分，派出代表参加了代表大会。

1932年春，蒋介石着手筹划第四次“围剿”，拟先行集中力量消灭鄂豫皖、湘鄂西的红军，解除红军对武汉的威胁，继而全力围攻中央苏区。七八月间，中央红军在敌军对中央苏区大举进攻之前采取了一系列军事行动，以打乱敌军的“围剿”部署。红一方面军先后发动了水口、乐安、宜黄战斗。与此同时，福建军区红军独七师和红十二军配合主力红军于8月中旬占领了宁化、南丰。这时，红十二军向苏区中央局、中革军委建议，拟占领建宁县，展开工作，赤化邻近数县。之后，红十二军的一部进入建宁境内活动。

1932年秋，国民党军对湘鄂西，鄂豫皖苏区的第四次“围剿”

---

① 中共建宁县委党史研究室编《建宁革命史（新民主主义时期）》，第34页。

基本结束，但对中央苏区的“围剿”尚未准备就绪，继续采取“坚守据点，封锁围困”的策略。10月，红一方面军乘敌军对中央苏区进攻部署未完成之际，决定击破敌的一方，出敌不意迅速消灭建宁、泰宁、黎川的敌军，占领赤化这3个县地域，迅速向东北方向发展，与闽北苏区打通联系。10月12日，红一方面军总司令部在广昌制定了夺取建宁、黎川、泰宁的《红一方面军战役计划》。14日，周恩来、朱德、王稼祥致电苏区中央局，报告红一方面军遵照中央电示和中央局决定的方针，决定以广昌之东北为出击点，首先打击敌新编第四旅周志群部，进占建宁、泰宁、黎川，赤化建宁、宁化、广昌之间的地区，打通与赣东北苏区的交通，筹集给养，并集结兵力求得战机。同日，红一方面军总司令部从广昌向各部队发出建（宁）黎（川）泰（宁）战役计划。

1932年10月16日，红一方面军和红二十二军在周恩来、朱德的指挥下，按计划从广昌分兵向建宁、泰宁、黎川齐头并进。10月17日，林彪、聂荣臻率中央纵队到达建宁城附近。10月18日，中央纵队红一军团向建宁城发起攻击，击溃建宁县城守敌新编第四旅第二团，缴获枪支500余支，俘敌官兵400余人，占领了建宁城，残敌向泰宁逃跑。红军乘胜追击，又在泰宁的梅口击溃逃敌一部，并击毙国民党建宁县县长，缴获物资一批。同日，左纵队红三军团进击黎川县，占领县城，驻黎川守敌许克祥师溃逃南城。10月19日，红二十二军抵达泰宁县城外，迅速向城内发起攻击。经短暂交火，国民党军新编第四旅旅部及两个团迅速溃败，敌旅长周志群慌忙率溃军弃城往邵武退逃，午后红军占领泰宁县城。红军占领泰宁城后，红五军团在将乐的万安歼灭溃退之敌一个营，并接替红二十二军驻防。红二十二军乘胜向北，接连克复邵武、光泽县，守敌向建阳、顺昌逃窜。从10月18日至24日7天内，红一方面军以较小的代价连占5个县城。建黎泰战役的胜利，不仅打乱国民党军第四次“围剿”中央苏区的部署，而且完全恢复了建宁、黎川、泰宁苏区。

12月，中央红军与闽北红军在邵武会师；1933年1月，朱德率

1933 年 8 月，朱德、周恩来率红一方面军总部驻泰宁县城岭上街，指挥东方军入闽作战及红一方面军其他部队江西抚河以东地域作战。图为三明市泰宁县城岭上街陈家大院红一方面军总部旧址暨朱德、周恩来旧居

红三军团在贵溪上清宫与赣东北红军会师。中央苏区与闽北、赣东北苏区打通联系后，建黎泰苏区成为中央苏区的东北门户和联结闽浙赣苏区的交通锁钥。

鉴于中共江西省委正抽调大批干部随红一方面军政治部去新区

开展工作，为了加强党的领导，全面恢复建宁、泰宁、黎川苏区，周恩来指示中共南（丰）广（昌）中心县委书记余泽鸿，要求中心县委加强对建宁工作的领导。1932年10月下旬，红五军团十五军工作团在建宁帮忙建立了中共建宁临时县委，书记由余泽鸿兼任，临时县委归江西省委领导，县委工作暂由红十五军的军委宣传部代行。11月间，建宁县工农兵代表大会召开，宣告建宁县苏维埃政府成立，由李春良任主席，县苏维埃政府下设土地、粮食、劳动、文化、教育、交通、财政、内务、军事、国民经济、工农检查等部及政治保卫局、肃反委员会等机构。同时，建立了城区、铺前、枧头、里心、黄泥铺、客坊、澜溪、陈岭、安寅等12个区委和区苏维埃政府。10月底，泰宁县在红五军团派出的工作团帮助下，首先恢复了泰宁县革命委员会，陈官年任主席，县革命委员会下设军事部、土地部、财政部、粮食部、文化部、教育部、工农检查部、裁判部、政治保卫局和肃反委员会等机构。接着又成立了中共泰宁县委，县委下设组织、宣传、妇女3个部。不久，还恢复了城市区革命委员会和东北、西南两个乡的革命委员会。与此同时，红军工作团深入泰宁各区乡歼灭保卫团和大刀会武装，发动群众，迅速恢复了大均、大田、朱口、新桥等区革命委员会。为解决干部不足的问题，11月间，苏区中央局从赣东北和兴国苏区派来了两批富有斗争经验的干部，到泰宁担任县区两级领导，组建了城市、大田、大均、朱口、新桥5个区委，各区委设宣传、组织、妇女委员，有的区委还配备了干事二三人；县区两级革命委员会也得以充实、健全。

为加强建（宁）黎（川）泰（宁）这一战略要地的军事工作，12月12日，周恩来、王稼祥在建宁给中共江西省委书记李富春发电报，指出“建黎泰可先派工作团及建宁县委书记来”。[①] 月底，为保持前方兵团与后方的联络，加强后方勤务整顿，按中革军委命令，

① 中共宜宾市委党史研究室、中共长宁县委党史研究室：《余泽鸿烈士》，2002年版，第578页。

在建宁城设立了建黎泰警备区，由萧劲光任司令员兼政委。

1933年1月，余泽鸿奉命带领一批地方干部到达建宁。中旬，在建宁城成立了中共建宁中心县委，书记余泽鸿，组织部长邱光珍，宣传部长吴静焘，妇女部长刘志敏。中共建宁中心县委隶属中央苏区中共江西省委领导。中心县委机关设在建宁县后衙内，下辖中共建宁县委、中共泰宁县委、中共黎川县委。① 同时，组建了江西军区建黎泰军分区（亦称建宁军分区），指挥员李德胜，政委余泽鸿，参谋长刘振亚，政治部主任李翔梧（后高传遴）。军分区先后组建有建黎泰独立师（师长周振国、政委余泽鸿）、模范少先师（师长杨遇春、政委高传遴）和建宁独立团、黎川独立团、建泰独立团等地方武装。中共建宁中心县委等的成立，标志着建黎泰苏区的正式形成。

根据苏区中央局“在战略上重要的地区，如像赣之宁都、广昌、宜黄、乐安、南丰、黎川、石城，闽之建宁、泰宁、宁化、连城、归化、清流等县，集中力量在这些县中创造强有力的中心县委以领导其他县委”② 的指示，2月28日，中共江西省委从赣南苏区抽调62名干部到建宁，加强了建宁苏区的领导力量。

3月4日，苏区中央局在《对目前作战计划与任务的指示》中明确指出：黎川、泰宁、建宁、广昌这个区域是中央苏区战略的锁钥，是永远不能放弃的。3月8日，中共江西省委给建宁中心县委发出指示：“目前建黎泰工作，最中心的任务是从迅速深入群众斗争中动员群众一切力量，最广泛的武装群众组织坚强地运动防御战！”③ 4月初，江西军区总指挥陈毅从广昌到建宁了解工作情况，要求建宁军分区继续成立游击队，专力消灭大刀会；扩大独立师，暂不集中地

---

① 参见中共福建省委组织部等编《中国共产党福建省组织史资料》，福建人民出版社1992年版，第168页。

② 《中共苏区中央局关于在粉碎敌人四次“围剿”的决战前面党的紧急任务决议》(1933年2月8日)，中共中央文献研究室、中央档案馆编《建党以来重要文献选编（1921—1949）》第10册，中央文献出版社2011年版，第71页。

③ 中共建宁县委党史工作委员会编《建宁党史资料》第3辑，第126页。

方武装到前方；建立赤少队；巩固建、广边区。陈毅并将建宁情况向中央临时政府、红一方面军总司令部作了汇报。① 中共建宁中心县委遵照苏区中央局和江西省委关于加强对新发展区域的领导，巩固和发展苏区的指示，迅速动员群众，进行土地革命，彻底摧毁封建势力，发展农业生产；坚决组织和领导工人执行劳动法；巩固苏维埃政权，培养当地新干部；加强党团建设；扩大红军，扩大地方武装，肃清一切反革命势力。

自 1933 年 1 月至 5 月，中共建宁中心县委领导建黎泰苏区人民，为支援红军主力第四次反“围剿”，打击反动团匪的侵犯、骚扰，保卫苏区，发展经济，做了大量的工作。2 月 9 日，建黎泰的地方红军奉命强攻南丰城，建宁苏区发动 4000 余民工组织担架队、运输队随军出发。2 月 23 日，泰宁县反动民团攻占县城，中共泰宁县委、县革委会退守大田区。不久国民党军第五十六师一个团进驻泰宁，相继侵占泰宁县的大源、朱口、新桥等区乡。2 月底，中共建宁中心县委为了加强泰宁县工作，将组织部长邱光珍调泰宁兼任县委书记；3 月中旬，建宁的溪口区划归为泰宁的辖区，为收复泰宁县创造条件。建黎泰军分区的武装为了收复失地，相机出击进犯泰宁之敌。3 月 8 日，建黎泰独立师在建泰交界的挽舟岭击溃敌第五十六师一部，缴获枪 6 支，毙敌 50 余人。9 日，建黎泰独立师和模范少先师攻击泰宁的龙安、大布等地团匪。13 日，模范少先师击溃敌第五十六师一部，占取梅口。5 月 26 日，建黎泰独立师（缺第四团）和模范少先师在红五军团一部的支援下，集中优势兵力，在泰宁城附近歼敌五十六师第六团一个营，击毙连长 1 名，俘虏包括营长在内的全部官兵，缴步枪 200 余支、轻机枪 5 挺。这一期间，红一方面军出击赣东北时，建黎泰地方武装还积极配合主力红军作战，并接连取得了胜利。中革军委曾为此通电嘉奖建黎泰独立师，表彰其

① 中共建宁县委党史研究室编《建宁革命史（新民主主义时期）》，第 45 页。

为地方武装的表率，号召中央苏区各地方武装向建黎泰独立师学习。[①]

随着建黎泰苏区的巩固发展，在中共建宁中心县委的领导下，建宁、泰宁县苏维埃政府发动群众，迅速进行了第二次分田运动。1932年底，各县、区、乡苏维埃政府都成立了分田委员会或土地委员会，负责领导、监督分田工作。建宁县苏维埃政府还在县城城隍庙举办了土地革命训练班，各区委书记、区苏维埃副主席、内务部长和各乡党支部书记、乡苏维埃副主席、文书、农协会主席、妇女主席等400余人参加。训练班历时10天，学习了“十大政纲”和县苏维埃土地部编写的《土地工作手册》，培训了骨干。分田委员会以乡为单位召开群众大会，宣传党的土地政策；以农协会为阵地、贫农团为主力，发动贫苦农民召开诉苦大会，对土豪劣绅进行斗争，没收其浮财，分给贫苦群众；强迫地主交出所有田契和借据，当众烧毁。接着，以乡为单位，没收本乡的所有土地，分为上、中、下三等进行登记造册；按户登记人口，根据经济状况划分阶级成分，张榜公布。然后由乡分田委员会主持，经贫农团充分讨论，按人口平均分配，略留余数。泰宁县则以自然村为单位，用“田以人分、山以户分”的方法[②]进行平均分配。土地分配实行“原耕不动”“抽肥补瘦、抽多补少”的原则，雇农、贫农、中农、工人家属按照人口平均分田；红军家属多分一份上等田；富农、地主按人口分下等田；工人本人不分田，失业或半失业工人和工人家属按农民同等标准分田；分剩下的田亩为政府公田，竹山、茶山、鱼塘留作公产。土地分配后进行“插牌定丘”，在地头插上木牌，标明土地的担数（即产量）和所有者姓名。最后以乡为单位按户造册登记，报送区、县苏维埃政府审批并张榜公布，由县苏维埃政府发给农民土地证。建宁、泰宁苏区的分田运动实现了千百年来农民群众“耕者有其田”

---

① 《中革军委嘉奖建黎泰独立师电》（1933年1月6日），《红色中华》第48期，1933年1月28日。

② 中共泰宁县委党史研究室、泰宁县革命老根据地建设委员会办公室编《泰宁人民革命史》，厦门大学出版社1992年版，第37页。

的迫切心愿，已有了第一次初步分田经验的农民斗争积极性高涨，加上县、区两级主要干部多是江西苏区调来的经历过分田运动的苏维埃干部，因此建宁、泰宁苏区的第二次分田运动进展十分迅速。至1933年1月中旬，泰宁苏区在短短的十几天中全县大部分区、乡都完成了分配土地的工作；至1933年4月，建宁苏区也完成了土地分配。建宁、泰宁苏区的分田运动基本消灭了农村封建势力的剥削与压迫，提高了农民的政治觉悟和生产积极性，分得了土地的农民立即掀起春耕生产的高潮。

二、闽北、赣东北苏区与中央苏区连成一片

闽北苏区位于赣东北苏区和中央苏区之间，是两块根据地联系的必经“桥梁”。鉴于闽北苏区的这一战略地位，早在1931年中共闽北分区委就指出，“目前赣西南取道赣东的发展，赣东北渡河运动的急进，无疑是加重了闽北党的政治责任，增强了闽北群众斗争的重要性”[①]，并开始致力于打通闽北苏区与赣东北苏区及中央苏区的联系，多次派遣闽北独立团向邵（武）光（泽）地区游击，并在这一带建立了党的组织和苏维埃政权。

1932年8月，在国民党福建绥靖公署参谋长邓世增的督促下，国民党军第五十六师刘和鼎部、福建省防军暂编第一旅钱玉光部、新编第二师卢兴邦部在浦城、建阳一线与在建宁、泰宁一线的福建省防军第四旅周志群部互相配合，对闽北苏区发起全面进攻。除了军事进攻，国民党军还在闽北各要道构筑碉堡设防，进行军事、经济封锁，妄图摧垮闽北苏区。闽北红军独立团为解除敌军对苏区的威胁，采取“敌进我出”的打法，积极向闽赣边区运动，有效地消灭了敌人的有生力量，迫使敌人不敢轻举妄动。

9月，为了粉碎敌人对赣东北苏区的第四次“围剿”，实现赣东

① 《闽北分区委第一次扩大会议政治决议案》（1931年4月），转引自中共南平地委党史研究室：《闽北革命史》，人民出版社1992年版，第80页。

北苏区、闽北苏区与中央苏区连成一片的任务，中共赣东北省委决定派遣赣东北红十军第二次入闽作战，由方志敏随军担负领导军事行动的责任。“这次进闽北的任务，是要从争取战争的胜利中来扩大闽北苏区，特别着重打通闽北与赣东北两个苏区的联系。”①

9月10日，红十军在军长周建屏、政委聂鸿钧的率领下，由横峰出发，第三日到达铅山紫溪。方志敏在紫溪主持召开了红十军团以上的干部会议，通过了具体的作战计划：1. 以红十军大部攻打赤石，另派部分兵力配合闽北独立团同时攻打星村，拔除这两个敌据点，实现崇安全境苏维埃化；2. 红十军与闽北独立团合攻浦城，扩大浦城苏区，并争取一批给养；3. 攻克浦城，红十军到铅山行动一段时间，以完成打通闽北苏区与赣东北苏区联系的任务。9月14日，红十军在闽北苏区首府大安与闽北分区党、政、军领导机关会合，决定军事行动由红十军统一指挥，闽北党组织负责动员各地赤卫队进行配合。9月15日，红十军、闽北独立团夜行军100多里，于凌晨分别包围了星村和赤石。闽北独立团首先发起对星村守敌的攻击，激战两个多小时，全歼守敌。此时，红十军已包围赤石之敌，经过激战，将敌压迫在一个山头，并向被困之敌发起政治攻势。敌军自知缺粮断水，几分钟后即缴枪投降。在赤石，红十军缴获迫击炮4门、重机枪8挺、步枪几百支，特别是俘获一部无线电台及报务人员，解决了无法与党中央直接通讯的难题。之后，红十军在崇安县城第一次用电台向党中央报告了战绩，并很快得到中央贺电。星村、赤石之战歼敌一个团又一个营，粉碎了敌人对赣东北苏区南路的“围剿”。②

在崇安稍事休整，红十军按照原定计划准备突袭浦城。浦城是敌进攻赣东北苏区的指挥中心，地处闽浙赣三省交界处，城墙高2.4丈，城基厚1.8丈，双层城门，非常坚固，俗称“金浦城”。守敌钱

① 方志敏：《我从事革命斗争的略述》，载《可爱的中国》，江西人民出版社2011年版，第70页。

② 汪东兴：《忆在红十军二三事》，载中共福建省委党史研究室等编《闽浙皖赣革命根据地》下册，中共党史出版社1991年版，第134页。

玉光旅有3个团，一个团驻临江，一个团驻北乡，还有一个团和旅部驻守浦城，此外还有400多人的民团协助守城，分别把住要塞和重要道口，构成三道防线。

为了突袭浦城，红十军在夺取星村、赤石之后即派出一支小部队向建阳、建瓯方向游击，佯攻建瓯。敌信以为真，急忙命令各路人马转向建瓯方向集结。9月16日，红十军主力和闽北独立团由崇安坑口向东急进。红十军先头部队临近浦城时，与敌下乡收猪捐的一个连遭遇，歼敌大部。浦城守敌听到枪声，立即紧闭城门。红十军原定的突袭计划被迫改为强攻。当晚，方志敏召开红十军营以上干部会议研究攻城方案，决定红八十一团1个营佯攻城北，2个营主攻西门，入城后即向北发展；红八十二团主攻北门，入城后即由北向南发展，占领国民党浦城县政府及敌军指挥部，逼敌退往城东南就歼；闽北独立团主攻东门；八十三团向临江方向戒备，阻击崇安、临江之援敌，并留下1个营作预备队。会后，全军立即行动起来，以营为单位，每营成立了3支敢死队；各地赶来参战的赤卫队则赶制了一批登城用的竹梯。9月18日凌晨4时50分，红十军发起总攻。红军炮火猛轰各部登城点后，延伸轰击敌军指挥部、县政府，敢死队战士在炮火的掩护下抬着竹梯奋勇登上城墙。红军入城各部队按照预定的方向运动，把敌人围困在东南一隅，接着对被围困的敌人发起最后攻击；八十二团敢死队穿过街巷直扑敌军指挥部，400多名守敌全部缴械投降。上午6时，战斗结束。与此同时，红八十三团也歼灭了从临江增援县城的敌一个团。驻北乡的敌一个团遁逃。此役计歼敌2个团，俘敌600多人，缴获步枪、短枪700余支、轻重机枪38挺、迫击炮5门、电台2部以及大量的军用物资，筹款50余万元。[①]

浦城战斗胜利后，为了扩大政治影响，红十军在浦城召开群众

① 汪东兴：《忆在红十军二三事》，载中共福建省委党史研究室等编《闽浙皖赣革命根据地》下册，中共党史出版社1991年版，第135页；中共浦城县委党史研究室编《浦城人民革命史》，1994年6月内部印刷，第85页。

大会，开展政治宣传，并没收反革命分子、地主的粮食和财产，将其分给劳苦群众，并筹款10多万元、黄金1000多两；同时帮助建立了浦城县革命委员会，隶属闽北分区苏维埃政府；成立了县工会、农会等群众组织，组建了广浦独立营及工农自卫队等地方武装。红十军在浦城受到了广大群众的热烈欢迎，到处出现了拥护红军、支援红军的动人场面。城里的60多名缝纫工人自动集中在徐家祠堂，通宵达旦为红军赶制军旗、袖章和军服。红军攻占浦城后，广大民众纷纷报名参加红军，使闽北独立团得到迅速扩充，至1932年10月，闽北独立团已从1000多人扩展到3000多人。

9月23日，入侵赣东北苏区的国民党军有窥伺赣东北苏区首府横峰葛源之举。红十军闻讯，立即回师赣东北。

红十军第二次入闽作战，在22天的转战中，消灭敌军近4个团，缴获大批枪炮、弹药和军用物资，同时调动了敌几个师的部队，打乱了敌人“围剿”赣东北苏区的部署，使闽北苏区扩大到浦城一带，开辟了大片新区，为打通闽北苏区、赣东北苏区与中央苏区的联系奠定了良好的基础。

1932年10月，红一方面军决定趁敌人采取守势的时机，进军闽赣边。红一军团于10月18、19两日收复了建宁、泰宁苏区的广大地区。红一军团二十二军3000余人乘胜进入闽北，在邵武击溃了敌周志群旅，于10月22日占领了邵武县城。此时，闽北红军尚不知中央红军已攻占邵武县城，黄立贵率领1000余人横穿苏区向邵武、光泽地区挺进，准备进攻邵武县城。当部队进抵邵武附近山场时，突然和中央苏区红军追击残敌的部队相遇。黄立贵遂率部进城与中央红军会师。闽北红军和中央红军在邵武休整的40多天时间里，放手发动群众，在邵武城乡开展打土豪和扩大红军活动。在红军的支持下，重建了中共邵光县委、县革命委员会，隶属中共闽北分区委、闽北分区苏维埃政府。为加强闽北红军的力量，红二十二军抽调100多名战士，与新扩红的战士组建了以杨英、马祥兴为正副团长的新的邵光独立团，就地坚持武装斗争，并帮助地方党的组织开展土地革命，这一地区成为巩固的苏区。

1932年11月7日，闽北苏区第三次工农兵代表大会召开。大会根据闽北苏区和闽北红军不断发展壮大的形势，决定将闽北红军独立团扩编为独立师，并成立闽北军分区。[①] 同月，闽北军分区和闽北红军独立师正式成立，薛子正任军分区总指挥，黄道任总政委，萧韶任政治部主任；黄立贵任独立师师长，邹琦任政委，黄开书任副师长，李克敌任参谋长，黄怀仁任政治部主任。闽北红军独立师下辖3个团。此外，还成立了闽北军政教导大队、闽北赤色警卫团及各县独立团、营等地方武装。闽北分区的革命武装得到了新的发展。[②]

12月，红二十二军、闽北红军联合进攻光泽，一路扫荡各地民团。1933年1月，红军先头部队进入光泽，敌弃城而逃。大军进入光泽后即掀起一场土地革命的高潮。1月11日凌晨，敌马鸿兴部1000多人向光泽反扑，包围了光泽县城。红军在群众的向导下，派出一支奇兵绕到敌后，城内外合力夹击，不到1个小时即予敌军以歼灭性打击，残敌狼狈而逃。光泽县解围之后，红二十二军即离开闽北苏区。闽北红军在邵光地区广大乡村建立苏维埃政权，深入开展土地革命，巩固了闽北苏区与中央苏区的联系。在此前后，根据中共临时中央的决定，赣东北省委改为闽浙赣省委；红十军也在江西贵溪和中央红军会师，并根据中革军委的决定，与红三十一师合编为红十一军，闽浙赣军区则将赤色警卫师扩编为新的红十军。至此，闽北、赣东北和中央革命根据地连成一片。

三、中央苏区闽赣省苏维埃政府的成立

1933年春，红一方面军第四次反“围剿”胜利，闽北、信（江）抚（河）、建（宁）黎（川）泰（宁）3块苏区连成了一片。

---

① 《中国工农红军闽北军分区政治部布告——宣布闽北军分区正式成立》，1932年11月。

② 中共福建省委组织部等编《中国共产党福建省组织史资料》，福建人民出版社1992年版，第163页。

为争取这一广大区域成为巩固的苏区，2月初，苏区中央局决定划建宁、黎川、泰宁、邵武、光泽、南城、南丰、金溪、资溪、贵溪等县成立闽赣边省，并组成省委、省军区和省革命委员会。[①] 4月26日，中央人民委员会在瑞金召开第四十次常会。会上，邵式平报告了信江以南、抚河以东各个根据地的情况，报告了红十一军的近期活动等。会议着重讨论了第四次反"围剿"胜利后新开辟的闽赣根据地的工作情况。会议认为：闽赣根据地地处武夷山脉，进可攻，退可守，东可威胁福州，西可支援闽西、威胁南昌，北与赣东北呼应，军事上、政治上、地理上都处于重要的地位，争取这一广大区域成为巩固的苏区，有着重要的意义。况且，粉碎敌人第四次"围剿"后中央苏区和赣东北苏区已连成一片，切断了敌人东线与北线的联系，直接威胁着敌人反革命中心抚州、南昌。这种形势，为建立闽赣这一巩固的根据地创造了良好的条件。会议决定将闽北苏区从闽浙赣省分出，划归中央苏区，"将建、黎、泰、金、资、光、邵、闽北苏区，以至信、抚两河一带地区划为闽赣省，立即成立闽赣省革命委员会，以邵式平、顾作霖、万永诚、余泽鸿、毛泽民、钟世斌、萧劲光、周建屏、黄道、薛子正、陈荣洲、方志纯、王伙子、张光发、吴家运、包维贤、刘才英、钟光来、钟宝光、曾昭铭、李德胜、邹琦、黄立贵、彭皋，刘炳龙等二十五人为委员"，"以邵式平、顾作霖，万永诚、钟世斌、毛泽民等9人为主席团，邵式平为主席"，[②] 领导这一地区的革命斗争。在苏区中央局的关注下，闽赣省党政军主要领导干部很快得以配备。

1933年4月，中共闽赣省委成立，顾作霖、邵式平、黄道、刘炳龙、刘邦华任常委；书记顾作霖，秘书长黄道，组织部长刘炳龙，宣传部长黄道（兼），妇女部长张荷凤，肃反委员会主席杨良生。[③]

---

① 《周恩来、朱德转告中央局关于成立闽赣边省的决定并征求意见的电报》（1933年2月5日）。

② 《中央人民委员会第四十次常会决议》（1933年4月26日）。

③ 中共福建省委组织部等编《中国共产党福建省组织史资料》，福建人民出版社1992年版，第171—172页。

5月上旬，闽赣省工农兵临时代表大会在黎川县湖坊召开，宣告中央苏区闽赣省正式成立。闽赣省革委会主席邵式平；主席团成员邵式平、顾作霖、万永诚（未到任）、毛泽民、余泽鸿、钟世斌、萧劲光、周建屏、黄道。吴炳林任秘书长，毛泽民任财政部长（后为邵式平），仲世斌任土地部长（后为钟光来，胡德兰代理），罗日运任劳动部长，曾昭铭任内务部长兼任裁判部长（后为钟光来），杨良生任政治保卫局长（后为谭政文），黄政生任工农检查部长，刘镜春任军事部长，黄裕乾任国民经济部长，胡德兰任教育部长，陈桓任文化部长，杨树兰任女工部长，陈丕显任青年部长，傅喜珠任卫生部长。①

5月20日，苏区中央局决定在建黎泰警备司令部的基础上建立闽赣军区。6月初，闽赣军区正式成立，由萧劲光任司令员兼政治委员（同年11月由叶剑英任司令员兼政治委员），参谋长薛子正，政治部主任余泽鸿。②

中共闽赣省委和闽赣省革命委员会成立后，抓紧巩固闽赣苏区，并为召开闽赣省第一次工农兵代表大会进行筹备工作。

5月25日，中共闽赣省委会议做出《目前政治形势与建黎泰党的任务》决议。决议指出，建黎泰是中央苏区的重要门户，是粉碎敌人"进剿"的决定胜负的战略中心，党对这一区域工作有决定意义。6月，闽赣省革命委员会做出《闽赣省革命委员会召集第一次工农兵代表大会的决议》，决定同年11月7日在黎川县召开闽赣省第一次工农兵代表大会，正式成立闽赣省苏维埃政府。随即，闽赣省革命委员会发出布告，提出以下斗争任务："一、彻底解决土地问题，坚决执行土地法；二、坚决实现劳动法；三、号召组织广大工农群众武装起来；四、从深入和扩大土地革命中筹措经费；五、发动广大群众深入肃反斗争；六、巩固扩大苏维埃区域；七、健全各

① 中共福建省委组织部等编《中国共产党福建省组织史资料》（1926年2月—1987年12月），福建人民出版社1992年版，第177—179页。

② 中共江西省委组织部等编《中国共产党江西省组织史资料》，中共党史出版社1999年版，第559页。

级革命委员会工作，驱逐隐藏在政权机关中的阶级异己分子及一切腐化怠工分子。”① 7月，闽赣省各省级机关从黎川湖坊迁入黎川县城。

在此前后，闽赣省各地全面推开了召开闽赣省第一次工农兵代表大会的准备工作。

从1933年5月开始，泰宁县委和泰宁游击队积极开展游击战争，配合闽赣军区所属部队于同年7月再次收复县城和广大农村。7月18日，闽赣省革命委员会举办选举工作训练班，建宁、泰宁等县县一级每县派5人、区一级每区派2人、乡一级每乡派1人参加培训。随即，各县成立了县、区、乡三级选举委员会，进行选举宣传，并开始选民登记。选民名单和被剥夺选举权者名单张榜公布后，各乡以村为单位推举候选人，进行选举。9月中旬，建宁县的城市、安寅、巧洋、里心、黄泥埔、客坊、均口、铺前等区均进行了选民登记，分别召开了区、乡选民大会，选举产生了区、乡苏维埃政府和出席县第二次工农兵代表大会的代表。10月25日，建宁县第二次工农兵代表大会召开，成立了建宁县苏维埃政府，选举孔士安任县苏维埃政府主席，选举产生出席闽赣省第一次工农兵代表大会的代表21人。至9月底，泰宁各区均选出了县、区两级工农兵代表，并召开各区工农兵代表会选举产生了区苏维埃政府。10月25日，泰宁县第一次工农兵代表大会召开，成立了泰宁县苏维埃政府，选举杨志和任县苏维埃政府主席。

闽北苏区划归中央苏区后，闽北分区的党政军领导人黄道、曾昭铭、杨良生等先后调闽赣省工作，中共闽赣省委及时调整了闽北分区党政军领导机构。1933年5月，萧韶接任中共闽北分区委书记兼军分区政委；9月，祝维垣接任闽北分区苏维埃政府主席。在中央苏区旗帜指引和鼓舞下，闽北苏区的政治、军事、经济、文化建设跨入全盛时期。闽北苏区以崇安为中心，范围包括福建的崇安、

① 《闽赣省革命委员会布告》（1933年6月），闽赣革命根据地党史资料征集编研协作领导小组编《闽赣省党史资料》，第108页。

建阳、邵武、光泽、浦城、建瓯、松溪、政和，江西的铅山、上饶、广丰、资溪、贵溪、金溪，浙江的江山、龙泉、庆元的边缘地带，纵横300余里，人口五六十万。闽北红军独立师下辖4个团、1个纵队，共2000余人。各县地方武装21个独立团（营）和游击队，计5000多人。在崇安大安成立了闽北银行，建立制币厂铸造银圆、印制纸币。建立了以军工生产为主体的十几家工厂。成立了商业机构，设立对外贸易处。建有列宁师范和列宁小学，创办了党校军校，还办有红军医院。

中央苏区闽赣省成立后，为壮大中央红军，掀起了扩大红军运动。1933年5月20日，根据工农红军总政治部关于创立少共国际师的提议，少共中央局作出决定，号召成批地动员团员、少先队与劳苦青年到红军中，创建中央红军少共国际师，要求“由江西征调4000，福建征调2000，闽赣征调2000”，编为四个团，并规定其中“团员必须占半数以上”。[①] 闽北苏区广大青年团员和少先队员积极响应少共中央局的决定，踊跃加入少共国际师。崇安县委、县苏政府在全县动员了600多名青少年于6月1日到县城集中，经崇安星村开赴江西黎川，参加少共国际师，武装上前线。建黎泰苏区各级团组织采取以往扩大红军的经验，以整连整营的地方武装和整个青年团支部加入红军，在7、8月间动员了2000多人，参加少共国际师。8月5日，少共国际师在江西博生县（今宁都县）正式成立，随即在江西广昌县进行军政训练后就开赴闽赣边前线，参加保卫中央苏区的战斗。

1933年6月7日，中革军委发出通令，决定在中央苏区组建红一方面军第七军团，并把这一重任交给闽赣省具体承担。6月15日。中共闽赣省委做出关于创建红七军团的决议。决议指出，“中央局在闽赣党的面前，提出了创建红七军团的任务，省委认为中央局提出的这一任务是绝对正确和必要的”，“闽赣党必须把这一任务列为今

① 《少共中央局关于创立“少共国际师”的决定》（1933年5月20日），福建省三明、建阳档案馆，江西省抚州、上饶档案馆编《闽赣苏区文件资料选编》，第31页。

日议事日程的第一项。以最坚决的工作和斗争，于最短期间内完成这一任务”。6月28日，闽赣省革命委员会发出训令，号召闽赣省人民踊跃加入红七军团。闽北分区在全区掀起扩大红军的高潮中，根据各地情况与具体问题，闽北分区委要求各地深入发动群众，认真讨论12个问题，如“七军团在什么条件下创造出来的”“现在要怎样动员群众加入七军团”“要怎样进行动员老兵逃兵归队”“怎样来加紧赤少队的军事训练”[①] 等。这些问题的提出，进一步提高了苏区干部群众尤其是青壮年对扩红工作的认识，增强了他们的革命责任感。全区扩红工作出现了新局面，各地青壮年踊跃报名参加红军，甚至连邻近苏区的白区青年也投奔苏区参加红军，为中央红军输送了大批兵员。闽北红军1800余人被编为红七军团二十一师五十八团，由二十一师师长黄立贵兼任五十八团团长，陈一任政委。根据闽赣省委的安排，中共崇安县委坚决执行闽赣省委关于“创造崇安营”的提议，抽调地方红军和赤卫军中最优秀的干部战士加入红七军团，创造了“崇安营”。7月5日，建黎泰独立师第三团、少先师、建泰独立团分别编入红七军团。

闽赣省各地在抽调地方红军组建中央主力红军的同时，又立即重新组建地方红军。闽北红军独立师编入红七军团后，中共闽北分区委即以崇安、铅山、广丰独立团为基础，组建了闽北红军独立团，由团长徐日荣率领，坚持闽北地区的武装斗争。仅在1933年7月间，崇安就分别成立了两个新的地方红军主力营，崇安独立营下辖3个连，200余人，崇安警卫营下辖3个连，150多人。此外，在广浦、铅山两县还组建了两个独立团。8月，建宁苏区又重新组建了建宁独立团、里心独立团。8、9两个月，建宁苏区县、区两级游击队扩大了600余人，全县赤卫军总人数达1670人，少先队人数达1063人。同年12月还扩编了建泰独立团。1934年2月，为了整顿与健全中央苏区赤少队的组织，加强军事、政治教育，组织和动员

① 中共福建省建阳地委党史办、福建省建阳地区档案馆编《闽北党史文献》（第一集），第231页。

赤少队参加战争动员和担任战地工作，使其在第五次反“围剿”中发挥更大的作用，中革军委、中共中央组织局发出《关于中央苏区赤少队突击运动的决定》，要求建黎泰苏区在一个半月的时间内（3月1日至4月15日）将赤卫军发展到4000人，其中赤卫军模范营1000人，将少先队发展到1500人，其中少先队模范营500人。三县人民积极响应中央的号召，在3月份的突击月中已扩大普通赤卫军8100人，赤卫军模范营500人，普通少先队10350人，[①] 为保卫苏区的战斗增添了有生力量。当敌人进攻泰宁时，建宁一次紧急动员，在两天内就集中赤少队450多人上前线帮助红军修工事；城市区、铺前区的将屯乡和升东区的双溪乡、竹薮乡的少先队制造了土地雷、土炸弹、松树炮、长龙、挨丝炮等武器，到处挖陷坑，装孔明铳，布竹钉阵，配合红军保卫苏区，发挥了很大的作用。

1933年9月，为了应对蒋介石对中央苏区发动的第五次“围剿”，中共闽赣省委和省革命委员会机关奉苏区中央局命令，从黎川城撤至与泰宁县交界的德胜关。11月初，闽赣省党政军机关又从黎川与泰宁交界的德胜关转移到建宁县城。中共闽赣省委机关驻西门天主教堂，闽赣省革命委员会机关驻新街华美小学校。原定11月7日在黎川县召开的闽赣省第一次工农兵代表大会被迫延后召开。

12月1日，闽赣省革命委员会在建宁城发表了《中华苏维埃共和国闽赣省革命委员会对全省选民工作的报告书》，将闽赣省革命委员会成立以来的工作情况向选民作了报告。

12月12日，闽赣省第一次苏维埃代表大会在建宁县城的文庙胜利召开，会期两天。出席这次大会的有：中央政府代表，红一方面军总政治部、各军团的代表，闽浙赣苏区代表，山东、河南、满州的来宾，闽赣省革命委员会全体委员，地方红军代表，以及建宁、黎川、泰宁、将乐、沙县、顺昌、光泽、东方、金溪、资溪、崇安、浦城、铅山等13县的代表，共400余名。

大会首先由省革命委员会主席邵式平致开幕词，中央政府代表

---

① 见《红色中华》第159期，1934年3月8日。

1933年11月，闽赣省革命委员会迁驻建宁县城。12月，正式成立闽赣省苏维埃政府。图为闽赣省革命委员会、闽赣省苏维埃政府驻地三明市建宁县城基督教会华美小学礼堂旧照

致训词，各省来宾致贺词，接着选举斯大林、加里宁、伏罗希洛夫、莫洛托夫、朱德、毛泽东、项英、张国焘、周恩来为名誉主席团成员；选举邵式平、祝维垣、曾昭铭、涂细长、万近水、王贤佑、张雪英、江翠兰、刘邦华、陈云洲、朱兆祥为大会正式主席团成员；选举祝维垣、郑亦胜、胡德兰、陈云洲、涂细长、朱兆祥、陈相美为决议草案及提案审查委员会成员；选举曾昭铭、刘邦华、涂细长、王贤佑、朱兆祥、万近水、祝维垣为代表资格审查委员会成员。

接着，中央政府代表及周恩来、朱德先后在大会发表讲话。省革命委员会主席邵式平作了《目前政治形势与闽赣省苏维埃的任务》的报告。

大会强调指出，“目前正是粉碎帝国主义国民党五次围攻的紧急

关头，巨大的残酷的阶级决战在我们面前开展着，而我们是处在这一决战的最前线，伟大的光荣的历史任务，落在我们闽赣苏维埃和广大工农劳苦群众的肩上”；“号召全省工农群众及红军战士为保卫分田胜利而战！为巩固发展闽赣苏区而战！为夺回赤色黎川而战！为粉碎敌人五次围攻，争取一省数省革命首先胜利及苏维埃新中国的胜利而战”。①

大会总结了闽赣省成立6个月以来的工作和存在的问题，并提出了“以战争为中心”的各项斗争任务：第一，猛烈发展游击战争，加强对游击队和独立团、营的领导，健全县、区军事部。要在最短期间内组织建泰独立团与抚东独立团，充实闽北独立团。建立并加强各县独立营、乡游击队的建设。积极灵活地配合主力红军打击和消灭敌人，并用较大的力量向白区突击挺进，开展远殖游击战争，创造新的游击区域。第二，领导群众进行坚壁清野，决心毁去敌人借以为掩护的一切障碍物，动员群众把可能被敌人劫为资料的东西运往安全地方，藏匿起来，断绝其一切给养，封锁围困进占苏区的敌人，乃至消灭进攻的敌人。第三，猛烈扩大红军，立即在群众中进行扩大红军运动，深入到下层鼓励每个选民都武装到战场上去杀敌，迅速完成充实红七军团的任务。第四，彻底解决土地问题，广泛深入开展查田查阶级运动。同时切实执行劳动法，健全各级劳动部检查劳动合同，健全劳动介绍所，实行社会保险，保证工人利益，救济失业工人，进一步改善工农生活。第五，加紧经济动员，执行正确的经济政策，充裕战争给养，以争取战争胜利。政府首先要注意粮食的收藏，并发动群众开展贮粮运动。要广泛建立粮食合作社，预防春荒，加紧冬耕，发动明年多种早稻，避免青黄不接。要节省开支，加紧筹款，充裕财政。动员群众拥护苏维埃的一切税收、苏维埃的国票，迅速完成收土地税工作和推销300万经济建设公债的

---

① 《目前政治形势与闽赣省苏维埃的任务（草案）——邵式平在闽赣省苏维埃第一届工农兵代表大会上的报告》（1933年12月9日），闽赣革命根据地党史资料征集编研协作领导小组编《闽赣省党史资料》，第166、168页。

任务。发展对外贸易，开展合作社运动，扩大消费合作社组织，提高农业手工业生产，执行对商人正确的政策，奖励私人投资，允许贸易自由，粉碎敌人的经济封锁，充裕苏区经济。第六，肃清苏区内的刀团匪及一切反动政治派别，号召被欺骗误入刀团匪的工农劳苦群众回家。加紧开展肃清苏区内一切阶级异己分子的行动，加强赤色戒严，不许敌探混入苏区。第七，战争胜利向前开展，全省各级政府要派坚强有力的工农干部去新区、边区任领导工作，尽力在苏区周围号召组织白区群众开展反帝、反国民党苛捐杂税及年关抗债等斗争，争取广大群众，把苏区向外猛烈推进。闽赣省发展主要方向是抚州、南昌，尤其要加强闽中及泰宁的赤化，迅速取得闽中、闽北联系成一片。①

大会宣告闽赣省苏维埃政府正式成立，选举并一致通过邵式平任闽赣省苏维埃政府主席（后为杨道明），钟世斌任副主席（后为祝维垣），吴炳林任秘书长（后为马维祺），邵式平兼任财政部长（后为黄裕乾），胡德兰任土地部长（后为祝维垣兼任），劳动部长不详，曾昭铭任内务部长（后为江翠英），钟光来任裁判部长（后为曾成龙、章士金），谭政文任政治保卫局长（后为王为生、陈长清），黄政生任工农检查部长，刘镜春任军事部长（后为宋清泉），赖毅任国民经济部长，胡德兰任教育部长，陈桓任文化部长，傅喜珠任卫生部长。② 同时成立了闽赣省职工联合会、共青团闽赣省委、闽赣省妇女解放委员会、少先队闽赣省总队、闽赣省互济会、闽赣省“反帝拥苏大同盟”等群团组织。

大会选举邵式平、顾作霖、祝维垣、余泽鸿、孔士安等37人为出席中华苏维埃共和国第二次工农兵代表大会的闽赣省代表。大会还向闽赣全省人民发出《告全省工农劳苦群众书》及《致伤病战士

---

① 《目前政治形势与闽赣省苏维埃的任务（草案）——邵式平在闽赣省苏维埃第一届工农兵代表大会上的报告》（1933年12月9日），闽赣革命根据地党史资料征集编研协作领导小组编《闽赣省党史资料》，第169—172页。

② 中共福建省委组织部等编《中国共产党福建省组织史资料》，福建人民出版社1992年版，第178—179页。

慰问信》等。

闽赣省第一次工农兵代表大会胜利召开之际，中央苏区第五次反“围剿”的形势更趋严重。1933 年 12 月，邵武、光泽等地相继失守，闽北分区、信抚分区与闽赣省领导机关的联系被阻断，以黄道、曾昭铭、曾镜冰等人组成的闽赣省工作团也被阻于抚东地带。1934 年 1 月，在黎川县城及东北部苏区陆续被国民党军占领的情况下，中共闽赣省委为加强建黎泰边区的工作，决定将黎川县的南部地域和建宁县的溪口（溪源）、陈岭、武调及泰宁县的大田、新桥等地域设为黎南县。同月，中共黎南县委、县苏维埃政府在建宁县的都团村成立，县委书记方志纯（后为周长庭），县苏维埃政府主席朱兆祥。此后，中共闽赣省委、省苏维埃政府领导全省军民全力投入第五次反“围剿”，为保卫苏区而奋斗。

四、“左”倾教条主义错误对中央苏区闽赣省的影响

1931 年 7 月，中共临时中央认为赣东北党组织贯彻六届四中全会精神不力，遂派出中央代表曾洪易、聂洪钧等人到赣东北。同年 9 月，赣东北第一次党员代表大会在葛源召开，正式成立了赣东北省委，曾洪易以中央代表身份改组了赣东北苏区党、团和红十军的领导机构。曾洪易等竭力在政治上、经济上、军事上全面推行“左”倾教条主义，排挤方志敏、邵式平、黄道、吴先民等人，使赣东北苏区及闽北苏区遭受了不可估量的损失。

国民党军在对中央苏区等根据地发动的第三次“围剿”中，为了阻止闽北、赣东北苏区与中央苏区打通，集中 4 万余重兵包围闽北、赣东北苏区，以步步为营的堡垒策略向前推进。在敌强我弱的危险情况下，曾洪易在“保卫苏区”“不失苏区一寸土地”的口号下，强令苏区军民消极防御，分兵把口，处处阻击，结果造成红军兵力分散，被动挨打。

曾洪易推行“左”倾教条主义错误造成军事上的失利，斗争环境日益严重，群众动摇，干部消极。此时适逢中共临时中央指示要

开展肃反斗争，且责难赣东北肃反工作未开展起来，于是曾洪易把军事失利、群众动摇、干部消极等都看成是反革命的破坏，在“以肃反胜利争取红军胜利”的口号下大搞肃反。1932年1月18日，中共闽北分区委在《纪念列、李、卢三同志告劳苦群众书》一文中指出，“现在许多反革命派正在利用各种欺骗劳苦群众的宣传来破坏我们的革命，如AB团、改组派、第三党、托陈派等，我们就应该拿我们的列宁主义来打倒他们的反革命欺骗”①，开始为在闽北开展肃反制造舆论。5月，赣东北苏区首批被肃反人员的“口供”涉及红十军第一次入闽留在崇安工作的一部分同志，闽北分区委立即在崇安独立团、赤警营抓捕“白军侦察和AB团、大刀会反动活动的反革命分子”②。9月30日，红十军第二次入闽作战，赣东北省委“三人主席团”之一的聂洪钧以军政委身份在闽北苏区督促肃反工作，并带来了赣东北肃反逼供出来的有关闽北分区和崇安县各级人员中的“AB团、改组派”名单。红十军到达崇安，立即在闽北苏区首府大安逮捕了闽北分区苏维埃政府秘书长徐常、独立团机炮营政委陆如碧等30余人。10月8日，分区政治保卫部宣称，已将“改组派、AB团的反动组织自下而上的破获了”，并通知10月15日在大安公审，要求分区、县、区三级的机关和群众团体各派代表（大安区扩大到乡）参加，以扩大影响。公审会那天，徐常、陆如碧等多名地方和军队的领导人被错杀。从此，肃反运动在闽北苏区强行推行。此后，在曾洪易的高压下，闽北分区委被迫改组肃反工作领导机构，任命杨良生为分区政治保卫局长。杨良生大造肃反舆论，连续在《红旗周报》上发表《肃反工作与阶级立场》等3篇文章，向全分区发出肃反动员令，导致肃反扩大化迅速发展。全分区从党内到党外、从军内到军外、从机关到农村，自上而下，大批党政军领导人被无辜扣上“改组派”“AB团”的帽子惨遭错杀。闽北肃反扩大化严重破坏党内民主生活，破坏党群关系，削弱了闽北苏区的革命力量。

① 《闽北分区委纪念列、李、卢三同志告劳苦群众书》（1932年1月18日）。

② 闽北分区机关报《红旗》，1932年第15期。

中央苏区闽赣省成立后，根据临时中央的指示，围绕闽赣边区及新区的各项工作，“左”倾教条主义继续在闽赣省得到执行。

1933年6月，根据苏区中央局《关于查田运动的议案》和苏区中央政府《关于查田运动训令》，闽赣省革命委员会号召全省人民在第一次全省苏代会之前，在原来各块苏区土地革命的基础上进一步发动群众，深入开展打土豪分田地的斗争，“彻底解决土地问题”①，把彻底进行分田和查田运动作为闽赣省的主要任务。

查田的目的是“查阶级”，这是针对土改后的苏区出现阶级划分错漏问题提出来的政治运动。这时的苏区，虽然一般都已经过没收和分配土地，但一些地区阶级划分不明确，没有肃清地方封建和半封建势力，甚至有些地主、富农和阶级异己分子还钻入了基层政权组织。为了解决这些问题，巩固苏维埃政权，在苏区开展一次彻底消灭封建和半封建势力的政治运动是必要的。但是，在“左”倾教条主义的干扰下，查田运动出现了严重的偏差。

1933年7月，建宁苏区开始开展查田运动，县、区、乡三级均成立了查田委员会，以苏维埃政府主席、土地部长、工农检查部长和裁判部、政治保卫分局或特派员及群团的领导组成，负责领导查田工作。建宁查田之初，用先进带落后、落后学先进的工作方法，在杨林乡搞试点，查出两家地主隐瞒土地100多担，富农多分好田200多担。但查田运动向全县展开时，在“左”倾教条主义者的要求下，开始将建宁第一次分配的土地打乱重分。这一做法，混淆了阶级阵线，侵犯了中农利益，过重打击了富农，不给地主以生活出路，这样就孤立了贫雇农，使广大农民群众不愿接受。查田工作队一进村，群众就向山上跑，连会都开不成，查田运动进展缓慢。泰宁县刚刚完成分田任务之后，紧接着又开展了“查田查阶级”运动，各区、乡的贫苦农民都在查田委员会的领导下复查土地，审议和重新评定阶级成分，尽管查出了一些被地主豪绅隐瞒的土地和漏划的

---

① 《闽赣省革命委员会布告》(1933年6月)，闽赣革命根据地党史资料征集编研协作领导小组编《闽赣省党史资料》，第108页。

地主富农，但运动中也出现了不同程度的“左”的错误。

闽北分区在划归闽赣省之前，已在赣东北省委领导下开展查田工作。首先由各级苏维埃政府召集各种群众团体如贫农团、赤少队等开会，组织查田委员会、查田突击队，作为查田运动的领导机构和骨干力量。中央代表曾洪易为实行“国际中央路线”，提出“明确阶级路线，反对富农路线”的口号，实行“消灭富农，打击中农，联合贫农”的极左政策，实行“减轻苏维埃负担，加重国民党负担”，无条件地收回地主、富农分得的土地，驱逐地主、富农出境的政策。因此，闽北苏区的查田运动出现了许多“左”的倾向。划归闽赣省后，为督促闽北查田运动的迅速开展，闽赣省委又责成闽北分区召开土地委员会议，再次调整了闽北苏区的清查指标。1933年11月初，闽北分区第二次土地委员会会议召开，专门就清查问题做出了决议，要求将清查结果于11月13日前汇总上报。在“左”倾教条主义者的强令下，“崇安查出富农十六家，地主二家；建阳查出富农五十二家，地主三家；铅山查出富农二十二家，地主十家；上铅查出富农十家，劣绅三家；没收了地主不少田地和没收了富农非劳动分田和好田，发分给贫苦工农”。①

查田运动是在“左”倾教条主义全面推行的情况下进行的，因此，尽管通过查田运动发动了群众，查出了隐瞒成分的地主、富农，打击了农村封建残余势力，但是从总体上看，却带来了许多不良影响。如在查田中，有些地方把中农或富裕中农上升为富农、地主而加以打击，不适当地给中农增加负担，侵犯了中农利益，多数地方完全剥夺了地主、富农的生活条件，结果许多地主富农被逼上绝路，上山为匪，“逃出来的替白匪军带路打先锋，没有逃出的秘密破坏，通消息，造谣离间，因此内应外合”②，给苏区带来了危害和损失。此外，在“把一切冒称‘中农’、‘贫农’的地主、富农完全清查出

① 曾镜冰、黄智仁：《闽赣青年近况》（1933年12月10日）。

② 李六如：《各苏区土地问题》（1944年3月），武汉大学历史系中国现代史教研室编《中国现代史教学参考资料》，第224页。

来”的口号下，提出了“要在查田运动中，改造地方苏维埃。洗刷地方苏维埃中一切阶级异己分子及其他坏分子出去”[①] 的规定，将查田运动与各县区乡苏维埃政府的改造一并开展，只讲成分，不讲工作表现，出现了唯成分论的倾向。只要是家庭成分不好，就被作为阶级异己分子开除出去，因而伤害了一批干部。特别是把查田与肃反搅在一起，不少党员和苏维埃政府的干部无所适从，在广大干部中造成了不良的影响。第五次反“围剿”开始后，闽赣省全力投入反“围剿”，查田运动遂无法得以继续进行。

1933 年 5 月，在开展查田运动的同时，闽赣省还开展了大规模的反“罗明路线”的斗争。

在建黎泰苏区，中共建宁中心县委成立以来，根据新区、边区的特点，实事求是地采取积极而稳妥的措施，为苏区的巩固发展做了大量的工作。但由于中心县委对“左”倾教条主义错误有所抵制，所以 1933 年 4 月“江西党的全省 3 个月工作总结会”在批判“江西罗明路线”的同时，也“指斥了建黎泰中心县委罗明路线的错误”。[②]建黎泰苏区划归闽赣省后，对建宁中心县委的批判斗争更进一步展开。

5 月 14 日至 20 日，中共闽赣省委书记顾作霖主持召开了中共建宁中心县委扩大会议，出席会议的有建宁中心县委委员和泰宁、黎川两县县委书记。会议认为“建宁中心县委成立后一月中到三月中，在余泽鸿同志的领导下，执行了机会主义的罗明路线”[③]。会议决定，撤销余泽鸿的中共建宁中心县委书记职务的同时，撤销中共建宁中心县委，改组建、黎、泰等三县县委，并在基层党组织中展开反

---

① 《中华苏维埃共和国中央政府关于查田运动的训令》(1933 年 6 月 1 日)，中共中央文献研究室、中央档案馆编《建党以来重要文献选编（1921—1949）》第 10 册，中央文献出版社 2011 年版，第 255 页。

② 作霖：《建宁中心县委扩大会议的成功》(1933 年 5 月 20 日)，闽赣革命根据地党史资料征集编研协作领导小组编《闽赣省党史资料》，第 75 页。

③ 作霖：《建宁中心县委扩大会议的成功》(1933 年 5 月 20 日)，闽赣革命根据地党史资料征集编研协作领导小组编《闽赣省党史资料》，第 74 页。

“罗明路线”的斗争。这次会议还无视2月间在国民党军第五十六师向泰宁的大田推进时泰宁县委为保存有生力量而主动撤退的客观事实，认为“泰宁事件等逃跑退却”的现象是“罗明路线”的“表现”，[①] 撤销了泰宁县委书记邱光珍的职务，调闽赣省粮食调剂局工作，由原黎川县委书记余斐接任泰宁县委书记。9月，余斐又因“路线错误”被撤换，书记职务由被指犯同样“路线错误”的中共闽北分区委书记兼军分区政委萧韶降级接任。至1934年5月，“建宁一年撤换了8个县委书记，泰宁一年换6个书记”[②]。此外，区级干部也被频繁调换。泰宁县朱口区委书记钟国楚就因区委机关遭大刀会包围袭击而撤回县城一事，被扣上“罗明路线”的帽子，撤销职务，调县委机关搞事务工作。“左”倾教条主义者还实行宗派主义的组织路线，调整干部往往不相信本地的同志，只依靠上级调人去，致泰宁经过一年的调整所有县委区委干部中只有两个本地干部。

闽北反“罗明路线”斗争的矛头则首先指向了闽北军分区政治部主任邹琦，因他曾根据自己多年在白区工作的经验，提出了“耕者有其田”“巩固地向前发展”等口号，被认为是有意对抗“左”倾教条主义的“明确阶级路线”与“进攻的路线”的方针，被“左”倾教条主义者扣上了“右倾机会主义错误”的帽子，并波及闽北分区委书记萧韶。中共闽赣省委将邹琦和萧韶一并撤职。不久，军分区司令员薛子正也被认定犯了“罗明路线”的错误而被调整了职务。同年9月，反对邹琦为代表的“罗明路线”的斗争在闽北苏区全面展开。各县相继召开联席会，开展对“罗明路线”的批判，不少干部因所谓“消极不执行上级命令”、执行“对革命悲观失望的、机会主义的、取消主义的逃跑退却路线”，被认定犯了“罗明路线”的错误而受到处分。

---

① 作霖：《建宁中心县委扩大会议的成功》（1933年5月20日），闽赣革命根据地党史资料征集编研协作领导小组编《闽赣省党史资料》，第75页。

② 闽赣战地委员会：《关于党的组织工作给各级党委及突击队的一封信》（1934年6月26日），闽赣革命根据地党史资料征集编研协作领导小组编《闽赣省党史资料》，第195页。

1933年底，以黄道、曾镜冰、曾昭铭、吴华友、郭如岳等人组成的闽赣省委工作团，在红五十八团的护送下，经光泽到达闽北苏区首府大安。随后，经中共闽赣省委同意将闽北分区和抚东分区合并，省委工作团留在闽北苏区工作，由黄道任闽北分区委书记，曾昭铭任分区苏维埃政府主席，李德胜任军分区司令员，曾镜冰任分区团委书记，吴华友任分区工联主任。闽北分区在反“罗明路线”斗争中被撤换了领导干部的党、政、军各部门得到了充实和加强，各项工作开始恢复正常，闽北反“罗明路线”斗争才逐渐停止。

闽赣苏区的反“罗明路线”斗争，不但打击了一批富有革命斗争经验而敢于坚持实事求是精神的领导干部，还影响了党群之间、上下级之间、红军与人民群众之间的团结，“束缚了斗争正确开展，引起了地方干部逃跑，不愿出来工作，使积极的干部不敢大胆工作，甚至消沉，这确使闽赣工作受到了损害”①。

“左”倾教条主义在建宁、泰宁苏区的贯彻，还表现在肃反扩大化上，制造了许多冤假错案。1933年5月，建黎泰模范少先师在邵武县将石墟宿营时，师政委高传遴被叛变的师长暗杀。“高传遴事件”发生后，闽赣省苏维埃政治保卫局在建黎泰模范少先师内大抓“AB团”“改组派”，许多团、连干部被抓起来审查，一时造成了人人自危的局面，严重地影响了部队的战斗力。11月20日，闽赣省苏维埃政治保卫局在其下达的第1号训令中规定：党和政府不能命令政治保卫局和肃反委员会，肃反机关是一个单独机关。此后，闽赣省肃反部门更凌驾于各级党委之上。12月，闽赣省苏维埃政治保卫局从建宁转移到泰宁的集贤书院，泰宁的肃反斗争进一步加剧。1934年1月，泰宁县召开党员代表大会，会后一批批干部、群众遭错误处置。

“左”倾教条主义者把大批有丰富斗争经验、敢于抵制错误路线的优秀干部随意处置和杀害，给党的事业造成严重损失。

---

① 闽赣战地委员会：《关于党的组织工作给各级党委及突击队的一封信》（1934年6月26日），闽赣革命根据地党史资料征集编研协作领导小组编《闽赣省党史资料》，第195页。

第八章　中央苏区（福建）的各项建设

一、苏维埃政权建设

中国共产党自成立起，就把夺取政权写在自己的旗帜上。国共第一次合作的大革命时期，中国共产党关于政权的目标是建立国民联合政府。大革命失败后，中国共产党开始把建立以工农兵为基础的苏维埃政权作为奋斗的目标。随着土地革命战争不断取得胜利和中央苏区的形成、巩固、发展，中央苏区（福建）范围内的各级苏维埃政权也逐步建立、巩固和发展起来。各级苏维埃政权的建立，一般经历了先县、区而后乡、村的建立过程，然后再建立统一领导基层政权的整个根据地的最高苏维埃政权；县级和省级苏维埃政权的建立，一般先建立过渡性质的临时政权机构——革命委员会，然后再建立正式的苏维埃政权。至1933年春夏间，在中华苏维埃共和国临时中央政府管辖之下，中央苏区（福建）的范围内已成立有福建省苏维埃政府，以及福建省苏维埃政府和闽赣省苏维埃政府两个省级政权管辖下先后成立的34个县级苏维埃政府和众多的区、乡、村苏维埃政府。

中央苏区（福建）各级苏维埃政权普遍实行工农兵代表会议制度。各级工农兵代表大会是各级苏维埃政权的最高权力机关。由各级工农兵代表大会民主选举出来的各级苏维埃政府执行委员会，在大会闭幕后按照大会决议进行工作，实行民主集中制。苏维埃政权给予人民集会、结社、言论、出版等自由，并吸收广大人民对政府工作进行的批评监督，保证人民群众当家作主的权利。

中央苏区（福建）历次召开的工农兵代表会议，规定了“苏维埃”的基本性质和宗旨：“苏维埃是工农兵自己选举代表组织的政权机关，一切行动都要根据工人、农民、士兵及其他贫民利益去解决，同时对小资产阶级的利益不加妨害”①。同时，还对各级苏维埃政权的职能及其运作做了相关的规定：“各级代表会为各该级最高机关，代表会闭幕后，所选执行委员会即代替该代表会为最高权力机关，行使一切职权。”② 各级代表会议的主要任务是集中广大人民群众意志和要求，讨论和决定各级政府的计划和任务。各级苏维埃政府的重要工作计划和方针政策，都要经过各级苏维埃代表大会讨论通过才能执行。代表会议及每一个代表应向群众报告政府的决议与工作，并动员与领导群众为实现苏维埃的决议及群众的要求而奋斗，同时对各级政府的领导人执行一切法令负有监督权。监督苏维埃机关正确地站在工人农民的利益上，去没收并分配土地；监督各级苏维埃机关正确地执行苏维埃政纲，以适合某阶段革命利益，巩固苏维埃区域和苏维埃政权，并向外发展；监督苏维埃机关正确地执行经济政策，特别是财政和租税政策；有向各级执行委员会建议撤换或处罚苏维埃机关人员和有关企事业工作人员的权力。在闽西苏区，规定闽西代表会每半年开会一次，执委三个月一次；县代表会三个月开会一次，执委一个月一次；区代表会两个月开会一次，执委半个月一次；乡代表会半个月开会一次，执委会一周一次；如有特别情形时得召集临时会。要求基层代表会议“应按期开会，经常讨论各种法令及上级政府决议，实施的具体办法，分配代表迅速执行，并注意解决本乡所发生的一切临时问题，以满足工农贫民基本群众的要求”；基层代表会议“应努力在自己工作中，不断向工农贫民解释

① 《闽西第一次工农兵代表大会宣言及决议案》（1930 年 3 月 25 日），见中共龙岩地委党史资料征集领导小组等编《闽西革命史文献资料》第三辑，1982 年 10 月，第 195 页。

② 《闽西第一次工农兵代表大会宣言及决议案》（1930 年 3 月 25 日），见中共龙岩地委党史资料征集领导小组等编《闽西革命史文献资料》第三辑，1982 年 10 月，第 195 页。

苏维埃政权的意义，并经常接受群众的意见及批评，使基本群众认识苏维埃政权”，以巩固苏维埃政权的基础。[①]

中央苏区（福建）各地在苏区形成之初，就对“工农兵代表会（苏维埃）代表”的选举做出了规定。1930 年 2 月，闽西苏维埃政府筹备处颁发的《闽西工农兵代表会（苏维埃）代表选举条例》规定：凡在闽西赤色政权所及地方，年满 16 周岁以上的劳动男女均有选举权和被选举权。人民代表是由选民自下而上进行选举产生的。农民代表由乡政府召集选民会举行初选，500 人以下的乡村 100 人选举代表一人，500 人以上的乡村每加 200 人各选代表 1 人，1000 人以上的乡村每加 500 人各选代表一人；然后，由区政府召集被选代表到区开会复选，按照全区人口比例 1000 人复选代表 1 人；最后，由县苏维埃政府召集复选当选代表到县里开三选会，按照全县赤色区域人口比例每 1000 人选举正式代表一人。工人代表先由城乡各县各业工会召集全员大会举行初选，每 50 人选代表 1 人，不满 50 人也选代表 1 人，然后由县总工会召集代表开复选会，按照全县工会会员人数每 300 人复选代表 1 人。士兵代表由连或大队士兵委员会召集士兵举行初选，按照全连或全队人数每 10 人选代表 1 人，然后由营或支队士兵委员会召集初选代表开复选会，按照全营或全支队人数每 30 人选代表 1 人，再由团部或纵队士兵委员会召集代表开三选会，按照全部士兵总数每 500 人选代表 1 人。学生代表由各学校学生会进行初选，高级小学每 50 人选 1 人，中等学校每 30 人选 1 人，然后由县苏文化部召集初选代表开复选会，复选代表 1 人。教职员代表先由区苏文化部召集全区教员开初选会，每 10 人选代表 1 人，然后由县苏文化部召集初选代表开复选会，复选代表 1 人。乡、区、县选出的代表，分别都参加高一级人民代表大会。

苏维埃政权对人民实行民主，对敌人实行专政。因此，在“赤

---

① 《福建省第一次工农兵代表大会苏维埃政权建设问题的决议》（1932 年 3 月），见中共龙岩地委党史办公室编《闽西党史研究参考资料（1931～1934）》合订本 2，1958 年 3 月。

白”严重对立的战争环境下，对反动分子及其家属参加苏维埃代表选举做了严厉的限制。《闽西工农兵代表会（苏维埃）代表选举条例》明确规定：“有下列行为之一者本人及其家属均无选举权和被选举权，但努力革命工作经政府许可本人在外其家属在三年之内无反动行为经政府恢复其选举与被选举权者不在此例。一、过去及现在充当反动政府之官吏警察衙役及白军营长以上的官长。二、城乡绅董族长地保等。三、现在反动政党党员。四、收租二十担以上者。五、经常营放高利贷，或开当铺者。六、利用资本雇佣工人谋利的商人及工厂主。七、宗教师及现在宗教徒、僧、道、尼、巫等。八、其他有反革命行为经政府剥夺其选举权和被选举权者。九、法律上被宣告精神错乱及不完全者。”①

《闽西第一次工农兵代表大会宣言及决议案》还规定了各级苏维埃代表职业成分的比例：县人民代表中工人占30%，农民占60%，士兵占5%，教员占5%；区人民代表中工人占20%，农民占70%，士兵占5%，教员占5%；乡人民代表中农民占80%，工人占20%，城区的区乡人民代表工人、农民各占50%。② 同时在选举过程中均严格实行差额选举，候选人名单一般比应选代表人数多一倍，并将候选人名单张榜公布，广泛征求群众意见。如被选举人违背群众利益，选民可以行使罢免权或另选他人。

这些规定，使苏维埃的选举有了规范的、真正体现民主的办法，让广大苏区人民得以在广泛行使民主权利的同时，又把享受民主权利的劳动群众与被剥夺政治权利的专政对象严格区分开来，使苏区的劳动群众懂得了苏维埃政权是自己的政权，在选举中应予以慎重对待，正确行使选举权，将那些最有威望、最能代表劳动人民意志的德高望重的人选举到各级苏维埃政权机构中去。

---

① 《闽西工农兵代表会（苏维埃）代表选举条例》（1930年2月6日），见江西省档案馆等编《中央革命根据地史料选编》（下），江西人民出版社1982年版，第33页。

② 《闽西第一次工农兵代表大会宣言及决议案》（1930年3月25日），见中共龙岩地委党史资料征集领导小组等编《闽西革命史文献资料》第三辑，1982年10月，第196页。

此后，1931年11月的《中华苏维埃共和国宪法大纲》《地方苏维埃政府的暂行组织条例》《中华苏维埃共和国的选举细则》，1932年3月的《苏维埃临时中央政府给福建省第一次工农兵苏维埃大会的指示》，福建省第一次工农兵代表大会做出的《苏维埃政权建设问题的决议》，1932年4月的《中央执行委员会批准福建省第一次工农兵苏维埃大会各种决议的决议》等，又将工农兵代表会议制度进一步规范化。

中央苏区（福建）的人民群众取得这样的选举权和被选举权是破天荒第一次。工农兵代表大会制度的实施，激发了中央苏区（福建）人民的民主意识，促进了各级苏维埃政策法令的贯彻执行，密切了各级苏维埃政府与人民群众的联系。正如毛泽东在《才溪乡调查》中所指出的："依靠于民众自己的乡苏代表及村的委员会与民众团体在村的坚强的领导，使全村民众像网一样组织于苏维埃之下，去执行苏维埃的一切工作任务，这是苏维埃制度优胜于历史上一切政治制度的最明显的一个地方。"①

从1930年至1934年1月，闽西苏区先后进行了三次大规模的苏维埃民主选举。从1931年至1933年，闽北分区苏维埃也先后召开了四次工农兵代表大会。1933年8月，为了召开中华苏维埃第二次全国代表大会，中央苏区所辖的福建地区同整个中央苏区一样，掀起了"选举运动"。中华苏维埃第二次全国代表大会筹备委员会还专门创办了《选举运动周报》和《选举运动画报》，以最广泛地动员和组织中央苏区劳动群众参加选举。中央苏区（福建）各地历次大规模的苏维埃民主选举，许多地方的选民参选率达到80%以上，有的甚至达到90%以上。不仅如此，中央苏区（福建）劳动群众还创造了许多行使民主权利的具体形式。如1933年上杭县才溪乡的选举，在各村贴出候选人名单，"下才溪一百六十多人（内应选九十一人），一村贴一张，每张均写一百六十多个名字。群众在各人名下注

---

① 《才溪乡调查》（1933年11月），《毛泽东文集》第1卷，人民出版社1993年版，第325页。

意见的很多”，“注‘好’、‘不好’等字的多，注‘同意’或‘消极’的也有。有一人名下注着‘官僚’二字”。[①] 中央苏区（福建）劳动群众的这种创造，得到毛泽东的高度赞赏，并向整个中央苏区推荐。

正如毛泽东在中华苏维埃第二次全国代表大会上的总结报告中所指出的：“我们是革命战争的领导者、组织者……组织革命战争，改良群众生活，这是我们的两大任务。”[②] 中央苏区（福建）各级苏维埃政权建立伊始，就紧紧围绕组织革命战争和改善群众生活这两大任务，制定并颁布了一系列法律法规。永定溪南区苏维埃政府成立之后，第一项工作就是颁布了《土地法》《劳动法》《婚姻条件》等新的法令，阐明了党的政治主张和行政方针。1930 年 3 月，闽西第一次工农兵代表会议讨论通过了《组织法》《土地法》《山林法》《劳动法》《婚姻法》《工会法》《借贷条例》《优待士兵条例》《商人条例》《取缔牙人条例》《取缔纸币条例》《保护青年妇女条例》《保护老弱病残条例》《合作条例》《裁判条例》《暂行税制条例》等共计 6 部大法 10 项条例。1932 年 3 月召开的福建省第一次工农兵代表大会又通过了土地、劳动、军事、财政、经济、苏维埃建设等问题的法令或决议案。这一系列法律法规，对于苏区土地革命的深入、经济建设的加强、社会文化事业的发展、人民群众生活的改善和社会秩序的稳定，以及革命武装的壮大和反“围剿”的胜利，都发挥了巨大的作用。

由民主选举产生的中央苏区（福建）各级苏维埃政府，其组织形式是逐步加强与完善起来的。在闽西苏区，各级苏维埃政府的主要工作机构及其职能是：土地部负责管理土地的没收和分配，管理土地建设和山林水利等工作；财政部负责管理财政预算决算、征集资产、流通金融，管理工厂和红军与政府机关的给养等工作；经济部负责管理工农业生产，管理商业、贸易与税收等工作；军事部负

① 《才溪乡调查》（1933 年 11 月），《毛泽东文集》第 1 卷，人民出版社 1993 年版，第 326 页。

② 《关心群众生活，注意工作方法》（1934 年 1 月 27 日），《毛泽东选集》第 1 卷，人民出版社 1991 年版，第 139 页。

责工农红军、地方武装的指挥，管理地方武装编制、训练、教育以及扩大红军和地方武装力量等工作；劳动部负责管理和保护劳动力，监督劳动法的实施，进行社会保险和解决失业工人工作等；工农检查部负责监督国家机关和企业对苏维埃政府政策和法令的执行，对官僚主义、消极怠工、贪污腐化等现象进行检查以及接受工农控告等；裁判部负责管理对反革命的处置，培训各级裁判干部等；内务部负责优待红军家属，办理市政、民警、刑事侦查等工作；文化部负责管理学校教育、社会教育、文化艺术及审查编辑出版文化教育材料等工作；卫生部负责管理医疗、防疫和社会环境卫生等工作。在闽北苏区，苏维埃政府建立初期只有县以下的各级组织。1930 年 10 月，闽北苏区划归方志敏领导的赣东北苏区，1931 年 7 月赣东北苏区派黄道到闽北担任中共闽北分区委书记后，闽北各级苏维埃机构逐渐健全起来，并建立了闽北分区苏维埃政府。分区苏维埃政府设立土地、财政、军事、经济、裁判、文化、妇女、工农检查、内务等部及保卫局，作为工作机构。各县、区根据工作需要也相应建立了健全、系统的工作机构。

中央苏区（福建）各级苏维埃政府还致力于建立一支具有工作能力和优良作风的苏维埃干部队伍。为了加强干部队伍的管理，各级苏维埃政府建立了工作和学习制度：第一，坚持日常的政治理论学习和文化学习，提高干部的政治思想和理论水平，培养干部的积极进取精神和工作学习的作风；第二，建立干部参加体力劳动的制度，密切干群关系；第三，建立巡视制度，加强对基层苏维埃干部的指导和督促。

中央苏区（福建）还采取一系列措施对苏维埃干部的腐败行动予以有力打击。1930 年，闽西第一次工农兵代表大会颁布了《政府工作人员惩办条例》，同年 6 月，原闽西苏维埃政府常务委员、粮食部长因贪污被公审枪决。同时，充分发挥党的纪律对党员干部腐败行为的遏制作用，通过召开民主生活会等形式，在党内开展批评与自我批评，将各种消极腐败思想和行为消灭在萌芽状态。省、县、区苏维埃政府都设有工农检查部和裁判部，乡设检查员和裁判员，省、县设有直属中央政治保卫局领导的政治保卫分局，区设特别员，形成了一个初级的苏维埃司法体系，并不定期派出巡视员或检查团对下级政府实行工作指导和检查。从 1932 年 2 月到 1934 年 10 月，中华苏维埃临时中央政府发动了一场中国共产党历史上第一次反贪污浪费、反对官僚主义的斗争。为保证这场斗争的深入开展，中共中央还于 1934 年 9 月 17 日发出《关于成立中央党务委员会及中央苏区省县监督委员会的决议》，决议指出：在党的中央监督委员会未正式成立之前，特设立中央党务委员会，省县成立监督委员会，加强对反腐败斗争的领导。1934 年 1 月，《红色中华》报道了福建省苏维埃政府代理财政部长张赞元因在筹款和推销公款等工作中措施不力、官僚主义被中央财政部撤销了代理部长职务的消息。2 月，《红色中华》又报道了宁化县苏维埃政府贸易分局局长项胜因经常在局里打牌赌博并贪污货款而被撤职送县裁判部受审的消息。苏区的广大党员、干部从中受到很大的震动和教育。

由于苏维埃政府的精心培育，中央苏区（福建）造就了一支朝气蓬勃、坚强有力的苏维埃干部队伍。他们共同的特点是：密切联系群众，倾听群众意见，忠实地为群众谋利益；在工作中表现了高度的刻苦精神、创造精神和自我批评精神；切实保证了群众的一切民主权利，使群众对苏维埃政权的信仰日益提高。中央苏区（福建）的苏维埃干部，正如毛泽东称赞的那样："有很好的创造，他们同样是模范工作者"，"他们把群众生活和革命战争联系起来了，他们把革命的工作方法问题和革命的工作任务问题同时解决了。他们是认真地在那里进行工作，他们是仔细地在那里解决问题，他们在革命面前是真正负起了责任"。[①] 在中央苏区（福建）范围内至今还流传着一首人们熟知的歌谣："苏区干部好作风，自带干粮去办公；日着草鞋干革命，夜走山路打灯笼。"表达苏维埃干部朴素、廉洁、吃苦、实干的工作作风和苏区人民群众对他们的衷心爱戴。

---

① 《关心群众生活，注意工作方法》（1934 年 1 月 27 日），《毛泽东选集》第 1 卷，人民出版社 1991 年版，第 140 页。

1930年3月闽西苏维埃政府成立后不久，闽西苏维埃政府主席兼经济委员会主任邓子恢，就奉命先后以中共福建省委巡视员、中共厦门中心市委和福州中心市委巡视员的身份，赴闽中、闽东和福州郊县、闽南漳州各地巡视工作。1932年3月中央苏区福建省苏维埃政府成立时，中共厦门中心市委书记王海萍兼任省苏维埃政府执行委员；在此前后，闽西苏区曾派出龙岩县苏维埃政府干部翁成金等赴安（溪）南（安）永（春）德（化）苏区帮助建立苏维埃政府，而闽北苏区等地也曾派出代表团赴闽西参观学习。闽西苏区与全省各地革命斗争的这种联系，使毛泽东等亲自指导下的闽西苏区苏维埃政权建设的做法和经验，影响、推动了福建全省各地苏维埃运动和土地革命的深入发展。

中央苏区苏维埃政权的建立和发展，是中国共产党在土地革命战争时期的一次独立的局部执政，为抗日战争、解放战争乃至新中国成立后的人民政权建设提供了重要的经验。

二、经济建设

经过中国共产党领导的土地革命，在中央苏区（福建）的广大区域内消灭了封建主义的土地所有制，废除了各种封建剥削，从而大大地解放了农村生产力，为恢复和发展农业生产开辟了广阔的道路。但是中央苏区（福建）各地大多处于经济落后的山区或半山区的农村，主要的经济活动还是农业生产，小农业和家庭手工业相结合的自然经济占绝对优势，这就决定了经济建设必须以农业生产为主，而且只有发展农业生产，才能解决粮食问题，才能解决各种日用品和军需用品的供给问题，才能增加农民群众的收入。因此，中央苏区（福建）各地广大军民在党和苏维埃政府的领导下，开展了一系列的经济建设，使经济得到迅速的恢复和发展，人民群众的物质生活与文化生活有了很大的改善和提高，呈现一派崭新的景象。广大军民的革命热情空前高涨，不仅积极投入革命战争，而且踊跃参加各项建设，为支援革命战争、打破敌人封锁，提供了重要的物资基础，做出了卓越的贡献。1933 年 11 月下旬，毛泽东在中央苏区模范乡——上杭才溪乡经过 10 多天的调查研究，写下了《才溪乡调查》一文，从七个方面总结了才溪乡的先进经验。1934 年初召开的第二次全国苏维埃代表大会上，毛泽东将《才溪乡调查》和《长冈乡调查》两本小册子分发给每一位代表，并号召全中央苏区向才溪乡和长冈乡学习。才溪乡成为中央苏区根据地建设的样板。

农业生产是中央苏区经济建设工作的首要任务。由于国民党军队不断进攻苏区造成的残酷破坏，以及为了保卫红色政权大批青壮年参军参战，中央苏区（福建）内普遍出现劳动力和耕牛、农具缺乏的现象，这成为苏区农业生产发展的最大障碍。为了解决这些问题，中央苏区（福建）党组织和苏维埃政府积极引导广大农民组织起来，成立了各种互助合作组织，实行劳动互助和合作生产。

在闽西苏区，为了解决缺乏劳力的问题先是组织起耕田队。1930 年，在上杭县才溪区，苏维埃政府为了帮助红军家属种田，在以往“换工”的基础上组织起耕田队，有组织地调剂劳力。1931 年夏收期间，又把耕田队发展为劳动合作社，劳动合作社坚持自愿互利原则，规定社员帮助红军家属做工是自己带饭包带农具，不收工钱；帮助孤老做工，只吃饭，不要工钱。劳动合作社社员之间互帮，应按工计算工资，工资由社员大会商定。在才溪乡劳动合作社的示范下，合作社迅速被推广到闽西以至整个中央苏区。在实行劳动互助方面，闽北苏区还通过苏区内的各种群众组织如工会、互济会、反帝大同盟等发动群众掀起建设热潮。1933 年 2 月，在闽浙赣省苏维埃政府委员会第三号训令的指示下，闽北苏区各群众组织组织生产冲锋队，开展生产竞赛，组织个人与个人、村与村、乡与乡、区与区的竞赛，有力地促进了苏区农业生产的发展。为了规范中央苏区的劳动互助合作组织，1933 年，中华苏维埃共和国临时中央政府还颁布了《劳动互助社组织纲要》，从政策上指导和规范农村的劳动互助组织。劳动合作社在不变更个体所有制的前提下，在一定程度上打破了以一家一户为生产单位的界限，对于迅速恢复和发展苏区农业生产起了非常重要的作用。

在中央苏区（福建）当时的农业技术条件下，耕牛的作用相当重要。中央苏区（福建）党组织和苏维埃政府为了解决耕牛缺乏的问题采取了各种办法。闽北苏区明令苏区内“绝对禁止杀牛与卖牛到白区，若缺乏牛可由群众出发游击白区，牵豪绅地主反动派的牛，或向白区买牛进口，增加苏区耕牛”①。为了鼓励农民饲养和养好耕牛，1930 年 3 月，闽西苏维埃政府决定：“政府没收来之耕牛仍交原饲养人使用，不收租税，但须向政府登记，领取耕牛证。”同时还规定：“耕牛所生牛子，一半归政府，一半归饲养人，但须一年后才可分，一年之内归养主。”② 明确规定杀牛要经过政府批准，非有下列条件之一者禁止宰杀：牛老弱不会耕田者；牛有重伤者；跌死者；凶狂会伤人者；菜牛。③ 闽西苏维埃政府还规定：“白色区的牛，准予入境，并须使牛贩设法购买，赤色区内的牛，禁止贩卖到白色区域。”④ 为了解决耕牛不足的问题，中央苏区（福建）各地均组织了犁牛合作社。犁牛合作社的耕牛、农具，以没收豪绅地主及富农多余的耕牛、农具为基础，同时发动群众合股购买添置。所有耕牛、农具归全体社员公有，社员借租，收取使用金。1931 年，上杭上才溪乡、下才溪乡两个犁牛合作社只有耕牛 6 头。1933 年，增加到 28 头，发展了近 5 倍。1934 年初，针对冬耕缺乏耕牛的情况，闽北苏区一方面“组织冬耕冲锋队，有牛的人都请他自动加入”，另一方面则“发展革命的互助，无牛人可以向有牛人租牛，有人力可以调换牛力，有牛有人力应该帮助无牛无人力的家里耕种”。⑤ 闽北苏区在发展犁牛合作社与农具生产合作社时还提出“要防止这一组织变成为少数人垄断耕牛、农具为专门营业的机关，同时要注意防止富农、地主

① 《关于春耕运动工作的决议》（1933 年 3 月 1 日），见江西财经学院经济研究所等编《闽浙赣革命根据地财政经济史料选编》，厦门大学出版社 1988 年版，第311 页。

② 《土地法案》（闽西第一次工农兵代表大会通过）（1930 年 3 月 25 日）。

③ 《土地法案》（闽西第一次工农兵代表大会通过）（1930 年 3 月 25 日）。

④ 《闽西苏维埃政府通告新编第三号》（1930 年 7 月 18 日）。

⑤ 《中共崇安县委宣传部关于冬耕运动问答大纲》（1934 年 1 月 29 日），见江西财经学院经济研究所等编《闽浙赣革命根据地财政经济史料选编》，厦门大学出版社 1988 年版，第 328 页。

阶级异己分子混入犁牛合作社与农具合作社组织里面来进行破坏”[1]。

中央苏区（福建）在农业生产上除了劳力不足、耕牛缺乏这两个问题外，还要解决生产资金不足的困难，主要是农民无钱购买种子和农具等。为了帮助农民解决这方面的问题，闽北分区苏维埃政府在财政极为困难的情况下，每年拿出二万到三万元用于资助农民兴修水利和购买耕牛、农具、种子。闽西苏维埃政府则在1931年春耕时节提出“群众无资本下种的，应集中股金借给”（“股金”指闽西信用合作社的股金）。[2] 但由于中央苏区（福建）在经济上还很困难，发放信贷的资金还是很有限的。

由于国民党军队不断进攻苏区造成的残酷破坏，在闽西“田地荒芜日多，六县统计荒田占百分之二，尤其是杭、武二县有超过百分之三四者”[3]，加之战争环境下水利长期失修，许多田地连年遭受水旱之灾。因此，要迅速发展农业生产，加强农田水利建设和开垦荒地，增加耕地面积和提高粮食产量，就成为闽西苏区党组织和苏维埃政府的一项艰巨任务。为此，闽西苏维埃政府决定，对过去未分配的荒田荒地，允许群众领取开垦，“贫农中农及一切有选举权的劳动群众有先开之权”[4]。中共闽西特委还规定：“凡开荒田者六年之内不收土地税，十年之内任其使用，政府不予收回。”[5] 宁化原有荒田达2万多亩，在苏维埃政府“完全消灭荒田”口号的推动下，大部分荒田迅速被改造为良田，全县粮食产量大幅度提高，成为中央苏区粮食生产的重点县，从而享有了“中央苏区乌克兰”的美誉。闽北苏区党组织和苏维埃政府也广泛动员、鼓励群众开垦荒田、荒地，提出“贫农、雇农、中农开垦荒田三年免交土地税，富农一年免交土地税，如人少田多的地方，可由田少人多的地方移一部分群

---

① 《闽北分区苏维埃政府训令170号》（1934年2月18日）。

② 《闽西苏维埃政府经济委员会扩大会议决议案》（1931年4月25日）。

③ 《中共闽西第一次大会关于土地问题决议案》（1929年7月27日）。

④ 《开垦荒田荒地办法——中央政府训令摘要》，《红色中华》第56期，1933年2月25日。

⑤ 《中共闽西特委第二次扩大会议关于土地问题决议案》（1930年2月25日）。

众往荒田多的地方去开垦”，以保证“苏区不留一亩荒田”[①]。春耕、秋收时节，发动群众中的积极分子组织生产突击队、模范队、冲锋队和红色割禾队，订立合同，开展劳动竞赛，从而有力地帮助广大农民发展生产，确保了农业生产的迅速恢复和发展。1932 年 6 月，福建省苏维埃政府发出布告，要求各级政府组织开荒队，或鼓励个人进行开荒，并规定新开荒田 3 年不纳土地税，对开荒有成绩者给予物质奖励。至 1934 年初，闽西各县共开垦荒地 1.4 万多担，耕地面积得到了迅速扩大。

中央苏区（福建）各地对兴修水利十分重视，在各级政府的土地委员会内，均设有水利局或水利委员专门管理开沟渠、修陂圳等水利事业。1933 年 2 月召开的福建省县区土地部长联席会议作出决议，要求区乡政府详细调查，组织圳陂修理委员会，同时在沿河两岸多栽树木，巩固堤坝，并要求各地多挖池塘，保证农田用水。长汀大埔区修筑了一条长 12 里的长陂，被《红色中华》称之为“伟大工程”。1932 年 7 月，闽北分区苏维埃人民土地委员会发布《改良水利宣传大纲》，详细列举了兴修水利的巨大利益，提出“要在八月内把各地所应修复建筑的堤坝、塝、圳、塘等做得很好”，要求各乡苏将需要修复的项目上报给区苏，区苏“须督促和实地去勘查”[②]，以免除永久的水旱灾殃。由于党组织和苏维埃政府采取各种有效措施，大大促进了农业生产的发展。闽西苏区 1933 年的粮食产量比 1932 年增产了 15%，闽浙赣苏区（包括闽北苏区）1933 年粮食产量比上年增长了 20%左右。这样不仅有力地支援了革命战争，保证了前方供给，而且还大大改善了根据地人民的生活。

闽西苏区形成之初，由于敌人的围攻与经济的封锁，使得苏区的农副产品如粮食、烟丝、纸、木材等无法向白区外销，而农民又

---

① 《关于春耕运动工作的决议》（1933 年 3 月 1 日），引自江西财经学院经济研究所等编《闽浙赣革命根据地财政经济史料选编》，厦门大学出版社 1988 年版，第 312 页。

② 《改良水利宣传大纲》（1932 年 7 月 5 日），引自中共福建省建阳地委党史办、福建省建阳地区档案馆编《闽北党史文献》第 2 辑，第 213—214 页。

无钱购买生活必需品和农具、耕牛等，不得不粜米以资支应，因此粮食供过于求，米价大跌，形成严重的“剪刀差”现象，极大挫伤了广大农民的生产积极性，造成整个社会的经济恐慌。面对闽西各地出现的谷贱伤农情况，1929 年 9 月 30 日，闽西特委下发《闽西特委通知第七号——关于剪刀差问题》，提出临时补救办法：“由县区政府筹集基金，在市场上高价收买粮食，或向确要钱用的农民买米贮藏起来，或运往粮食缺乏、米价较高的地方发粜。为此一俟收获期间过后，米价便可调节下来”。1930 年 6 月 1 日，闽西苏维埃政府经济部发布了《调剂米价宣传大纲》，阐述了米价低落的原因，提出了粮食调剂的办法，号召各地组织粮食调剂局。1930 年 6 月 14 日，闽西苏维埃政府下发《关于组织粮食调剂局问题》的第 15 号布告，要求各地成立粮食调剂局，强调：“粮食调剂局的成立，是发展闽西社会经济的重要出路，是目前急须进行的重要工作。”布告对粮食调剂局从组织机构到资金、谷价等都作了明确的具体规定。布告发布后，闽西各地苏维埃政府相继成立了粮食调剂局。到 1931 年 4 月，仅永定县就成立有 34 个粮食调剂机构，共有资金 12245.5 元。普遍成立的粮食调剂机构对于调剂闽西苏区粮食流通、防灾度荒、保障军需和改善农民生活发挥了积极作用。

为了减轻商人的中间剥削，缩小工农业产品价格的剪刀差，活跃苏区的商品流通，中央苏区（福建）各地还普遍建立了消费合作社。在闽北苏区，两次上梅暴动后诞生的“民众局”，为解决农民暴动队伍生活和群众购物的需求，即在暴动中心区域崇安上梅后坜村的茶场和杨家庄各创办了一个合作社，经营盐巴、食糖、鱼干、电池等急需的日用品。1930 年夏，以崇安为中心的闽北苏区形成后，闽北分区建立了闽北分区消费合作总社，各县、区也先后建立了消费合作总社和消费合作社，采取农民入股的办法，每股 1 元或 2 元不等，一人可入多股。苏维埃政府还根据农业生产发展需要，创办了生产、耕牛、肥料、信用等不同种类的合作社，扶持农民发展农业生产。为指导合作社事业的健康发展，1934 年 8 月，闽北分区苏维埃国民经济部发布训令，要求“合作社采办员去办货应与对外贸易局发生密切关系，每办货时须与贸易局协商，同心合意的去买"，避免彼此竞争而致商人抬价渔利。兑货时"可以把苏区生产品如茶、纸等给他兑"，使商人起到促进对外贸易工具的作用。对商人的贸易活动要严加管理，"必须要他们领取贸易证，验贸易证为凭"；卖货时"必须根据工农群众的需要"。[①] 在闽西苏区，为了丰富苏区人民的生活，苏区党组织和苏维埃政府提出：苏维埃区域中的主要任务是帮助、奖励群众创办合作社。因此，各种合作社如消费合作社、粮食合作社、购买合作社、贩卖合作社等组织应运而生。合作社都是由群众自愿入股组织的集体经济，股金有一元一股的，也有五角一股的。各合作社积极采取措施，严格财金制度，越办越好。汀州市的消费合作社进货多，组织销售的土特产也多，基本上可以解决合作社社员和周围群众日常生活必需，其价格比一般市价低5%。并规定红军家属凭优待证购物、合作社员凭购买证购物。货物紧缺时，照顾红军家属优先购买。红军家属和合作社员有困难的可以赊账，限期10天至一个月，可用米、豆或其他土特产品折价还账。

为了粉碎敌人的经济封锁，保障革命根据地的军需供给，满足苏区人民群众的生活和生产需要，中央苏区（福建）党组织和苏维埃政府积极组织群众自己集资创办生产合作社，逐步恢复和发展了造纸、织布、炼铁、铸锅、石灰、农具、刨烟、熬樟油、木器、制陶、篾器、煤炭、笋干、茶叶、制革等20余种手工业的生产。闽西苏区几千名手工业工人组织起各种生产合作社。1930年5月，闽西苏维埃政府制订的《合作社条例》规定，合作社所得红利"40%照股金分配，10%作为公积金，10%抽与办事人作分红；40%照社员付与合作社之利益比例分红"[②]。与此同时，中央苏区（福建）国营的军需工业和厂矿企业也逐步建立起来。军需工业主要有兵工厂、红军被服厂、弹棉厂和织布厂等。1931年，上杭县即着手筹建造枪

---

① 《闽北分区苏维埃国民经济部关于合作社买卖货物问题》（1934年8月30日），见江西财经学院经济研究所等编《闽浙赣革命根据地财政经济史料选编》，厦门大学出版社1988年版，第434—435页。

② 闽西工农民主政府《合作社条例》（1930年5月）。

土地革命战争时期，汀州城内曾办有6个硝盐厂。图为长汀硝盐厂旧址

厂和子弹厂。福建省军区也先后在长汀的四都、永定的虎冈、上杭的才溪、宁化的曹坊建立兵工厂。闽西苏区有兵工厂、被服厂10余座。闽北苏区也建立了炸药厂、军械修配所，后扩建为具有一定规模的兵工厂。长汀印刷厂于1929年5月成立，开始时只有石印，以后发展到石印、铅印，承印闽西列宁书局发行的书籍、课本，还印刷《红色中华》《青年实话》等报刊。硝盐厂遍布闽西、闽北，仅汀州城就有6个硝盐厂，职工60多人，日产盐20多斤；崇安城"设熬盐厂二厂（盐仓下的泥土滤水熬叫熬盐），并设煎盐厂二厂（煎硝盐兼能生产出硝来充裕火药），星村、赤石各设熬盐煎盐各一厂"。[①] 这切实解决了国民党对苏区进行食盐封锁造成的困难。

此外，中央苏区（福建）党组织和苏维埃政府对于私营手工业采取保护的政策，促使其得以发展。1929年7月，中共闽西第一次代表大会所作的政治决议案就明确提出了要保护私营中小工商业。

① 《崇安县苏财政部训令第十二号》（1933年9月2日）。

1930年5月，闽西苏维埃政府发布告示："工厂、商店因亏本而倒闭者，须经工会审查，其因自己恐慌而关闭者，应限其开门营业，政府予以保护。"① 在鼓励和保护私人资本经营手工业的政策感召下，中央苏区（福建）各地私营手工业不仅得到恢复而且有所发展，除布匹、食盐紧缺之外，大多生活日用品都能自己生产，特别造纸手工业发展很快，闽北苏区仅在崇安坑口一带就有纸槽93处。

为打破敌人的经济封锁，中华苏维埃共和国临时中央政府决定在国民经济部下设立对外贸易局，并要求各县设立对外贸易分局，重要的交通口岸、圩镇设立采办处，开展对外贸易的业务。一是向白区输出苏区的剩余商品，如粮食、烟叶、茶叶、木材、笋干、毛竹、纸张、钨砂、樟脑等；二是从白区输入苏区奇缺的必需品，如食盐、布匹、煤油、西药等。根据临时中央政府的决定，闽西苏区除设省对外贸易局外，还在宁化、连城及上杭之回龙、蓝家渡等地设立分局，开展对外贸易工作。② 闽北苏区先后在苏区与白区交界地区的岚谷、岭阳、白水、黄土等设立了对外贸易处，输入苏区必需品，输出苏区剩余产品。为了切实沟通苏区与白区的物资交流，增加苏区的财政收入，从而有效地解决苏区各种生产生活资料和军用物资缺乏的问题，1931年4月，闽北分区委第一次扩大会议提出要"允许商人自由贸易"，特别是要"到非苏区引导商人来苏区购买茶叶、竹笋、笋干、木头等"，有计划地输出苏区特产。③ 闽西苏维埃政府则发出文告，要求纠正侵害外来商人的错误，指出"没收一切商店、侵害外来的商人，以致影响我们的政治主张，这是一个极大的损失。这样做的危害是自己封锁自己"④。1932年3月，闽北分区苏维埃政府人民经济委员会发出《为征收货物税、发行兑换票致白

---

① 《闽西苏维埃政府布告第九号》（1930年5月）。

② 《福建省苏维埃政府第四次执委扩大会议》（1933年8月）。

③ 《中共闽北分区委第一次扩大会政治决议案》（1931年4月），见中共福建省委党史研究室等编《闽浙皖赣革命根据地》（上册），中共党史出版社1991年版，第286页。

④ 《闽西苏维埃政府布告第十二号》（1931年4月4日）。

色区域商人的信》，阐明了苏区对外贸易的政策，强调“凡苏区与非苏区商人只要遵照苏区政府的法令纳税，苏区政府担负保证商人安全、自由营业的责任”，“各县都设立了对外贸易处，是专和非苏区商人接洽，办理对外贸易的经理机关”，欢迎非苏区的商人“大胆到苏区来贸易”。[①] 1933 年 11 月，崇安县苏维埃经济委员会训令第四区经济委员会，加紧督促对外贸易处去找商人来苏区采办土特产到白色区域去卖，同时“催促对外贸易处去白区采办苏区日用品来应急”[②]。在反“围剿”日渐危急的 1934 年 8 月，闽北分区仍然发布布告强调保护商人自由贸易，表示：“商人在遵守苏维埃的经济政策下，允许自由贸易，不得干涉其贸易自由。凡是工农群众可以自由贸易，如杀猪，贩盐等，在苏区买卖，合作社不应干涉。为要抵制奸商故意抬高市价，各级合作社必须进行大批购办群众需要品——食盐、洋油、布匹等来，以廉价卖给群众，满足群众要求，使群众不致受到奸商的剥削。”[③] 中央苏区（福建）各级党组织和苏维埃政府通过设立对外贸易机构，实施保护贸易自由的政策，一方面沟通了苏区与白区的物资交流，有效地解决了苏区物资紧缺的问题，增加了苏区的财政收入；另一方面则活跃了苏区内部市场，有效地打击了奸商，稳定了物价，保障了人民对日常生活用品的需求。

随着根据地农业生产的恢复发展，根据地的金融、财政、邮电交通等事业也都有一定的发展。

闽西苏区形成前，闽西的高利贷剥削十分残酷，通常月息 3 分至 5 分，还有“月子利”“圩子利”等。闽西苏区形成后，苏维埃政

---

① 《为征收货物税、发行兑换票致白色区域商人的信》（1932 年 3 月），见江西财经学院经济研究所等编《闽浙赣革命根据地财政经济史料选编》，厦门大学出版社 1988 年版，第 411—412 页。

② 《崇安县苏维埃政府经委会通知第八号》（1933 年 11 月 5 日），见江西财经学院经济研究所等编《闽浙赣革命根据地财政经济史料选编》，厦门大学出版社 1988 年版，第 427 页。

③ 《闽北分区苏维埃政府关于商人自由贸易问题》（1934 年 8 月 28 日），见江西财经学院经济研究所等编《闽浙赣革命根据地财政经济史料选编》，厦门大学出版社 1988 年版，第 433 页。

府立即着手废除高利贷，取缔伪钞杂币，摧毁反动的金融体系，同时组织信用合作社，创建工农银行，逐步建立苏区的金融体系。1929年9月，中共闽西特委发出了第七号通告，要求各区着手发动群众“招集私人股金创办信用合作社”，“以使农民卖米买货不为商人所剥削，而农村贮蓄资本得以收集，使金额流通”。此后，闽西各区、乡开始筹办信用合作社，实行低利借贷等业务活动，消灭高利盘剥，对苏区金融的长期稳定和巩固苏维埃政权发挥了积极的作用。为了进一步稳定金融市场，实行统一的货币制度，1930年9月闽西第二次工农兵代表大会决定设立闽西工农银行。它的任务是：“调剂金融、保存现金、发展社会经济，实行低利借贷。”“银行资本是二十万元，分二十万股，股金以大洋为单位，收现金不收纸币。”[①] 经过积极筹备，闽西工农银行11月7日正式成立，共发行20万元股票，每股1元。金银器可折算大洋，旧银器每两折大洋6角，金器按时价折算。股票认购遍及闽西各个乡村。闽西工农银行还制定了章程，规定工农银行的任务是调剂金额、保存现金、发展社会经济、实行低价借款；营业范围是存款、放款、汇总、买期票、买卖金银、发行纸币、铸造铜片、兼营储蓄业务等。另外，还“从各县的信用合作社基金中抽了百分之四十入股。当时在龙岩、上杭、长汀、连城、永定、宁化、清流等边区成立有信用合作社”[②]。1932年3月中华苏维埃共和国国家银行建立后，便以闽西工农银行为基础，成立了国家银行福建省分行。同样，在闽北苏区，1931年7月闽北分区第一次工农兵代表大会召开后，各级苏维埃政府中均成立财政经济委员会，负责苏区财政经济的领导工作，立即从多个方面着手筹建闽北苏区金融组织；建立工商企业机构，形成由国营、合作社、私营三种经济成分组成的商业体系；兴办信用社组织；建立预决算制度等。1931年秋，闽北分区苏维埃政府向赣东北省苏维埃政府递交报告，要求成立闽北银行，经批准，赣东北省银行闽北分行于1932

---

① 《闽西苏维埃政府布告第七号》(1931年1月6日)。

② 《赖祖烈的回忆》(调查访问记录稿)(1975年5月13日)。

年1月在崇安大安正式成立。银行资金来源主要有：工农群众入股金、政府财政拨款、各种税收、发行公债收入等。随后苏区各县均先后设立了苏维埃支行，统一管理金融货币，发行农贷和公债，调节使用资金等。闽西工农银行发行了票面额1角、5角、1元等3种的纸币。闽北分行也发行了票面额1角、2角、5角、1元等4种的纸币。中华苏维埃共和国国家银行还铸造了币值1元的银圆、2角的辅币和5分的铜板。随着苏区与白区贸易的发展，闽北分行还发行了面额为50元和100元的兑换券。由于工农银行的纸币有充实的银行基金，因此它发行的纸币信用很高，币值基本稳定，得到广大人民的拥护和信任，苏区人民称它为“红票”。工农银行还实行严格的现金管理，凡携带大洋与毫子来往白区办货在20元以上者，须向政府登记，取得现金出口证才准出口。这个措施对保存现金、稳定苏区金融起到了很好的作用。①

苏区的财政工作是在工农武装割据的条件下建立和发展起来的。当土地革命深入进行，消灭了地主阶级，广大农民获得了土地，经济得到恢复和发展的时候，苏维埃政府则适时地制定了各种合理的税收制度，把财政来源建立在发展经济的基础上，同时又充分发挥财政分配与管理的职能去发展工农业生产，发展苏区的各项建设事业，打破敌人的经济封锁，改善人民生活。中央苏区（福建）各级苏维埃政府废除了以往的苛捐杂税，实行了统一合理的累进税制，主要有农业税、工商税、关税等。1929年秋收后，闽西苏区开始征收农业税，税收标准为每人分田3担以下者收半成，分5担以下者收一成，分5担以上者收一成半，种单季者折半计算。1930年3月闽西第一次工农兵代表大会通过决议，规定每年年终结算赚得红利300元至500元者收工商税3%，500元至1000元者收税6%，1000元至2000元者收税12%，2000元至3000元者收税20%，3000元至5000元者收税30%。一切货物在边境税关纳税之后通行全苏区，无第二次之征税，一扫国民党厘金关卡层层抽剥的虐政。对从苏区

① 中央财政部训令第十九号《建立现金出口登记制度》（1933年4月28日）。

出口的谷米、豆子、茶油、木、烟、纸，由白区进口的盐、煤油、火柴、棉布、药材、印刷材料、电池、电报材料、电筒，均一律减收半税。对油墨、蜡纸等全免税，化妆品税率 50%，迷信品税率则 100%。苏维埃政府财政收入还有租金等。租金有房店租、矿产租、山林租、企业租等项，均由政府征收。苏区的财政支出主要是军事费用、政府费用、扶植经济建设以及文化卫生事业、社会救济等。由于处于残酷的战争环境，物资条件十分困难，红军部队的供给只能是低标准。1931 年，“驻在当地红军，每天每人米斤半”，“菜钱每天每人八分”。① 1932 年红军供给标准为：伙食费每人每天大洋 1 角，自出公差每天补贴 1 角。对军医等技术人员每月津贴大洋 10 元，无线电人员津贴则更高些。此外，还有一些其他军事费用开支，如马干费、办公费、杂支费等。1932 年，福建省苏维埃政府规定了县区乡各级行政预算标准：县级不得超过 140 元，区 60 元，乡 10 元。② 县区机关以上政府工作人员的伙食费一般都低于红军部队，乡以下的基层干部是自己带饭去办公。总之财政的支出坚持节省的方针。中央苏区（福建）在建立统一财政制度（包括预决算制度，会计、审计制度）、严格财政纪律的同时，还广泛开展反对贪污浪费运动和节省运动。1931 年 1 月下旬，闽西苏维埃政府发起一人一镭（铜板）节省运动，支援红军。这一节省运动，不仅使当时有限的财政得以发挥更大的作用，保证了红军和政府工作人员的给养和各项事业的需要，也培养了红军广大指战员和各级政府工作人员艰苦朴素的无产阶级作风。从 1932 年开始，中共中央要求红军正规化，取消了红军分散筹款、分散做地方工作的任务，把主力红军筹款自给的办法改由政府负责供给红军战费，这就促使苏维埃政府只有靠发行革命战争公债和提高税率的办法来保证革命战争供给。中华苏维埃共和国临时中央政府于 1933 年 6 月和 10 月先后发行的两期“革命战争短期公债”，1933 年 7 月发行的一期“经济建设公债”，在中

① 《闽西苏维埃政府通告第九十五号》（1931 年 9 月 3 日）。

② 《福建省苏维埃政府通令第三十号》（1932 年 9 月 7 日）。

央苏区福建省和闽赣省（包括闽北分区）都有推销。1932 年 7 月开始，临时中央政府提高了各项税率。农业税由 1931 年的 4 担开始起征改为 3 担起征，税率由 1%提高到 4%，对富农改为 1 担起征。商业税起征点由 300 元改为 100 元，税率由 3%提高到 6%。这样就大大加重了农民和中小商人的负担。要维持庞大的军费开支，除提高税率、发行公债外，还加紧对富农的征集，以至发展为过火的打击富农兼营的工商业。同时，“左”的劳动政策给私营经济以重大的打击，造成经济上极大的困难。到 1934 年初，因第五次反“围剿”军事上的失利，不得不向群众借谷和增加纸币发行，以致中央苏区（福建）出现了经济生活恶化的局面，工商业凋零，日用消费品（主要是食盐、布匹、药品）奇缺和货币贬值，物价上涨，部分地方如汀州、上杭等县发生缺粮饥荒。面对这种局面，中央政府不得不考虑对某些经济政策作若干调整，并加强对经济工作的领导。毛泽东经过反复调查研究，总结正反两方面的经验，写了《必须注意经济工作》《我们的经济政策》《关心群众生活，注意工作方法》等著作，提出了苏区财政工作的正确方针，强调“必须从发展国民经济来增加我们的财政收入”和“节省是财政支出的方针”。[①] 在毛泽东财政经济思想指导下，1934 年初中华苏维埃中央政府机关报《红色中华》向中央苏区的军民发出了“为四个月节省八十万元而斗争”的号召，要求各级党政机关的全体工作人员积极行动起来，举行节省经费的革命竞赛。各机关普遍裁减编制，精简人员。由于各级苏维埃政府的努力与广大人民群众的大力支持，在极端困难的条件下，财政经济战线的各个方面都取得了巨大的成绩，基本上保证了革命战争的供给，减少了“左”倾错误造成的损失，苏区财政才得以支持第五次反“围剿”达一年之久直至长征。

由于革命斗争和根据地建设的需要，发展邮电交通事业成为红色政权建设的重要组成部分。1929 年，毛泽东、朱德率领红四军三

---

① 《中华苏维埃共和国中央执行委员会与人民委员会对第二次全国苏维埃代表大会的报告》（1934 年 1 月 23 日）。

度入闽，创建了闽西革命根据地，并带来了为红军通信服务的武装通讯社。同年下半年，永定等县在接收国民党邮局的基础上建立了赤色邮政（交通局），各县可通过“邮政局寄报告”到福建省委。[①]闽西苏维埃政府成立后，于1930年四五月间设立了交通总局[②]，统一领导闽西根据地的交通邮政工作。同年10月，发行了“闽西交通总局赤色邮政”邮票，并颁布了《赤色邮政暂行章程》。1930年春，在永定、瑞金设立了工农通讯社，闽西、粤东及赣南有些县还设有分支机构，建立了交通赣南、闽西等地的武装交通线。1932年3月，按《中华苏维埃共和国邮政暂行章程》规定，在长汀设立了福建省邮政管理局。1933年7月在黎川设立了闽赣省邮政管理局。中央邮政总局成立后，1932年4月，中央内务部召开了闽、赣两省邮政联席会议，按军事重心与交通要道分设六条干线邮路：瑞金——宁都——广昌；瑞金——胜利——兴国——万太；瑞金——会昌——寻乌——安远；瑞金——长汀；长汀——上杭——永定；长汀——新泉——龙岩。每条邮路配递信员两人，每天两班对开。至1933年，开通了从瑞金到江西、福建、闽赣、粤赣等四省的直达邮路；至赣东北的邮路也可经闽赣省接通或组织武装护送。

在建立健全邮政组织的同时，中央苏区（福建）还建立了自己的电讯设施，架设电话线，安装电话机。仅福建省在1932年架设的电话干线就有430里，支线70里。[③] 1933年11月，福建省苏维埃政府还召开会议，对架设电话线、保护电线、训练电话人员等问题作了决定。[④] 为了加快电信事业的发展，省邮政管理局坚持每年办一期电话员训练班，学习架设和维修线路技术。在发展有线电通信的同时，红军通过夺取敌人装备和争取改造敌军技术人员来发展无线电通信。至1931年5月，红军先后共缴获了十多部电台，其中有100瓦电台一部。6月，红一方面军在建宁组建了无线电总队，下设

---

① 《福建省委给永定县委并转特委前委的信》（1929年8月1日）。

② 《闽西第一次工农兵代表大会宣言及决议案》（1930年3月25日）。

③ 《福建省苏报告》，《红色中华》第43期，1932年12月5日。

④ 《福建全省区市以上交通科长联席会议决议》（1933年11月3日）。

5 个分队。红军总部利用 100 瓦电台设立了后方电台，于 6 月 2 日和前方电台通了电报。这是红军第一次无线电通报，从此红军无线电通信进入了一个新的发展时期。此后，红军总部在汀州城水东街屙尿巷开设了无线电学校，为部队和地方培养无线电技术人才。

为了发展交通运输业，便于革命战争和红军的行动，同时有利于苏区经济的发展，1930 年春闽西苏区政府成立不久即着手将运输工人组织起来，为巩固和建设工农民主政权服务。9 月，闽西第二次工农兵代表大会通过了《运输工人条例》，限制商行老板对运输工人的剥削，对运输工人的工作条件、生活待遇及劳保福利作了统一规定，以改善运输工人的工作和生活条件。同年 10 月，在长汀成立了苦力工会。11 月，在上杭回龙成立了闽西篷船工会。同时，在各级苏维埃政府下设立管理机构，进行交通建设和运输组织管理工作。12 月，闽西苏区政府发出通知，要求各级政府“健全交通队”，规定“每乡最少三人以上负责，运输队每乡至少十五人，担架队××人”。[①] 1932 年 9 月，福建省苏维埃政府召开专门会议，研究整修道路、清理汀江河道的问题，布置各县迅速修好主要公路干线，尤其是尽快修好长汀经上杭至永定金砂和长汀至瑞金两条公路。1933 年 4 月，福建省苏维埃政府又决定修筑长汀至永定、长汀至清流、武平至筠门、新泉至南阳等主要干线。此外，还兴建了通向闽北的必经之处十里铺大桥和汀州的汉桥、丰桥，以及汀州通连城的福宁桥和汀州通白沙的新坊桥。[②] 水路运输是比陆路运输更为经济且能节省大量人力的一种运输方式，但由于连年战争，河道长久失修，河岸崩塌，沿河拉船人的行道遭受损坏，且河道未及疏浚，以致行船发生困难，影响行船安全和运输的时间。为了适应革命战争和经济建设发展的需要，1933 年 7 月 14 日，临时中央政府内务部颁发了修理河道的训令。为了贯彻执行这一训令，福建省苏维埃政府对修理河道提出了三项具体要求：第一，10 月 15 日以前，各级交通科要同苦

① 《闽西苏维埃政府关于工作策略和工作研究》（1930 年 12 月 21 日）。

② 《福建省苏报告》，《红色中华》第 43 期，1932 年 12 月 5 日。

力运输工会把修理河道委员会组织完毕，同时把河道中的险滩和两岸颓坏的地方调查清楚，以便计划修理；第二，10月15日至20日，由修理河道委员会举行募捐运动，按照中央内务部第四号训令，以船为单位，向船老板募捐大洋2元，也可向商人募捐，但不能强迫命令，而要使他们了解修河的利益，自觉地捐助；第三，迅速将调查和募捐的情况报告省苏维埃政府内务部，11月初要开始进行修理。[①] 此后，仅两个月就筹集资金4万元，工程也很快投入施工。同时，政府还发动沿河群众和船主船工疏浚河道，维修崩塌河岸，炸平险滩，清理航道。汀江航道很快得到较好的疏浚，大大提高了运输量，保证了航行安全。

三、新闻出版和文教卫体事业的发展

中央苏区各级党组织和苏维埃政府十分重视苏区的宣传工作和新闻事业。在土地革命战争的残酷环境下，中央苏区设立了中华苏维埃共和国中央出版局等，中共中央、苏区中央局、中华苏维埃共和国临时中央政府及各级党政军机关和群团组织，创办了大量的红色报刊。这些报刊刊登中央苏区各级党组织和苏维埃政府等的重要决议、指示、宣言等文件，阐述国内外形势，宣传党的路线、方针、政策，提出当前任务；报道国际国内新闻和中央苏区各项建设的成就，发表评论，宣传党的主张，紧密配合中央苏区的斗争形势和革命任务，为轰轰烈烈的革命斗争服务，具有强烈的战斗性；其宣传形式和文字注重通俗易懂，具有鲜明的可读性，为中央苏区广大军民所喜闻乐见。

在中央苏区（福建）发行的报刊中，中央有关部门创办的报刊和中央苏区全区性的报刊有：1929年7月27日创刊的中国工农红军第四军政治部《浪花》，1930年创刊的中国工农红军第一军团政治部《战士报》，1931年7月1日创刊的中共苏区中央局机关报《战

---

① 《福建全省区市以上交通科长联席会议决议》（1933年10月3日）。

斗》和中国共产主义青年团苏区中央局机关报《青年实话》，1931年12月11日创刊的中华苏维埃共和国中央政府机关报《红色中华》和中华苏维埃共和国中央革命军事委员会机关报《红星》，1931年12月创刊的中央革命军事委员会总政治部《红军报》，1931年创刊的中国工农红军总政治部《苏维埃政权》，1932年2月14日创刊的中共苏区中央局机关刊物《实话》，1932年5月11日创刊的中华全国总工会苏区执行局（1933年6月15日起为中华全国总工会苏区中央执行局）机关报《苏区工人》，1932年6月5日创刊的中共苏区中央局组织部党刊《党的建设》，1932年8月1日创刊的中央苏区反帝总同盟机关报《反帝战线》和苏区少年先锋队中央总队部机关刊物《少年先锋》，1932年创刊的中央革命军事委员会总卫生部专业技术性刊物《红色卫生》，1933年1月创刊的中国共产党中央委员会机关报《红旗周报》（从第59期起改为《红旗》半月刊）和中华全国总工会苏区执行局机关报《战斗》，1933年2月4日创刊的中国共产党苏区中央局机关报《斗争》，1933年创刊的互济总会筹备委员会《互济画报》，1933年10月创刊的中央儿童局机关刊物《时刻准备着》，1933年12月20日创刊的中国共产主义青年团中央委员会《儿童战线》，1934年3月21日创刊的中央通讯协会筹委会《工农报》，1934年6月30日创刊的中央政府教育人民委员部《教育通讯》，1934年7月创刊的中共中央理论刊物《布尔什维克》和共青团中央理论刊物《列宁青年》，等等。①

闽西苏区和闽北苏区、中央苏区福建省和闽赣省及闽赣省闽北分区创办的报刊有：闽西苏维埃政府机关报《红报》，闽西画报社的《画报》，闽西少年先锋队总队部的《少年先锋》，少共闽西特委机关报《前进》，中共闽西特委机关报《闽西红旗》，闽西总行委文委会的《我们的生活》，闽西列宁师范学校校刊《晨光》，中共闽粤赣特区委的《红旗报》《战线报》，闽西反帝大同盟的《反帝周刊》，共青

① 傅柒生等编《红色记忆——中央苏区报刊图史》，解放军出版社2011年版，第283—324页。

土地革命战争时期中央苏区出版发行了大量报刊。图为在中央苏区（福建）出版发行的部分报纸

团闽粤赣特区委的《列宁青年》，共青团闽西特委列宁青年社的《闽西列宁青年》，福建省苏维埃政府文化部的《政治工作》，共青团福建省委的《少年先锋》，中共福建省委的《福建红旗》，中国工农红军福建军区政治部的《红色战线》《战线》，中共福建省委、省苏维埃政府、中国工农红军福建军区联合机关报《红色福建》，中共闽赣省委机关报《红色闽赣》，闽赣军区政治部机关报《红色射手》，中共闽北分区委机关报《红色闽北》《红旗周报》和《党的生活》，闽北分区苏维埃政府的《工农报》，共青团闽北分区委的《列宁青年报》和《青年与战争》，闽北军分区的《红色射手》，闽北分区反帝大同盟的《反帝周刊》，等等。①

中央苏区（福建）各苏区县也办有自己的各种报纸刊物。如中共武平临时县委的《老实话》，共青团上杭县委的《火山》，共青团

① 傅柒生等编《红色记忆——中央苏区报刊图史》，解放军出版社 2011 年版，第 283—324 页。

龙岩县委的《锋芒》，上杭C·Y县委的《消息汇报》，永定县苏维埃政府的《永定红报》，共青团上杭县委的《赤塔周刊》，共青团龙岩县执委会的《赤色青年》，共青团永定县委的《永定列宁青年》，共青团汀连县委的《列宁青年》，中共上杭中心县委的《上杭红旗》，等等。[1]

中央苏区中央局、苏维埃政府及红军总政治部印制和出版了大量的图书。有政治理论书籍，如马克思、恩格斯的《共产党宣言》，列宁的《国家与革命》《左派幼稚病》《二月革命至十月革命》，斯大林的《列宁主义问题》等著作。有通俗的理论读物，如《马克思主义浅说》《共产主义ABC》《社会主义浅说》《中国革命基本问题》《中国苏维埃》。还有与形势任务结合很紧的宣传大纲类的小册子、文化教育课本和教授大纲，技术书籍和教材涉及各学科的品种也很广泛。

在中央苏区，长汀是人民印刷事业建立最早的地区。在20世纪20年代初，长汀就开设了毛铭新印刷所，印刷所的主持人毛钟鸣曾参加过北伐战争。1927年9月南昌起义部队途经长汀时，吴玉章曾嘱咐毛钟鸣要想方设法把印刷所办下去，以应将来革命需要。毛钟鸣于1928年4月参加了中国共产党，并负责长汀城区党组织和工会的工作。1929年3月红四军入闽解放了长汀，从此毛铭新印刷所开始为党领导的土地革命战争服务。1931年春，以毛铭新印刷所一部分人员和设备为基础，建立了闽西苏区最早一家由苏维埃政府直接领导的集印刷出版发行为一体的综合性机构——闽西列宁书局。书局下设印刷所、编辑部、发行部以及会计科、事务股等。由于有印刷基础，书局的工作迅速开展，承印和出版了许多教科书，如《红军识字课本》《士兵识字课本》《识字课本》《看图识字课本》等，印刷出版了《革命歌曲选集》以及自然科学、社会科学丛书，并印刷出版了《红旗报》《闽西红旗》《红色福建》等革命报刊。共青团苏区中央局机关报《青年实话》也是由闽西列宁书局和毛铭新印刷所共同印制的。此外，闽西列宁书局所承担印刷的马克思、列宁画像

---

① 《红色号角》丛书编委会编《中央苏区新闻出版印刷发行工作》，福建人民出版社1993年版，第365—370页。

质量很高，在中央苏区广泛发行。中央苏区（福建）各级党组织和苏维埃政府也编印、翻印了大量图书。如永定县文化委员会1930年3月1日印行的《劳动课本》（1—4册），闽西印务处1930年4月印行的《社会主义浅说》，共青团上杭县委1930年5月13日印行的《入团须知》，闽西列宁师范学校1930年5月17日出版的《政治训练课本》，中共闽西特委1930年7月20日翻印的《共产主义ABC》，中共闽西特委发行科1930年8月编印的《共产主义初步》，闽西苏维埃政府文化部1930年8月编印的《教育学》，龙岩鸿文阁书店1930年9月编印的《群众课本》，上杭C·Y县委宣传科1930年编印的《宣传大纲——纪念广州公社拥护苏维埃大运动》，长汀苏维埃政府1930年编印的《暂用常识课本》，闽西苏维埃政府1930年编印的《十月革命纪念简史》，上杭农民协会组织部1930年翻印的《农民协会组织法》，共青团杭武县委员会1931年4月编印的《红五月宣传大纲》，汀连县苏文化科1931年6月9日翻印的《合作社课本》，杭武第七区第一高级劳动学校1931年7月9日翻印的《共产主义》，红军十二军政治部1931年翻印的《列宁主义概论》，闽西苏维埃政府文化部1931年编印出版的《劳动小学国语课本》《国语课本》，第一列宁高级学校1932年编印的《武装拥护苏联》，中国工农红军福建军区政治部1932年编印的《宣传大纲——反对十九路军进攻闽西苏区》，福建省苏文化部1932年至1933年出版的中央教育部编的《共产儿童读本》（1—6册），福建省劳动感化院1933年5月代印的中央教育部编的《共产党共产青年团儿童团讲授大纲》，中国工农红军福建军区政治部1933年7月17日印行的《革命歌集》，以及闽西苏维埃政府文化部编印的《政治课本（高级劳动小学用书）》《共产主义课本（高级劳动小学用）》，才溪苏区干部学习教材《共产主义与共产党》《马克思传略》，红军第十二军政治部编的《士兵识字课本》，等等。①

① 《红色号角》丛书编委会编《中央苏区新闻出版印刷发行工作》，福建人民出版社1993年版，第372—387页。

这些报刊书籍传播马克思主义理论，宣传党的革命主张和苏维政府的各项方针政策，报导苏区的政治、经济、军事等新闻，对于提高中央苏区（福建）党员干部的理论文化水平，推动中央苏区（福建）文化教育事业的发展，对于动员和组织苏区广大干部群众、红军指战员投身苏区各项建设和土地革命战争，都发挥了巨大的积极作用。

中央苏区（福建）各级党组织和苏维埃政府十分重视党政军各类干部的教育和培养。

早在 1929 年 7 月，毛泽东亲自指导召开的中共闽西第一次代表大会就决定要“建立和扩大闽西红军，开办红军学校训练干部人才”。随即经过几个月的积极筹备，1930 年初，在龙岩开办了闽西红军学校。第一期招收学员 200 人，学习 4 个月后分配到地方红军中去工作。同年 3 月，闽西红军学校改名为福建红军学校，又招收学员 400 人。中共福建省委认为“目前革命复兴，各省对军事人才极为需要”，建议中央把福建红军学校改为中国红军学校，由中央负责办理。4 月 10 日，中共中央复信中共福建省委同意将福建红军学校改名为中国红军军官学校第一分校，由中央办理。后来，该校又改名为彭杨军事政治学校第三分校。第三次反“围剿”胜利后，该校迁往瑞金，与红一、三军团的随营学校合并，成立了中央军事政治学校。此外，闽西苏区还创办了福建军区随营学校和看护学校，培训地方武装干部和初级医护人员，从而为党培养了大批军事人才，大大提高了红军和地方武装的素质。

为了发展苏区教育，1929 年 10 月 2 日，中共上杭县委提出：“县政府在最近开办列宁师范，制造教师人才，经费由政府筹备。”[①]经积极筹备，翌年 8 月，上杭县苏维埃政府在溪口的双溪铺开办了列宁师范学校。1930 年 7 月 15 日，闽西苏维埃政府文委会创办的闽西列宁师范学校也在龙岩正式开学，以后迁入永定虎岗。闽西列宁

① 《中国共产党上杭县执行委员会对上杭县第一次工农兵代表会议的提案》（1929 年 10 月 2 日）。

师范学校是一所初级师范学校。它主要是培养能运用新的教育、教学方法从事实际普通教育、社会教育的干部和教员，修业时间为6个月。此外，为了适应急需教员和提高教员革命理论的需要，还开办了列宁师范短期学校，联系实际，因地制宜，采取“短平快”的办法培训师资，为闽西迅速发展的教育事业解决了师资严重短缺的难题。

闽西苏区形成之初，毛泽东和中共闽西特委还注重举办各类目的性明确、讲求实效、短期速成、切合革命斗争实际需要的干部训练班。1929年10月下旬，毛泽东随中共闽西特委来到上杭苏家坡。此时毛泽东率领红四军转战闽西已近半年之久，深感革命根据地培养干部的紧迫。在苏家坡的一个多月中，毛泽东除了具体指导闽西特委领导各县发动群众、组织群众开展轰轰烈烈的土地革命斗争外，还具体指导闽西特委开办了地方干部训练班，致力于有效提高闽西苏区干部的素质。在毛泽东的指导下，闽西特委举办了两期干部训练班，一期是闽粤赣三省干部参加的“政治、军事训练班”，另一期是“农运训练班”，为闽、粤、赣三省培养了一批既能从事政治工作和群众工作，又能带兵打仗的干部。此后，闽西苏维埃政府连续举办了各种类型的训练班，如政工人员训练班、苏维埃工作人员训练班、少先队工作人员训练班、妇女干部训练班、党委巡视员训练班、教育巡视员训练班以及赤卫队员、游击队干部、卫生行政人员训练班等，在党内还举办了为提高党员水平的流动训练班。

中央苏区（福建）各级苏维埃政府普遍成立后，实现了乡乡有学校、村村有夜校，处处有读报组和识字牌，苏区群众普遍能够接受文化教育，苏区的教育事业得到了前所未有的发展。

1929年10月，上杭县第一次工农兵代表大会首先提出：“各区乡应办高初级列宁小学，招收男女学生，学什费豁免，并由政府给予书籍。”① 闽西苏维埃政府成立伊始，就在1930年3月25日的《闽西第一次工农兵代表大会文化问题决议案》里明确规定：“各区

① 《中共上杭县执委会对上杭县第一次工农兵代表会议的提案》（1929年10月2日）。

乡应普遍开办高级初级劳动学校，招收男女学生读书，除膳费外一律免费；六岁以上及十四岁以下之男女应入学校读书，父母不得阻止。”① 各县、区、乡苏维埃政府积极贯彻闽西苏维埃政府提出的完全免费义务教育政策，小学教育迅速发展。各地的小学初名列宁小学，1930 年 8 月起一律改名为劳动小学，改称的目的旨在体现教育要与生产劳动相结合，克服理论脱离实际的弊病。为了解决土地革命战争条件下教育经费缺乏的困难，闽西苏维埃政府提出了政府领导、社会办学的指示精神，“教育经费过去所规定由土地税中抽出20%，应坚决地做到，用来做学校教育基金，不敷时向富农募捐，不过，主要还是要使群众自动起来关心学校，爱护学校，大家热烈捐助学校经费”②。这样，通过政府拨款、群众募捐、富农摊派等多种渠道，有效地解决了教育经费缺乏的问题，从而促进了苏区教育事业的迅速发展。在闽北苏区，各级苏维埃政府对教育工作极为重视，每次召开县苏执委会议或全县代表大会时，有关抓紧全日制小学教育问题都是其中一项重要议题，并作出决议，及时实施。1932 年 7 月，闽北分区苏维埃政府召开执委扩大会议，提出下半年工作计划，在关于教育工作的决议案中，明确提出在新区迅速建立小学，使闽北苏区再“增加一百个劳动小学”。对此，崇安县苏维埃政府立即向全县传达分区苏维埃政府的《五个月工作计划》，派出教育部、文化部的工作人员，深入新区筹办劳动小学。闽北苏区各乡、村普遍建立了全日制列宁小学和劳动小学，实行义务教育。闽北苏区各级苏维埃政府对列宁小学和劳动小学的教员尽可能给予优待，其待遇仅次于红军家属。1933 年 7 月，闽北分区苏维埃政府教育部在检查崇安苏区各校工作时，发现部分学校对教员的生活困难问题解决得不好；在闽北各县列宁小学（劳动小学）教员训练班上，又听到部分教员反映当地苏维埃政府要他们和群众一样担负守口、眺高、优待红军家属等任务，使他们无暇全力搞好教学等问题。为此，闽

① 《闽西第一次工农兵代表大会文化问题决议案》（1930 年 3 月 25 日）。

② 《闽西苏维埃政府文化委员会决议案》（1931 年 4 月 21 日）。

北分区苏维埃政府教育部立即向各县、区苏发出关于列宁小学教员问题的训令，作出规定：凡是学生人数达 30 人以上的学校，如果教师“没有伙食”，都实行“学生家属自动供教员的饭，每个学生家内吃一天，或津贴教员应吃的米”，“教员生活费，每月发大洋一元半”，“杂用费如油光（即灯油）、纸张，教员用的由政府发给”。在革命战争日益艰苦，政府财政十分困难的情况下，对苏区教员的优待促进了苏区教育事业的发展。1934 年 1 月，中华苏维埃第二次全国代表大会通过的《中华苏维埃共和国宪法大纲》明确规定：“革命政权以保证工农劳动民众有受教育的权利为目的，在进行国内革命战争所能做到的范围内，应开展实行完全免费的普及教育。首先应在青年劳动群众中实行，并保证青年劳动群众的一切权利，积极地引导他们参加政治和文化的革命生活，以发展新的社会力量”。[①] 这彰显了中华苏维埃共和国对苏区教育事业的重视，推动中央苏区（福建）教育事业进一步发展。

中央苏区（福建）在实行义务教育的同时，大力开展以扫盲为中心任务的社会教育。一方面，在艰苦的革命战争环境下，必须使用一切手段教育群众、宣传群众，提高群众的阶级觉悟和文化水平，才能使人民群众更能够认识土地革命战争的性质和意义；另一方面，苏区人民生活水平的相对提高，也有接受教育、提高文化水平的渴望。因此，苏维埃政府千方百计克服困难，开办形式多样的短期学习班和夜校，让广大工农群众真正成为教育的对象。为了改变苏区 90％的工农群众是文盲的情况，1930 年 8 月，闽西苏维埃政府文委会召开第八次会议，决定开展扫除文盲运动，要求各县、区、乡“厉行减少文盲运动”，各学校应定出一周为“减少文盲运动周”，“在此周中应张贴标语、演讲、组织十人识字团及其他一切方法，足以减少文盲者”。[②] 苏区党、政、军机关及团体、学校纷纷响应号召，设立了消灭文盲的各类机构和群众组织，如在乡、村苏维埃政府内

---

① 参见《中华苏维埃共和国宪法大纲》（1934 年 1 月）第十二条。

② 《闽西苏维埃政府目前文化工作总计划》（1930 年 5 月）。

苏家坡平民小学。1929年10月，毛泽东来到苏家坡，在指导闽西特委工作期间创办了这所平民小学，并给孩子们上了第一堂课

设立识字运动委员会，在学校、俱乐部、列宁室、共青团和少先队组织内成立消灭文盲协会，开展扫盲运动。苏维埃政府还设立问字所、识字班、读报团等机构，开展大规模的识字运动。如在乡村每隔10户、街道每隔10铺就设立问字所，由有相当识字能力者负责经常性指导工作。问字所普遍建立识字牌，每天写上一个字，配上一幅画，教群众看图识字。闽西苏区还组织夜校（夜学），让广大工农群众在不脱产的情况下利用晚上时间入学学文化。1929年7月，毛泽东倡议创办的新泉工农妇女夜校，是闽西苏区第一所夜校。此后，新泉区苏维埃政府又在很短的时间内办了18所夜校，学员达700多人。1931年7月，闽西各县、区文委联席会发出号召，要求各乡有初级小学的地方都开办费用低、收效快的夜校，县苏、区苏政府所在地也必须要办一所夜校，吸收各机关识字不多的工作人员参加学习。经过各区乡广大干部群众的努力，夜校有了较大的发展，仅1933年上杭才溪区就办有夜校66所。由于党和苏维埃政府的高度重视，苏区的扫盲运动取得了很大成绩，有的乡村扫盲率高达90%。如上杭才溪区，共8782人，除小孩外，有6400余人，不识字的只有10%，基本消灭了文盲。[①] 与闽西苏区一样，闽北苏区各级苏维埃政府文化部

① 《才溪乡消灭文盲运动成绩》，《青年实话》，1934年1月。

专门设立社会教育科，采取办工农夜校、识字班、成年补习学校及举行识字运动等生动活泼、切实可行的形式，发展社会教育，使得工人夜校、农民夜校、妇女识字班、读报小组、俱乐部遍地开花，文化教育运动发展到苏区的每个村落。

中央苏区（福建）教育事业的发展，促进了文化艺术的繁荣。苏区的机关、部队、工厂、医院、农村、学校都普遍建立了俱乐部，并组织了工农剧社、戏剧团、宣传队、歌咏队等。其中俱乐部影响最大。《红旗》第78期刊载署名文章，生动描述了闽西苏区以俱乐部为中心的群众文化繁荣景象："它（指俱乐部）的作用不但供群众游玩，而且是教育群众最好的地方。四周墙壁贴满了标语与画报。每晚有人做政治报告，有人讲故事，说笑话，演新剧，唱歌，呼口号。此外还有各式各样的乐器。全乡男女老幼每晚相聚一堂，欢呼高歌，真是十分热闹。"在俱乐部里，一些群众喜闻乐见的文艺节目深受欢迎，尤其是"每逢纪念节的文明新剧，革命小调，都普遍的有"。俱乐部寓教于乐，对苏区人民提高文化素养、增强政治热情起了其他方式所不能替代的作用。此外，苏区军民创作的山歌与歌舞生活气息浓厚，富有战斗力，颇受群众欢迎。如永定暴动前后的《农工歌》流传甚广。苏区人民用革命歌谣歌颂共产党、红军、革命领袖和红色政权。"娥眉月子角弯弯，红军来了最喜欢。农民翻身全靠党，共产党恩情永不忘。""月头一出高万丈，幸福山歌岗上唱。歌唱恩人毛泽东，歌唱救星共产党。""人民政权苏维埃，恩情比天还要大，领导人民分田地，分田分屋又废债。"革命歌谣的创作繁荣活跃，形式活泼，内容丰富，富有强大的革命鼓动性和战斗号召力。同样，苏区戏剧活动也蓬勃发展。从1929年开始，闽西苏区先后建立起众多的剧团。据1930年下半年统计，仅永定县就有6个区苏维埃办起了新剧团，80多个乡苏维埃建了俱乐部，龙岩小池区有8个新剧团。1930年闽西第一次工农兵代表大会期间，新剧团连演7天革命戏剧，可以说是苏区戏剧运动的一次大检阅。1933年，在汀州成立福建省苏剧团，演出的歌舞节目有《工人舞》《农民舞》《红军舞》《少年先锋队歌》《优待红属歌》《铁红军歌》《妇女解放歌》和活报剧《粉碎敌人的乌龟壳》《反对开小差》等。这些文艺作品大多紧扣时代脉搏，充满强烈的时代气息，通俗易懂，向文化层次不高的苏区民众揭露封建社会的黑暗，宣传革命道理，鼓舞群众的革命精神，起到团结人民、教育人民、打击敌人的作用。

为了让苏区军民有强健的体魄，以适应繁忙的生产劳动和频繁的对敌斗争的需要，中央苏区（福建）从红军部队到地方群众都开展了广泛的军体运动，并在此基础上利用重要纪念日或重大集会举办内容丰富、规模不等的体育大检阅或运动会，开展体育竞赛活动。苏区体育有三大特点：一是为革命的战争服务，重点放在军事体育方面；二是重视体育的群众化；三是经费依靠群众自力更生，设备因陋就简，就地取材。体育项目主要有田径、打拳、劈刺、投掷、跳高、跳远、瞄准射击、球类、高低栏、赛跑、竞走、跳木马、踢毽子、荡秋千、翻杠子、摔跤、普通体操等。1932 年 5 月，闽北苏区第一次体育运动大会在崇安大安隆重举行，有 2000 人参加比赛。[①] 从 1930 年 3 月至 1932 年 3 月，在闽西苏区共举行过 10 余次体育竞赛，由区、县、省、中央等各级政府分别组织领导。从 1932 年 3 月福建省苏维埃政府成立至 1934 年红军长征前夕，中央苏区福建省约计举行过近 20 次体育竞赛活动，大多由县、省组织，规模明显扩大，内容也大大丰富。1932 年 5 月 1 日，福建省第一次游艺体育运动会在长汀南寨广场举行，参加比赛的各县代表有上千人。[②] 一律打绑腿留短发的上杭才溪女子代表队获体操比赛第一名。体育工作的广泛开展，不仅增强了苏区军民的体质，而且对于创造铁的红军和群众革命武装，对于生产建设和各项革命工作，都起了积极的作用。

中央苏区（福建）各级党组织和苏维埃政府还大力开展医疗卫生工作，强调“苏区的卫生运动，是为了解除群众的切身痛苦，为了增强革命的战斗力，是苏维埃战斗任务的一部分”，要求卫生运动

① 福建省教育科学研究所等编《闽西苏区教育资料选编》，1986 年内部印行，第 1 页。

② 福建省体育文史工作委员会等编《闽西苏区体育》，1986 年内部印行，第 200 页。

长汀福音医院原是英国传教士创办的教会医院，1929年红四军入闽后，成为闽西苏区第一所为红军服务的医院。1933年初迁往瑞金，并改称“中央红色医院”。图为龙岩市长汀县城东门街东后巷58号福音医院旧址

“天天做、月月做、年年做，家家做、村村做、乡乡做”。[①] 苏维埃政府印发《卫生常识》及宣传画，介绍治疗常见病的中草药方和民间秘方；利用民歌宣传讲卫生的重要性，如“工农大众听分明，疾病也是大敌人。有病红军难打仗，有病工作做唔成”。同时，苏维埃政府在各区、乡、村以及机关、部队、学校成立卫生委员会，卫生委员会之下设立卫生小组，倡导禁吃霉烂食物，开展卫生大扫除、整顿居所环境等工作。通过这些活动和经常性的卫生教育，迅速扭转了群众有垢不除、有病不医的积习，养成了“人人好清洁，个个讲卫生”的好习惯、好风尚。苏区党组织和苏维埃政府以建立红军医院为起点，积极创建苏区的卫生事业。1929年5月，为了医治负伤、患病的红军战士和敌军俘虏兵，红四军在上杭县蛟洋石背村创办了闽西后方医院（亦称蛟洋医院）。后来该医院迁到长汀濯田，改名为福建军区后方医院总院，还在长汀的四都、南阳、宁化等地设立了分院。闽西苏维埃政府还接收了一个设备较齐全、规模较大的教会医院——汀州福音医院，全院医护人员达70多人，

① 中央内务部：《卫生运动纲要》（1933年3月）。

院长傅连暲。毛泽东和中央许多领导人都曾在该医院治疗、休养过。1933 年 2 月，该医院改名为中央红色医院并迁往瑞金。为了培养医疗卫生人才，傅连暲还主持开办了中央看护学校、红色医务学校，先后招收学员 80 多名。其培养的学员后来成为中央苏区的骨干卫生人员，为红色卫生事业打下了初步的基础。① 闽北苏区于 1930 年 3 月在崇安县大安的陈家垅创建了闽北红军医院，医务勤杂人员有六七十人，可容纳数百伤病员。后来在道观厂还设立了中医院，利用中草药治疗刀枪伤。不久又创办了调养所和残疾院。1934 年 8 月，闽北红军挺进建瓯、松溪、政和，在政和县东平乡半岭建立了红星医院。②

四、群众运动的开展

中央苏区（福建）的地域范围基本上都经历过国共第一次合作的国民革命运动的洗礼和大革命失败血与火的考验。大革命失败后，尤其是党的八七会议精神传达之后，福建各地许多优秀的共产党人深入广大农村，抛弃了国共合作时使用的国民党的旗帜，以国民革命运动中的群众运动组织为基础，广泛发动人民群众，围绕着土地革命和苏维埃运动，积极开展共产党独力领导的群众运动。中央苏区（福建）农民运动、工人运动、青年运动、儿童运动、妇女运动的发展，从一个方面奠定了共产党领导的创建革命根据地伟大斗争的群众基础，有力地促进了土地革命战争和苏区各项建设的胜利发展。

农民群众占中央苏区（福建）人口的绝大多数。1929 年 3 月红四军入闽后，十分重视帮助中共闽西地方组织整理和发展农民协会。同年 5 月，红四军政治部制定颁布了《农民协会章程》，指明发展农民协会的目的在于组织农民，发动农民，领导农民进行革命斗争，

---

① 彭小奇编著：《毛泽东教育思想研究》卷 2，湘潭大学出版社 2013 年版，第 114 页。

② 中共政和县委党史研究室：《政和革命史》，1997 年内部印行，第 28 页。

没收地主阶级田地分给农民，扫除一切封建势力，建立苏维埃政权，这为闽西各地党组织领导的农民运动指明了斗争方向。1930 年 10 月 28 日，闽西苏维埃政府颁布了关于组织贫农委员会的通告，指出："团结和训练农村中广大的贫农是目前主要工作"，"除雇农组织工会领导农村革命群众外，贫农亦同样要有严密的组织和训练——组织贫农委员会"。中共闽北地方组织在广泛发动农民群众参加农民协会的同时，为了更好地发挥农村中无产阶级（雇农）和半无产阶级（贫农）的作用，还组织了贫农团作为农会的骨干组织。稍后，闽西各县在贫农委员会的基础上也组织了贫农团。至 1929 年 11 月，闽西各县"赤色区域"公开农会已普遍建立，会员达 65.5 万人，"白色区域"也建立起秘密农会，有会员 5000 余人。1931 年 5 月底至 7 月间，红一方面军开辟了建宁、泰宁、将乐新苏区，随即在泰宁建立了县农民协会，并在建宁的 4 个中心区、将乐的 5 个区和 38 乡建立了各级农会；1932 年冬，建（宁）黎（川）泰（宁）苏区形成后，在建宁、泰宁 18 个区建立了各级农会。1933 年，中共漳州中心县委和闽南红三团也在靖和浦苏区范围内的 78 个乡建立了农民协会，有会员 1970 余人。中央苏区（福建）各地建立的农民协会，在苏区形成的初期发挥了动员和组织贫苦农民积极参加土地革命、向豪绅地主与反动分子进行斗争的巨大作用。此后，随着各级苏维埃政权的建立和发展，基层苏维埃政府逐渐替代了农民协会。

1929 年 9 月，中华全国总工会常委第二十二次会议讨论了苏区工会工作问题之后，制定了《苏维埃区域工会工作大纲》，提出苏区工会的根本路线是：要发挥无产阶级在农民斗争中的领导作用，"动员这些区域的城市工人（虽然数量很少）和乡村的广大雇工群众加入工会，建立无产阶级组织生活，从工会的组织与斗争生活中，给他们以实际的无产阶级革命的教育训练，使成为革命的中坚队伍"。①

① 中华全国总工会：《苏维埃区域工会工作大纲》（1929 年 12 月），中华全国总工会中国职工运动史研究室编《中国工会历史文献（1927.8—1930.3）》，工人出版社 1958 年版，第 350 页。

这个大纲对于怎样建立工会生活、工会的组织系统、工会的经济斗争等都做了原则规定。根据中华全国总工会《苏维埃区域工会工作大纲》的指示精神，中共福建地方组织认为“工人运动在革命中占非常重要的位置，尤其在农民运动到了暴动的时候，尤要工人起来做革命骨干，领导广大农民群众，以与反革命势力作艰苦的斗争，才能保障革命的最终胜利”①，将工人阶级及工会视为苏维埃运动的领导力量，积极组织工会，开展工人运动。在闽西苏区，至1929年11月，公开工会的会员已达1万人，秘密工会的会员达2000人。至1930年2月，全闽西工会会员已增至2万人，还组织了工会自己的武装队伍——工人纠察队，有队员约1000人。闽西苏维埃政府成立后，先后颁布了《工会法》《工会组织法》等法律法规，闽西各县纷纷建立起县总工会和各行业工会。在此基础上，1930年11月，闽西第一次工人代表大会召开，成立了闽西总工会。1931年11月，福建省苏维埃政府成立后，闽西总工会改为福建省总工会。1932年2月，闽赣两省工人代表大会在瑞金召开，大会选举产生了福建省职工联合会。福建省职工联合会所属产业工会和各县、市工会会员约11200人。在闽北苏区，1930年5月，崇安县苏维埃政府甫一成立，就同时组建了包括雇农工会、纸工工会、船工工会等的崇安县总工会，有1300多名会员。1930年7月，闽北苏区各级党的组织划归中共赣东北特区委领导。1931年初，中共闽北分区委成立后，成立了闽北分区职工运动委员会。7月，正式成立闽北分区总工会（后改称闽北职工联合会），接受赣东北特区总工会的领导，但由于闽北苏区与赣东北苏区长期未打通连成一片，闽北分区总工会具有相对的独立性。闽北分区总工会下设组织、生产、青工等部，闽北各县成立县总工会，各区成立区工会，乡、村设工会小组，各工厂、商店、合作社等也普遍建立了各种产业工会。闽北分区总工会为了在土地革命战争中充分发挥工人阶级的先锋楷模作用，以崇安400多名船工、纸工为骨干，成立了闽北红军教导团。此外，闽北分区总工会还派

① 《中共闽西特委扩大会议关于工人运动决议案》（1930年2月24日）。

出巡视员，加强对基层工会的指导、检查和督促。1931 年下半年，赣东北特区委、特区苏维埃政府升级为省委、省苏维埃政府（后赣东北省改称闽浙赣省）。中共闽北分区委十分重视工会工作，1932 年 7 月 4 日，中共闽北分区委执委扩大会议提出："党今后必须特别注意工会工作的领导，用很大的力量去帮助工会工作。要动员工人群众起来格外努力参加革命的一切斗争，格外积极拥护苏维埃和红军，以确立对农民的领导作用。"[①] 1933 年初，闽浙赣省总工会重新颁布了《工会暂行组织条例》，闽北分区的工会组织更趋规范。同年 5 月，闽北分区划归中央苏区闽赣省。在闽西北的建（宁）黎（川）泰（宁）苏区，1931 年 6 月建立了泰宁县总工会，1932 年冬建立了建宁县总工会以及 18 个区工会。中央苏区（福建）各地工会建立后，各级党组织和苏维埃政府通过工会加强对工人群众的宣传教育；改善工人的生产条件和生活待遇；积极增加生产，并组织工人纠察队，监督和防止资本家或奸商破坏；动员和组织工人加入红军和运输队、担架队，参加和支援反"围剿"战争。

为了维护工人群众的利益，调动工人群众参加革命斗争的积极性，中央苏区（福建）各地都先后制定了《劳动法》。如 1929 年 10 月召开的上杭县工农兵代表大会、1930 年 2 月召开的永定县第二次工农兵代表大会、同年 3 月召开的闽西第一次工农兵代表大会，均制定了《劳动法》，规定"工人有组织工会、言论、集会、出版、罢工之自由权"，"取消工头制度，不准工头克扣工资"，"厂主不得侮辱女工"，等等，[②] 用以维护工人群众的正当权益。但是，从 1930 年 5 月在上海召开的全国苏维埃区域代表大会通过的《劳动保护法》，到 1931 年 11 月在瑞金召开的中华苏维埃共和国第一次全国代表大会通过的《劳动法》，关于工人劳动保护的条文，都或多或少带有不切实际的"左"的倾向。王明"左"倾教条主义在中央苏区推行后，

① 《闽北分区委员会关于五个月工作计划》（节录）（1932 年 7 月 4 日），福建省总工会工运史研究室等编《福建工运史料汇编》，1983 年。

② 《闽西第一次工农兵代表大会法案——劳动法》（1930 年 3 月 24 日）。

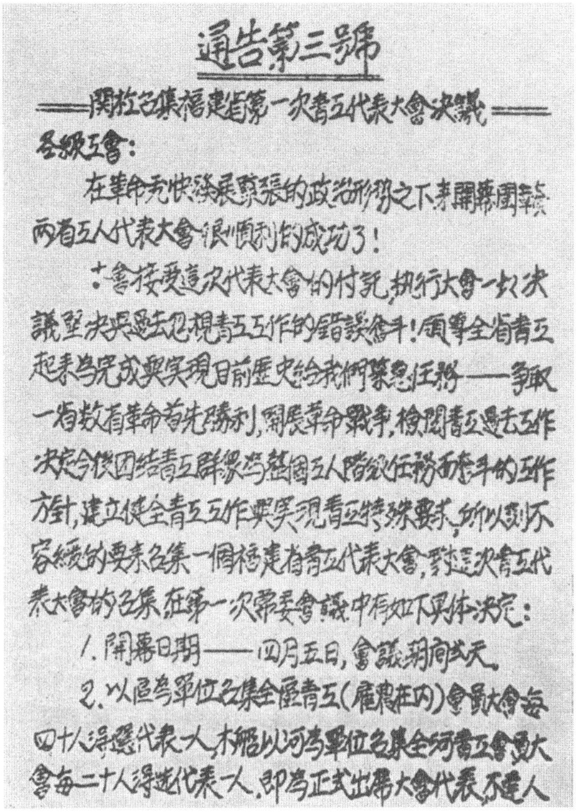
通告第三號
——關於召集福建省第一次青工代表大會決議——
各級工會：
在革命飛快發展緊張的政治形勢之下才閉幕閩贛兩省工人代表大會很順利的成功了！
本會接受這次代表大會的付託，執行大會一切決議堅決與過去忽視青工工作的錯誤奮斗！領導全省青工起來為完成與實現目前歷史給我們緊急任務——爭取一省數省革命首先勝利，開展革命戰爭，檢閱青工過去工作決定今後團結青工群眾為整個工人階級任務而奮斗的工作方針，建立健全青工工作與實現青工特殊要求，所以刻不容緩的要來召集一個福建省青工代表大會，對這次青工代表大會的召集在第一次常委會議中有如下具體決定：
1. 開幕日期——四月五日，會議期間二天。
2. 以區為單位召集全區青工（雇農在內）會員大會每四十人得選代表一人，木船以河為單位召集全河青工會員大會每二十人得選代表一人，即為正式出席大會代表，不選人

因为中央苏区福建省职工联合会1932年2月19日就召集福建省第一次青工代表大会发出的《通告第三号》

更是机械执行赤色职工国际中国工会作出的决议，实行全面反对资产阶级和上层小资产阶级的策略和“左”的劳动政策及经济政策，忽视了中央苏区的私营工商业均是中、小企业的实际情况，工人工资待遇、劳动条件及福利要求提得过高，影响了私营工商业生产的维持和发展，给苏区经济建设和工会工作带来了严重危害。1932年10月，毛泽东在苏区中央局宁都会议上对这些“左”的倾向提出不同意见，但遭到“左”倾教条主义领导人的打击。1933年1月，陈云进入中央苏区担任中华全国总工会苏区中央执行局党团书记、副委员长。他刚到长汀就召集福建省职工联合会的同志开座谈会，了解有关情况；同年4月，陈云经过调查研究，在中共苏区中央局机关刊物《斗争》上发表了《关于苏区工人的经济斗争》一文，指出“在领导工人经济斗争中，还存在着另一种极端危险的‘左’的错误倾向。这种倾向，表现在只看到行业的狭小的经济利益，妨碍了发展苏区经济、巩固苏维埃政权的根本利益”，“机械地执行只能适用于大城市的劳动法，使企业不能负担而迅速倒闭”；认为上述错误“主要来源于政治上的工团主义，同时也由于我们在领导工人经济斗争中间，采取官僚主

义态度，并不深入群众，不去估量商店、作坊各种不同的实际情形，只是提出一般的并不适合企业的笼统的要求和纲领”①。6月，陈云从瑞金来到长汀，从指导汀州果业店员重新订立劳动合同入手，纠正“左”的倾向。此后，陈云又连续在《斗争》上发表了《怎样订立劳动合同》《克服工会工作的落后》等文章，推动对“左”的错误的纠正。在毛泽东、陈云的推动下，1933年3月28日，中央人民委员会第38次常会讨论决定修改《劳动法》，以适应中央苏区的政治、经济环境。同年10月15日，中华苏维埃共和国临时中央政府颁布了修改后的《中华苏维埃共和国劳动法》，变通了劳动时间，减少了休假时间，改变了付薪方式，减轻了业主负担，一定程度上纠正了“左”的倾向。

中央苏区（福建）青年运动在党领导的创建革命根据地的斗争过程中曾经发挥重要的作用，“在过去一切武装斗争中，冲锋陷阵的大部分是青年工农群众”，他们“无论经过怎样失败受怎样的打击，总是坚决地不灰心，誓不妥协地向前进”。② 随着中央苏区（福建）各个根据地的形成和巩固，苏区共青团组织和青年运动也不断发展壮大，各县、区、乡还纷纷组织起少先队、儿童团等青少年组织。在闽西苏区，1929年11月，共青团闽西特委成立；1930年8月，共青团闽西第一次代表大会在龙岩召开。此时，共青团在闽西已有1个特委、5个县委、2个特支、50多个区委、550余个支部，团员总数达3000人。③ 同年9月，受李立三“左”倾错误的影响，根据福建省总行动委员会的指示，闽西党、团等组织合并成立闽西总行动委员会，闽西总行动委员会内设青年工作委员会；两个月后，党中央召开的六届三中全会精神及其发出的《告青年团员书》传达到闽西，恢复成立了共青团闽西特委。1931年3月，共青团闽西特委划归“少年共产党苏区中央局”领导。同年5月，在永定虎岗召开的

① 陈云：《关于苏区工人的经济斗争》（1933年4月25日），《斗争》第9期。

② 《中共闽西第一次代表大会关于C.Y问题决议案》（1929年7月15日）。

③ 《闽西通知口头报告——闽西政治、经济及团的工作》（1931年2月19日）。

共青团闽西第二次代表大会强调，团的组织“要向工人雇农贫农开门，转变团的工作方法，加紧两条战线的斗争”[①]。8 月，少共闽粤赣省委成立，共青团闽西特委撤销。在此前后，错误的肃反运动使苏区团组织元气大伤，严重影响了青年运动的开展。1932 年 6 月，少共闽粤赣省第一次代表大会在长汀召开，成立了少共福建省委、少先队福建省总队和福建省儿童局；此后，少共福建省委先后辖有 2 个中心县委、10 个县委和 1 个特委。在闽北苏区，1928 年，建立了共青团崇安县委。1931 年 1 月，共青团闽北分区委成立，归共青团赣东北特委领导；共青团闽北分区委辖有 5 个团县委。随后，各县的区、乡和机关、学校、工厂、红军部队、群众团体等均相应地建立起团区委及团支部和团小组等基层组织。同年底，为了加强党对共青团的领导，中共闽北分区委在《党的建设》上发表了题为《加强党对 C. Y 的领导》等文章，论述了党对共青团的领导作用、领导方式等，并对做好闽北苏区团的工作提出了具体的意见；根据中共闽北分区委的指示，共青团闽北分区委进行了改组，选举产生了新的团闽北分区委。[②] 1933 年 5 月，共青团闽北分区委划归中央苏区少共闽赣省委领导。在建黎泰苏区，1932 年 11 月，建立了少共建黎泰（建宁）中心县委，下辖少共建宁县委、泰宁县委及黎川县委，少共建黎泰中心县委归少共江西省委领导。中央苏区（福建）共青团组织成为苏区各级党组织的坚强助手，广大团员青年成为实现党的中心任务的先锋模范。

妇女运动是苏维埃运动的一个重要组成部分。农村妇女占农村人口半数，注意解决农妇的切身利益，正确处理农妇特殊利益和农民整体利益的关系，最大限度地调动农民的积极性，是中国共产党对妇女运动的基本指导思想，它贯穿了整个土地革命时期。党的六大通过的《妇女运动决议案》指出：“应直接提出关于农妇本身利益的具体要求，如继承权，土地权，反对多妻制，反对童养媳，反对

---

① 《闽西团二次大会的经过与精神》（1931 年 5 月）。

② 陈哲群等：《黄道传》，江西人民出版社 2000 年版，第 85 页。

强迫出嫁，离婚权，反对买卖妇女，保护女雇农的劳动”。同时强调：“现时农妇中工作的口号，要注意与一般农民的口号相连贯，而为一般农民所同情。”① 为了统一组织和领导苏区的妇女运动，中央苏区（福建）根据党和苏维埃政府的有关决议，早在1928年8月永定溪南区苏维埃政府成立的同时，就成立了区、乡妇女联合会；此后，在整个中央苏区存续期间，各级苏维埃政府均设立有妇女委员会和妇女部②。各级苏维埃政府还具体制定了妇女运动的工作路线，要求必须领导妇女为自己切身利益特别是经济利益而斗争，摆脱旧礼教、旧势力的束缚，建立健全妇女自身组织，加紧培养妇女干部；要求“必须引进妇女参加代表委员会及一切实际工作，要分配适当工作叫参加政权的妇女去做，要使妇女利用政权，为妇女群众谋解放，以提高妇女的政治地位，而加强妇女对苏维埃的认识和信仰”③。为了吸收妇女参加苏区的各项工作，中央苏区（福建）普遍建立了女工农妇代表会议制度，由基层选举女工农妇代表，由女工农妇代表会议选举成立妇女运动团体，在闽西普遍成立了妇女联合会，在闽北则普遍成立了妇女解放委员会。这些妇女运动团体，“凡乡苏讨论的，她们都讨论，除对慰问红军、推销公债、发展生产等极其努力外，本身利益如婚姻问题也常讨论，解释婚姻条件给妇女听”④。女工农妇代表会议制度的建立，推动了苏区妇女运动的发展，把绝大多数苏区农村妇女团结在苏维埃的周围，为自身解放而斗争。

土地革命前，福建广大妇女在政治上没有地位，经济上不能独立，文化上愚昧无知，生活上悲惨痛苦，农村劳动妇女受封建婚姻迫害的现象是十分普遍的。为了广泛地发动妇女群众，中央苏区（福建）创建之初就提出了“解除封建婚姻”“婚姻自由”的口号。

---

① 《妇女运动决议案》（1928年7月10日）。

② 闽西第一次工农兵代表大会《苏维埃政府组织法案》（1930年3月）。

③ 《中共闽西特委第二次扩大会议关于妇女运动问题决议案》（1930年2月28日）。

④ 《才溪乡调查》（1933年11月），《毛泽东文集》第1卷，人民出版社1993年版，第329页。

溪南区苏维埃政府在1928年8月首先颁布了婚姻条例。此后，闽西苏维政府成立时也颁布了婚姻条例。这些条例提出了结婚、离婚自由，反对买卖婚姻，废除童养媳等重要原则。但是妇女要求离婚者日益增加，又引起农民及部分红军士兵的恐慌。针对这种现象，1929年7月，中共闽西第一次代表大会指出，“妇女要求解除的不仅是离婚一件事”，还必须“反对旧礼教的束缚，经济不平等，政治地位的低落等”；提出“不要制止妇女离婚，使妇女失望，也不要鼓动妇女离婚，使农民恐慌”。① 1931年，中华苏维埃共和国中央政府成立后，又先后颁布了婚姻条例和婚姻法，其基本内容为：确定男女婚姻自由的原则，实行一夫一妻制；在离婚问题上偏于保护妇女；保护军婚以及从保护儿童的利益出发，“禁止虐待抛弃私生子”等。到1934年，在中央苏区（福建）都实行了这一法令，民主主义的婚姻制度取代了封建主义的婚姻制度。1932年，根据中华苏维埃共和国颁布的《妇女生活改善委员会组织纲要》的规定，中央苏区（福建）各级苏维埃政府都设立了妇女生活改善委员会，“调查妇女的生活，具体计划改善妇女生活的办法，向人民委员会或各级政府的主席团会议提议”，努力改善苏区妇女的生活。②

中央苏区（福建）在群众运动中普遍建立起来的农民协会、工会、妇女联合会、共青团及少先队和儿童团等群众团体，发挥了动员和组织苏区人民群众的巨大作用。苏区各级党组织和苏维埃政府通过这些群众团体，教育和引导人民群众，提高了人民群众的政治觉悟，有效地维系了苏区党组织、苏维埃政府与广大人民群众的血肉联系，使组织起来了的人民群众紧紧团结在中国共产党和苏维埃的周围，极大地壮大了革命力量；苏区各级党组织和苏维埃政府通过这些群众团体，还训练并提高了革命骨干分子的工作能力和政治水平，培养造就了一大批干部后备力量。通过群众运动广泛深入的

---

① 《中共闽西第一次代表大会关于妇女问题决议案》（1929年7月15日）。

② 《中华苏维埃共和国妇女生活改善委员会组织纲要》（1932年4月28日），中共江西省委党史研究室等编《中央革命根据地历史资料文库·政权系统（6）》，中央文献出版社、江西人民出版社2013年版，第261页。

开展，中央苏区（福建）各级党组织和苏维埃政府积极维护人民群众的政治和经济权益，改善了人民生活，提高了穷苦工农群众的社会地位，人民群众翻身做了社会的主人；通过群众运动的广泛深入的开展，激发了人民群众投身苏维埃运动和土地革命的高度积极性、创造性。人民群众积极参加苏维埃政权建设，使苏维埃真正成为了人民自己的政权；积极参加苏区经济和社会各项建设，发展生产，进行社会治理，使中央苏区（福建）焕发了勃勃生机；积极拥护红军、帮助红军、优待军属、参加红军，争取了土地革命战争的不断胜利。

中央苏区的群众运动是中国共产党局部执政的一个重要内容，其所体现的苏区社会巨大的动员、组织能力和高度的动员、组织程度，展现了波澜壮阔的历史画卷。

五、中央苏区（福建）的秘密交通线

中国共产党成立后，由于全国的水陆交通和邮电都掌握在反动统治阶级手中，中国共产党根据各地党组织工作联系的需要，很快就着手建立了党内交通。1927 年，党的八七会议决定在党内建立全国性的交通网。此后，随着革命根据地的建立，党内交通除了秘密交通之外，又有了武装交通。1929 年 12 月，中共中央发出给中共福建省委的指示信，要求福建省委“必须与闽西红军、朱毛红军共同设立一独立的交通网”。中央认为“这一交通网，可以解决你们（指福建省委——引者注）与红军及红军与中央的联系问题”。[①] 中央指示信还指出：“解决这一问题，中央对闽、粤、赣及朱毛红军都有单独的指示”。[②] 根据中共中央的指示精神，1930 年初，中共闽西特委

---

① 《中共中央给福建省委并转军委的信——关于扩大红军问题》（1929 年 12 月 22 日），中共江西省委党史研究室等编《中央革命根据地历史资料文库·党的系统（1）》，中央文献出版社、江西人民出版社 2011 年版，第 683 页。

② 《中共中央给福建省委并转军委的信——关于扩大红军问题》（1929 年 12 月 22 日），中共江西省委党史研究室等编《中央革命根据地历史资料文库·党的系统（1）》，中央文献出版社、江西人民出版社 2011 年版，第 683 页。

在龙岩城水门设立了“闽西交通总局”，并在闽西特委所辖各县设立分支机构，形成机要交通网。

1931 年 11 月，中华苏维埃中央执行委员会第一次全体会议通过的《地方苏维埃政府的暂行组织条例》规定，乡苏维埃政府设“交通一人”；区、县、省苏维埃执行委员会设总务处（即秘书处），下设文书、印刷、会计、事务、收发、交通等股，区设“交通”1 人，县设“交通 2 人至 5 人”，省设“交通 4 人”。[①] 各级“交通”主要任务是传递文件、传达信息、与来往人员接头和护送干部。闽西苏区建立起来的交通线，主要是沟通龙岩、上杭、永定、武平、连城、长汀、宁化、清流和归化 9 个县委和县苏维埃之间的联系。闽西境内的交通线有四条：一是从紫金山经石门到上杭苏家坡，然后分别通往连城、长汀、武平；二是从紫金山经虎岗、庐丰、上杭到长汀；三是从紫金山经赤坑、后田、新祠、板寮到南靖；四是从赤坑去平和、诏安，直通大埔和汕头。随着形势的发展，为了进一步稳定和扩大闽西的交通，后来其交通路线在原有基础上略有增加，如龙岩至永定的湖雷和龙岩至漳平等路线。[②] 其间“由于战争的关系，交通路线经常有所改变，领导机关所在地因形势变化也经常迁移”[③]。1931 年秋，中共武平县委派象洞区委宣传部长陈仲平到广东梅县松源中学以读书为名，开辟了一条从松口、松源到武平象洞沿汀江西岸北上长汀、瑞金的交通线。[④] 中华苏维埃中央执行委员会交通局还创建了“汕头——澄海县——饶平县黄岗镇——福建省平和县——

① 《地方苏维埃政府的暂行组织条例——1931 年 11 月中央执行委员会第一次全体会议通过》（1931 年 11 月），中共江西省委党史研究室等编《中央革命根据地历史资料文库·政权系统（6）》，中央文献出版社、江西人民出版社 2013 年版，第 85、88、89、90 页。

② 参见栾振芳：《一条打不垮的红色生命线》，中共福建省委党史研究室等编《中央红色交通线研究》，中共党史出版社 2015 年版，第 193—194 页。

③ 李沛群：《关于中共中央交通局从上海到闽西苏区的交通路线情况》，载中共广东省委党史研究室等编《红色交通线》（内部资料），1986 年。

④ 中共福建省龙岩市委党史研究室：《闽西人民革命史》，中央文献出版社 2001 年版，第 283 页。

大埔县——永定的交通线，此线1930年是畅通的……后来中断了”，“另外，厦门——漳州——龙岩——永定——上杭——长汀的交通线，1932年五六月间……中断了”。[①]

此外，1930年，中共中央作出了将上海党中央机关转移到中央苏区的决定。为了实现这一重大决策，在周恩来的直接领导下，于1930年秋冬之间，由中共中央交通局新开辟了一条从上海到江西瑞金的秘密交通线。这条秘密交通线由上海经香港、广东汕头（潮州）、大埔（旧县城茶阳）、埔北（青溪）、福建永定陶坑，进入闽西苏区，长达数千公里。[②] 这条秘密交通线由中共中央交通局直接领导，沿途各地党组织和革命群众承担了秘密交通线上各中转站的创建任务。其间，毛泽东于1930年6月派卢肇西往上海与中共中央联系。年底，根据卢肇西带回来的中央指示精神，中共闽西特委组建了“闽西工农武装交通站”（1932年1月后改称“闽西工农通讯社”），担负起在这条秘密交通线上中央苏区（福建）衔接瑞金、广东和上海党中央的重大使命。

从上海至永定进入中央苏区，然后经合溪、虎岗、上杭白砂、旧县、南阳、长汀、瑞金的这条秘密交通线，成为沪、港、粤东通向中央苏区的主要干线，是中央苏区与外界联系的主要通道。到1933年初中央苏区第四次反“围剿”前后，这条交通线成为通往中央苏区的唯一通道，担负了党交付的各项重大任务。

其一，传递党中央与中央苏区的文件和宣传品，兼探听各地反动派的消息及其他各种消息。1931年3月，中共中央向各苏区及红军发出建立交通关系和报告制度的指示，要求所有苏区一定要根据中央提出的报告提纲，在每月初一及十五日形成报告上送中央，叙述各苏区的情形。要求报告内容充实和切实遵守期限，还必须注意秘密工作的要求，报告信必须简短，应经过负责同志的修改与签名。

---

① 李沛群：《关于中共中央交通局从上海到闽西苏区的交通路线情况》，载中共广东省委党史研究室等编《红色交通线》（内部资料），1986年。

② 中共中央办公厅机要交通局党内交通史料征集办公室：《革命战争年代的党内交通》（1981年10月1日）。

这条秘密交通线的文件传递任务十分繁重，为沟通中央苏区与党中央的联系发挥了巨大作用。中共中央军委书记周恩来对苏区来的文件非常注意，他要求凡是苏区来的信件首先要抄出来尽快送给他看。

其二，运送物资。这条交通线除先后输送食盐、布匹、药品以及电器、印刷、军械等物资300多吨外，还担负着把中央苏区在斗争中缴获的黄金、白银、现钞交给党中央的任务。

其三，护送来往干部。从1930年到1933年1月，由上海至永定交通线进入中央苏区的党的领导干部计有200多人。周恩来、叶剑英、邓小平夫妇、刘少奇、项英、任弼时、何叔衡、刘伯承、左权、瞿秋白、董必武、谢觉哉、林伯渠、李六如、毛泽民、阮啸仙、李富春、蔡畅、邓颖超、聂荣臻、祝志坚、王盛荣、欧阳钦夫妇、戚德元、陈彭年、吴芝圃、钱之光、吴亮平、杨尚昆、陆定一、张闻天、萧劲光、张爱萍、李克农、冯文彬、胡耀邦、曾三、朱瑞、陈赓、胡底、钱壮飞、王观澜、李伯钊、刘英、王稼祥、伍修权、张经武、李一氓、危拱之、郭化若、程子华、贾拓夫、廖似光、凯丰、张心如、严重、蔡树藩、陈友梅、乐少华、贺昌、伍云甫、黄甦、李卓然、成仿吾、曾希圣、刘少文、王秉章、张然和夫妇、刘伯坚夫妇、贺诚夫妇、梁广、博古、李德等都是经过这条秘密交通线进入中央苏区的。到1933年，这条秘密交通线上的交通员历尽艰险完成了党中央从上海转移到中央苏区的干部护送任务。①

“由汕头、大埔、青溪、永定、上杭、汀州、古城到瑞金这条交通线，是苏区党组织最早开辟的，也是一条自始至终唯一没有被敌人破坏了的交通线”。② 中共中央之所以决定开辟这条交通线，是经过慎重考虑的。这条交通线以水路为主，迂回曲折，易于秘密隐蔽，对秘密交通员的管理也有着严格的规章制度。交通员所担负的任务

---

① 中共中央办公厅机要交通局党内交通史料征集办公室：《革命战争年代的党内交通》（1981年10月1日）；卢伟良：《在大埔交通站时期》，见广东《梅江文艺》，1980年第2期。

② 曾昌明：《保卫交通站的斗争》，见中共中央办公厅机要交通局编《党内交通史料选编》第一辑，1981年10月，第169页。

极为重要，护送的都是党的重要领导干部，护送途中不允许有任何失误，作为直接领导的周恩来曾对交通员的选定条件定了几条原则：首先，要党龄长，政治上坚定可靠；其次，有丰富的对敌斗争经验，机警灵活，枪法要准；再次，身体要健壮，能够胜任长途跋涉。周恩来还特别强调交通员要有一定文化，记忆力要强。因为当时许多文件、情报的传递为减少风险往往要求交通员将内容全部背记下来口头传达。对交通员的纪律要求严明，要求如发生突发情况要用生命保护领导干部的安全。遇事要沉着冷静、机智勇敢。万一被敌抓捕，不得供出战友和护送干部的一切秘密。为确保整条交通线的畅通和安全，交通站专门制订了《秘密工作条例》，明确规定：交通员一日走 40 里至 70 里，机要文件要昼夜兼程 100 里，保证文件命令准时到达；在白区，每个省委由两个交通员同中央交通局联系，白区的交通员不准泄漏任何秘密，不准谈来龙去脉，除直接口头向上、下级传达或汇报外，互相之间不来往，保持单线联系；交通站的专项经费，任何人不得动用或挪作他用；写过的复写纸、印过的蜡纸和有机密文字的纸屑要及时烧掉；交通员回站后应向站长报告工作完成情况和新收集的敌人动态、群众情况等作为交通线上斗争的参考资料和以后改线或选线的依据。在军事训练上，结合武装交通员要爬山、越岭、过河等特殊情况，针对性地组织强化训练。为了避免被当地巡逻的民团发现胶鞋的印痕，要求全体交通员在执行护送任务时要打赤脚，纵然面对的是陡峭的山路、扎脚的草丛、零乱的碎石。

这条从上海通往中央苏区的秘密交通线，犹如涌动着的红色巨流，川流不息，源源不断，在土地革命战争的白色恐怖的艰难环境下发挥了不可替代的特殊作用，被誉为“摧不垮、打不掉的中国共产党的生命线”。

第九章　第五次反“围剿”前后

一、中央红军东方军入闽作战

1933年3月，中国工农红军取得了第四次反“围剿”的胜利。此时，已于年初从上海迁入中央苏区的以博古为首的中共临时中央进一步推行其“左”倾教条主义的政治路线和军事路线，提出所谓“创造百万铁的红军”“全线出击”和“两个拳头打人”的战略，命令红一方面军的红一军团和红三军团两支主力部队分别在江西战场和福建战场上与强大的敌军进行冒险的决战，以图在两个战场上同时求得迅速的胜利。

7月1日，中革军委根据中共临时中央的作战方针和作战计划，以红三军团（除第六师）和第十九师组成东方军（随着战争的发展，红三军团第六师、红五军团第十三师、红七军团第二十师以及第二十一师之一部，陆续编入东方军序列），任命彭德怀兼东方军司令员，滕代远兼政治委员，邓萍兼参谋长，袁国平兼政治部主任。同时，为了协同作战，着彭、滕就近指挥福建军区、闽赣军区的地方部队。东方军的作战任务是“恢复闽西沦陷的连城、新泉苏区和开辟闽北新苏区”①，以便配合争取江西革命的首先胜利。

7月2日，彭德怀和滕代远率领东方军由江西广昌的头陂地区出发，以第四师为左路，第五师为右路，红三军团直属队为中路，经新安、白水、中寺、杨家排、松树坪、小松和石城等地向福建进军。

① 《中革军委关于执行中央作战计划指示的布置》（1933年7月1日）。

7 月 5 日，东方军主力到达福建宁化县以西的济村、武层、禾口一带，开始在福建境内作战。

此际，福建境内的国民党军以第十九路军为主力，其总指挥部驻漳州，第六十师驻龙岩、新泉地区，第六十一师驻泉州、永春地区，第七十八师驻连城、漳平地区，补充师驻福州地区；归第十九路军指挥的地方军阀部队卢兴邦的新编第二师驻宁化、清流、明溪地区，张贞的第四十九师驻永定、漳州地区，刘和鼎的第五十六师驻延平、建阳地区。

东方军入闽后，彭德怀等根据敌情，决定积极展开进攻，先取泉上，再同时攻嵩口、清流，调动援敌，在运动中消灭国民党第十九路军之第七十八师。

7 月 6 日，彭德怀、滕代远率部抵达泉上。泉上位于宁化东北部，是闽西北之重镇，其东与明溪接壤，南邻清流，西靠宁化县城，北与将乐、建宁毗邻，地扼宁化、清流、明溪三县的咽喉，不仅在交通上是闽西与闽北贯通的必经要冲，且在军事上亦是兵家必争之地。泉上土堡建于明末清初，城墙坚固，易守难攻，除由“闽北王”卢兴邦部之第三〇七团驻守外，还有宁化、清流、石城、长汀等县逃来的地主武装 400 余人。土堡内囤积有大批粮食、食盐和军用物资，是敌人负隅顽抗的堡垒。拔掉泉上土堡，不但可以为东方军向东推进、扩大中央苏区范围扫除障碍，而且可以解决东方军自身的物资补给问题。彭德怀、滕代远从战场的实际出发，决定采取围点打援的战术，以红五师主力围攻土堡，进行坑道作业，另以红四师主力进抵清流的延祥、石狮岭设伏，准备打击敌人增援部队。

泉上被围之后，卢兴邦依仗其所部武器装备精良、兵多势众，急令一五六旅旅长张兴隆率第三〇九团从清流的嵩口坪北上增援。7 月9 日，红四师在师长张锡龙、政委彭雪枫的指挥下，在延祥、石狮岭一带利用有利地势一举打垮援敌，击毙敌一五六旅旅长张兴隆，俘虏三〇九团团长卢胜斌及营长 1 名，俘虏连以下官兵 300 多人，缴获步枪 400 余支、轻机枪 4 挺。当日，红五师第十三团引兵东进，击溃明溪县城的守敌一个营，占领明溪县城。红四师乘胜占领了清流的嵩溪。接着，彭德怀、滕代远命令红四师进一步向清流的嵩口坪急进。7月12日，红四师夺取嵩口坪，切断了卢兴邦部的给养运输线。14日晚，盘踞在清流的卢兴邦部两个团慑于东方军的威力，连夜弃城逃向永安，红四师第十、第十一团等进占清流，第十二团解放清流西南大片县域。福建军区红三十四师于连城与清流交界一带积极开展游击战，并在雾阁、马屋附近击溃从连城增援清流的敌第七十八师一个团，乘胜进占上堡。至此，卢兴邦部在宁化、清流、明溪等3县的兵力，仅剩下被东方军包围在宁化泉上土堡的第三〇七团。

红五师围住泉上土堡后，用10多天时间，挖了一条10余丈长的地道直至土堡城墙下，并安上三副装满土硝（炸药）的棺材，准备实施爆破。7月19日拂晓，围困泉上的红五师第十五团和红十九师用土硝炸开土堡围墙，攻进了泉上土堡，全歼敌第三〇七团和所有地主武装，计毙敌300多名，俘敌900多名，缴获步枪750多支、迫击炮3门、机关枪3挺、驳壳枪60多支以及大量的粮食、食盐和其他物资。

在东方军拔除泉上土堡后，中革军委命令彭德怀和滕代远率部由北往南攻打连城县城。连城于1933年初被国民党军第十九路军侵占。连城守敌为第十九路军的区寿年七十八师，辖两个旅、六个团，师部还配有炮、工、辎重、特务等直属分队，总兵力万余人；全师配备德国式装备，武器精良，训练有素，战斗力较强。同时，连城的野战工事强固，易守难攻。根据实际情况，彭德怀和滕代远决定以福建军区红三十四师在朋口以北牵制连城守军，东方军主力首先进攻朋口、莒溪，以调动龙岩、连城守军出援，各个击破，而后乘势夺取连城。

7月27日，为了麻痹和牵制敌人，彭德怀命令红三十四师和红四师一部对驻连城四堡、北团的敌七十八师两个团发动佯攻，使敌人产生东方军由北向南进攻连城的错觉。同时，红四师和红十九师从宁化绕道南下，悄然向长汀的钟屋村集结。29日，红四师和红十九师从钟屋村出发包围了朋口、莒溪，并先向莒溪守敌发起进攻。

红四师和红十九师夺取莒溪后，转攻朋口，激战一整天未能突破，后撤到5华里外的张家营。当晚，红四师和红十九师从张家营夜袭朋口，全歼守敌。连城之敌得知朋口、莒溪被围攻，立即派出第四六六团从连城前往增援。此时，彭德怀已命令红五师第十三团于29日清晨抢占了朋口东侧的贵仞山制高点。31日拂晓，连城援敌赶到贵仞山前，企图争夺这个制高点。红十三团立即以一营迂回到敌后，前后夹击，歼灭援敌大部，敌团长钟经瑞率残部向连城方向回窜。至此，东方军歼灭敌区寿年师第四六六团、四六七团两个团之大部，取得了朋口战役大捷。

8月1日，红四师、五师、十九师、三十四师于连城东面的下堡胜利会师。8月3日，连城守敌区寿年第七十八师仓皇弃城逃往永安，东方军进占连城。当天，彭德怀即令红四师、十九师、三十四师追击逃敌。敌第七十八师尚存的四个团及师直属部队刚撤到连城姑田镇，被东方军追击部队一阵猛打猛冲，顿时大乱，纷纷丢弃枪械、行李、辎重，夺路而逃。中午，东方军追至永安小陶，再歼敌第七十八师一个团。

东方军攻下朋口后，不费一枪一弹，就收复了连城、新泉、白沙、大洋坝等老苏区，并乘胜开辟了泉上、清流、归化、泰宁等新苏区，赤化地域方圆五六百里，使闽北、闽西两块苏区再次连成一片，完成了入闽后的第一阶段作战任务。①

8月13日，中革军委发电命令东方军立即北上进攻洋口、延平(今南平)，展开第二阶段作战。8月16日，彭德怀留下红三十四师驻守连城，率东方军主力挥师北上，拟夺取将乐、顺昌、延平、沙县等地，开展中央苏区的东北战线，消灭闽北之敌刘和鼎、周志群部，进一步创造粉碎敌人第五次“围剿”的有利条件。中革军委为加强东方军作战力量，决定红三军团第六师、闽赣军区第二十一师第六十一团加入东方军，又以红五军团第十三师和第二十师为抚东支队，配合东方军作战。

---

① 《东方作战军的光荣战绩》，《红色中华》第103期，1933年8月19日。

8月19日，彭德怀率领东方军到达明溪。21日，东方军司令部发出消灭洋口、顺昌、将乐之敌的作战命令。23日，红四师、红五师等进抵沙县的夏茂、高桥地区。是日，红六师一部进占将乐、泰宁交界的万安寨，击溃敌刘和鼎五十六师一部，缴获一批枪支弹药和其他军用品，同时袭取漠布，按计划直逼将乐城下。24日，东方军兵分两路，一路从夏茂出发，经郑坊、蛟溪直驱顺昌县城，一路从高桥出发，经延平的王台镇转攻洋口。洋口守敌五十六师孔海琨团和洋口水警队丧胆落魄，仓皇逃窜。8月25日，彭德怀率红四师攻占了顺昌的洋口镇和延平的峡阳镇这两个闽江上游重要的商埠，击溃敌五十六师3个团，缴获机枪4挺、火轮3艘、食盐15万斤和大量其他军用品，并筹款10万元。接着，东方军红四师、五师、十九师又将顺昌、延平隔断并围攻两城。红六师及红二十一师第六十一团也从江西黎川及福建泰宁南下，包围将乐县城。至此，敌刘和鼎第五十六师被分割包围，如惊弓之鸟，在延平一面拼命加固工事，一面不断向第十九路军发出求援急电。敌第十九路军总指挥蔡廷锴命令第六十师由龙岩进至永安、第六十一师由泉州向沙县集中，蔡廷锴亲率补充师由福州进至古田莪洋，拟增援五十六师。

此时，红一方面军指挥部已从江西东移，经建宁抵达泰宁县城组织指挥。彭德怀、滕代远根据顺昌、将乐、延平三座县城的地形和敌我态势，决定仍采用围点打援的战术，佯攻延平，集中优势兵力歼灭来援之敌。

8月30日，彭德怀在洋口下达向延平挺进的命令。31日，东方军主力从东西两侧围困延平城，加紧佯攻。但蔡廷锴所部行动谨慎，增援不积极。9月3日，彭德怀命令红四师的第十团和红五师的第十三团沿闽江东下，阻击敌第十九路军补充师，歼敌1个营，击溃2个营。十九路军为解延平之围，命令毛维寿部开往延平增援。9月17日，敌第六十一师三六六团3个营及第七十八师1个营、第五十二师1个营由沙县开往延平增援。彭德怀即令红五师主力前往延平的西芹截击。9月18日晨，红五师第十三团在木芹山与该敌遭遇。东方军战士勇猛冲杀，敌人溃不成军，纷纷缴枪投降。东方军乘胜直追数十里，将敌第十九路军中号称最有战斗力、从未打过败仗的第三六六团全部歼灭。

第十九路军与东方军交战连吃败仗，蒋光鼐、蔡廷锴等深感若再服从蒋介石命令积极“剿共”，不仅没有取胜希望，还有被消灭的危险，于是派陈公培到前线与东方军联络，表示愿意和谈以求共同抗日反蒋。双方在延平王台东方军司令部会谈数日，同意在前线休战，第十九路军派代表赴瑞金继续谈判。随后，彭德怀下令将乐、顺昌、延平、沙县前线转为休战状态。

1933年9月23日，中央红军东方军司令员彭德怀等与十九路军代表就红军与十九路军双方停止内战、联合反蒋抗日等事项进行谈判，并达成临时停战协定。图为南平市延平区王台镇王台八角楼东方军与十九路军谈判旧址

9月下旬，蒋介石开始对中央苏区发动第五次“围剿”。9月28日，中央苏区黎川失守。9月29日，中革军委命令东方军由将乐、顺昌撤围，于泰宁集中待命。10月5日，东方军根据中央指示分为两个纵队经大干、朱口、新桥回师江西，结束了东方军的第一次入闽作战。

1934年1月2日，中革军委发出《三、七、九军团之动作指示》，命令以红三军团、红七军团第十九师和红九军团组成东方军，第二次入闽作战。1月4日，红十九师从泰宁出发，于8日抵达沙县城外待命；1月4日，彭德怀、杨尚昆率红三军团从江西白水出发，经宁化、明溪等地，于10日进抵沙县的夏茂一带，准备攻占沙县；此时，红九军团已从泰宁出发截断了沙县与顺昌间交通，阻止顺昌之敌增援沙县。11日，红三军团决定由第五师和第六师主力协同攻城，第四师和第六师一部阻击福州、延平、三元等各方向援敌。12日夜，红五师攻击沙县未克。13日，红四师和红六师一部在青州击溃援敌一部，俘敌1300余人。14日，东方军开始坑道作业，准备爆破攻城，同时调整部署，改由红四师、红六师为攻城第一、第二梯队。红五师撤出，转向尤溪，18日攻占尤溪涪头，缴获敌卢兴邦部兵工厂全部设备及山炮4门、枪100余支、弹药10余担。22日，东方军爆破攻城，又未能成功。25日，增加炸药至上万斤，将城墙炸开20余米宽的缺口，遂攻克沙县县城，歼敌2000余人，缴获步枪2000余支、机枪29挺、子弹10万余发，山炮8门、迫击炮10门、炮弹2万余发。31日，东方军从沙县转向明溪、将乐。2月9日，东方军攻占将乐。13日，东方军奉命离开将乐，经泰宁回师江西，于18日返抵广昌头陂地区，结束了第二次入闽作战。

东方军入闽作战，肩负着中共临时中央关于“筹款百万，赤化千里”的使命。在红一方面军总司令朱德、总政委周恩来等的正确领导下，在东方军司令员彭德怀等的指挥下，全军指战员英勇作战，在敌众我寡的形势下取得了赫赫战功，除了消灭大量敌人的有生力量和缴获大批军用物资外，还恢复了上杭、新泉、连城各县苏区，开拓了泉上、武平、清流、明溪、彭湃等苏区，新开辟了泰宁、将乐、顺昌、邵武、延平之间的数百里中央苏区新的区域。

东方军第一次入闽，在宁化、清流、明溪地区作战期间，彭德怀、滕代远就及时将清流、明溪一带赤白两种政权均无的情况向中央局及红一方面军的领导报告，并建议派人去恢复工作。1933年7月22日，中华苏维埃共和国临时中央政府第46次人民委员会会议当即作出决定，指出由于东方军的猛烈作战，清流、明溪、宁化、将乐、沙县的200多里，“反动政权推翻了，急须普遍的建设革命政权”，除决定在宁化境内增设彭湃县外，还责成有关部门立即派工作团到清流、泉上等地恢复工作。[①] 8 月 16 日，中央人民委员会第 48 次会议再作出决定，在福建省上杭增设代英县，在宁化增设泉上县，以汀州为中心增设兆征县。[②] 接着中央和福建省苏维埃政府先后派出 200 多人组成的工作团到连城、清流、明溪、泉上等县工作。东方军前后两次入闽作战，中央苏区闽赣省也派出工作团领导和帮助各地恢复和建立党组织、苏维埃政权，这一区域的苏维埃运动同样有了较大的发展。泰宁县苏维埃政府及其所属梅口、余坊、麻岭、泽坊区苏维埃政府都相继得到

大會的獎勵電

東方軍全體指戰員同志們：

你們在佔領沙縣的偉大勝利中，給與了第二次全蘇大會以最光榮的禮物。我們謹以十二萬的熱忱，接收你們這一禮物，并代表全國工農勞苦羣衆向你們致最熱烈的革命敬禮！

親愛的同志們：經過屢次的光榮戰鬥，我們現在已經打破了敵人五次

東方軍的禮物

我東方軍廿五日來電：本日拂曉我軍攻開沙縣城，將困守縣城之盧興邦匪部兩個團及特務匪千餘數全部繳我消滅，繳獲平射砲數門，機關槍數十挺，迫擊砲十餘門，步槍四千枝左右，俘虜敵四千餘人，虜逆兒子及旅團長等一齊被俘。其他勝利品正在清查中，這是我們獻給二次全蘇大會的贈品！我們并當乘勝發進，徹底消滅蔣介石的入閩主力，澈底粉碎帝國主義國民黨五次「圍剿」，把蘇維埃的紅旗插到全中國去！

到沙縣挑勝利品去

東方軍佔領了的沙縣，是一個很重要的城市，在那裏有電燈廠，有大規模的兵工廠，有大的電台，和大的醫院，尤其有許許多多的勝利品。我們現在要把他們運到蘇區中心區城來，就需要[illegible]萬伕子，同時我們還要派大批幹部到沙縣建立赤色政權去。全蘇大會的一部份代表已經熱烈的報了名。現在本報號召蘇區廣大[illegible]，夫子隊，

東方軍又打勝仗

▲包圍尤溪沙縣

▲擊潰白匪數團

東方軍來電：我東方軍之一部本月十六日擊潰援尤溪之敵[illegible]與朱部約二團，繳其團營長各一，雜人槍數十，現用品甚多，正在清算中。

又電：我東方軍之又一部，最近又在沙溪口與岸際援沙縣敵第四師一部，繳獲甚多，現尤溪沙縣二城被在我軍圍攻中，守敵恐慌萬分。

各地地方武裝的捷報

閩浙贛電：我獨立二團之一部，於本月

《红色中华》报道东方军攻克沙县的消息

《红色中华》报道东方军攻克沙县的消息

恢复；沙县、将乐两县先后建立了县革命委员会，并在万安、积善、水南、高滩、新路口、夏茂、高桥等区乡建立了苏维埃政权。与此同时，顺昌的大干、洋口、桥头和延平的峡阳等区乡也都先后建立了苏维埃政权。1933 年 9 月 24 日，毛泽东及项英、张国焘联名发表《中华苏维埃共和国临时中央政府成立两周年纪念对全体选民的工作报告》，高度赞扬“东方军的胜利，又从福建的龙岩、新泉交界，经

① 《人民委员会第 46 次会议》（1933 年 7 月 22 日），中共江西省委党史研究室等编《中央革命根据地历史资料文库·政权系统（7）》，中央文献出版社、江西人民出版社 2013 年版，第 861、862 页。

② 《人民委员会第 48 次会议》（1933 年 8 月 16 日），中共江西省委党史研究室等编《中央革命根据地历史资料文库·政权系统（7）》，中央文献出版社、江西人民出版社 2013 年版，第 921 页。

过连城、清流、归化（即明溪——引者注），一直到闽北的延平附近，这一大块区域，都变为苏维埃的版图了”①。

二、北上抗日先遣队入闽作战

1931年九一八事变后，民族矛盾急剧上升，国内阶级关系随之发生了新的变化，全国人民纷纷要求停止内战，抗日救亡。但是，蒋介石却无视全国人民的愿望，提出“攘外必先安内”的反动口号，顽固地坚持对日妥协和加紧扩大反共内战的反革命政策。与此同时，中国共产党内“左”倾教条主义统治了中央。第五次反“围剿”时，“左”倾军事指导方针已在红军中取得统治地位。面对国民党军队的“围剿”，“左”倾教条主义领导人完全摒弃了毛泽东等行之有效的正确战略战术原则，从军事冒险主义到军事保守主义，实行消极防御方针，造成了中央苏区第五次反“围剿”节节失利。到1934年夏，中央苏区已由原来的纵横各近千里缩小到各300余里，敌重兵压境，并不断向中央苏区中心区进逼，中央苏区的军事形势已十分危急。

此时，中共中央和中央革命军事委员会决定，以红七军团组成中国工农红军北上抗日先遣队。1934年7月，中央向红七军团发出“政治训令”和“作战任务的训令”，命令红七军团“应在中国工农红军北上抗日先遣队的旗帜下，经过福建而到浙皖赣边行动”，“到敌人的深远后方去，进行广大的游击活动，与在敌人最受威胁的地区，建立新的苏维埃根据地”，“猛烈扩大红军，广泛的繁殖新的游击队”，“宣传、发动、组织最广大的群众进行各种形式的反日反帝的民族解放斗争”②。中央要求红七军团于7月初立即出动，并限期完成“作战动作”：“第一步是由瑞金出动，经连城之北、永安东南，到达福州、延平间之闽江流域……约于二十五日到达闽清以西地域，并即侦察北渡”；“第二步是渡过闽江后，经古田庆元遂昌向浙西前

① 《红色中华》第122期，1933年10月27日。

② 《中共中央关于开辟浙皖闽赣苏区给七军团的政治训令》（1934年7月5日）。

进”，“八月中，七军团应抵杭江铁路之兰溪地域”；“第三步是要在八月下旬，在浙江及皖南地域，创立广大的游击地区和苏维埃的根据地”，从而推动全国抗日救亡运动的发展，同时“吸引蒋敌将其兵力从中央苏区调回一部到其后方去”，减轻中央苏区第五次反“围剿”的军事压力。[①] 中国工农红军北上抗日先遣队仍保持军团体制，下辖 3 个师，共 6000 余人，以寻淮洲为军团长，乐少华为政治委员，刘英为政治部主任，粟裕为参谋长。[②]

1934 年 7 月 6 日晚，中国工农红军第七军团从瑞金城南附近出发，经长汀古城进入福建境内，7 月 11 日，到达连城培田后转而向东，进入宁洋境内；与此同时，红九军团（军团长罗炳辉、政委蔡树藩）从江西广昌的新安出发，经驿前、石城、宁化、清流，于 7 月 14 日到达永安、宁洋一带。7 月 15 日，红七军团与红九军团先头部队在永安小陶会师。此后，红七军团在红九军团的护送下，开始了第一阶段的行动。7 月 21 日凌晨，红七军团进占大田县城，迫使“围剿”中央苏区的国民党军东路军回调 2 个旅的兵力尾随追击。7 月 22 日，红七军团撤出大田，分两路入尤溪，随后会师于尤溪坂面乡的蒋坑村。红九军团一部经南溪向尤溪口进军，另一部则向葫芦山前进，警戒延平方向的敌人，掩护红七军团行动。7 月 29 日，红七军团进占尤溪的尤溪口。翌日，红七军团一部在红九军团配合下，击溃敌福建省保安第一团 2 个连，占领了延平和福州之间的重镇樟湖坂，于午后全部渡过闽江。红九军团随即按计划西返中央苏区反“围剿”前线。7 月 31 日清晨，红七军团攻占古田的黄田，击溃守敌福建省保安第一团一部，当天进至谷口。至此，红七军团已完成了第一阶段的行动。

红七军团北渡闽江后，拟按原计划夺取古田县，然后北上浙西去皖南。但 7 月 31 日中革军委改变计划，电令红七军团东进占领水

---

① 参见《中央政治书记处、中央政府人民委员会、中革军委会关于组织北上抗日先遣队给七军团作战任务的训令》（1934 年 7 月）。

② 粟裕：《回顾红军北上抗日先遣队》，《解放军报》1981 年 7 月 26 日。

1934 年 7 月 31 日，中国工农红军北上抗日先遣队北渡闽江，进占军事重镇樟湖坂。图为南平市延平区樟湖镇樟湖坂老渡口北上抗日先遣队抢渡闽江遗址

口，相机夺取福州。红七军团于是改变路线，连夜经闽清的桔林乡于 8 月 1 日晚进占古田的水口。

8 月 1 日，中共中央按计划公开对外宣布了中国工农红军北上抗日先遣队北上抗日的消息。《红色中华》自 8 月 1 日起接连发表了《中华苏维埃共和国中央政府、中国工农红军革命军事委员会为中国工农红军北上抗日宣言》《毛泽东同志谈目前时局与红军抗日先遣队》《中央革命军事委员会关于八一节给全国工农红军的命令》等。8 月 2 日，红七军团军团部在水口镇召开“八一”纪念大会。军团领导向全体指战员传达了中央关于红七军团组成中国工农红军北上抗日先遣队的决定。此后，红七军团正式打出中国工农红军北上抗日先遣队旗号，开始了孤军作战的远征。

国民党当局对北上抗日先遣队直逼福州相当震惊，匆忙将部署在闽东宁德、福安、霞浦和泉州等地的王敬久第八十七师集中到福州，同时又急调在湖北整训的伍诚仁第四十九师等由长江水路日夜兼程东进，经海运驰援福州，并令海军派“咸宁”等 4 条浅水军舰进入闽江，空军派出飞机，协同作战。日、英、法、美等国则以保护侨民和领事馆为借口，先后派出军舰进入马江港。“围剿”中央苏区的国民党军东路军总司令蒋鼎文也急忙从漳州飞到福州，召开紧急会议商议具体对应之策。

福州是福建省省会，南濒闽江，有高大的城墙，筑有比较坚固的防御工事，城内外驻有国民党军第八十七师的一个团和一个宪兵团，还有炮兵、工兵和海军陆战队，城郊南台有飞机场。北上抗日先遣队在敌情不明又没有当地中共地下组织配合的情况下发动了福州战斗。8 月 2 日傍晚，北上抗日先遣队绕道闽侯北部山区向福州进发，途中遭敌机轰炸。8 月 5 日，进抵福州市郊北峰之岭头、前洋、寿山地区。7 日夜 10 时，北上抗日先遣队从里洋、笔架山一线向福州发起进攻。当时国民党军第八十七师主力尚未回缩，福州北郊仅有其第五十一营防守。北上抗日先遣队以一部牵制五凤山、大夫岭守军；主力进行正面突击，直取新店。正面攻击部队于新店击溃守军前哨排后迅速攻占义井、浮村，进逼福州北门。敌守军增加 2 个连投入战斗，加强屏山和龙腰防御。北上抗日先遣队与守敌从午夜激战至次日下午 3 时，数次猛烈冲锋均未能突破敌北门防线。北上抗日先遣队见攻占福州已不可能，便果断放弃攻城计划，将部队撤向北峰一带，准备向闽东转移。9 日，当北上抗日先遣队转移至北峰岭头附近时，遭敌步兵、炮兵、空军攻击，伤亡颇重，遂改向桃源、潘渡方向转移。10 日，敌第八十七师一部趁机追击，敌飞机继续轮番轰炸扫射。北上抗日先遣队遂在降虎与尾追之敌血战终日，虽然毙伤大量敌人，但自己亦伤亡 600 余人。当日傍晚，北上抗日先遣队撤出战斗。

中革军委强令北上抗日先遣队实施福州攻坚之战，不仅没有能够吸引和调动“围剿”中央苏区的国民党军队，反而完全暴露了北上抗日先遣队仅仅是一支数千人的牵制力量。此后北上抗日先遣队一直受到国民党军队疯狂的围追堵截。

血战降虎之后，北上抗日先遣队经连江转入闽东苏区。在中共闽东地方组织和群众的热情帮助下，北上抗日先遣队 700 余名伤病员被分散安置在连江、罗源沿海红军医院治疗。随后，北上抗日先遣队决定根据中共闽东地方组织的要求，攻打罗源县城和宁德县城，进一步开拓闽东苏区。8月12日，北上抗日先遣队到达罗源的凤坂、百丈一带地区。8月14日凌晨，北上抗日先遣队在当地党组织和游击队的配合下，里应外合，向罗源县城发起突袭，仅用2个多小时就攻入城内，击溃守敌1000余人，毙敌100余人、俘虏300余人，并擒获国民党罗源县长等，取得了一次重大的胜利。8月15日晚，北上抗日先遣队一部猛攻宁德县城，但未能成功，次日撤出战斗。

北上抗日先遣队在闽东攻占罗源、猛攻宁德，引起了极大震动。国民党当局一面命令第四十九师由连江加速北上，一面急调“永绩”“抚宁”两舰运送海军陆战队在罗源登陆，企图堵截北上抗日先遣队；英法等国亦派出军舰进入罗源湾窥视动向。

8月15日，中革军委连电催促北上抗日先遣队继续北上，令其短期内进抵浙赣铁路杭州到江山段沿线的兰溪地域。于是北上抗日先遣队给闽东红军游击队留下300条枪，继续向闽浙边区进军。20日，北上抗日先遣队在寿宁赤溪阳谷村与叶飞、詹如柏率领的闽东工农红军独立团会师。北上抗日先遣队领导人向闽东党组织和红军传达了党中央关于目前形势和党的任务的指示，介绍了中央苏区的工作经验，建议闽东党组织集中力量创建主力红军。随即，北上抗日先遣队在赤溪阳谷村举行了连级以上干部会议，总结离开中央苏区以来军事行动特别是打福州的经验教训。与此同时，北上抗日先遣队在中共闽东特委的大力支持和帮助下，安置了几百名伤病员隐蔽治疗，部队得以继续轻装北上。[①] 之后，北上抗日先遣队在闽东红军独立团的配合下，一举攻克福安县穆阳镇，缴获银圆、粮食颇多。8月25日，北上抗日先遣队在寿宁南溪与闽东红军分手，向北挺进。28日，攻下浙江的庆元县城。随后，国民党浙江保安部队在浙西的庆元、龙泉地区尾追阻截北上抗日先遣队，北上抗日先遣队则连战连捷，后又从浙西进入福建之浦城，到达闽北苏区。

闽北苏区以崇安县为中心，由黄道等人领导，是闽浙赣苏区的

---

① 龙跃：《坚持浙南十四年》，浙江人民出版社1987年版。

重要组成部分，还是闽浙赣苏区通向中央苏区的桥梁。北上抗日先遣队领导考虑到部队从瑞金出发已有两个月，其间几乎每天行军作战，十分疲劳，需要休整，于是准备在闽北停留一段时间，并且设想以闽北苏区为依托，充分利用这里的有利条件，发动群众，帮助地方党组织扩大武装斗争，把闽北、闽东苏区和浙南地区连成一片，打开更大的局面，威胁正在进行第五次“围剿”的国民党军队的后方。可是中革军委批评了北上抗日先遣队拟在闽北休整的设想，连电指令其迅速北上，限9月10日前离开闽北，进入浙西。9月9日，北上抗日先遣队根据中革军委指示出发北上，经在江西广丰、福建浦城间短暂转战后，于9月12日进入浙江江山，从此离开福建境域。

北上抗日先遣队在福建行军时沿途散发的宣传画

中国工农红军北上抗日先遣队进军福建，用北上抗日的实际行动，进一步宣传了中国共产党的抗日主张，推动了福建省乃至全国抗日救亡运动深入发展，扩大了党和红军的影响。北上抗日先遣队转战闽西、闽中、闽东、闽北等地区，先后途经福建的长汀、连城、宁洋、永安、大田、尤溪、南平、古田、闽清、闽侯、福州、连江、罗源、宁德、福安、周宁、寿宁、松溪、政和、浦城、崇安等21个市县，不断冲破国民党军的围追堵截，牵制国民党军第五十二师、五十六师、八十五师、八十七师、四十九师、新十师和福建、浙江省保安部队以及海军、空军部队共10多万兵力，减轻了中央苏区第五次反“围剿”的军事压力，迟滞了国民党军对中央苏区核心区域的进攻，策应了中央主力红军长征。虽然北上抗日先遣队未能“先在闽东、闽北地区活动，帮助地方党扩大武装斗争，打几个好仗，更大规模地发动群众，有依托地向政和、松溪发展，把闽东、闽北连成一片，再同浙南群众条件较好的庆元地区连接起来，创造较大的局面，然后跳跃式地向浙西和皖南发展”，以吸引和调动更多一些敌人，[①] 但北上抗日先遣队在福建沿途留下了1000多名指战员，对闽东红军独立师的创建、闽东苏区的巩固和发展，以及在随后到来的三年游击战争中闽东、闽北游击区的开辟，都起到了重要的积极作用。后来，北上抗日先遣队在浙江遭国民党军重兵围攻而最后失败，但其余部则始终在闽东、闽北和闽浙边区顽强地坚持了三年游击战争，最终编入新四军第二、第三支队，奔赴大江南北抗日前线，为夺取抗战胜利立下了不可磨灭的功勋。

三、第五次反“围剿”的失败

1933年9月，蒋介石指挥50万国民党军对中央苏区进行第五次“围剿”。这次“围剿”采取持久战和“堡垒主义”新战略，层层筑堡，节节进逼，企图逐步压缩苏区，消耗红军有生力量，最后与红军主力决战，一举摧毁中央苏区。

9月25日，国民党北路军周浑元部向闽赣省机关驻地黎川县发起进攻，闽赣省机关奉命撤至黎川与泰宁县交界的德胜关。黎川城内只有闽赣军区司令部的一支70多人的教导队和部分游击队。为了免遭敌军包围，闽赣军区司令员萧劲光率部撤出黎川城。28日，黎川县城被国民党军队攻占。这时，“左”倾教条主义的军事领导者仓促命令在福建的东方军司令员彭德怀、政委滕代远率领正围攻将乐、顺昌的红四师、红五师和红五军团的十五师、红七军团的十九师回师闽赣边界，“首先消灭进逼黎川之敌，进而会合我抚西力量全力与敌在抚河会战”[②]。10月5日，彭德怀率部经泰宁疾进黎川东北的洵口、飞鸢一线，阻止敌军南进。

---

① 粟裕：《回顾红军北上抗日先遣队》，《解放军报》1981年7月26日。

② 《朱德、周恩来关于歼灭黎川之敌及在抚河会战给各兵团的行动命令》（1933年9月27日），中共江西省委党史研究室等编《中央革命根据地历史资料文库·军事系统（12）》，中央文献出版社、江西人民出版社2015年版，第2695页。

10月6日，东方军在黎川东北面的飞鸢与敌葛钟山旅第三十一团遭遇，将其击溃。7日又乘势围攻洵口之敌，歼灭葛旅大部，取得洵口大捷。但“左”倾冒险主义者却片面夸大洵口胜利的普遍意义，继续推行“御敌于国门之外”的错误方针。10月上旬至11月中旬，中革军委强令红三、五、七军团分别攻打敌军重兵扼守的硝石、资溪桥、浒湾等据点，使红一方面军在国民党军主力和堡垒封锁线之间连续作战一个多月，不仅无法御敌于苏区之外，反而接连受挫，大量消耗了自己的力量，陷入被动的局面。11月，闽赣省的党政军机关被迫从德胜关迁驻建宁县城。

此时，中共临时中央由冒险进攻转变为消极防御，要求红军处处设防，节节抵抗，既不敢大胆诱敌深入，又不敢在有利条件下向国民党军后方进攻。

11月20日，驻福建的国民党第十九路军发动“福建事变”，宣布同蒋介石决裂，成立中华共和国人民革命政府。蒋介石慌忙从“围剿”中央苏区的北路军中抽调9个师，另由宁沪杭地区抽调2个师，分由江西和浙江进入福建，进攻第十九路军。毛泽东建议：红军主力应突进到以浙江为中心的苏浙皖赣的无堡垒地区去，纵横驰骋于杭州、苏州、南京、芜湖、南昌、福州之间，威胁敌之根本重地，迫使敌“围剿”中央苏区的军队回援，并支援福建人民革命政府。① 彭德怀也从第五次反“围剿”的全局出发，向中央提出集中红一、三、七、九军团向闽浙赣边区进军，依托方志敏、邵式平的根据地威胁宁沪杭地区，支援第十九路军，推动抗日运动，破坏蒋介石的第五次“围剿”计划。② 中共临时中央拒绝了毛泽东、彭德怀等的建议意见，将红军主力从东线调往西线进攻永丰，从而丧失了粉碎第五次“围剿”的有利时机。到了1934年1月初，从江西入闽镇压十九路军的国民党军已经包围延平、古田，威胁福州，中革军委

① 中共中央党史研究室：《中国共产党历史》第一卷（1921—1949）上册，中共党史出版社2011年版，第379页。

② 彭德怀：《往事回忆》，载《近代史研究》1979年第1期。

才命令红三、七军团入闽支援第十九路军，但已无法阻挡国民党军南进。

1934年1月21日，“福建事变”失败，蒋介石重新把军事进攻的矛头转向中央苏区，命令入闽部队组成东路军，由闽中向西推进，其中第十纵队以汤恩伯为指挥官，向沙县、将乐、泰宁、建宁一线进攻；重组在江西的北路军，以陈诚为前敌总指挥，率主力从黎川进逼建宁。

在中央苏区（福建）的北面，国民党军企图完成建宁、泰宁、黎川之间的封锁线，向南紧缩苏区；在中央苏区（福建）的东面，国民党军企图构成从将乐、明溪一直到连城、永定的堡垒封锁线，向西紧缩苏区，以达成与主力红军决战的目的。因此，中央苏区闽赣省的战事特别紧张。敌东路军兵分三路：第一路以卢兴邦的第五十二师进攻明溪；第二路以周志群的独立旅进驻邵武；第三路以汤恩伯纵队第四师、八十八师、八十九师3个师进攻泰宁。为了保卫闽赣省的首府建宁城，红军在闽西北与国民党军展开了激烈的战斗。1934年1月24日，国民党军第六十七师等向樟村、横村进击。红十五师奉命从西城桥赴樟村阻击。25日，红十五师与敌展开激战，因红军主力在泰宁不及回援，樟、横两地被敌占领。红十五师退守寨头隘、邱家隘一线，与红五军团第十三师的三十七团、三十八团、三十九团共同守备邱家隘防线。敌军占领樟村后，第十一师、第六十七师进攻邱家隘，第七十九师从樟村以东地区进攻寨头隘，第十四师、第九十四师向溪口圩、西城桥游击，并为后援。26日，第七十九师由樟村经社苹冈、平阳、杨家祠、孔家向寨头隘进攻，另以一部向里岭下前进以为策应。红五军团以不足两营的兵力守在邱家隘高山上，与敌樊崧甫纵队第二师和第六十七师2个师进行血战。2月1日临夜，国民党军第五师、九十四师、九十八师分别从邱家隘、黄家隘向将军殿东面的三岬嶂推进。红一军团第一师师长李聚奎命令第一团团长杨得志率全团阻击。杨得志率部在雨夜急行军，抢先登上三岬嶂，占领山头，构筑工事，隐蔽待敌。2月2日清晨，国民党军在飞机大炮的掩护下不断向山上冲击。杨得志率部依靠有利地形数度发起反冲锋，与敌进行肉搏，以一个团的兵力阻止了敌三个师的进攻。随后在红一军团二团、三团和红二师四团的增援下，将国民党军打退，并进至邱家隘、黄家隘，与敌军形成对峙。2月，红三军团奉命回师建宁、黎川，对付北路军和东路军的进攻。

从1934年1月下旬至3月下旬，红五军团在黎川以南之横村、樟村的阵地防御战，红一、九军团和红三军团第四师反击进占建宁以北邱家隘、坪寮之国民党军的作战和在凤翔峰的阵地防御战，红九军团鸡公山的阵地防御战，红一、九军团协同红三军团反击进占南丰西南三溪圩、三坑之国民党军的作战，红一、三军团反击由将乐进占泰宁、新桥之国民党军的作战，均未打好，遭到重大损失。4月，红一、三、九军团和红十三、二十三师进行为期18天的广昌保卫战，虽给国民党军以重大杀伤，但自身伤亡达5500余人，被迫撤出战斗。

广昌战役即将结束时，国民党军北路军即以第十纵队3个师从泰宁向建宁进攻，随后又以第八纵队3个师从建宁北部南进，合击建宁。红一、三军团各一部急从江西东进，会同在建宁的红七、九军团和少共国际师投入建宁保卫战。红一方面军在建宁外围之将军殿、弋口、梅口、江家店、驻马寨、雪山岽等地与近10倍于己的国民党军浴血奋战，给进攻之敌以大量杀伤。但因力量悬殊，又受对方飞机、炮火猛烈轰击，节节后退。至5月15日，建宁周围主要阵地先后失守。16日，国民党军6个师对建宁发起总攻。红一方面军坚持至中午，被迫向塘坊、驿前转移。6月，在古龙冈以北的反击战又未能阻止国民党军的进攻，闽赣省苏区进一步缩小。

黎川失守后，闽北苏区和闽赣省委失去了联系。1934年2月，已进入闽北的闽赣省委工作团黄道等向中央发出将闽北分区和抚东分区合并，由闽北分区委领导的请示报告，随后实现了两个区的合并，成立了以黄道、曾昭铭、李德胜为首的闽北分区党、政、军的领导班子，领导闽北苏区和抚东地区的第五次反“围剿”斗争，而闽北的军事行动则直接听命于中革军委。

这时，闽北苏区的形势日益严峻。2月，敌四十五旅张銮基部开进浦城，接着经浦城十八村向崇安苏区进攻。在敌人强攻下，邵武、光泽大片苏区丢失，闽北苏区首府崇安陷落，分区领导机关被迫迁往大安。

面对来势汹汹、步步紧逼的敌人，以军分区司令员李德胜为代表的一部分人坚持“左”倾冒险政策，强调“不失苏区寸土”，主张“以红色堡垒反对白色堡垒”，死守大安。以中共闽北分区委书记黄道为代表的大多数干部认为大敌当前不应与敌人硬拼实力，主张避实击虚，实行战略转移，开展游击战争，相机打击敌人，以争取战争的主动权。黄道即命因护送闽赣省委工作团刚刚返回闽北的红七军团第二十师五十八团派出精干部队作恢复建松政地区的尝试。此外，闽北红军独立一团、二团在各地游击队的配合下也积极向敌后运动，在光泽、建阳、浦城、上饶、铅山等地袭扰敌人的后方，取得了显赫的战绩。闽北红军跳出外线作战，分散了敌人的兵力，减轻了敌人对崇安苏区的压力，挫败了敌人的军事围攻。但李德胜等人拒不采纳对这些行之有效的军事原则，依旧我行我素。

7月，国民党军占领了崇安县城，随后向闽北首府大安扑来，妄图一举踏平闽北根据地。闽北分区委决定加强四渡桥和五渡桥的工事修筑，并各增派独立团一个排前往守卫。四渡桥位于崇安西部，这里三面高山平地拔起，一侧有一小块平地，是县城通往大安的咽喉要道，在它前面五里地更有五渡桥与之相呼应，是一道天然屏障。从1931年起，红军便在四渡桥的火鹰山修筑了一个碉堡，在五渡桥的山顶、山下各修筑了一个碉堡。红军利用有利地形，多次击退敌人对大安的进攻，在四渡桥一带与敌军形成对峙之势。

此时，北上抗日先遣队的6000余人途经闽北苏区。黄道抓住时机，命令黄立贵、陈一等率红五十八团和闽北工作团共800余人再次挺进建松政地区，一连攻克水吉、东平等重要集镇，恢复了建松政苏区。8月上旬，中共建（瓯）松（溪）政（和）中心区委成立。随即，黄立贵、陈一在政和县东平镇西表村主持召开建松政边区群众大会，宣布成立建松政革命委员会，由杨则仕任主席。9月，中共建松政中心区委在东平镇凤池村召开建松政工农兵代表大会，正式成立建松政县苏维埃政府，选举张顺礼、杨则仕为县苏维埃政府正、副主席。建松政县苏维埃政府隶属中央苏区闽赣省闽北分区。10月，中共建松政县委成立，书记滕加礼、副书记杨则仕。此后，在红五十八团的帮助下，建松政苏区建立了建松政独立营和各区游击队，并击溃了国民党军第五十六师3个营和反动地方民团的进攻，打通了与崇安苏区的联系，两块苏区再次连成一片；县苏维埃政府宣布一切土地归苏维埃所有，并迅速展开土地革命，按乡或村为单位平均分配土地。随着土地革命的开展，基层党组织、苏维埃政权和工会、妇女会等群众团体也纷纷成立。苏区内还建立了红军医院、枪械修造厂、土炮炸药厂等。在短短数月时间内，建松政苏区恢复、发展到包括政和、水吉、松溪、浦城边区500多个村庄、9万多人口，辖有东平、山头、梅口、樟墩、外屯、路下桥、郑墩、豪村等区苏维埃政府的大片区域。1934年底，随着闽北分区首府大安陷落和红五十八团回援崇安苏区，在国民党军第五十六师的进攻下，建松政苏区丧失，建松政独立营和各区游击队部分人员转入深山坚持斗争。

8月间，国民党军在北路军大举进攻驿前以北地区的同时，以东路军为主的6个师在朋口、连城一线构筑碉堡，待机向长汀推进，企图“先占领汀州，尔后会同北路军、南路军总攻瑞金”①。长汀为中共中央所在地——瑞金的东方门户，中革军委急从北线抽调红一军团至长汀，协同红九军团防守。红一军团进占长汀、连城两县交界的松毛岭，在钟屋村的观寿公祠内设立了军团指挥部。

8月31日，敌东路军李延年纵队第三师的第八旅前出，进驻温坊，以此作为进攻松毛岭进而攻占长汀的前哨阵地。这成为红一方面军打击进犯敌人、迟滞敌东路军进攻的极好机会。红一方面军总司令朱德当机立断，要求红一、九军团和红二十四师夜袭温坊之敌。当晚，朱德急电红一军团林彪、聂荣臻，指示“一、九军团及二十

① 红一方面军史编委会编《中国工农红军第一方面军史》，解放军出版社1992年版，第457页。

四师应在温坊、中屋村（即钟屋村——引者注）间实行突击李纵队的任务”，并对战术问题作了具体的布置。①

1934 年 9 月，建（瓯）松（溪）政（和）县苏维埃政府在政和东平凤池村成立（后迁往西表村）。图为南平市政和县东平镇西表村建松政县苏维埃政府旧址，现已辟为建松政苏区纪念馆

温坊位于连城朋口以西 10 余里，是敌人越过松毛岭、进占长汀的必经之地。此时，在红一方面军总司令朱德的统一部署下，红一、红九军团和红二十四师从朋口敌军以东的连城姑田、永安小陶、洪田一线，悄悄迂回到朋口敌军以西的长汀南山、童坊一带。红一军团指挥部决定，红一军团从钟屋村由西向东正面出击；红二十四师从猪鬃岭、桥下等地由西北向东南攻击敌侧翼；红九军团作为预备队负责打援截击，从童坊、水头坪、吴家坊等地直插敌后，防止敌人增援。9 月 1 日晚 9 时，红军向温坊之敌发起猛烈攻击。敌人由于事前没有发现红军的运动，加上过去红军只搞“短促突击”，完全没有料到这次红军采取了运动战的战术，所以等到红军攻进温坊村时只能仓促应战。经过两个多小时的战斗，红一军团所部歼敌 2 个团又 2 个营，俘虏约 1600 人，缴获轻重机枪三四十挺、迫击炮数门，步枪弹药数目一时无法统计，仅有敌旅长许永相和约 1 个营的敌军趁黑夜逃脱。

敌第三师的第八旅被消灭后，李延年纵队又从第九师和第三师抽调了 3 个团，于 9 月 3 日向温坊反扑。红一军团预先占据有利地形，正面阻击，迂回侧击，适时反击，经 6 小时激战，将敌击溃。

---

① 中共中央文献研究室编《朱德年谱（1886—1976）》（新编本）上册，中央文献出版社 2006 年版，第 390 页。

红军全歼敌1个团、重创2个团，毙伤敌少将以下官兵1200余人。温坊战斗，红军共歼敌1个旅和1个团，共4000余人，缴获枪支1800余支、轻重机枪100余挺、迫击炮6门、子弹44万多发，给进攻中央苏区的敌东路军以重大打击。9月9日，红一、红九军团和红二十四师主动撤离温坊。因兴国告急，红一军团奉命前往增援，在长汀只留下红九军团和红二十四师坚守松毛岭。

温坊战斗失败后，蒋介石调北路军总司令顾祝同取代蒋鼎文，加强东路军指挥力量，并重新调整进攻部署，纠集了第三师、第九师、第十师、第三十六师、第八十三师、第八十五师等6个师，在几十架飞机配合下，向长汀方向大举进攻。

为了保卫汀州，支援前线，准备转入游击战争，中共福建省委书记刘少奇在长汀省委驻地梁屋头最后一次主持中共福建省委积极分子会议，对主力红军转移后如何坚持游击战争作了认真详细的部署：其一，加强独立领导，划分小行政区，长汀除已划分为长汀、兆征、汀东县外，增设汀西县；上杭分设新杭县和代英县。实行干部地方化，准备被敌人割断联系时能独立作战。其二，加强地方武装，普遍成立独立团、独立营和游击队，开展广泛的游击战争。其三，建立秘密的党组织和工作网，准备转入地下斗争。其四，加紧送粮到汀西，准备坚持游击战争。[①] 与此同时，福建军区动员苏区青年参战，组织了2000多名地方武装上前线，投入保卫松毛岭的战斗。

松毛岭位于福建省长汀县与连城县交界线上，南北绵延80多里，山高林密、地势险要，成为守护中央苏区福建省苏维埃政府所在地长汀、中华苏维埃共和国中央政府所在地江西省瑞金的最后一道天然屏障。保卫松毛岭就是保卫汀州、保卫瑞金。根据中革军委的命令，红九军团、红二十四师和福建省地方武装以松毛岭中段的白衣洋岭（主峰）和金华山为主阵地，周围各高地也构筑了工事，居高临下，严阵以待。

---

① 《福建省级机关活动分子会议》（1934年9月）。

9月23日，敌东路军第三十六师、第十师、第八十三师等3个师开始向松毛岭红军阵地发起猛烈进攻，数小时内发射了几千发炮弹，敌机也轮番轰炸。红九军团、红二十四师和长汀地方武装与敌人展开了空前激烈的战斗，伤亡惨重。27日，白衣洋岭主阵地被敌突破。28日，中革军委命令红九军团撤出战斗，转移到钟屋村一带待命，继续坚守松毛岭阵地的任务完全交给了红二十四师和地方武装。当天，福建军区又动员经过4个月训练的新战士1600人从长汀濯田来到钟屋村，补充红九军团。

9月29日晨，敌人又向松毛岭各红军阵地发起新的进攻，并出动10余架飞机助战。激战至下午2时许，金华山左侧高地被敌夺占。红九军团七、八两团奉命重新投入战斗，支援红二十四师，乘敌立足未稳展开反冲锋，经过反复较量，终于夺回左侧高地。随后，敌我双方逐山头反复争夺，双方均伤亡惨重。红二十四师和地方武装终因力量对比悬殊，工事多被摧毁，弹尽援绝，被迫撤离。傍晚，国民党军又分别占领了大园山、大洋山等处高地，松毛岭全线失守。[①] 至此，松毛岭保卫战已整整打了7天7夜。

1933年10月开始的第五次反“围剿”，由于毛泽东失去领导权，中央红军在王明、博古、李德等人一意孤行的“左”倾教条主义的错误领导下，放弃过去四次反“围剿”的积极防御方针，将这场战争定性为国共之间的决战，采用军事冒险主义，提出了“御敌于国门之外”的口号，导致红军节节失利，在抢先进攻后不久即遭到巨大损失。同时，在中共临时中央迁入中央苏区以后，王明“左”倾教条主义错误在中央苏区得到全面贯彻，在组织上又大搞宗派主义，开展过火的党内斗争，撤换坚持正确意见的各级领导干部，造成了党内、干部队伍和苏区社会秩序的不安定。此外，中央苏区经济的状况已经无力支持革命战争，并影响到人民生活和人心安定。因此，在此不利形势下，红军要在中央苏区坚持持久作战是确有困难的，这不能不使当时的中央领导人考虑红军突围作战略的转移，以求得

① 《福建民报》1934年10月1日。

保存红军的主力。

建宁、广昌先后失守后，中央苏区的形势日趋恶化。1934 年 5 月，国民党军进入苏区腹地，中共中央、中革军委此时已意识到在内线打破敌人的“围剿”已无可能，曾考虑过红军主力撤离中央苏区的问题，并把这一设想报告了共产国际。6 月 25 日，共产国际复电，虽然同意中央红军主力撤离中央苏区，以保存有生力量，但同时指出不一定要马上撤离，认为红军在内线坚持斗争以打破敌人的“围剿”还是有可能的。据此方针，博古、李德等人虽然提出了战略转移的问题，而且开始了退出苏区的间接准备，但在战略上继续同敌人拼消耗，完全忽视了有生力量的保存。

1934 年 9 月下旬，中央苏区中心地区仅存瑞金、会昌、于都、兴国、宁都、石城、宁化、长汀等县组成的狭小地区。10 月上旬，敌北路军和东路军加紧进攻兴国、石城、长汀，中共中央决定放弃中央苏区，下令各线主力红军向湘西实行战略转移。至此，中央苏区第五次反“围剿”失败，中央红军被迫进行长征。

四、中央苏区（福建）人民为红军长征所作的准备

1934 年 5 月，鉴于国民党军队集中优势兵力进攻以及因红军军事上接连失利造成兵力严重不足的情况，中共中央和中革军委发出在 1934 年 5、6、7 三个月中扩大红军 5 万名，红五月完成扩红 2.7 万名的号召，在中央苏区开展声势浩大的红五月扩大红军突击运动，动员全苏区每个工人与农民武装起来，加入到红军中去。[①] 福建省苏区和闽赣省苏区所属各县立即行动起来，积极响应党中央和中革军委的号召，做好组织发动，开展竞赛，造成热烈气氛，掀起了“猛烈地扩大红军”的热潮。同时，从县到乡、从党内到各群众团体，层层动员，充分发挥党团组织的领导作用和党团员干部的模范带头

① 《红色中华》第 190 期，1934 年 5 月 18 日。

作用，使扩红运动取得了显著的成效，涌现出许多县、区的基干地方武装模范营、模范连、赤卫队、少先队等整营、整连、整队地加入红军主力部队的动人情景。据中革军委总动员武装部《关于五、六两个月扩大红军总结》的统计，至1934年6月底止，福建省参加红军的人数达7160多名，闽赣省达1300多名。① 9月1日，中共中央又发出《关于九月间动员3万新战士上前线的通知》，福建省和闽赣省再次开展扩红突击运动。到长征前夕，宁化县有200多人加入红军，长汀县又一次超额完成计划，送补充团的新战士达1300多人。② 在扩红运动中，各苏区赤卫军和少先队也得到发展，为扩大红军增添了后备力量。

10月，宁化县委还召开红军家属代表大会，成立拥护红军委员会，动员人民群众武装上前线，保卫苏区，掩护主力红军突围转移。宁化全县在长征前夕共有3.6万户、13万人口，其中男性6.65万人，青壮年2.16万人；1929年至1934年6年间，宁化先后有1.3万多人参加红军，平均不到3户就有1户是军属，每10人中就有1人参加红军，青壮年中不到2人就有1人是红军，加上地方赤卫队员，青壮年几乎全部上了前线。③ 另据《红色中华》报的统计，从1931年到1934年的4年间，长汀共有1.72万余人参加红军。④ 在上杭才溪乡，1933年“上才溪全部青年成年男子（16至55岁）554人，外出当红军做工作的有485人，占80%。下才溪全部青年成年男子756人，外出当红军做工作的有526人，也占70%”⑤。1934年1月，毛泽东在第二次全国工农兵代表大会上对上杭才溪乡的扩红成绩给予表扬：“福建的才溪乡，扩大红军多得很呀！……才溪乡百

① 《红色中华》第211期，1934年7月7日。

② 《长汀正向着超过计划的道路迈进》，《红色中华》第238期，1934年9月26日。

③ 周积源主编《放歌夕阳》，北京线装书局2012年版，第8—9页。

④ 中共长汀县委党史工作委员会编《长汀人民革命史》，厦门大学出版社1990年版，第127页。

⑤ 《斗争》，1933年11月19日。

个人中有八十八个当红军去了”。[①]

正是包括长汀、宁化在内的福建苏区广大人民群众有着参加红军、支援红军的光荣传统，为中央红军补充了足够的兵源，从而在人力准备方面为顺利实现战略性大转移提供了根本保证。在长征出发时的8.6万红军中，福建子弟兵近3万人，约占总数的三分之一。福建子弟兵几乎遍及中央红军各部，其中整师、整团比较集中的有：由原闽西红军第八、九、十师改编而成的红五军团第三十四师；由原闽西红军第十二军三十五师改编而成的红九军团第二十二师；由原闽西红军第十二军三十四师改编而成的红一军团第一师三团和第二师六团。此外，红一军团第二师五团以及红一军团第十五师和红八军团第十四师各一个团也由福建子弟兵组成。[②]

随着反“围剿”的不断展开，中央红军给养资财的消耗也越来越大，而粮食更是战争中消耗量最大的一种军需物资。为了保证反“围剿”及准备进行的战略大转移的粮食供给，1934年6月2日，为“紧急动员24万担粮食供给红军”，中共中央和中央苏维埃政府人民委员会向中央苏区的各级党组织和苏维埃政府发出指示信，要求：真正地开展群众性的“节省3升米运动”，从节省中得到7.5万担谷子；没收地主及征发富农粮食6.5万担；努力发动群众借出稻谷10万担。福建省的长汀、兆征、汀东、新泉等县和闽赣省的宁化、泉上、彭湃、归化（即明溪）等县，在人民群众和党、政机关中采取了征发、借谷和开展节省运动等办法收集粮食，至7月中旬，福建省已收集到7500多担粮食，闽赣省已收集到7100多担粮食。[③] 其中，长汀县和兆征县都超额完成了任务。[④] 宁化县的方田、南城、横锁、淮土、丁坑口、城关等地，收集粮食的成绩也十分显著，受到

---

① 《关心群众生活，注意工作方法》（1934年1月27日），《毛泽东选集》第1卷，人民出版社1991年版，第137页。

② 参见中共福建省委党史研究室：《中共福建地方史（新民主主义革命时期）》上册，中央文献出版社1993年版，第554页。

③ 《红色中华》第215期，1934年7月16日。

④ 《红色中华》第216期，1334年7月19日；第223期，1934年8月8日。

了《红色中华》报的表扬。

7月22日，党中央和中央苏维埃政府人民委员会发出《关于在今年秋收中借谷60万担及征收土地税的决定》，要求进一步动员全体群众，举行秋收60万担借谷运动，集中一切力量，帮助前线作战的红军。于是，福建苏区人民再次开始收集粮食的突击工作。长汀县赤田区委于8月1日召开党团员大会，采用互相挑战的方式燃起了与会干部的借谷热情，最终这次党团员大会共完成借谷100余担。至9月初，福建省在借谷运动中比原计划超额完成1万多担。其中，长汀县完成收集粮食30954担，兆征县完成20504担，汀东县完成16259担，上杭县完成5241担，新泉县完成3010担，全部超额完成计划。① 宁化县从8月18日开始动员，在半个月的时间内就收集了34000多担粮食。② 为确保借谷运动的圆满完成，福建省委和省苏维埃政府还动员各县组织大批人力组成运输队，及时将粮食运送到指定的接收地点，交给红军部队。

在筹集粮食的同时，福建苏区人民还积极发展生产以组织物力，开展增收节支和筹款活动以组织财力，支援红军的战略大转移。为了给红军战略大转移提供足够的军需物资，福建苏区各地的纺织、弹棉、被服、斗笠、兵工厂等国营工业，夜以继日地加紧生产，赶制大量军需用品。1934年5月16日，中央苏维埃政府国民经济部发出布告，指出革命战争到了决定胜负的紧急关头，前线军用品的需要万分迫切，号召苏区广大工农群众为了充裕前线红军军用品的供给，将所拾到的或留存的子弹、子弹壳、铜、锡、硝、废铁等物品，作价卖与国家以供给军用。于是，福建苏区各县县委领导广大干部群众开展节省运动和反贪污、反浪费运动，并加紧开展筹集现金的工作。据资料记载，通过开展增收节支运动，福建省仅在1934年6月15日至22日的8天中，就收集铜3200多斤、锡410多斤、铁

① 《红色中华》第231期，1934年9月8日。

② 《红色中华》第231期，1934年9月8日。

1500多斤，以及子弹壳180多斤。[1] 设在长汀县四都村的福建军区后方医院全体医务人员在节省运动中共节省1139元，送交给前线作战的红军。长汀县在五六月间共筹款7000余元，兆征县在7月份一个月中就筹款1.7万余元。[2]

福建苏区各地的工厂也加紧生产，日夜赶制军需用品。被称为“红色小上海”的长汀县是中央苏区的经济中心，拥有几十家工厂和手工业作坊。长汀县利用这些优越的条件，大量组织生产军需用品，广泛筹集给养资财，从物力、财力上支援红军。长汀红军斗笠厂通过提高斗笠生产工效，仅在1934年前9个月的产量就超过20万顶，从而确保了中央红军出发长征时每个指战员一人一顶斗笠。[3] 中央被服厂长汀第三分厂的工人，在1934年6月中央政府提出的“红军一定要有衣穿有被盖”的口号下，每天加班2个小时，生产了大批军用被服，从而使红九军团于10月上旬在长汀出发长征前得到了斜纹布薄棉衣、夹被、救护绷带、鞋子等军需物资的充分补充和更新。长汀人民还积极响应中央政府关于“收集5万床被单”“募集20万双草鞋”支援前线的号召，发起募集和捐助活动，表示“宁愿两人共一床，不让红军无被盖”，凡有两床被毯的群众都捐出一床，甚至只有一床被单的群众也想方设法抽出来供给红军。福建省苏维埃政府机关干部20余人，共捐助被单36床。[4] 此外，宁化被服厂、长汀中华织布厂、弹棉厂、印刷厂、樟脑厂、硝盐厂、炼铁厂、四都兵工厂等的工人们，在主力红军战略大转移的准备阶段，也日夜加班加点，生产了大量军需用品以支援红军。

在中央主力红军战略大转移的准备阶段，福建人民扩大红军、筹集粮款、生产支前的成绩，直接保证了主力红军补充兵员、补充军需的需要，为经过第五次反“围剿”艰苦战斗的红军部队在来不

---

① 《红色中华》第208期，1934年6月28日。

② 《红色中华》第227期，1934年8月30日。

③ 革命根据地财政经济史编写组：《革命根据地财政经济史长编（土地革命时期·上）》，1978年，第742页。

④ 《红色中华》第213期，1934年7月12日。

及很好休整的情况下顺利实现战略性大转移提供了强有力的保障。

为了给红军长征准备工作赢得宝贵的时间，刘少奇领导的中共福建省委奉中革军委关于“汀州十月份不能丢”的命令，对广大红军战士和人民武装进行了周密的动员部署：福建军区十九团、二十团设置于汀南一线；汀东游击队坚守馆前、童坊一带；兆征县游击司令部抽调精干人员组成抗敌大队，设防公路沿线，各县区的模范少先队和模范营全部上阵，在敌人进攻的沿线修筑工事，挖战壕、埋地雷、插竹钉、设置障碍物；继续发动群众坚壁清野。10月中旬，红二十四师和福建地方武装撤到松毛岭和汀州城之间的河田一带，以河田镇为中心展开了阻击战。福建省军区部队和各县、区游击队等武装，在地形不利、无险可守的条件下，在敌人进攻的沿线有计划地边打边撤，节节抵抗；在杭永、汀武、连宁、龙岩、代英等县边区的百多支大小游击队，也四处出击打“拖尾战”，扰乱和打击国民党军队的后方。[①] 这使敌东路军各部到处受阻，一天只能前行几里。从松毛岭到汀州城只有几十公里地，但敌东路军却花了近1个月时间，直至11月1日才进占汀州。红二十四师在完成河田阻击战后，在兆征县抗敌大队的配合下，在长汀的古城一带继续阻击敌人。11月10日，国民党军进入瑞金，而此时中央主力红军早已踏上了战略大转移的征程。

正当福建省地方武装和红二十四师顽强阻击和迟滞敌人进攻、掩护主力红军进行突围之时，撤入宁化境内的仍然拥有省军区直属队、宁化独立第七团、闽中独立团及各县独立营等部队的闽赣军区共2000多人，也在阻击国民党军队的进攻。

根据中革军委命令挺进到漳（州）龙（岩）公路两侧的红八团和挺进到（龙）岩、连（城）、宁（洋）地区的红九团，也积极开展游击战，拖住敌人的尾巴。从1934年6月至9月，红八团基本上完成了中革军委交给的破坏敌漳龙线公路交通的任务，拆毁了沿线的桥梁和电话线，不仅拖住了国民党第八十师，而且在漳龙线公路两

① 《红色中华》第229期，1934年9月6日。

侧建立了包括永定、龙岩、漳平、南靖、平和等县纵横二三百里的大片游击区；红九团积极破坏敌人漳（平）宁（洋）线公路的筑路计划，并建立了纵横三百余里的岩连宁游击区。此外，建宁县委、县苏于1934年5月建立的200多人的建（宁）广（丰）独立营，以及同年8月泰宁县委、县苏建立的100多人的闽中游击大队，也在建（宁）黎（川）泰（宁）地区四处袭击敌人。这些红军游击武装在已成为敌后的龙岩、上杭、永定、连城以及建宁、泰宁、明溪等地积极地游击活动，同样为迟滞敌人进攻、掩护主力红军突围作出了直接的贡献。

五、中央红军从长汀、宁化出发长征

广昌沦陷后，从广昌撤下的主力红军主要布防在红都瑞金周边各县，长汀和宁化是离瑞金最近的地区，也是党中央所在地瑞金最后的军事屏障。长征前夕，两县地域集中了众多的中央红军的主力部队。1934年10月中旬，经过一年多苦战的红一方面军第一、第三、第五、第八、第九军团连同后方机关人员8.6万人左右，从福建的长汀、宁化和江西的瑞金、于都出发，开始长征。长汀、宁化成为中央红军长征的出发地。

松毛岭保卫战失败前夕，9月28日，红九军团接到中革军委命令，撤出战斗，在钟屋村集结准备战略转移。30日上午，红九军团在钟屋村观寿公祠门前的大草坪上召开全村群众大会。大会由区苏维埃政府主席蔡信书主持，红九军团参谋长郭天民在大会上向到会群众作告别讲话。红九军团当场向钟屋村赤卫模范连、少先队移送了300余支枪，还有许多箱子弹。当天下午3时，红九军团兵分两路，第九团和军团直属队为一路，从钟屋村出发，经河田向汀州城进发；第七、八两团为一路，但因松毛岭主阵地金华山左侧的唐古垴高地被敌夺占而重新投入松毛岭战斗，延至当天深夜才悄悄撤离战场，亦由钟屋村经河田向汀州城进发。沿途敌机临空盘旋，寻觅红军主力的行踪，为避开敌机，第七、八团只能夜行日宿。当红九

1934 年 9 月 30 日，红九军团奉命从长汀县出发长征。图为龙岩市长汀县南山镇中复村（钟屋村）观寿公祠红九军团长征出发地旧址

军团离开钟屋村时，领到枪支弹药的赤卫模范连和少先队计七八百人也跟着红九军团一起转移，随后全部加入红九军团。10 月 3 日，红九军团两路部队到达汀州城会合集结，并在汀州城水东街一带休整了 4 天。其间，中革军委配发给红九军团大批军用物资，每个红军指战员都领到一套斜纹布薄棉衣及夹被、鞋子等，军容焕然一新。此时，在长汀的中共福建省委书记刘少奇接到中共中央指示，将省委书记职务移交给福建军区政委万永诚接任。中央派刘少奇作为中央代表与罗炳辉、蔡树藩一同率领红九军团从长汀出发长征。① 6 日傍晚，全军团出汀州城，于 7 日晨抵达与瑞金相邻的长汀古城。7 日 10 时，朱德致电罗炳辉、蔡树藩，就红九军团的下一步行动作了具体部署。② 入夜，全军团继续西移，当晚 8 时到达瑞金。8 日，军团长罗炳辉、政委蔡树藩赴中革军委开会，全军团夜行军于 9 日拂晓

① 王健英编《中国共产党组织史资料汇编——领导机构沿革和成员名录》，红旗出版社 1983 年版，第 230 页。

② 《朱德关于红九军团转移到古城、瑞金间地域的部署致罗炳辉、蔡树藩电》（1934 年 10 月 7 日）。

到达武阳。当天，军团长罗炳辉、政委蔡树藩从中央带回消息——中革军委决定将粤赣军区红二十二师及于都补充一团划为红九军团建制，全军团3个师11500余人（此时，红二十二师驻守会昌境内，未与红九军团会合）。10日，红九军团集结在会昌朱子坝、狮子坝一带，11日折向会昌北面的珠兰埠，于当晚在夜幕中渡过濂江向西疾进（红二十二师从安远河之长沙圩附近渡河），离开中央苏区，踏上了战略大转移的万里长征。①

长征出发前夕，驻防在宁化境内的中央红军主力有：红三军团第四师驻防宁化和石城交界的淮土乡凤凰山，少共国际师一个团驻防宁化淮土乡隘门，中革军委直属炮兵营驻防宁化淮土乡淮阳村，红九军团后勤机关电话排、机修班等驻防宁化曹坊乡的上曹、下曹、滑石等地，红一军团第十五师驻防宁化禾口乡石壁村等地，福建军区独立第七师驻防宁化城关，红三军团医院驻宁化方田。1934年10月7日，中革军委发布命令，要求地方部队接替各线主力军团的防务，先后将各主力军团从防御阵地撤下，赶到指定的集结地点，实行战略转移；命令红三军团在10月12日前进行人员、干部、弹药的补充，于14日前到达于都东北一带集结。驻防在宁化境内的各红军主力部队奉命立即出发长征；10月10日，福建军区独立第七师从宁化湖村出发抵城关后编入红五军团，改编为红三十四师，开始向西转移；12日，根据中革军委命令，彭德怀率红三军团主力部队在撤出防御阵地并进行短时间休整后，从宁化凤凰山出发开始向西转移；从10月8日开始，红九军团后勤机关和中革军委直属炮兵营从宁化的曹坊、滑石、淮阳等地出发，红三军团后方医院及部分轻伤病员从宁化方田出发，向江西于都集结。② 另外，中央苏区闽赣省的主要领导邵式平及余泽鸿、郑亦胜等一批闽赣省机关工作人员也于

① 中共中央党史研究室第一研究部、中共中央党史研究室科研管理部编《红色铁流——红军长征全录》上册，中共党史出版社2006年版，第192页。

② 参见赖晨：《宁化军民与长征》，《档案天地》2013年第6期；中共中央党史研究室第一研究部、中共中央党史研究室科研管理部编《红色铁流——红军长征全录》上册，中共党史出版社2006年版，第192页。

10月初先后从宁化出发参加长征。①

中央主力红军出发长征后，至1935年初，中央苏区（福建）完全陷落，不复存在。

1934年10月，红三军团第四师等中央红军部队从宁化县淮土凤凰山出发长征。图为三明市宁化县淮土乡凤山村凤山松竹居门楼中央红军长征出发地遗址

① 中共中央党史研究室第一研究部、中共中央党史研究室科研管理部编《红色铁流——红军长征全录》上册，中共党史出版社2006年版，第192页。

第十章　福建原中央苏区范围内的三年游击战争

一、闽西（闽西南）三年游击战争

闽西（闽西南）游击区位于闽粤赣三省边界，以福建西部为主，主要包括福建省的龙岩（今新罗）、永定、连城、漳平、宁洋（今分属永安、连城、漳平、新罗）、平和、南靖、长汀、清流、宁化、明溪和广东省的大埔、饶平等县的广大地区。①

1934年10月，随着主力红军踏上漫漫长征路，中央苏区从此失去了主力红军的依托，敌我力量的对比发生了实质性的变化，特别是原属于中央苏区的闽西革命根据地仅剩下红二十四师和福建军区所属的第十九团、二十团4000多人，还有在主力红军长征前派到敌后开展游击战争的红八团600多人、红九团1500多人，以及明光独立营和其他零散的地方武装等，共7000多人。由于闽西各地基本上被敌人占领，闽西党组织和红军游击队被分割包围，没有统一的政治领导和军事指挥机构，中断了相互联系，处在孤立无援、各自为战的状态。且这些革命武装除少部分经过长期反“围剿”斗争锻炼外，大部分是第五次反“围剿”后期突击发展的，缺乏必要的军事训练和战斗磨炼，又没有足够的武器装备。

国民党军进占闽西苏区后，在龙岩设立绥靖区司令部，加紧对闽西红军游击队进行空前残酷的多次大“清剿”。仅在1935年的第一次

---

① 参见中国人民解放军历史资料丛书编审委员会：《南方三年游击战争·闽西游击区》，解放军出版社1991年版，第3页。

“清剿”中，国民党军就集中了8个正规师、10多万兵力。他们在军事上采取“集中兵力、分进合击”“驻剿”“堵剿”“搜剿”“追剿”等战术疯狂地、连续不断地向红军游击队发起进攻。国民党军另以相当部队配合反动民团和壮丁队扼守交通孔道、河流隘口、碉堡炮楼，构成严密的封锁线，以此来围困和全面进攻红军游击队。因此，为数不多的红军游击队必须顶住国民党军绝对优势兵力的军事压迫。

国民党当局还推行保甲制度，实行“一人通匪、一家连坐，一家窝匪、十家同祸”的联保连坐法。实行移民并村，强迫群众迁到大乡镇去，筑围墙把群众限制起来，防止红军游击队接近村庄和群众。在经济上强迫实行计口购粮、购盐等手段，对苏区全面封锁，妄图把红军游击队困死、饿死。对长期坚持游击战争的据点群众，采用“三光”“十杀”等惨绝人性的手段，屠杀共产党员和革命群众，制造了一桩桩惨案。

根据中共中央的部署，留在闽西苏区的福建军区部队第十九、二十团，在中共福建省委书记兼军区政委万永诚和福建军区司令员龙腾云的率领下，退守于长汀的四都山区，担负起抗击国民党军进攻、掩护红军主力转移的艰巨任务。在红军主力转移、苏区大部沦陷、强敌大举进攻的严峻形势下，万永诚等省委主要领导人坚持“保卫苏区，等待主力回头”的方针，不愿放弃四都，不接受将部队编成几个支队四处袭击敌人，以及“领导中心退到闽粤赣边的深山中去”的建议，[①] 仍令福建军区部队在四都山区与强敌对抗，贻误了及时撤退、保存有生力量的有利时机。至1935年3月中旬，福建军区所属部队已减至五六百人。在此情况下，万永诚被迫在长汀腊口以西的分水岭召开省委紧急会议，决定部队分三路突围。4月10日，万永诚、龙腾云率领百余人突围到武平、会昌边境之梅子坝山区，被国民党军第八师陶峙岳部包围，万永诚与龙腾云及大部指战员壮烈牺牲。省苏维埃政府主席吴必先率部队突围至长汀濯田鸡冠峰，

① 张鼎丞、邓子恢、谭震林：《闽西三年游击战争》，见中共福建省委党史资料征集委员会编《福建党史资料》（第三辑），第47页。

被国民党军第三十六师围捕，后被杀害于江西九江。毛泽覃率领的部分红军游击队突围至瑞金县黄鳝口附近，被国民党军第二十四师一个团包围，毛泽覃在战斗中牺牲。此外，早在闽西敌后开展远殖游击战争的红八团、红九团也成了独自坚持的孤军。

1934年12月初，中共苏区中央分局委员张鼎丞根据项英、陈毅的命令从赣南回到闽西领导游击战争。张鼎丞到达上杭县通贤障云岭同聚集在此地的上杭、长汀、新泉三县领导人会见时，建议他们将领导机构合并，以便统一力量开展游击战争。三县领导接受了张鼎丞的意见，在障云岭成立新汀杭县委，以刘祥文为县委书记，杨松辉为县苏主席，组建新汀杭游击纵队，雷桂林为司令员。随后，新泉独立营挺进游击队和池溪、新朋游击队共200多人也从新泉到障云岭会合，在这一带坚持斗争。

1935年1月，张鼎丞历尽艰辛返回永定县委驻地西溪的赤寨村。张鼎丞到达永定后，立即要求中共永定县委迅速与红八团、红九团建立联系，以便集中力量，统一领导。1935年3月中旬，红八团、红九团和张鼎丞率领的部队在永定月流胜利会师。张鼎丞即以中央和省委特派员的名义，主持召开了红八团、红九团领导干部会议。在与中共中央及福建省委失去联系的情况下，会议决定成立闽西军政委员会。会议一致推举张鼎丞任主席，统一领导闽西地区的党政军工作。

与此同时，陈潭秋、谭震林率领的一部分红军冲破敌人的重围，也与张鼎丞部会合。他们的到来，不仅为闽西游击战争增添了骨干力量，更重要的是带来了遵义会议后中共中央新的指示精神和中央分局的决定。1935年4月10日，为了研究闽西南地区的形势和此后斗争的方针、任务，在中央分局代表陈潭秋主持下，闽西南地区党和军队领导干部在永定西溪赤寨村召开联席会议。为了更好地实施对闽西南地区的统一领导，会议将闽西军政委员会改称为闽西南军政委员会，① 并确定了基本方针和任务：“开展广泛的、灵活的、群

① 此次联席会议，由于将闽西军政委员会改称为闽西南军政委员会，故又称闽西南军政委员会第一次全体会议。

1935 年 4 月，苏区中央分局代表陈潭秋在永定西溪赤寨村主持召开闽西南党政军领导干部联席会议，成立闽西南军政委员会。图为龙岩市永定区西溪乡赤寨村“赤寨会议”遗址纪念碑

众性的、胜利的游击战争，在军事上粉碎敌人的‘围剿’，保存有生力量锻炼现有部队；在政治上保持党的旗帜，保持党与群众的密切联系；在组织上保持党的纯洁性、战斗性”①。

闽西南军政委员会的成立和新的策略方针的确立，标志着闽西党组织和红军游击队在战略指导上已从“保卫苏区，等待主力回头”的思想束缚中解放出来，实现了向独立自主长期坚持游击战争的战略转变。从此，闽西的游击战争进入胜利发展的阶段。

闽西南军政委员会成立后，立即率领闽西游击区军民投入了艰苦的反“清剿”斗争。面对国民党军队所采取的广布碉堡、分区封锁和“驻剿”“堵剿”“搜剿”“追剿”相结合的进攻战术，为了执行新的战略方针，有效地开展游击战争，决定把闽西南军政委员会所属之红军游击队划分为四个作战分区：第一作战分区由红九团第二

① 张鼎丞、邓子恢、谭震林：《闽西三年游击战争》，见中共福建省委党史资料征集委员会编《福建党史资料》（第三辑），第 52 页。

营和明光独立营组成，司令员罗忠毅，政委方方，活动范围定为龙岩、连城、宁洋地区；第二作战分区由红九团第一、第三营和永东游击队组成，司令员吴胜，政委谢育才，活动范围定为永定、平和以及广东大埔、饶平各县边区，并负责打通与闽粤边游击区红三团的联系；第三作战分区由红八团和龙岩游击队组成，司令员邱金声，政委邱织云，活动范围定为龙岩、南靖、漳平边境地区；第四作战分区由红二十四师100余人和卓林大队以及永定、杭代、新汀杭等县独立营组成，在永定、上杭地区活动，由张鼎丞、谭震林直接指挥，同时担负保障军政委员会机关安全的任务。

第一作战分区司令员罗忠毅、政委方方率领明光独立营于4月中旬进入（龙）岩连（城）宁（洋）边区，6月间与红九团第二营会合。这时，从闽西北突围出来的闽赣军区第十七团、十八团的100多名战士，在十八团政委温含珍和团长邱尚聪率领下也到达溪口与方方会合。三支队伍会合后，第一作战分区召开会议作出决定：保存主力，收容第十七团、十八团失散人员，以游击战术打破敌人的“清剿”。为此，部队分散活动，除留部分在岩连宁地区坚持斗争外，其余分别向永安、清流游击和到龙岩西北开辟新区。6月底，国民党军第十师以3个团的兵力，向游击区进攻。红军游击队避其锋芒，适时跳到外线作战，袭扰敌人后方，并诈称要攻打龙岩，迫使国民党军回撤，游击队乘机回到根据地。国民党军发现上当，立即发动第二次进攻。游击队仓促应战，明光独立营遭到较大损失，营长贺德望牺牲。国民党军两次进攻未能消灭游击队，改而推行移民并村和保甲制度，严密封锁山区。9月，为了打破封锁，争取群众的支持，红军游击队化整为零，离开山区到溪口、白沙、雁石一带游击和做群众工作，“变敌人的保甲政策为赤色联防，变敌人的堡垒政策为赤色据点，白皮红心，应付敌人”①。至年底，打破了国民党军的“清剿”，在龙岩东北、漳平西南、清流南部、连城东南和永安、宁

① 方方：《三年游击战争》（1948年8月1日）。

洋、漳平三县边界建立了游击根据地。

第二作战分区司令员吴胜、政委谢育才于 4 月底率领红九团第一、三营和永东游击队在初溪伏击国民党军第三师 1 个团，毙伤敌 200 余人。随后直插南靖，南下平和。7 月，在平和三坪与闽南红三团会师后，活动于平和与广东大埔、饶平边境地区。在饶平击败了广东军阀李汉魂部 1 个营，歼敌 200 余人；在平和刺牛岗击溃第八十师 1 个团；在平和大、小芦溪打退第八十师的多路夹击。同时，多次打击了国民党地方政权和地主武装，恢复和开辟了永东、永定、平和、大埔交界地区游击根据地，龙岩、永定、南靖交界地区游击根据地，饶平、平和、大埔交界地区游击根据地。10 月，第二分区部队奉命向闽西靠拢时遭到国民党军 8 个团的追击、围堵，在永定湖雷突围后又遭到国民党军第十师的伏击，部队全部被打散，司令员吴胜被俘遭害。11 月，政委谢育才收拢被打散的 200 余人，继续在永定、平和、南靖边境坚持斗争。12 月，在永定与平和交界的仙洞歼灭国民党军 1 个营，接着袭击永定三莱州，消灭 1 个保安团，扭转了被动局面。

在此前后，第三作战分区司令员邱金声、政委邱织云也率领红八团和龙岩、漳平游击队进入龙岩西部，攻占了南洋坝。国民党军第十师以 2 个团进行堵截、追击。红军游击队以灵活的游击战术与敌周旋，于 6 月越过敌人重重封锁线，进入红八团老根据地——漳平永福地区。9 月向华安方向游击，在华安县城附近的官田战斗中失利，政委邱织云牺牲，部队又折回龙岩、南靖、漳平边区。此时，国民党军第十师 1 个旅和 2 个保安团进驻永福地区，在游击区内修筑碉堡，实行移民并村和保甲制度，给游击队的行动造成很大困难。第三作战分区遂将所部以连为单位分散活动，运用各种方式打击“驻剿”部队和保安团。在分散期间，各连共歼灭国民党军六七百人。

至 1935 年底，闽西南红军游击队在反对国民党军第一期、第二期“清剿”的斗争中，通过分散游击，独立作战，分散敌人的目标，灵活机动地跳出包围圈，坚持在闽西进行游击战争的红军不仅有效地打击了敌人，拖住了国民党军8个师，配合了中央红军长征，而且保存了自己的有生力量，“除了红八团、红九团和岩、连、宁独立营外，永定、上杭、龙岩等县，都有了百多人的游击队，还有不少游击小组”①。此外，在闽西南地区的10多个县还建立了七八块游击根据地。闽西地方党组织和游击队在闽西站稳了脚跟。

中共中央“关于建立抗日反蒋统一战线”的指示传到闽西后，闽西南军政委员会于1936年1月1日在上杭双髻山召开第二次全体会议，确定在闽西南推行争取一切阶级、政党、团体、军队和个人加入抗日反蒋统一战线的新方针新政策。会议指出，闽西红军游击队的任务就是更广泛地开展群众的游击战争，粉碎国民党军对闽西南地区新的“清剿”，巩固和发展红色武装；发动群众，开辟更广阔的游击区域，创造对日作战的根据地。会议提出必须大胆学习和运用统一战线策略，争取和团结广大群众，进行抗日讨蒋斗争。同时，闽西游击武装改称中国工农红军闽西南抗日讨蒋军，原第一至第四作战分区所属部队依次改为闽西南抗日讨蒋军第一、第五、第三、第七支队，共4个支队，县游击队改称抗日义勇军。此后，各支队积极进行抗日宣传工作，并改变了过去的一些做法，从而取得当地一部分地主以及区、乡、保长和民团的同情。春夏间，游击武装得到发展，又新成立了第二、第四两个支队。闽西南军政委员会调整了各分区和部队的部署：岩连宁地区为第一分区，辖第一、第二两个支队；永定、杭代、永埔、新汀杭地区为第二分区，辖第五、第七两个支队；龙岩、岩南漳、岩永靖、永和靖地区为第三分区，辖第三、第四两个支队。

1936年2月，国民党驻闽绥靖主任蒋鼎文在闽西南地区集中第三师、第八十师、第七十五师、第五十二师及新调入的第三十七旅（即新十师）等部，仍以龙岩、永定、上杭为中心，采取“驻剿”“堵剿”“搜剿”“追剿”并用的战术，继续推行移民并村和保甲制

---

① 张鼎丞、邓子恢、谭震林：《闽西三年游击战争》，见中共福建省委党史资料征集委员会编《福建党史资料》（第三辑），第60页。

度，制订《壮丁队堵剿残匪办法》《抽调壮丁队搜剿残匪办法》等，以壮丁队配合正规军，向闽西南红军游击队发动第三期“清剿”。

闽西南军政委员会根据中共中央抗日讨蒋方针，以“更细心地灵活地运用游击战术开展游击战争”为指针，在龙岩白土、东坑、岩山头、溪口、涂潭，宁洋小陶，连城马池塘，南靖下坎寮等地，给国民党军及其反动地方武装以坚决打击。此外，第七支队曾袭击上杭县，第五支队深入平和县大小芦溪活动，等等。敌“清剿”军在受到红军游击队连续打击之后，不敢再贸然出动，各区、乡民团也较为小心，龟缩在碉堡中，不轻易下乡。与此同时，抗日反蒋斗争的武装力量得到迅速发展，游击区也得到恢复和发展。各县红色政权相继恢复和建立。从 2 月到 7 月，闽西南军政委员会先后领导建立了岩南漳县军政委员会，魏金水任主席；永东县军政委员会，阮文松任主席；永埔县军政委员会，郑树昌任主席；永和靖县军政委员会，李天辉任主席；岩连宁县军政委员会，罗步云任主席；新汀杭县军政委员会，钟辉元任主席；岩永靖县军政委员会，李明康任主席。

1936 年 6 月，两广事变爆发，部分国民党军被调入粤，“清剿”被迫停止。但是闽西南军政委员会此时忽视了利用此良机发展游击战争，而集中兵力截击国民党军入粤部队。8 月，两广事变结束，入粤国民党军返回闽西，又开始了第四期“清剿”。红军游击队各支队积极出击，在前后 3 个月中共歼国民党军及其地方武装 300 余人，缴获子弹数万发。

10 月 28 日，蒋介石调蒋鼎文及其驻闽绥靖公署由漳州北迁建瓯，国民党军第三师、第九十二师调离闽西，粤军第一五七师、第一五八师进入闽西。11 月，以粤军为主，又对闽西红军游击队进行第五期“清剿”。军政委员会集中 4 个支队在永定陈东坑和上杭中华山抗击粤军，虽然毙伤粤军 200 余人，但自身也受到一些损失。1937 年初，粤军 2 个师再次向闽西发起进攻。2 月，第七支队、第四支队 1 个连、第三支队 1 个排共 300 余人在永定、上杭交界处的中华山东北侧大和坑休整。敌第一五七师四六九旅九三八团、省保安团钟绍葵部和大池、小池民团共750余人正向大和坑“清剿”。红军游击队决定伏击来犯之敌。部队首先从大和坑经旱溪撤至七树坑隐蔽，主力迅速占领中华山西北制高点杀人墩。13日，敌分两路分别向大和坑、旱溪、杀人墩搜索前进，上午8时进入红军游击队设伏地域。第七支队当即居高临下发起攻击，埋伏在两翼的第四、第三支队从两侧配合，击溃敌军数次反扑。傍晚，第七支队绕到敌背后袭击，敌军大乱，被迫退到大池，再撤回龙岩。此战，红军游击队共歼敌100余人，打乱了敌军的“清剿”部署。

与此同时，刘永生率永东游击队在永定西溪黄汪桥伏击粤军运粮队，全歼粤军1个加强排42人，缴枪40余支。3月，第四支队在永（定）湖（雷）公路拦截伏击粤军第一五七师军车，歼粤军1个排，击毁军车1辆，缴机枪1挺、长短枪15支、子弹4000余发。战后，第四支队又急行军50多公里来到闽粤边境，在曲潭附近的分水岭袭击了粤军设置的税务所，全歼粤军1个排，缴枪30多支、子弹4000余发。

在反“清剿”斗争中，闽西南军政委员会还将军事斗争与政治斗争相结合，发动社会人士，揭露粤军打着“抗日讨蒋”旗号却打击抗日讨蒋力量的行径和粤军“反对移民烧杀”的欺骗宣传；向粤军大力宣传中共中央“停止内战、共同抗日”的主张，以争取、分化、瓦解、团结粤军。这样，闽西南红军游击队在军事上、政治上逐渐掌握了主动权，粤军则处于逃亡、疲惫、分化、死伤的被动地位。1937年3月以后，粤军的第五期“清剿”逐渐无力，并随之结束，闽西红军游击队取得了反“清剿”斗争的全面胜利。这时，闽西南红军游击队武装已经发展到4000人，党的组织也发展到有上杭、永定、龙岩、永和靖、永埔、岩永靖、岩南漳、岩连宁等8个县委，56个区委，400多个支部，党员3000余人。①

---

① 中共龙岩市委党史研究室：《闽西人民革命史（1919—1949）》，中央文献出版社2001年版，第444页。

二、闽北（闽浙赣）三年游击战争

闽北（闽浙赣）游击区位于闽浙赣三省边界，以福建北部为主，包括福建省的崇安、建阳、建瓯、政和、松溪、浦城、光泽、邵武、顺昌、南平、将乐、建宁、泰宁、屏南、古田、周宁、寿宁和浙江省的江山、庆元、龙泉以及江西省的金溪、贵溪、资溪、广丰、铅山、上饶等26个县近4万平方公里的广大地区。①

1934年秋，国民党军在占领了黎川、光泽后，又沿江西南城经黎川、光泽、邵武、顺昌至福建的南平，构筑了数道封锁线，切断了闽北苏区与中央苏区及闽赣省委、省军区的联系。此后，蒋介石又将闽赣两省划分为12个绥靖区，其中崇安、建阳、建瓯、政和、松溪、浦城等为第九绥靖区，司令官刘和鼎（1935年1月改为福建第一绥靖区）；光泽、邵武、顺昌、资溪、将乐、建宁、泰宁、上饶、广丰、铅山、贵溪等分别划入第七、第八绥靖区，司令官分别由张钫、赵光清担任。在上述绥靖区内，敌部署有第五十六师、第二十一师、第七十六师、第十二师、第五十七师、新编第十一师、独立第四十五旅、“剿匪”军第二纵队和福建、浙江、江西三省保安团共10万余兵力。

1934年10月17日，苏区中央局和中革军委给中共闽赣省委、省军区发出指示，指出：在第五次反“围剿”中，中央红军虽然获得了很多胜利，但未能完全粉碎敌人的进攻，敌人正从各个方向企图进攻我们更中心的苏区，有截断中央与闽赣联系之可能。闽赣党组织和军区应独立地坚持和领导斗争，“组织和武装广大工农群众，广泛的开展游击战争，不仅各县要建立独立营、□实现有独立团，每区建立基干游击队，每乡建立游击小组等”，“吸收广大群众进行

① 中国人民解放军历史资料丛书编审委员会：《南方三年游击战争·闽北游击区》，解放军出版社1993年版，第3页。

广泛的游击战争，胜利地保卫闽赣苏区”。[①] 11 月 26 日，中共闽赣省委和省军区在宁化县城召开会议，详细讨论了中央局和中革军委的指示。

为了适应游击战争的需要，紧急动员地方武装和群众为保卫苏区而战，闽赣省军区将闽赣武装力量整编为 4 个团：省军区第一分区机关人员及泉上、清流、归化等县的地方武装整编为第十二团，团长王子成，政委肖明星，全团 300 余人；原宁化独立七团、闽中独立团、军区直属队整编为第十六团，团长吴仁金，政委王为生，共 400 余人；泰宁、宁化等县地方武装整编为第十七团，团长郭清义，政委周乐生，共 300 余人；省军区第二分区机关人员及彭湃、泉上、清流独立营编为第十八团，团长张彪（后为邱尚聪），政委左龙午（后为温含珍），共 300 余人。12 月，宁化县城失守。中共闽赣省委、省苏维埃政府和省军区机关退出宁化县城后，第十六团仍作为省军区直属部队，随中共闽赣省委、省苏维埃政府和省军区机关艰难地在敌占空隙地带与敌周旋；第十七、十八团坚持在宁化、长汀、瑞金、石城之间游击；第十二团坚持在建宁的中畲、罗元及塘坊一带游击。[②]

1934 年 12 月，国民党军队开始对闽西北苏区各县和红军进行“清剿”，先后部署第四十六师、第五十二师、第七十五师、第五十六师等 4 个师，加上各地民团武装等，总兵力共 5 万余人，采用“集中兵力、分进合击、穷追猛打”的战术，每到一地即修筑碉堡，强迫移民并村，实行“清乡”，颁发“良民证”，组织保甲制，施行烧、杀、抢的野蛮政策，血腥镇压摧残苏区群众。

1935 年 1 月下旬，坚持在赣南的中共苏区中央分局派中共赣南

---

① 《闽赣省委、军区接受中央、军委指示的决议》（1934 年 11 月 26 日），见闽赣革命根据地党史资料征集编研协作领导小组编《闽赣省党史资料》，1986 年 9 月，第 219 页。

② 《项英关于中央苏区情况给秦邦宪朱德周恩来的报告》（1935 年 1 月 27 日），中共江西省委党史研究室等编《中央革命根据地历史资料文库·党的系统（5）》，中央文献出版社、江西人民出版社 2011 年版，第 3544 页。

省委书记钟循仁任中共闽赣省书记兼军区政委，并将赖昌作调回苏区中央分局。1月28日，闽赣省委在宁化县张坊召开紧急会议，将省属机关工作人员编为省委工作团随军行动。2月，中共闽赣省委决定将省委工作团转移到建宁、泰宁、将乐境内，并指示闽赣省军区第十二团在建宁的罗元、张溪、中畲、水尾一带配合建宁县苏维埃基干游击队活动，坚持反“清剿”的游击战争。随后，闽赣省委工作团及部分武装又从宁化向建宁的水西一带转战。队伍行进至水西的陈家山时遭国民党军第五十二师所部合围。红军游击队从晚上8时奋勇抗击至次日早晨，后突围到官常、焦坑一带。3月，第十二团从水尾一带转到焦坑与中共闽赣省委工作团会合，随即向泰宁、将乐方向转移，部队途经泰宁县龙安时与国民党军队遭遇，后撤往明溪、将乐、泰宁交界的龙栖山。

3月下旬，闽赣省委工作团转移到将乐境内白莲附近的一个山村，闽赣省军区电台与苏区中央分局作了最后一次联系后，即将电台零件拆散不再使用，并决定部队向顺昌、延平（南平）西北地带游击。此后，闽赣省军区所属部队游击于溪口、峡阳、王台、元坑、漠布、郑坊等地，打土豪筹款，拦截袭击敌军车，造成顺昌、将乐、延平公路交通一时中断。敌军遂调第五十六师及保安队进行夹击。闽赣省委工作团和省军区部队即从延平、顺昌一带返回将乐、明溪。队伍转移到明溪的沙溪和梓口坊与第十二团余部会合时，遭敌第五十二师一个团的攻击，激战中伤亡200余人。4月间，闽赣省委工作团和省军区部队被困在明溪、将乐、泰宁交界的龙栖山。此时，闽赣省军区司令员宋清泉、政治部主任彭祜、参谋长徐江汉等开始串通一气，排挤和摆脱省委领导，逐渐掌握了闽赣省领导机关的实际权力，造成了“枪指挥党”的极其严重的局面。宋清泉等人为求生存，既不想在原苏区范围内坚持游击斗争，又不向闽西或闽北靠拢，反而决定将队伍拉向闽中南地域，并派人联络第十七团、十八团余部，命令他们向闽中南转移。中旬，闽赣省军区部队和省委工作团从龙湖出发，进入尤溪的坂面，在渡河时遭国民党军第五十二师特务营伏击。闽赣省军区部队和省委工作团因昼夜行军已是疲惫不堪，在此情形下只得边打边撤，经德化、水口撤到永泰的伏口。队伍渡过大樟溪后，进入德化、永泰、仙游交界的紫山。与此同时，第十七团、十八团余部接到省军区向闽中南行动的命令后，从永安经大田进入仙游境内，不料与敌军遭遇，队伍被打散，仅剩100多人冲破重重封锁返回闽西北，在宁化与连城边界坚持游击斗争。4月底至5月初，闽赣省军区部队和省委工作团遭国民党第五十二师、第九师合围，处境极端危险。中共闽赣省委、省苏维埃政府和省军区领导人在紫山上召开了紧急联席会议，讨论如何行动问题，部队连指导员以上干部共40多人到会。省委书记钟循仁等主张将队伍转移到闽西，而对革命事业丧失了信心的省军区司令员宋清泉等人极力反对，双方争执不下，会议毫无结果。就在此时，国民党仙游县民军司令部派人上紫山诱降，宋清泉立即派人下山"谈判"。经过一番阴谋活动，5月8日，宋清泉、徐江汉、彭祜等人叛变投敌。在他们的诓骗下，省军区部队600余人分两批被拉下紫山。5月11日，下山部队全部被国民党军第九师缴枪收押。事变中，在紫山上的中共闽赣省委书记钟循仁和省苏维埃政府主席杨道明率工作团少数人员突围，遭敌军围击。之后，钟循仁下落不明，杨道明流落于永泰，不久出家到中仙阁亭寺当和尚。至此，中央苏区中共闽赣省委、省苏维埃政府、省军区完全丧失。①

在"清剿"闽西北苏区和红军游击队的同时，1934年12月，驻闽绥靖主任蒋鼎文、驻赣绥靖主任顾祝同也开始指挥所属各部，南自崇安、建阳，北从上饶、铅山，东经广丰、浦城，西由邵武、光泽，四面"兜剿"，"节节推进"，以闽北苏区首府崇安大安为总攻击目标，大举"清剿"闽北红军游击队。

此时，中共闽北分区委、闽北军分区领导下的武装力量有红五十八团（原属红七军团建制）、独立一团、独立二团、广浦独立营、

---

① 马步英：《忆在闽赣省军区》，杨道明：《谈闽赣省后期斗争情况》，参见闽赣革命根据地党史资料征集编研协作领导小组编《闽赣省党史资料》，1986年9月，第404—420页。

西南独立团以及各县独立营等地方武装，共计 5000 人左右，但由于敌人的“清剿”和封锁线的隔离，无法实施统一指挥。

反“清剿”斗争开始后，闽北军分区司令员李德胜坚持“以堡垒对堡垒”和“分兵把口”的方针，消极防御，红军游击队虽英勇奋战，并在二都桥、三都圩、青山、渔梁等地给敌新十一师、第五十六师及独立第四十五旅等以打击，但终因寡不敌众，难以遏止敌人的进攻。敌先后占领了崇安县城和星村、黄坑、石塘、二都镇等地。至年底，闽北苏区大部丧失，仅有以大安为中心的一块狭长地域还掌握在中共闽北分区委、闽北军分区和红军游击队手中，形势十分严峻。

1935 年 1 月初，闽北分区委书记黄道为统一思想，确定下一步行动方针，在大安主持召开了闽北分区委紧急会议。会议决定：第一，闽北党政领导机关及直属单位随军分区分批撤出大安，在原苏区范围内坚持游击战争；第二，撤退已公开身份的干部，留下地下党员，建立秘密的党组织和交通联络网，继续领导革命斗争；第三，加强四渡桥阵地的防守力量，阻击敌之正面进攻，同时通知各主力团在大安外围牵制国民党军，以保证领导机关的安全转移；第四，各县、区可根据实际情况，改变领导方式，就地坚持游击战争。闽北分区委大安紧急会议在强敌压境的关键时刻，作出了闽北由苏区斗争方式转变为游击区斗争方式、红军游击队由阵地战转变为游击战的正确的战略决策，从而为闽北三年游击战争的胜利奠定了基础。1 月 25 日，以黄道为书记的中共闽北分区委率领军分区部队和党政机关撤离大安，转向深山密林。①

2 月，当闽北分区委领导机关转移至崇安长涧源、坑口一带时，收到中共苏区中央分局转发的中共中央书记处关于改变组织方式和斗争方式、就地开展游击战争的指示。对照中央的指示，闽北分区委肯定了撤出大安这一行动的正确，并仔细分析研究改变组织方式

---

① 黄知真：《黄道与三年游击战争》，中国人民解放军历史资料丛书编审委员会编《南方三年游击战争・闽北游击区》，解放军出版社 1993 年版，第 69 页。

和斗争方式、就地开展游击战争等问题，决定将闽北军分区所属各部集中崇安长涧源进行整编，重建闽北红军独立师，由黄立贵任师长，卢文卿任政委，张燕珍任参谋长。独立师下辖4个团，每团编制3个营。第一团由原红五十八团第一营、第二营为主编成，张燕珍兼任团长，卢文卿兼任政委；第二团由原独立一团为主编成，胡佑民任团长，刘胜任政委；第三团由原红五十八团第三营、闽北军分区警卫营第二连、第三连和教导一中队及部分机关工作人员编成，祝为根任团长兼政委；第四团由原独立二团为主编成，丁日升任团长，彭喜财任政委。全师共3000余人。闽北分区委要求闽北红军独立师在敌强我弱情况下既能分散隐蔽又能集中歼敌，机动灵活地开展游击战争。①

闽北红军独立师成立后，立即根据分区委的决定，按计划分散活动：独立师师部和第一团、第三团到江西的铅山、上饶、贵溪一带活动；第二团到崇安、广浦地区活动；第四团到建阳、邵武、光泽地区活动。各团在当地独立营和游击队配合下，依托山区，依靠人民群众，广泛开展游击战争，对付敌人的“清剿”。在独立师师部和第一团、第三团转战闽赣边境，扫平武夷山北麓数镇之敌，歼敌正规军和地方民团近千人时，独立师第二团、第四团也在崇安、浦城、建阳、邵武、光泽等地积极开展游击战争，打乱了敌人的分区“清剿”部署。

独立师各团分散活动后，分区领导机关和直属部队在黄道率领下，由崇安出温林关，沿着武夷山脉进入铅山县境。当部队行进至距望村7公里左右的铅山县东坑时，李德胜借口侦察敌情，只身在篁村叛变投靠了国民党军，并引导敌军袭击分区领导机关和直属部队。黄道率领机关、部队连夜冒雨向桐木关方向转移，在桐木关外三港同吴先喜率领的西南独立团会合，随即突出重围。突围过程中唯一的电台损毁，致闽北分区委此后与中央中断联系达3年之久。2

① 陈仁洪：《游击战争初期的闽北》，中国人民解放军历史资料丛书编审委员会编《南方三年游击战争·闽北游击区》，解放军出版社1993年版，第190页。

月末，闽北分区委在三港对机关、部队进行整顿，精简机构，将分区委、分区苏维埃政府机关人员并入军分区司令部，吴先喜任司令员，并将精简的人员编入战斗部队。同时，闽北分区委决定利用战斗间隙，开展“反叛徒、提高革命信心、坚持革命斗争”的教育，努力肃清李德胜叛变造成的恶劣影响。

3月，为了打破“清剿”，独立师主力分散在崇安、建阳、邵武、光泽、资溪、广丰等县，在武夷山区开展游击战争。黄立贵率领独立师第一团挺进到建（瓯）松（溪）政（和）地区开展游击活动，不久紧张局面缓和，又回师崇安。4月，独立师第二团、第四团翻越崇安寮竹关，在江西上饶南乡的甘溪镇金钟山伏击国民党军1个营，全歼其2个连，俘虏80余人，缴获甚丰。闽北红军游击队的甘溪镇大捷引起了国民党当局的恐慌。7月15日，蒋介石任命卫立煌为闽赣浙皖四省边区“清剿”总指挥。卫立煌将总指挥部由南平迁至浦城，采取政治、经济、军事相结合的全面封锁策略，重点“清剿”闽北红军游击队。

8月，中共闽北分区委在崇安县岚谷乡黄龙岩召开闽北分区委扩大会议。黄龙岩会议确定了军事上内线作战与外线作战相结合的原则，实行“向敌后挺进，创造新游击区”的方针；政治上允许“白皮红心”的做法，争取保甲长和大刀会；经济上改打土豪分田地为筹款、减租减息。①

黄龙岩会议后，闽北红军独立师主力即根据会议决定，兵分三路出击外线，向敌后挺进，开辟新的游击根据地。第一路由饶守坤、王助率独立师第二、第三团（后改编为第一、第三纵队）挺进建松政地区，到1936年春，建立了以建瓯迪口为中心，包括建瓯、松溪、政和、古田、屏南等纵横50公里的闽东北游击根据地。第二路由黄立贵、曾镜冰率独立师第一团及第四团一部（后改编为第二纵队）挺进邵顺建地区，在不到一年的时间里，增建了独立师第五、

---

① 黄知真：《黄道与三年游击战争》，中国人民解放军历史资料丛书编审委员会编《南方三年游击战争·闽北游击区》，解放军出版社1993年版，第79—80页。

第六纵队，游击区从邵武、建阳扩大到顺昌、将乐、建宁、泰宁，开辟了邵（武）顺（昌）建（宁）和将（东）建（宁）泰（宁）两个游击区。同年底，邵顺建游击区和将建泰游击区连成一片，形成闽中游击根据地。第三路由吴先喜、刘文学率独立师第四团主力（后改编为第四纵队）挺进江西资光贵地区，同年秋，形成了包括光泽、资溪、金溪、贵溪等地域的抚东游击根据地。此外，黄道、曾昭铭、汪林兴等率闽北分区委及军区特务连、教导队在崇安一带老根据地与敌周旋，坚持斗争。

1936年1月底，闽北分区委令黄立贵率领独立师第一团主力从建阳出发，向闽东挺进。2月间，独立师第一团在与尾追的国民党军新编第十一师周旋中，于建阳界首镇附近歼其500余人，并击伤其师长，迫使该师停止追击；随后，又在屏南上楼村冲破国民党军第五十六师、第十一师的包围，歼其1个营又2个连。当月部队进至闽浙边界的洞宫山地区，同在当地坚持斗争的闽东红军独立师会合，打通了闽北、闽东两个游击区的联系。

4月，中共闽北分区委书记黄道在闽北红军独立师掩护下，从崇安县到达政和县境，在洞宫山与闽东游击区领导人叶飞会见。双方在洞宫山仰头村召开联席会议，先就闽北、闽东、浙南三块游击区相互配合与统一指挥等问题进行讨论研究。鉴于成立闽浙赣省委条件尚不具备，他们转而磋商成立中共闽赣省委和省军区问题，以统一领导闽北、闽东游击区开展游击战争。会议对成立闽赣省委和省军区以及领导成员的组成事项原则上达成了共识。会后，由于斗争环境险恶，联系困难，在实际斗争中无法实现统一领导，仍旧各自独立坚持本地区的游击战争。

6月，黄道在崇安岚谷宣布中共闽赣省委和省军区成立。黄道任闽赣省委书记兼省军区政委，叶飞任省军区司令员（未到职），曾镜冰任省军区政治部主任。此外，还成立了闽赣省委、省军区下辖的4个分区委和军分区：一分区（闽北分区），书记汪林兴，军分区司令员熊家才，辖崇安、建阳、广浦、广丰县委和西南战区委员会；二分区（闽中分区），书记黄立贵兼军分区司令员、政委，辖邵顺建、建泰、邵将泰县委和邵光特区委；三分区（抚东分区），书记吴先喜兼军分区司令员、政委，副政委刘文学，辖资光贵中心县委；四分区（闽东北分区），书记王助，军分区司令员饶守坤，政治部主任左丰美，辖建松政中心县委、迪口县委。地方游击武装归各军分区领导。保留闽北红军独立师，隶属于省军区，师长黄立贵，政委吴先喜。下辖各团一律改为纵队建制。至年底，在闽赣省委和省军区领导下，闽北红军游击队坚持、开辟了包括闽浙赣地区 26 个县的广大游击区。闽北独立师由 4 个纵队发展为 6 个纵队，近 3000 人，成为闽北三年游击战争的鼎盛时期。①

1937 年初，国民党军又以 4 个多师和 1 个保安团向闽北游击区进攻。由于个别游击分区领导人急于打退敌人的进攻，集中兵力硬拼硬打，使红军游击队遭到较大损失。2 月，独立师第四纵队在光泽北部柴家村被国民党军第五十二师包围，抚东军分区司令员吴先喜阵亡，部队伤亡很大。第一纵队在抗击国民党军进攻中也遭受很大损失。为此，闽赣省委命各游击分区的部队转入山区分散隐蔽活动。

1937 年 1 月，马长炎率领闽北红军第二纵队一部进入建宁县的江家店，采用调虎离山计、换包计的办法，未耗一枪一弹，消灭敌保安队一部，活捉国民党当局派出的巡视员 1 名，缴获电台 1 部，并用巡视员换回一批西药、子弹与胶鞋等军需物资。后第二纵队又配合由曾昭铭任队长兼政委的第五纵队在建宁、泰宁边沿活动。

2 月（春节前夕），黄立贵率领闽北红军第二纵队一部从邵武进入建宁东乡的落井溪。他们冒雪急行军 10 余里到达溪口（溪源），半夜出其不意包围袭击国民党建宁第二区区署，消灭保安队 2 个小队，活捉了区长杨进图等人，缴获一批枪支弹药和粮食。天亮后黄立贵在溪口召开群众大会，并开官仓放粮救济群众。中午，国民党建宁县政府调保安团赶到溪源，黄立贵的队伍已先此撤往与泰宁县

① 黄知真：《黄道与三年游击战争》，中国人民解放军历史资料丛书编审委员会编《南方三年游击战争·闽北游击区》，解放军出版社 1993 年版，第 87 页。

交界的分水隘一带。

3月初，闽北红军第二纵队一部和第五纵队在将（乐）建（宁）泰（宁）游击区会师。此时，在顺昌的第六纵队也抵达会师地点，三支队伍集中后有400余人，为适应斗争需要队伍进行了整编，第五、六纵队合并为第六纵队。黄立贵师长兼第二纵队队长，率部到建（宁）泰（宁）邵（武）边界地区活动；马长炎调任第六纵队政委，坚持以将乐为中心，在将（乐）建（宁）泰（宁）游击根据地开展活动。

4月，闽中分区为打通与闽西游击根据地的联系，命令第二、第六纵队分别从建宁、泰宁向明溪、宁化边境发展。这期间马长炎率领的第六纵队在建宁的官常、焦坑、半寮、夏坊等地打击敌保安团和大刀会，当地群众无不拍手称快。

6月，国民党当局调集闽赣两省保安团数千人，对闽北游击根据地进行大"清剿"。马长炎为避敌锋芒，未能实现向闽西发展的计划，带领第六纵队返回将乐，拟与黄立贵的第二纵队会合。国民党军立即调集第七师、第十二师各一部和邵武、将乐的保安队，兵分三路向游击根据地九仙山"围剿"。黄立贵、马长炎所率的第二、第六纵队被围困在九仙山上。游击队在群众的帮助下，经过一个多月的艰苦转战，于7月离开将乐，到光泽与建阳交界的猪母岗找到闽赣省委。

长期战斗在深山野壑中的中共闽赣省委时时刻刻盼望着与党中央取得联系，以便早日得到中央的指示，为此曾多次派黄立贵率部渡过富屯溪，经过将乐、顺昌、泰宁到黎川一带寻找中共苏区中央分局，但都失望而归。1936年8月，闽赣省委再派省委委员、省工联主任吴华友携带闽赣省委组织名单和有关闽北游击战争开展情况的报告，到上海等地，通过白区组织关系寻找党中央。1937年2月初，经过千难万险终于和党中央取得联系的吴华友，从香港致信黄道，叙述了西安事变和平解决的过程，并随信寄来密写的中共中央1935年发表的《为抗日救国告全体同胞书》和1936年作出的《中央关于抗日救亡运动的新形势与民主共和国的决议》等文件。中共闽赣省委在认真学习、领会文件精神的基础上，结合闽北的斗争实际，于2月7日作出了《关于开展抗日反帝斗争的决议》，号召“一切不愿作亡国奴的中国人，不论职业、团体、宗教信仰、政治派别，一致联合起来，共同进行抗日的民族革命战争”。[①]

为适应建立抗日民族统一战线的需要，中共闽赣省委于1937年3月7日成立了闽赣省抗日军政委员会，黄道任主席，曾镜冰、曾昭铭任副主席。当日，即以军政委员会政治部名义发布训令，提出目前的任务“是发动团结与组织全国民族一切力量，去对付当前的敌人日本帝国主义与卖国贼”。进一步号召：“不论什么人什么派别什么武装什么阶级，只要是反对日本帝国主义与卖国贼，都应该联合起来，使全国人民有力的出力，有知识的出知识，有钱的出钱，有枪的出枪，都参加到反日战线上去。”提出了政策上的五个转变：（一）一切知识分子，不论什么成分，只要不是“反动领袖”，都要加以保护，并吸收其加入反日阵线。（二）保护小工商业者。禁止向大商家罚款，可接受大商家捐款。极少数反动头子的商店可以从政治上没收。（三）保护富农利益。（四）白区的小地主，只要民愤不大，同情抗日并自动捐款的，不得没收其财产。（五）对被俘的国民党下级军官，应给予抗日教育并予以释放。随后，闽赣省委又向江西、福建两省国民党当局发出“快邮代电”，提出“停止内战、一致抗日”的主张。

但是，国民党当局置中共闽赣省委的呼吁于不顾，于5月2日令福建省政府主席陈仪及各“清剿”部队在一个月内“肃清”闽北红军游击队。6月上旬，国民党当局在建瓯成立了“闽北搜剿指挥部”，以第八十师师长谢辅三为总指挥，由第七十五师、第三师、第八十师各抽2个营组成3个“搜剿”队，日夜不停地对中共闽赣省委和闽北红军独立师围追堵截，采取“驻剿”与“搜剿”相结合的办法，将游击区分割包围，严密封锁，并派大量便衣四处侦察，使

---

① 中共闽赣省委：《关于开展抗日反帝斗争的决议》（1937年2月7日），中共福建省委党史研究室等编《闽浙皖赣革命根据地》，中共党史出版社1991年版，第817页。

红军游击队的活动陷入极端困难的境地。

此时，独立师师长黄立贵正率独立师一部在邵武、顺昌、建宁、泰宁一带活动。为摆脱敌第七十六师的前堵后追，部队以排为单位分散活动。黄立贵带1个排转战近2个月，仍未甩掉敌人，7月13日被围困于邵武梧桐际村，突围时黄立贵不幸牺牲。他的牺牲，是闽北游击区又一重大损失。同期，在敌全面、残酷的“清剿”下，闽北红军游击队人数骤然下降，由3000人减至700余人。闽赣省委也被迫转移到光泽与建阳边界的猪母岗高山上，坚持斗争。1937年8月13日，日军大举进攻上海，蒋介石迫于全国政治、军事形势的变化，将“清剿”闽北红军游击队的第三师、第七十五师、第七十六师撤走，闽北游击区的斗争形势渐趋好转。

三、闽南（闽粤边）三年游击战争

闽南（闽粤边）游击区位于福建省南部和广东省东部的边境地区，其西北部多山，东南部临海。红军游击队活动范围主要在福建省的南靖、平和、漳浦、云霄、诏安、龙溪、海澄和广东省的潮安、澄海、饶平、大埔等县。[①]

1934年初，为了减缓中央苏区“东方阵线”上国民党军进攻的压力，进而打破国民党军对中央苏区的第五次“围剿”，中共中央决定派参加中共六届五中全会的厦门市委巡视员黄会聪回闽组建中共闽粤边区特别委员会，统一领导中央苏区福建省所属的饶和埔县委、厦门中心市委所属的漳州中心县委（后改为靖和浦县委）、东江特委所属的潮澄澳县委（后改为潮澄饶县委），“在敌人之后方与侧边”，“猛烈的开展游击战争”。[②]

年底，国民党军先后调集4个多师以及地方民团对闽粤边区进

① 中国人民解放军历史资料丛书编审委员会：《南方三年游击战争·闽粤边游击区》，解放军出版社1994年版，第3页。

② 黄会聪：《关于闽粤边区两年余情况致陈云等转中共中央的报告》（1937年4月20日）。

行第一期“清剿”，重点进攻（南）靖（平）和（漳）浦苏区。1935年初，中共闽粤边区特委决定避敌锐气，突围到新区开辟游击根据地。闽粤边红军主力红三团除留小部兵力与地方赤卫队坚持在靖和

1934年8月，中共闽粤边区第一次代表大会在平和南胜帮寮召开，成立中共闽粤边区特委，统一领导饶和埔、靖和浦、潮澄澳等根据地的游击战争。图为漳州市平和县南胜镇义路村帮寮组中共闽粤边区特委遗址

浦苏区斗争外，分三路向外线出击，积极争取与饶和埔打成一片。第一路由红三团团长张长水带领向漳浦的象牙庄、盘陀、梁山、杜浔和云霄的荷步、古楼一带挺进；第二路由特委委员何鸣、红三团副团长陈桃庆带领向平和的峨嵋山、小溪、文峰、山格、黄井一带挺进；第三路由红三团连政委卢胜、特委委员林路带领向平和的南五区、内外东溪及云霄的坪水一带挺进。红三团主力跳到外线后，避免与敌硬碰硬，灵活地四处袭扰敌人，在军事上取得了主动，很快建立了大片的游击新区，打破了国民党军的第一期“清剿”。

8月，红三团与闽西红九团在平和的三坪会师。红九团南下闽南，传达了中共苏区中央分局及闽西南军政委员会的指示，闽粤边区特委通报了开展游击战争和反日反蒋统一战线的情况，双方并就此后加强联系、协同作战及具体交通联络等交换了意见，从而为闽粤边游击战争的发展创造了有利条件。

在此前后，潮（安）澄（海）饶（平）、饶（平）（平）和（大）埔游击斗争相继受挫。1935 年 9 月，中共闽粤边区特委在平和县的尪仔石山召开了第五次扩大会议，总结过去一年来闽粤边区党组织和红军游击队在反“清剿”斗争中的经验教训，并根据国内形势的变化，制定了“壮大反蒋抗日武装力量，在各地组织义勇军，广泛开展群众性的游击战争，粉碎敌人新的‘清剿’”的方针政策。同月，卢胜率领红三团一部与潮（安）澄（海）饶（平）根据地的红三大队在乌山地区会合，两部红军游击队合编为潮澄饶红军独立营（后改称闽粤边红军独立营），在云霄、平和、诏安边界地区坚持游击战争，开始了创建乌山游击根据地的斗争。同时，闽粤边区特委决定撤销饶和埔县委，成立云和诏县委，并成立新的潮澄饶县委。

1935 年 10 月，国民党军第八十师及两个保安团对靖和浦、云和诏根据地发动第二期“清剿”。红军游击队仍然跳出外线作战，时而化整为零分兵发动群众，时而集中机动抓住战机打击敌人，使国民党军处于被动挨打的境地。11 月，红三团先后打下平和县的白叶楼、大坑尾、壶祠、大溪坪等地，将靖和浦、云和诏两个游击根据地连成一片。这时，闽粤边区特委根据敌情及中共中央对时局的主张，积极开展抗日救国宣传工作，并在闽粤边广大地区建立抗日救国会、抗日自卫军等群众抗日组织和武装，争取了许多壮丁队成为抗日自卫军，还在靖和浦、云和诏两个游击根据地普遍建立起人民抗日义勇军。1936 年 6 月，靖和浦县委在平和的邦寮山成立漳州人民抗日义勇军总指挥部，县委书记何浚任总指挥，朱增强任副总指挥，朱曼平任政治部主任；云和诏县委也组织起 4 个中队的义勇军，由闽粤边红军独立营派出军事骨干任中队长，同时还组织了数千不脱产的农民组成抗日自卫军。抗日义勇军和抗日自卫军在闽粤边三年游击战争中发挥了很大的作用。

从 1935 年 10 月至 1936 年 6 月，红三团在靖和埔巩固并发展了尪仔石山、梁山、灶山、大芹山等游击根据地；闽粤边红军独立营则在平和、诏安、云霄境域建立了以乌山为依托的广阔的游击根据地。

1936年7月，闽粤边区特委将闽粤边红军游击队改编为中国人民红军闽南抗日军第一、第三、第五支队。原闽粤边红军独立营改编为第一支队，支队长卢胜，政委吴金；原红三团改编为第三支队，支队长张长水，政委何鸣；原潮澄饶红一大队及云和诏人民抗日义勇军改编为第五支队，支队长李金盛，政治部主任刘炳勋。

7月间，国民党当局调集2个保安团“清剿”平和尪仔石山游击根据地。红一、三支队避敌主力，分路出击，在敌后拔除了许多反动据点。8月，红一支队对诏安县官陂的园林灰寨发起强攻，迫使土楼内200余名反动地主武装缴械投降，拔掉了这个极其顽固的反动“联防点”。9月3日，红一、三支队主力袭击云霄县城，迫使国民党保安团回援，从而打破了敌人的“清剿”。10月，黄会聪为了向党中央汇报闽粤边区游击战争的情况，争取得到中央的直接领导，带病北上寻找党中央，由何鸣代理特委书记。黄会聪后因病在香港逝世。

至1936年年底，闽粤边区特委下辖的靖和浦县委、云和诏县委、潮澄饶县委和漳州工委共建立21个区委、300多个党支部，发展党员1500多名。红军抗日支队和抗日义勇军发展壮大到2000余人。同时，边区共有农民抗日自卫军7000多人，拥有抗日救国会和农会会员3万多人。整个闽粤边游击区范围“周围横长约有五六百里，北可到漳州城之郊外，南可到广东饶平之浮山、黄岗一带，东可到漳浦云霄诏安之海边，西可到平和之小溪、大溪一带”①。

1936年10月，蒋介石使用分化利诱手段平息了两广事变后，又调集粤军第一五七师黄涛部和第一五八师一部进驻闽粤边区，向闽粤边游击区发动第三期“清剿”。粤军一五七师师部驻漳州城，四七一旅共3个团7000余人，加上一五八师一部和广东、福建两省保安团、地方民团，总兵力达1万余人。

为粉碎国民党军的第三期“清剿”，中共闽粤边区特委决定充实

① 黄会聪：《关于闽粤边区两年余情况致陈云等转中共中央的报告》（1937年4月20日）。

和加强县委及游击队的领导，撤销了靖和浦县委，分别组建以吴庭坚为书记的漳浦县委和以林路为书记的平和县委。红三支队参谋长也改由闽西红八团参谋长王胜担任。紧接着，乘“清剿”之敌立足未稳，红三支队第一、二两连在漳浦先后袭扰了驻霞美、刘坂、杜浔、院前、屿头、旧镇、溪头等地的国民党军第一五七师驻军和张锡九反动壮丁队，共毙伤敌160多人，缴获步枪80多支，摧毁炮楼5座，从而发展并巩固了龙潭、后井、眉田、巷内、黄埔、过洋、路边、徐坎、院前等游击根据地。12月，红三支队在云霄马铺圩石字村伏击国民党军第一五七师1个团，毙伤敌50多人。由于只在内线作战，红军游击队处于被动地位，1937年2月在南靖坪山、3月在平和西崎的战斗均失利，部队伤亡不少。但国民党军限期“剿灭”闽粤边红军游击队的计划也未能实现。

四、红军游击队组成新四军北上抗日

1934年10月，中央主力红军撤离赣南、闽西，开始战略转移。随后，中央苏区完全陷于敌手。中央主力红军长征后，留在福建原中央苏区的近万名红军和游击队指战员坚持游击战争，牵制了20万国民党军队，减轻了主力红军的压力，有力地策应了主力红军的长征。在此后的三年游击战争中，福建省的红军游击队保存了革命力量，并建立闽西、闽北、闽东、闽粤边（闽南）、闽中、闽赣边6个游击区，占南方8省15个游击区三分之一强。福建原中央苏区范围成为中国革命在南方坚强的战略支点。

正当福建各革命根据地的红军游击队和广大人民进行激烈的反“清剿”斗争的时候，全国形势发生了很大的变化。日本帝国主义继九一八事变后，于1935年5月又发动华北事变。日本的全面侵华战争使中华民族面临着亡国的严重危险，只有全民族团结抗战才是中国生存和发展的唯一出路。在此情形下，经过中国共产党的努力倡导，国共两党结成了抗日民族统一战线，共同抗日御侮。坚持在福建各个游击根据地的中共地方组织及其领导的红军游击队，尽管身处深山密林，陷于国民党军“清剿”部队的重重包围和猛烈的进攻之中，同中共中央长期中断联系，但仍然千方百计通过各种渠道了解了中共中央方针策略的变化，积极地贯彻党中央提出的国共合作、停止内战、团结抗日的主张，以民族利益为重，主动停止了针对国民党的军事行动，主动与国民党地方军政当局接触，并着手准备进行国共合作、共同抗日的谈判。谈判虽经历了极其曲折的过程，但最终都达成了协议。

最早与国民党当局举行合作抗日谈判的是中共闽粤边区特委。1937年3月5日，设立在香港的中共南方工作委员会向闽粤边区特委发出指示信，对闽粤边区国共两党谈判作了相关指示。指示信指出，红军游击队可以同国民党军队进行协作谈判。谈判内容应坚持抗日救国战斗纲领，在“不干涉政治上的活动与组织上的存在和发展，及宣传鼓动与批评自由”三项原则下，可作出让步向对方提出：1. 红军游击队停止游击活动。2. 红军和游击队的名称可改为民族自卫军或抗日讨贼军，在抗日行动中可接受粤军指挥。3. 在未得中央关于红军调动集合命令以前在原有地区驻守，双方不得侵犯。4. 在对日作战进入友军区域时，红军给养能得到保证，红军不干涉友军地方的一切行政事务，遵守友军一切关于社会的法律和命令。在谈判进行中，丝毫不能减弱扩大党的组织与红军游击队。要广泛开展群众性的抗日救国会工作。同时，加强学习党的文件，注意队伍的政治思想教育，开展反对党内主要危机关门主义和冒险主义的斗争。[①]

按照中共南方工作委员会的指示，闽粤边区特委即致函粤军第一五七师，提出互派代表进行谈判的建议，正式向闽粤边的国民党军队提出停止内战、合作抗日的主张。在此期间，特委在漳州、厦门、石码、龙溪、漳浦、诏安、汕头等地建立起抗日救亡组织，掀起了轰轰烈烈的抗日救亡运动。在粤军第一五七师表示接受中共闽

---

① 《中共南方工作委员会关于动员、组织各阶层群众进行抗日战争给闽粤边区特委的指示信》（1937年3月5日）。

粤边区特委关于“停止内战，合作抗日”的谈判建议后，1937 年 4 月，特委派卢叨（化名王祥）为谈判代表，与第一五七师的谈判代表、连长伍笃祺在平和坂仔郭村会谈，双方各自阐明观点，但未达成任何协议。国民党方面依仗其军事优势，对国共合作抗日缺乏诚意，在谈判期间继续不断向闽粤边红军游击队发动军事进攻，甚至无理拘押中共谈判代表何鸣等人。何鸣被捕后，中共闽粤边区特委一面任命张敏为代理特委书记，一面向粤军第一五七师提出严正抗议。在国民党当局被迫释放何鸣之后，中共闽粤边区特委从大局出发，仍然克制忍让，继续同粤军举行合作抗日的谈判。经过多次协商和斗争，6 月 26 日，特委代表何鸣与第一五七师代表陈浚在漳州正式签订了合作抗日的“六二六政治协定”。其主要内容为：红一、三支队和抗日义勇军改编为国民革命军，受第一五七师指挥；中共闽粤边区特委在不推翻现政府方针下，有宣传、组织、独立自由批评之精神；在第一五七师防区内共同组织与保证民众爱国运动自由；停止封锁游击区；释放被捕之红军人员；红军所抓之土豪也尽行释放等。

“六二六政治协定”是南方各省游击区中国共产党地方组织同国民党地方当局最早签订的合作抗日协定。这个协定反映了中共闽粤边区特委对中共中央和中共南方工作委员会关于合作抗日、建立抗日民族统一战线指示精神的积极贯彻执行；它适应了闽粤边红军游击队和广大群众要求停止内战、守土抗战、保家卫国的愿望。但是，在部队集中地点这个关键问题上，特委领导在思想上丧失警惕性，没有坚持独立自主的原则，迎合了国民党军第一五七师的要求，没有认识到国民党顽固派欲借谈判改编名义消灭红军游击队的企图，为后来“漳浦事件”的发生埋下了祸根。

7 月 13 日，改编成保安独立大队的闽南红军游击队按照粤军的指令开抵漳浦县城。7 月 16 日，国民党顽固派调集重兵，采取突然袭击的手段将集中于漳浦的闽南红军游击队包围缴械，一手制造了震惊全国的“漳浦事件”。就在“漳浦事件”发生的同一天，国民党顽固派又趁中共闽粤边区特委代理书记张敏在诏安县月港村召开云和诏县委扩大会议之机，逮捕了特委书记张敏等 13 人，并全部枪杀于诏安良峰山麓，制造了又一起破坏抗日统一战线的“月港事件”。

“漳浦事件”发生后，被缴械的闽南红军游击队的指战员为了保存和恢复这支革命武装，与国民党顽固派展开了英勇的斗争。在“漳浦事件”发生的当晚，卢胜、王胜等率领 200 余游击队员乘夜冲出漳浦县城关，到清泉岩集中时剩下 80 余人，经整编后重建红三团，由卢胜任团长，王胜任参谋长。同年 9 月，闽西南军政委员会派遣谭震林、邱金声率领闽西红军一个排到达闽南，协助红三团作战，帮助恢复与发展革命局面。至 1937 年底，红三团又发展到 300 余人。

中共中央对在国共合作抗日谈判中发生的“漳浦事件”极为重视。1937 年 8 月底，毛泽东发电指示负责闽、粤、桂、香港等地党的工作的张云逸务须向余汉谋提严重抗议，要他们迅速将所缴何鸣部的人、枪全数退回；同时指示张鼎丞与粤军谈判时务须慎重，谨防再次上当。9 月 30 日，党中央向南方各游击队发出指示，在何鸣所部人、枪没有如数交还以前，不能集中。① 接着张鼎丞在《前驱》创刊号上发表《为闽南红军请命》文章，谴责第一五七师不守信义破坏抗日的行为。在共产党交涉和各界人士舆论的压力下，国民党当局被迫释放了被扣押的闽南红军游击队人员，交还了部分被缴武器。

1938 年 1 月，根据中共南方工作委员会指示，中共闽粤边区特委改为中共漳州中心县委，何浚任书记，归中共闽粤赣省委领导。同月，谭震林到平和县传达了中共中央关于闽粤边红军游击队编入新四军的指示。2 月，400 多人的闽粤边红军游击队正式编为国民革命军新编第四军第二支队第四团第一营，卢胜任新四军第二支队第四团团长。1938 年 3 月 1 日，闽粤边红军游击队与闽西兄弟部队一道从福建龙岩白土出发，开往苏皖前线，踏上抗击日本侵略军的征

---

① 《洛甫、毛泽东致博古、叶剑英关于南方各地游击队整编原则的指示》（1937 年 9 月 30 日）。

途。至此，国共合作抗日在闽南地区得以实现。

闽西游击区的国共合作抗日谈判达成协议稍迟于闽南。西安事变和平解决以后，中共中央于1937年2月10日致电国民党五届三中全会，提出停止内战、一致抗日等五项建议。闽西南军政委员会从多种渠道获悉西安事变的消息和党中央的电文，遂于1937年3月15日召开全体委员及附近地区县委委员会议，决定进一步建立和发展抗日民族统一战线，同愿意联合抗日的党派、武装进行谈判，订立抗日协定。同时派方方去延安向党中央汇报和请示工作。4月，闽西南军政委员会通过中共闽粤边区特委得到了《中央关于抗日救亡运动的新形势与民主共和国的决议》以及中共南方工作委员会3月5日给闽粤边区特委的指示信，得知党中央的方针已从“抗日反蒋”转入“联蒋抗日”。4月25日，闽西南军政委员会在永定与南靖交界的科岭召开紧急会议。会议作出了“在闽西南开展和平运动，以推动国民党抗战，迎接全国的抗日高潮”的决定。会议认为，为执行中共中央“联蒋抗日”方针，必须首先在闽西南地区开展一场和平运动，创造和平谈判的气氛，以推动国民党的抗战。为此，闽西南军政委员会于5月15日发布了《闽西南人民抗日救国纲领》，提出“闽西南人民自救救国的根本出路”等16条款。发布了《为停止内战一致抗日三致粤军公函》，向粤军方面提出了5项要求：停止进攻闽西南红军游击队；驱除日寇、汉奸及浪人出境；开放闽西南人民救国运动；保证人民言论行动等民主自由；释放一切政治犯。同时表示，在国民党军政当局接受上述5项要求的前提

1937年7月，闽西南军政委员会代表邓子恢、谢育才与国民党当局代表就合作抗日进行和平谈判并达成协议。图为龙岩市新罗区东城街道龙川东路新罗区工商联大院内原龙岩商会六角亭闽西南国共和平谈判旧址

下，闽西南红军游击队愿意执行停止对国民党军队及地方武装的一切敌对行动；在抗日行动中，军事上受粤军指挥，但红军内部事务不受干涉；双方商定驻防地区，互不侵犯；在保证红军给养的前提下，红军游击队不干涉当地行政制度，并遵守友军一切关于社会的法令等和平条件，以示闽西南军政委员会之诚意。当天，张鼎丞、邓子恢、谭震林联名发表《为停止内战一致抗日致闽西南各界人士书》，重申闽西南军政委员会关于停止内战、一致抗日的和平条件，同时申明了自己的原则立场，表示闽西南红军决不会接受南京亲日派所宣称的投诚改编办法，决不让人解散或混编，共产党员决不能溶解于任何党派。

为使党中央抗日民族统一战线方针得以实现，为争取广大群众团结在党的周围，闽西南军政委员会还令各县、区军政委员会，各作战分区的红军游击队，采取写信、发传单或派代表等方式，与国民党县政府和区、乡公所或群众团体进行停止内战、一致抗日的宣传和谈判，造成了广大的和平合作的社会基础。在举国上下一致要求“停止内战、一致抗日”的形势和闽西南军政委员会发动的和平运动的攻势和压力下，福建国民党军政当局不得不坐下来与闽西南军政委员会进行谈判。从 5 月开始，经龙岩适中原国民党第十九路军营长谢再发从中斡旋，闽西南军政委员会派出岩南漳军政委员会主席魏金水到龙岩适中洋邦与粤军第一五七师四六九旅九三七团营长吴琪接触。魏金水力促吴琪策动粤军与中国共产党实现和谈，一致抗日。接着，闽西南军政委员会派出原红九团政委谢育才为总代表，同驻闽西的粤军第一五七师旅长练惕生、福建省第六区行政公署专员张策安进行谈判。张策安顽固坚持反共内战的方针，向谢育才提出 4 条无理要求：（一）张鼎丞、邓子恢、谭震林等亲自到龙岩“表示诚意”；（二）取消共产党和红军、苏维埃组织；（三）即日发表“投降自新宣言”；（四）龙岩的红军接受点编，徒手者一律遣散。

正在这时，卢沟桥事变爆发，全国抗日救亡运动迅速高涨。为了表明中共和红军的抗日救国立场，促使闽西南国共合作局面的形成，闽西南军政委员会决定派邓子恢参加谈判。7 月 10 日，邓子恢、谢育才到达龙岩。经过多次谈判，国民党方面大致接受了邓子恢、谢育才按照《为停止内战一致抗日三致粤军公函》提出的关于谈判条件的原则立场，但是在红军点编的地点问题上，国民党方面坚持要求红军集中在指定的地点；而邓子恢、谢育才警觉到国民党当局包藏祸心，坚持分两地集中，集中地点由红军自行确定。双方各持己见，谈判陷入僵局。此时从闽南传来发生“漳浦事件”的消息，邓子恢为此向粤军提出严重抗议，谴责这种背信弃义的卑劣行径。经过坚决的斗争，国民党龙岩军政当局不得不同意邓子恢、谢育才的意见，并商定各地红军游击队从8月23日开始分别在龙岩白沙和永定下洋、平和芦溪集中。7月29日，邓子恢、谢育才与粤军代表练惕生、第六专署代表张策安三方就正式谈判条文达成协议。[①] 闽西南军政委员会在与国民党军政当局进行合作谈判中坚持了独立自主的立场，保持着高度的警惕；对于国民党方面的挑衅袭击，在自卫的立场上坚决予以回击。当双方谈判初告成功时，第一五七师驻永定部队于7月下旬竟数次阴谋袭击永定及平和边境的红军。红军游击队立即实行自卫还击，给予一定杀伤后即主动脱离接触，并在舆论上获得了社会各界的广泛同情与支持。至此，闽西南地区基本上形成了第二次国共合作的局面，抗日民族统一战线初告形成。

根据谈判协议，闽西各地红军游击队共1100余人于8月20日左右分别开赴指定地点。第一、二、三、七支队及龙岩、上杭、岩连宁、岩南漳县游击队集中于龙岩白沙，第四、五支队及永定、永东、永埔等县游击队集中于平和县芦溪，接受国民党当局点编。点编后，闽西红军游击队改编为闽西人民抗日义勇军第一支队，下辖3个大队，集中于白沙之红军编为第一、三大队，集中于芦溪之红军编为第二大队。

9月，方方从延安返回。10月，根据党中央的指示，中共闽粤赣边区临时代表会议在龙岩白土召开。会议决定撤销闽西南军政委

---

① 中共龙岩市委党史研究室：《闽西人民革命史》，中央文献出版社2001年版，第456—459页。

员会，成立中共闽粤赣边省委，由张鼎丞任书记，统一领导边区党政军工作。

1937年10月2日，中共中央与国民党政府经过反复斗争、谈判，终于达成协议，决定将南方八省的红军游击队改编为国民革命军陆军新编第四军。1938年春，闽西、闽粤边、闽赣边红军游击队奉命编为新四军第二支队。邓子恢调任军政治部副主任，张鼎丞任第二支队司令员，谭震林为副司令员。1938年1月，张鼎丞、邓子恢、谭震林率领各部开抵龙岩白土集中。闽粤边区的红三团和闽赣边区的（长）汀瑞（金）游击队也相继到达白土会合。各部队会师以后，正式颁布了改编命令，调整了干部，成立了支队司令部，下辖第三、四两个团。第三团团长黄火星，副团长邱金声，全团1400余人；第四团团长卢胜，副团长周桂生，全团1300余人。

1938年2月27日，新四军第二支队在龙岩县（今龙岩市新罗区）白土举行抗日誓师大会。图为新四军第二支队全体将士合影

2月20日，新四军军部命令江南所属各部立即开赴安徽歙县岩寺集中，准备开赴抗日前线。2月27日，新四军第二支队以及各界代表和当地群众6000余人，在白土镇广场上举行北上抗日誓师大会。3月1日，张鼎丞、邓子恢、谭震林率领第二支队从白土出发，

奔向大江南北，走上抗日第一线。

闽北游击区的中共闽赣省委早在1937年2月7日就作出《关于开展抗日反帝斗争的决议》，主张一切不愿做亡国奴的中国人，不论宗教信仰与政治派别，一致联合起来，建立抗日统一战线，进行抗日民族战争。3月28日，闽赣省委又决定，积极联络反日派别及武装，“进行民众革命统一战线的谈判”，结成抗日的巩固联盟。同时，中共闽赣省委向福建、江西两省国民党当局发出快邮代电，呼吁停止内战，一致抗日。

但是，福建、浙江、江西的国民党当局仍顽固坚持“剿共”内战的方针，继续进攻闽浙赣红军游击队。7月13日闽北红军独立师师长黄立贵遭袭牺牲后，中共闽赣省委强忍悲痛，从抗日大局出发，坚持化干戈为玉帛，促进闽北国共合作的谈判。8月间，闽赣抗日军政委员会主席黄道，副主席曾镜冰、曾昭铭，联名致函南京国民党政府，提出在闽北地区实行国共合作抗日的建议。9月20日他们又致函国民党江西省政府主席熊式辉，表明抗日诚意，并就进一步谈判提出三点原则立场：（一）将闽北红军改名为抗日义勇军，实行抗日言论、集会、结社自由，取消苛捐杂税；（二）允许闽北红军与朱德、彭德怀通信联络，请示并服从他们的指示；（三）谈判未开始之前，红军首先停止军事行动，停止打土豪，国民党军须从崇安城至分水关、岚谷一线，以及崇安县之星村、曹墩，建阳县之杜潭，邵武县之二都桥等地撤出，划归红军维持治安。随后，中共闽赣省委派出光泽县苏维埃政府主席蔡诗山与光泽县长具体接洽。

9月底至10月初，在闽赣省委不断敦促和全国人民一致要求停止内战、共同抗日的强大舆论压力下，国民党江西省当局派江西第七保安副司令周中诚、光泽县长高楚衡为代表，与闽赣省军政委员会代表黄知真、邱子明在光泽县霞洋乡的大洲举行会谈。谈判中，黄知真等挫败了国民党方面代表企图将闽北红军游击队收编为江西省保安团的阴谋，在红军游击队的驻防地点、粮饷和军需供应以及集中时间等问题上也作了坚决的斗争。通过一个星期的谈判，双方达成协议。根据规定，国民党方面应做到：停止内战，一致抗日；

释放政治犯，划出江西省铅山县为红军游击队集结、驻防地点；负责集结期间红军游击队的粮秣、军需供应；保证红军游击队一负责同志前往党中央请示工作的安全。红军游击队方面应做到：停止打土豪、分田地，改为减租减息；停止建立苏维埃政权；闽北红军游击队改编为赣闽边抗日义勇军；其他听候中共中央指示。协议还指定吴仰山负责铅山防务的交接事宜。随后，闽赣省委领导下的建（瓯）松（溪）政（和）、邵（武）光（泽）建（阳）、资（溪）光（泽）贵（溪）等游击区，根据闽赣省委的指示，先后同各县国民党

1937 年 9 月底至 10 月初，中共闽赣省委代表与国民党江西省当局代表就停止内战一致抗日的问题进行谈判，并达成和平谈判协议，推动了闽北地区第二次国共合作局面的形成。图为南平市光泽县寨里镇大洲村国共大洲谈判旧址

地方政府谈判，达成“停止内战、一致抗日”的协议。[①]

大洲谈判以后，闽赣省委即派曾昭铭赴南昌，向项英报告谈判情况。项英指示，闽北红军即可停止军事行动，部队集中改编为抗日义勇军；至于与江西上层国民党的谈判，由项英同国民党当局继

① 曾镜冰：《闽北革命斗争的回忆》（1968 年）；《黄知真谈大洲谈判》（1986 年 6 月）。

续进行。曾昭铭返回传达项英指示之后，闽赣省委随即从11月间分别通知分散在资光贵、建松政、邵光建等地区的闽北红军各纵队和分区党组织向崇安方面集中。10月中旬，黄道率闽赣省委及直属部队由光泽抵达崇安浆溪。但是国民党当局仍然处心积虑妄图收编或消灭闽北红军，不断制造事端与摩擦。闽北各分区红军游击队为了维护红军的独立和尊严，保护人民生命安全，保证国共合作抗日谈判顺利进行，对于国民党军的挑衅和进犯给予了坚决回击。

经过谈判桌上的斗争和武力较量，国民党当局深知要消灭和瓦解闽北红军游击队是不可能的，因而不得不于1937年11月重新坐下来同红军谈判。由于闽北红军分散于各个游击根据地，所以谈判分别在各地举行。

11月，国民党资溪县县长王恩荣派员致信中共资光贵中心县委要求举行谈判。中心县委书记鲍永泉（张波）与贵溪县委书记叶金太作为共产党和红军方面代表，在资溪县城与国民党代表举行谈判，达成了合作抗日的协议。同时，建松政地区的国共合作谈判也开始进行。建松政中心县委派陈贵芳、吴才生为代表，与国民党政和县当局代表在政和东平举行谈判，双方对停止内战、一致抗日取得一致认识，达成了和平协议。另外建松政中心县委又派游大明在松溪花桥区甲墙乡与国民党松溪县当局举行了谈判。这两次谈判的成功，促成了建松政地区国共合作局面的形成。在邵光建地区，中共邵光建县委书记王文波与组织部长聂显书等于11月初在邵武县李家墩村与国民党方面代表进行谈判，也就双方停止军事行动、释放被关押之革命分子、停止打土豪等条款达成了协议，实现了这一地区的国共合作局面。这样，闽北游击区的国共合作抗日局面基本形成。

按照党中央的指示，分散在闽北各地的红军游击队陆续向崇安县大安集中，但由于崇安至分水关一线的国民党驻军迟迟不肯撤退，游击队乃先行集中在浆溪，随后再进至长涧源。为保证部队的安全，黄道、曾镜冰等多次致信国民党崇安县长蒋伯雄，要求他转达福建省军政当局下令撤退崇安一带驻军的命令，以免双方发生误会，保障红军顺利集中。经过一再交涉，江西省当局撤除了江西铅山县属之石塘、紫溪、杨村、车盘一带驻军，于是，闽北各地红军游击队按照闽赣省委的指令，陆续到达铅山的石塘集中。12月，闽北红军游击队统一改编为闽赣边区抗日义勇军第三支队。①

闽北红军游击队在石塘一面进行整训改编，一面开展抗日救亡宣传并动员青壮年参加抗日，部队很快由五六百人扩至1300余人。1938年2月初，新四军参谋长张云逸从南昌到达石塘，传达新四军军部命令，把闽浙赣边和闽东红军游击队改编为新四军第三支队，由张云逸兼任司令员。在张云逸领导下，集中于石塘的闽北红军游击队于2月9日编成新四军第三支队第五团，团长饶守坤，副团长曾昭铭。2月25日，新四军第三支队第五团奉命由石塘出发，开赴皖南抗日前线。

① 饶守坤：《石塘整编》，中国人民解放军历史资料丛书编审委员会：《南方三年游击战争·闽北游击区》，解放军出版社1993年版，第381页。

第十一章　中央苏区（福建）的历史地位

一、中央苏区（福建）"红旗不倒"

1937年国共合作后，红军游击队整编为新四军北上抗日，福建原中央苏区各地的形势发生了很大变化。国民党顽固派公然继续推行一党专政和个人独裁的政策，不承认中共福建地方组织和游击武装的合法地位，蓄意制造反共摩擦。

在新的形势下，根据中共中央关于"南方游击区域应坚决保持其为战略支点"的重要指示，中共中央长江局、东南分局对福建党组织进行了较大的整合。

在闽粤赣边区，1938年2月，中共闽粤赣边省委改称为中共闽西南特委；6月，根据中共中央长江局的指示改称为中共闽西南潮梅特委，由方方任书记。中共闽西南潮梅特委属中共中央长江局领导，长江局撤销后，改由中共中央南方局领导。

在闽浙赣边区，1938年2月，中共中央东南分局决定撤销中共闽赣省委，成立中共闽浙赣特委；1938年6月，闽浙赣特委和闽东特委合并，成立中共福建省委，曾镜冰任省委书记。中共福建省委属中共中央东南分局领导，1938年11月后归属中共中央东南局领导。

与此同时，为了保持"战略支点"，在红军游击队下山整编为新四军之际，中共闽粤赣边省委就召开执委会议，部署恢复和巩固闽西南游击区老支点的工作，后又明确提出了"巩固老支点，建立新支点"的方针，以确保闽西南这一中国革命南方重要战略支点的巩固和发展。为了求得老支点群众武装的合法存在与发展，闽西南党组织适时把老支点保留下来的少量自卫武装改称壮丁队，以合法斗争形式，加强了支点武装力量。仅漳浦、平和、云霄等县老支点就先后建立了14个壮丁队，共1000余人；龙岩、永定等地还在壮丁队的基础上建立了党直接领导的武装基干队。武装基干队和壮丁队在保卫党的领导机关安全和保护群众利益的斗争中发挥了很大作用。

中共闽浙赣特委遵循中共中央关于“独立自主靠山扎”的方针和陈毅关于“部队要大部出动，但要留枪留人，留干部”、“最可靠的是不要离开山”的指示，在新四军整编开赴前线的同一天，就把闽浙赣特委机关从铅山县石塘镇迁回崇安县坑口乡村头村，扎根于群众基础厚实的基本地区；同时，在崇安老苏区留下二三十支枪和一个排的武装，在建松政地区也留下两个班作为自卫武装；党的组织则迅速转入地下，设立了秘密交通网。

此外，为了调动人民群众抗日的积极性，以利于巩固和保持“战略支点”，福建原中央苏区各地党组织从抗战初期开始，一面领导开展抗日救亡运动，一面为改善人民生活，争取政治经济权利，与国民党地方当局展开了以减租减息为主的合法斗争。在组织群众开展改善民生的合法斗争时，还采取“在旧形式中灌输新内容”的办法，利用和掌握国民党保甲组织，大胆利用国民党的农会组织，同国民党“斗法”“斗理”“斗力”，争取民生经济利益的改善。

根据国共和谈达成的协议，土地革命时期所分配的土地应维持原状。但新四军第二支队北上后，国民党闽西地方当局策动地主豪绅反攻倒算，企图收回土地。因此，保卫老苏区人民群众过去分得的土地，既是保卫土地革命的胜利果实，也成为维护农民政治经济权利的关键。中共闽西南潮梅特委和龙岩县委在谢育才、魏金水领导下，紧紧依靠群众，采取合法与“非法”相结合、公开与秘密相配合的斗争方式，领导农民同国民党顽固派展开了一次又一次的保田斗争，保存了老苏区人民群众在土地革命战争时期分得的20多万亩土地。

新四军第二、三支队北上抗日后，为了适应新的斗争形势，担负起扩大与巩固抗日民族统一战线，以彻底战胜日本帝国主义的神圣任务，中共福建地方组织根据中共中央《关于大量发展党员的决议》，把大量发展党员、扩大各级组织作为抗战初期党的建设的迫切任务。党员发展的方向主要仍是放在农村，一般以基本地区为中心向外发展。在闽浙赣边区，至1940年底已有党员6096名；在闽粤赣边区，至1939年1月已有党员4000名左右，至1939年10月则发展到7000余名。①

1938年9月29日至11月6日，党的六届六中全会在延安召开。为了贯彻六中全会关于从思想上、政治上、组织上巩固党的指示精神，在闽粤赣边区，中共闽西南潮梅特委于1939年举办了4期干部训练班，培训县区主干150多人，随之各县也普遍开办了训练班。中共福建省委则于1939年9月到1942年间，先在崇安县村头村禄村洋，后在建阳县太阳山，先后举办了4期干部训练班。前两期每期二三十人；从第三期起定名为“武夷干校”，由省委书记曾镜冰兼任校长，省委秘书长王一平任教育长，人数增加到上百人，并组建了马列主义研究班；第四期除学习马列主义基本理论外，还增加整风学习，联系实际改造思想，加强党性锻炼。这是福建党组织建立以来规模最大、持续时间最长、效果最好的一次马克思主义教育运动。

福建党组织在贯彻六届六中全会精神过程中还认真进行组织的整顿。中共闽西南潮梅特委以闽西和闽南地区为重点最先开展整顿。1940年10月，中共南方工作委员会决定撤销闽西南潮梅特委，分建为闽西、闽南、潮梅3个特委，直属南委领导。至1940年底，全闽粤赣边区保持有6000多名党员，这支队伍经受了严峻的斗争考验和锻炼，成为闽粤赣边区抗日反顽斗争的中流砥柱和核心力量。在闽浙赣边区，中共福建省委通过组织整顿和审干工作，进一步纯洁了党的队伍，巩固了党的组织，提高了党的战斗力。

---

① 中共福建省委组织部、中共福建省委党史研究室、福建省档案馆：《中国共产党福建省组织史资料》，福建人民出版社1992年版，第282页、298页。

抗日战争时期，福建原中央苏区各地党组织不但以民族大义为重，组织发动民众，开展抗日救亡斗争，而且还要面对国民党顽固派掀起的一次次反共高潮，开展极其艰难困苦的反顽自卫斗争。

在闽粤赣边区，1941年初，国民党顽固派制造了震惊全国的闽西事变。1月20日凌晨，国民党顽固派调集2个团的兵力，向中共闽西地方组织及其基本地区发动全面军事进攻，捕杀党员和革命群众，抢劫财物，焚毁房屋，许多革命基点村受到严重摧残。仅事变发生的第一天，龙岩县就有500多人被捕，数十人罹难。同年9月，闽西特委机关驻地又遭顽军福建省保安十一团的袭击，中共闽西特委书记王涛牺牲。国民党顽固派在全面军事进攻的同时，还推行所谓的“自新自首”政策，采取政治胁迫的手段，限令共产党员与农会骨干“自新自首”。面对顽固派的军事围攻和政治诱骗，中共闽西特委进一步贯彻党中央关于“隐蔽精干”的方针，采取各种紧急应变措施，坚持反顽自卫，以克服闽西事变后出现的严重局面。为了粉碎顽固派政治瓦解的阴谋，整顿巩固党的队伍，闽西特委还于1941年11月10日向各县区发出《关于应付奸顽瓦解我们的新方案的指示》，要求各级党组织揭露顽固派的旧阴谋新花样，加强对广大党员和革命群众的阶级教育、气节教育，巩固革命队伍。

闽西事变发生后，国民党闽南“剿共”指挥部调集反共武装，分路对平和、（南）靖（平）和（漳）浦、云（霄）（平）和诏（安）各游击区发动军事进攻，实行经济封锁和移民并村，使闽南各重要基点村受到严重摧残。中共闽南特委被迫集中五六十名基干武装进行了数次自卫战斗。随后，按照中共南方工作委员会的指示，实行埋藏生产、积蓄力量的方针，保存党的骨干力量，选择隐蔽安全地点，建立生产基地，进行隐蔽生产，基干武装也分散安排到各生产单位，既参加生产，又担负保卫任务。与此同时，指派一部分得力的干部到安溪、永春、南安、德化等地恢复和建立党的组织，开辟以安溪龙门为中心的安（溪）南（安）同（安）边区工作。

1942年2月，中共南方工作委员会决定成立中共闽粤边委员会，辖闽西、闽南特委。春夏之交，国民党顽固派又在闽粤赣边区制造了南委事件，使中共粤北省委、广西省工委及南委机关先后遭到破坏。南委事件发生后，中共闽粤边委根据中共中央南方局及周恩来的指示，以保存革命力量和减轻顽军对老苏区人民群众的摧残为目的，紧急应变，党组织改为特派员制，区以下党组织暂停活动，党员干部撤退隐蔽，从而在险恶复杂的形势下防止了事态的扩大，并克服重重困难在农村扎下了根，为后来恢复闽西南各级党组织保存了良好的组织基础。

在闽浙赣边区，国民党顽固派连续发动了六期“清剿”，其中的三次重点针对原中央苏区的崇安、邵武、建阳等县，妄图摧垮中共福建省委机关及其自卫武装。

1941年2月8日，国民党闽浙赣三省绥靖指挥部出动3个保安团武装，对以崇安为中心的闽北基本地区发动了历时4个月的第一期“清剿”。顽军所到之处，烧、杀、抢、奸，无恶不作，在崇安坑口竟惨无人道地将闽北党组织领导人黄道的遗体从坟墓中挖出，鞭尸割首。后来，老苏区人民满怀悲愤之情，冒着生命危险，把黄道的遗体秘密重新收埋。面对顽军的大举军事围攻，中共福建省委始终冷静沉着，坚决贯彻党在国统区的“隐蔽精干，长期埋伏，积蓄力量，以待时机”的方针，建立隐蔽基地，将省委机关和自卫武装人员分五路隐蔽活动。国民党顽固派的第一期“清剿”虽焚毁了崇安坑口的省委机关驻地，但党组织及其武装安然无恙，而在顽军重点“清剿区”之外，党的活动仍然活跃。从5月1日开始，国民党第三战区司令长官顾祝同又调集5支“进剿”部队，对闽浙赣边区进行为期3个月的第二期“清剿”。面对顽军“进剿”，各地党组织和自卫武装紧紧依靠人民群众，采取“躲击”战术，以躲为主，以击为辅，既打击了顽军的零星武装，又保存了自己的有生力量。国民党顽固派于1941年8月开始的第三期“清剿”改而采取据点合围的策略，闽浙赣边区党组织遭到了极大的破坏。为此，1941年10月，中共福建省委在建阳的界首乡牛栏前村召开干部会议，总结一年来反“清剿”斗争的经验教训，决定采取发动群众开展合法斗争、注意隐蔽地进行武装斗争、武装斗争要服从于自卫的反顽斗争形式，并将闽北、建松政、闽东3支自卫武装合并成立福建省委游击一纵队，以形成统一的自卫武装主力，应对顽军的“清剿”。

1942年新年伊始，国民党第三战区司令长官顾祝同电示各地，将彻底“剿共”作为“刻不容缓之举”，决定采取“三分军事七分政治”的策略和“招抚悬赏”的办法，对崇（安）邵（武）光（泽）、福（鼎）平（阳）泰（顺）、龙（泉）浦（城）三个游击区进行第四期“清剿”。面对顽军“清剿”新策略，中共福建省委也相应改变策略，千方百计跳出顽军包围圈，一次又一次甩掉“追剿”的顽军，于1942年5月初选择建阳太阳山作为新驻地，保存了省委自卫武装。1942年12月，国民党第三战区又电示福建地方当局调兵重点“进剿”闽北、闽东。顽军的第五期“清剿”来势较猛，摧残破坏严重，但中共福建省委及各地党组织并没有被赶尽杀绝。

1943年2月至7月，国民党顽固派在闽浙赣边区分设四个“会剿指挥部”，实行“进剿堵击”式的第六期“清剿”。顽军颁布了29条格杀令，仅在政和东平一带就杀害了600多名群众，全家被杀绝的达200多户。为了更好地保存组织、保存干部、保存武装，中共福建省委号召共产党员和游击队员学会“会冲、会躲、会变、会做群众工作”的四大本领，把保护群众利益放在首要地位，并做出了将省委机关驻地迁往闽中的决策。

进入1944年，由于国民党顽固派仍企图以数十倍于我的兵力发动更大范围的军事进攻，闽粤赣边区、闽浙赣边区被迫发起自卫反击。

在闽粤赣边区，经中共中央批准，分散隐蔽在各地的干部、党员陆续从四面八方回到原组织，党组织全面恢复日常活动。1943年10月，中共闽粤边委员会成立了闽西南武装经济工作总队，总队长刘永生，政委范元辉。总队在龙岩、永定、上杭等县和闽南、粤东一带惩办了一批破坏生产和为非作歹的反革命分子。1944年2月，中共闽南特委也成立了闽南政治保卫队，队长卢炎，政委卢叨，积极开展自卫武装斗争。同年10月，中共闽粤边委员会在闽西南武装经济工作总队的基础上扩大成立王涛支队，支队长刘永生，政委范元辉（未到职），代政委兼政治部主任陈仲平。王涛支队成立后，先后在龙岩县小池的山狗凹、永定县的焦坑等地击退了国民党福建省保安三团和地方反动武装的进犯，并于上杭、永定、龙岩各地镇压一批破坏共产党组织、生产基地及杀害革命干部的反革命分子，给顽固派以有力打击。为了表明被迫进行武装自卫的严正立场，进一步宣传中国共产党的抗日主张，中共闽粤边委员会于1944年12月发出《告各界人士书》，敦促国民党地方军政当局停止反共，一致抗日。但国民党顽固派对此置之不理，继续“清剿”共产党的自卫武装。王涛支队不得不于1945年4月13日奇袭上杭县丰稔镇，歼灭国民党福建省保安三团机枪中队，击毙中队长等10人，缴获一批武器和其他军用物资。丰稔战斗胜利后，中共闽西特委发出《丰稔战斗快邮代电》，阐明共产党人自卫的原则立场，提出只要国民党地方军政当局停止反共反人民，实行团结抗战，则将丰稔战斗中的一切缴获“原璧奉还”。随后，王涛支队又再次提出和平合作的建议，还主动将缴获的武器送还。可是，顽固派仍坚持反共立场，继续进攻共产党的自卫武装。5月2日，王涛支队又被迫反击，在龙岩肖坑的田螺大山击溃来犯的国民党第六行政督察区自卫大队和龙岩白土警备队。

1945年6月上旬，为了总结闽西南党组织前一时期的工作，研究确定此后党组织自卫武装的斗争方针和路线，中共闽粤边委员会在金丰大山召开扩大会议。会议决定对王涛支队进行整编，将支队部改为司令部，辖1个教导队、3个大队。经过整编后的王涛支队根据会议的部署和顽军的反共态势，决定一、三大队挺进闽南；教导队和二大队留在闽西和闽粤边区活动，发动群众，开展反顽自卫斗争，策应一、三大队的行动。1945年6月，一、三大队以“闽南人民抗日挺进队”的名义，从金丰大山出发挺进闽南沿海，争取与日军直接作战，开辟新区。不久，一、三大队与闽南政治保卫队会合，组建成立了第四大队。此后，王涛支队先后在平和县乌龙坑和诏安县公田等地击败阻挠队伍行进的国民党顽军，消灭4个乡的反共团队，攻下国民党云（霄）（平）和诏（安）三县“剿共”指挥中心，活捉其少将主任张建雄。拔除了这一顽固的反共据点后，乌山周围的基点村得到迅速恢复。王涛支队从建立到挺进闽南的10个月中，沉重打击了国民党反共反人民的势力，有力支持了广大群众的求生存斗争，进一步巩固了闽西南革命基地。

在闽浙赣边区，中共福建省委自省委机关南迁闽中后，首先致力于打通各地区的路线，形成相互呼应、互相配合的局面，以打破顽军各个击破的阴谋。省委采取武装与合法斗争相结合的方式，派出武工队，先打通从大田到永泰的路线，随后又开辟一条以古田为中转站、从闽北到闽中的地下交通线，作为沟通闽北、闽中等基本地区的联系网络；接通了古田到屏南水竹洋、山峰、岭头等地的交通线，为沟通闽北、闽东、闽浙边的基本地区打下了基础。在打通南北基本地区交通线的同时，又千方百计沟通闽中基本地区内部及相邻地区之间的联系，打通了泉州各县以晋南为中心的交通线，并在各交通线上建立了一批可靠的交通站与联络站。闽中与闽北、闽西北、闽东北各基本地区贯通后，省委派两名政治交通员化装北上华中，与中共中央华中局接上了中断两年的联系。在打通各基本地区过程中，由于广泛运用武工队形式和采取武装与合法斗争相结合的方式，因而在打通路线、建立据点、开辟新区及宣传发动群众、扩大党的政治影响方面取得了较好效果。对此，中共中央1944年给福建省委的电示给予了肯定："你们过去派遣武装工作队，依靠山地面向群众，到处去发展党的组织与建立掩蔽基地的方针很好，今后仍当努力进行"，希望福建省委"从这方面很好去积累去创造更多的经验，以便供各地参考"。①

福建省委在努力打通各基本地区的同时，还致力于新的隐蔽基地的建立与原有隐蔽基地的巩固，并大力加强统一战线工作，派出人员利用一切旧关系进入国民党地方政权充当保甲长、区长或职员，尽量实施一切有利于人民的事业，如实现民主、改善民生等，从而

① 转引自中共南平地委党史研究室：《闽北革命史》，人民出版社1992年版，第249页。

建立了一批“白皮红心”的“两面政权”，在隐蔽精干和抗日反顽斗争中起了重大作用。

1945年4月23日至6月11日，中国共产党第七次全国代表大会在延安隆重召开。中共福建省委书记曾镜冰被选为中共七大中央候补委员。翌年3月，曾镜冰北上延安向中共中央汇报闽浙赣边区党组织的工作情况，中央领导对抗战时期闽浙赣边区党的工作予以充分肯定。刘少奇称赞福建有“三大创造，就是武装退却，合法与武装斗争结合，反特务斗争”①。

1945年8月15日，日本天皇宣布无条件投降，中国抗日战争胜利结束。

抗日战争结束后，中国人民面临着“中国向何处去”的抉择和斗争。中国共产党代表全国最广大人民的根本利益，力主建设一个独立、民主、富强的新民主主义中国；代表大地主大资产阶级利益的国民党统治集团则企图用内战方式恢复其一党专制独裁的反动统治。一场关系中国命运的大决战不可避免。

国民党福建当局秉承蒋介石的旨意，不顾全省人民的和平民主意愿，大肆强化法西斯统治，积极准备反共反人民的内战。政治上，声称福建没有国共问题，否认中共福建地方组织及人民武装的存在，残酷迫害共产党人、革命群众和爱国民主人士，并强化保甲制度，严密控制和监视人民；军事上，将全省划分为闽东、闽西、闽南、闽北、闽中5个绥靖区，制定新的“清剿”计划；经济上，肆意增加捐税，疯狂搜刮民脂民膏，造成全省经济状况严重恶化。

其时，中共福建地方组织依然分两个系统。一是中共闽粤边委，属中共中央南方局领导，下辖闽西、闽南、闽西南边3个特委；一是中共福建省委，属中共中央华中局领导，下辖闽北、闽东、闽中、建松政、闽西北5个特委和闽江工作委员会。面对不利于革命斗争的严峻形势，如何结合福建的实际，确定正确的工作方针和斗争策

---

① 《曾镜冰同志在延安时中央各负责同志面示的记录》，转引自中共南平地委党史研究室：《闽北革命史》，人民出版社1992年版，第258—259页。

略，便成为两个边区党组织的迫切任务。

1945年8月27日至9月3日，中共闽粤边委在平和县水尖山召开紧急扩大会议，具体分析了日本投降后边区的形势，确定采取分散发展的方针，发动群众，扩大武装队伍，解决经济困难，开辟新据点。同年9月，中共福建省委也发出《关于目前形势与我们的方针任务的指示》，确定一方面坚决反对内战独裁，争取和平民主，另一方面继续贯彻分散隐蔽发展方针，积极准备力量，以待时机。

与此同时，针对国民党福建当局假和平、真内战的行径，中共福建地方组织在力争和平民主的同时，坚持开展武装自卫斗争。在闽粤赣边区，中共闽粤边委于1945年秋成立了闽西、闽南两个军分区，以加强对军事斗争领导，对付国民党的“清剿”。11月，根据中共中央指示，中共闽粤边委撤销，成立中共闽粤边区临时委员会，实行特派员制，由魏金水任特派员，朱曼平、范元辉为副特派员，下辖闽西、闽南两个特委。1946年1月9日，中共闽粤边临委发出《关于革命新时期的当前任务》的指示，决定继续贯彻“分散发展，以待时机”的方针，并坚决创造战略出击的机会，以取得应有的政治地位和经济的解决。在闽浙赣边区，福建省委一方面积极领导群众开展“反饥饿，求生存”的斗争，另一方面以有理、有利、有节的自卫反击斗争，打破国民党福建当局的“清剿”计划，保存了党和武装力量。

中共七大结束后，1946年6月底至7月初，中共七大代表王维在永定县何凹头向中共闽粤边临委领导人传达了党的七大精神和毛泽东对闽粤边工作的高度评价。11月上旬，中共闽粤边临委又在永定召开闽粤边干部会议，总结1942年至1946年秋闽西南党的工作，确定闽粤边党组织的工作总方针是长期埋伏、积蓄力量、等待时机，强调要继续实行“精干政策”和“经济生产政策”，正确处理埋伏隐蔽与武装工作的关系。会上正式成立以魏金水为特派员、王维为副特派员的中共闽粤边区工作委员会，统一闽西南和梅州两地区党组织的领导。在传达会议精神的过程中，即接到中共中央关于立即开展公开游击战争的指示，这次会议后，各地便停止了埋伏隐蔽方针的执行。

1946 年 11 月 25 日，中共福建省委也在南平黄连村召开福建省党员代表会议，传达贯彻中共七大精神和中央领导于 1946 年 4 月接见曾镜冰时对闽浙赣边区工作的评价，总结闽浙赣边区九年来的斗争历程和历史经验。由于国民党军队的不断袭扰，会议先后转移到古田际面和建瓯大、小禄等地举行，于翌年 1 月 15 日结束，历时 52 天。会议根据中共中央的战略部署和福建省委所属党组织要“向浙赣各省、向皖南发展”的指示精神，将福建省委改为中共闽浙赣区委员会，选举曾镜冰任书记；成立闽北、闽东北、闽浙边、闽赣边、闽中 5 个地委，并决定将闽江工委改建为省委城市工作部。

1946 年 6 月，国民党在完成内战准备后，悍然向解放区发动全面进攻，扬言要在三五个月内消灭共产党领导的人民军队。全面内战的爆发，使国民党后方兵力空虚，至 1947 年春，国民党在福建的兵力仅万余人，这为福建敌后游击战争的广泛发动提供了有利的条件。

在闽粤赣边区，中共闽粤边工委在接到中共中央关于发动公开游击战争指示后，于 1947 年 5 月上旬召开工委扩大会议，确定了“先粤东后闽西南，以粤东为重点，普遍开展游击战争”的战略方针。会议还根据中共中央香港分局的指示，将中共闽粤边工委改为中共闽粤赣边区工作委员会，魏金水任书记。

会后，中共闽粤赣边工委即将工委机关从闽西永定迁驻粤东大埔，并着手组建工委主力和各地、县武装队伍。首先以粤东支队为基础，扩建成立闽粤赣边人民解放军总队，刘永生任总队长，魏金水任政委，朱曼平任副政委。8 月上、中旬，闽南支队和闽西支队相继成立。与此同时，粤东和闽南、闽西各县委、县工委也相应建立了游击队和武工队，从而形成边区、地、县的武装组织系统。随后，闽粤赣边工委又提出开展农村游击战争的具体方针，确定“普遍进行小搞，准备进行大搞”，工委主力武装在粤东各边县游击队的配合下，广泛发动开展反“三征”（征兵、征粮、征税）斗争，摧毁国民党基层政权。10 月，出击大埔重镇大麻，随后又在梅县三乡歼敌一个中队，从而打开了粤东游击战争的新局面。闽西、闽南游击武装则在群众基础较好和地形有利的地区发动小规模游击战争，同粤东地区相配合，推动了闽粤赣边区游击战争的开展。

在闽浙赣边区，中共闽浙赣区党委在接到中共中央关于发动公开游击战争的指示后，当即在正在召开的福建省党员代表会议上作出了《关于发动爱国游击战争的决定》，要求各地从分散隐蔽斗争向公开游击战争转变。1947 年 3 月 19 日，中共闽浙赣区党委接到中共中央华中分局关于开展游击战争的具体指示后，区党委随即确定以闽东北、闽中作为发动的中心，组织武装起义，创建主力武装，以带动全区游击战争的开展。同时，发出指示信，提出“放手、放手、再放手，勇敢、勇敢、再勇敢”的口号，要求各地委提前发动游击战争。4 月 8 日，闽东北地委发动了澄洋暴动，建立了地委领导的闽浙赣游击纵队。6 月 11 日，泉州中心县委在晋江领导了安海暴动。其间，中共闽北、闽浙边、闽赣边和闽中地委等先后建立了游击纵队或游击队。区党委还决定闽浙赣游击纵队渡过闽江，到德化戴云山与闽中游击纵队会师，建立区党委直属主力部队，但因国民党军的阻击而没有实现。此间，为加强对闽浙赣边区游击战争的领导，中共中央华东局还派新四军第一纵队政委阮英平回福建担任区党委常委、军事部长。

1947 年 2 月，闽浙赣区党委城工部在林森县召开城市工作会议，城工部部长庄征在会上作《论开辟第二战场》的报告，进一步阐明城市为农村服务方针的重要意义，确定城市工作“以学校为重点，为农村服务，为游击战争服务”的方针，号召知识分子为农民群众服务，动员输送干部到农村工作，解决经费，支援农村，发动兵变、民变，建立隐蔽政权，开辟第二战场。

随着游击战争的深入开展，福建原中央苏区各地党组织得到进一步发展，武装队伍不断扩大，农会、民兵等群众组织也较普遍建立，这为建立游击根据地奠定了较好的基础。

在闽浙赣边区，为适应新形势，中共闽浙赣区党委于 1947 年 9 月改称中共闽浙赣省委，并于翌年 1 月在南平召开扩大会议，讨论通过了《中共闽浙赣省委为开展广泛群众性游击战争，恢复与建立民主根据地的决议草案》，提出了以武装斗争形式为主代替以合法斗争形式为主的广泛群众性游击战争的新方针。

为贯彻执行新方针，闽浙赣省委率先开展机关整风，联系个人实际进行“四查”，即查阶级、查立场、查思想、查作风，以克服在组织领导游击战争中存在的不同程度的经验主义。接着，确定在南（平）古（田）（建）瓯地区进行试点工作。省委书记曾镜冰及部分省委委员深入实地发动群众，开展斗争，在南古瓯地区初步建立一块游击根据地。此后，各地也采取不同形式，传达贯彻新方针。为解决各地贯彻新方针中出现的新情况、新问题，省委于同年 5 月 1 日又作出《为坚决发动农民扩党练干决议》，回顾和总结开展爱国游击战争的战斗历程，提出集中力量，发动农民斗争，实行“扩党练干”，即自下而上建立各级党组织，训练干部，进行整风。

在闽粤赣边区，随着游击战争的广泛开展，在梅州地区先后开辟了七块边县游击根据地，在潮汕地区先后开辟了大北山、大南山、五房山、凤凰山游击根据地，在闽西创建了永（定）（平）和（大）埔边游击根据地和（龙）岩永（定）（上）杭边游击根据地，在闽南建立了以乌山为中心的云（霄）（平）和诏（安）边游击根据地及平和山内游击根据地。1948 年 6 月，针对国民党福建当局的“清剿”，闽粤赣边工委制定“以进攻挫败敌人的进攻，以发展对付敌人之挣扎”的方针，坚持内线与外线、重点与非重点地区、军事反击与政治反击相结合，开展灵活广泛的群众性游击战争。到 1948 年底，边区的人民武装从年初的 2600 多人发展到 8200 人。为解决群众生产生活困难，闽西、闽南地委还领导群众开展了声势浩大的年关斗争，以主力部队或游击队先打开局面，摧毁基层反动政权，镇压首恶分子，再发动群众破仓分粮，减租减息，废除“三征”，取得了显著成效。

1948 年 8 月 7 日至 24 日，闽粤赣边工委在广东大埔召开闽粤赣边区党的代表会议，总结一年来开展游击战争的经验。参加会议的代表共 15 人，代表边区 2300 多名党员。会议根据闽粤赣边区敌我态势，提出“大胆放手、待机决战”的游击战争方针和“分散活动，到处发展，击破敌人重点进攻，建立边区根据地”等各项任务。会上正式成立中共闽粤赣边区委员会，选举魏金水任区党委书记，朱曼平任副书记。会议还根据中共中央香港分局指示，将潮汕地委正式划归区党委领导；把原由潮汕地委领导的潮澄饶分委与原由粤东地委领导的饶和埔丰边县委合并，增设韩东地委；将粤东地委改称梅州地委。这样，区党委由原来下辖3个地委20多个县，扩展为下辖闽西、闽南、梅州、潮汕、韩东5个地委40多个县。这次党代会从组织上统一和加强了闽粤赣边区党的领导，使边区革命斗争有了更强的领导核心和组织保证。

解放战争三大战役胜利后，为适应向全国进军的需要，中共中央军委于1948年11月1日发出通令，对全军的组织、编制和番号作出统一规定：人民解放军的组织分为野战部队、地方部队和游击部队三类；游击队仍保存纵队、支队等名称，其编制可视情况自定。同年12月27日，中共中央军委根据香港分局的请示报告，批准闽粤赣边人民解放军总队进入中国人民解放军序列，改番号为中国人民解放军闽粤赣边区纵队。1949年1月1日，新华社公开发表《中国人民解放军粤赣湘边、闽粤赣边、桂滇黔边纵队成立宣言》。1月29日，闽粤赣区党委召开大会，宣布闽粤赣边纵队正式成立，由刘永生任司令员，魏金水任政委。原闽西、闽南、粤东、潮汕、韩东支队分别改编为闽粤赣边纵队第一、二、四、七、八支队。1949年1月22日，中共中央军委电复华东局：闽浙赣边区人民武装可给予“纵队”名义，归华东军区序列，具体番号由军区排定。2月3日，闽浙赣省委在南平召开会议，以原闽东北地委领导的闽浙赣游击纵队为基础，加上闽浙边地委领导的部分武装力量，编成3个直属支队和1个教导队，组建闽浙赣人民游击纵队，由曾镜冰任纵队司令员兼政委。

1949年3月，闽粤赣边纵队各部广泛展开春季攻势，配合全国解放战争的胜利发展。边纵第七支队先后取得平和象湖山伏击战和出击龙岩至永定公路上的重镇坎市等胜利，巩固和扩大了永（定）

（平）和（大）埔边游击根据地及（龙）岩永（定）（上）杭边的游击基点；边纵第八支队也在春季攻势中巩固和扩大了云（霄）（平）和诏（安）边游击根据地及平和山内游击根据地。5月14日，边纵解放了梅州地区的蕉岭和大埔县。5月，闽粤赣边区党委和边纵策动闽西国民党龙岩专员李汉冲和练惕生、傅柏翠等率部4000多人在上杭起义。同时，在不到两个月的时间内，边纵各部还连克闽中、闽南数座县城。因敌人进攻，有些县城得而复失，后南下解放大军在游击队配合下再次解放。与此同时，为了适应新形势，闽粤赣区党委还采取各种措施，加强各级党组织的思想建设和组织建设，壮大党员队伍；加快建立各级民主政权的步伐，统一财经制度，努力发展边区经济，恢复和发展文教事业，加速培养干部，巩固和发展根据地；充分发挥农会、妇女会、青年团等群众团体的作用，并团结争取华侨和侨属，支援边区解放战争。

1949年2月，闽浙赣省委率闽浙赣纵队直属部队北上江西迎接解放大军，南古瓯、闽浙边的游击队则根据省委的部署，就地开展游击战争，巩固和扩展游击根据地，为大军南下准备前进基地。闽中地委根据新形势的需要，提出“放手发展，大胆进攻”的方针，使闽中游击战争得以迅速发展，中共泉州中心市委还成功策反国民党军第三二五师1000余人起义。闽西北各游击武装主动出击，在沙县、顺昌、明溪打下13个乡镇公所和警察分局，开展“六废”（废征兵、废征粮、废征税、废田租、废高利贷、废乡保甲制度）斗争，建立民主根据地。闽北各游击武装积极策应中国人民解放军第二野战军第四、五兵团的第四十四、四十五和五十一师，于1949年5月间解放了闽北10个县。闽东各游击武装也积极配合人民解放军第三野战军第七兵团六十三师一部解放了闽东5个县。

鉴于解放战争形势的快速发展，中央军委于1949年5月23日发出《对于向全国进军的部署》，并指示第三野战军应迅速准备提早入闽。随后，中共中央批准由华东局组织部长张鼎丞负责组建了新的中共福建省委。6月，回到建瓯的闽浙赣省委和闽浙赣纵队直属部队与二野五十一师会师，并成立建瓯军事管制委员会，开展接管和组织支前等工作。至6月下旬，建瓯军管会全部接管闽北10个县。

7月2日，三野第十兵团在司令员叶飞、政委韦国清的率领下，从苏州、常熟、嘉兴等地出发，冒暑南进，开始解放福建的作战。25日，随军入闽的新省委在建瓯与闽浙赣省委举行会师大会，省委书记张鼎丞宣布确立新省委的集中统一领导，闽浙赣省委停止工作。新省委正式办公后，经中共中央华南分局批准，闽粤赣区党委也于9月14日宣告撤销，原所辖闽西、闽南地委划归新省委领导。

在福建各地人民武装的大力配合下，第十兵团以秋风扫落叶之势，对福建境内的国民党军队展开凌厉的进攻。8月7日，福州战役开始。17日，福建省首府福州市宣告解放。23日，福州战役结束。与此同时，闽粤赣边纵队解放了潮汕、梅州及闽西南大部分县，为第十兵团进军漳厦打开了通道。9月至10月间，漳厦战役取得胜利，漳州、厦门宣告解放。1950年5月12日，东山解放。至此，除金门、马祖等岛屿外，福建全境均告解放。

随着福建全境的解放，福建原中央苏区党组织和苏区人民英勇顽强地坚持了20多年的革命斗争取得了新民主主义革命在福建的伟大胜利，赢得了“红旗不倒”的光荣赞誉。

二、中央苏区（福建）的历史地位

中央苏区（福建）是中国共产党第一次实践局部执政的主要区域。毛泽东、朱德、周恩来、刘少奇、邓小平、陈云、胡耀邦、瞿秋白、张闻天、任弼时、叶剑英、李维汉、李立三等50多位老一辈无产阶级革命家，中华人民共和国成立后授衔的10位元帅中朱德、彭德怀、刘伯承、贺龙、陈毅、罗荣桓、聂荣臻、叶剑英、林彪等9位元帅，10位大将中粟裕、黄克诚、陈赓、谭政、萧劲光、张云逸、罗瑞卿、许光达等8位大将，57位上将中的33位、177位中将中的113位以及众多的少将，都曾在这块红色土地上从事过伟大的革命实践，使之成为开展土地革命、创建苏维埃政权的中心区域。

中华人民共和国成立前牺牲的许多著名军事将领如叶挺、左权、彭雪枫、罗炳辉等也曾在这里留下战斗的身影。他们在中央苏区（福建）的革命活动，为中国共产党积累了治党、行政、建军和进行经济、文化教育建设的丰富经验。中央苏区（福建）培养、造就了张鼎丞、邓子恢、陈丕显、杨成武、刘亚楼一大批优秀的领导骨干和治国人才。

中央苏区（福建）是中国工农红军逐步发展壮大的摇篮。整个土地革命战争时期，中国工农红军第一方面军各个军团都曾在福建战斗过，中国工农红军在这块红色土地上逐步发展壮大。中华人民共和国成立初授衔的福建籍将军达83人。

中央苏区（福建）是中国共产党土地革命政策的创新地之一。根据闽西、赣南土地革命的实践经验，毛泽东逐步制定了一条中国式的土地革命路线——“依靠贫雇农，联合中农，限制富农，保护中小工商业者，消灭地主阶级，变封建半封建的土地所有制为农民的土地所有制”，指导推动了党领导的土地革命战争的胜利发展。

中央苏区（福建）是党和红军建设的纲领性文献《古田会议决议》的诞生地。古田会议决议所规定的基本原则，不但很快在红四军得到贯彻，而且在其他各部分红军中也逐步得到实行，并对此后党的建设产生了深远的影响。古田会议也成为中国共产党建党建军史上的重要里程碑。

中央苏区（福建）是毛泽东思想初步形成的主要地域之一。以毛泽东为代表的中国共产党人在闽西、赣南建立农村革命根据地，开展土地革命，实行红色割据的实践中，逐渐形成的关于党的建设、军队建设的理论，关于土地革命路线和政策，关于统一战线的政策，关于群众工作的路线，关于“实事求是”的思想，以及关于“农村包围城市、武装夺取政权”的革命道路的理论，等等，构成了一个关于中国革命基本问题的理论体系，这就是毛泽东思想的初步形成。而其中关于“农村包围城市、武装夺取政权”的革命道路理论的初步形成，则是毛泽东思想初步形成的主要标志。

中央苏区（福建）是中央苏区的经济中心。中央苏区福建省首府汀州市，以其地处闽粤赣三省交界、紧靠汀江的特殊地理位置，成为中央苏区生产资料和工农业产品的集散地和商业中心。

宁化县地处闽赣边界武夷山脉南段东麓，闽江、赣江水系的分水岭；北部是金溪、沙溪分水岭，南部是闽江、汀江分水岭；气候温和，冬无严寒，夏无酷暑，雨量充沛；境内沃野千里，良田广阔，植被茂密，十分有利于农业生产，成为了中央苏区的“粮仓”。中华苏维埃中央政府机关报《红色中华》报，曾将素有“欧洲粮仓”之称的乌克兰比称宁化，称之为“中央苏区的乌克兰”。

中央苏区（福建）是中央红军长征的出发地之一。

中央苏区（福建）是三年游击战争时期中国革命在南方的重要战略支点。中央主力红军长征后，原中央苏区范围的闽西、闽北、闽粤边、闽赣边等地区成为南方八省坚持三年游击战争主要的游击根据地。留在福建原中央苏区的近万名红军游击队，尽管失去了与中共中央及上级党组织的联系，但在中共福建地方组织的领导下，坚持了艰苦卓绝的三年游击战争，紧紧依靠老苏区人民的支持，粉碎了国民党军连年不断的残酷“清剿”，不但保存和发展了革命力量，更建立了闽西、闽北、闽东、闽粤边（闽南）、闽中（占南方 8 省 15 个游击区的三分之一强）。而福建原中央苏区范围内，仅闽西地区就还有 100 多个乡的 10 万多农民始终保持了 20 余万亩土地革命的胜利果实。

中央苏区（福建）及苏区人民为新民主主义革命的胜利作出了重大的贡献，也付出了巨大的牺牲。新中国成立后，据不完全统计，包括中央苏区（福建）在内，福建有近 10 万人参加红军、游击队，为革命牺牲的在册烈士达 5 万多人，还有无数无名烈士。福建人民子弟兵近 3 万人参加中央红军的长征，到达陕北的仅剩 2000 余人。长征途中，中央红军每行进一里地，平均就有一名福建人民子弟兵为革命献出生命，仅湘江战役一役，就有 5000 多名福建人民子弟兵为掩护中共中央机关顺利渡过湘江而壮烈牺牲，湘江战役成为长征途中最悲壮的一幕。在长期的革命斗争中，福建全省被国民党反动派完全毁灭的村庄有 2841 个，被绝灭的家庭多达 87838 户，被烧毁、倒塌的房屋达45万余间，被杀害的革命群众达96204人，因被摧残而饥饿疾病死亡者约38万人，被抢走耕牛57000多头，荒芜土地达51万余亩。①

① 参见福建省民政厅编《情系红土地——福建老区工作手册》，海潮摄影艺术出版社2003年版，第33、470页；中共福建省委党史研究室：《中共福建地方史（新民主主义革命时期）》前言，中央文献出版社1993年版。

附录一　中央苏区（福建）范围土地面积表

（单位：平方公里）

县名	全县总面积	苏区占比	苏区面积
龙岩市			
新罗区①	2678	100%	2678
长汀县	3100	100%	3100
永定区②	2223	100%	2223
上杭县	2879	100%	2879
武平县	2635	100%	2635
连城县	2579	100%	2579
漳平市③	2975.3	100%	2975.3
三明市			
梅列区④	351.34	70.2%	246.6
三元区⑤	807.6	92.6%	747.8

① 新罗区，中央苏区时期原名龙岩县。

② 永定区，中央苏区时期原名永定县。

③ 漳平市，中央苏区时期原名漳平县。

④ 今梅列区境域，中央苏区时期分属明溪（归化）县、沙县、永安县（今永安市）。

⑤ 今三元区境域，中央苏区时期分属明溪（归化）县、沙县、永安县（今永安市）。

续表

县名	全县总面积	苏区占比	苏区面积
明溪县①	1708	100%	1708
清流县	1825	100%	1825
宁化县	2407	100%	2407
大田县	2294.1	73%	1674.7
尤溪县	3463	60%	2077.8
沙　县	1815.09	75.1%	1363.1
将乐县	2246	100%	2246
泰宁县	1540	100%	1540
建宁县	1791.8	100%	1791.8
永安市②	2942	70%	2059.4
南平市			
延平区③	2659.66	61%	1622.4
顺昌县	1985	57.9%	1149.3
浦城县	3377.85	66.2%	2236.1
光泽县	2232.33	95%	2120.7
松溪县	1043.0	76.3%	795.8
政和县	1749	75%	1311.7
邵武市④	2851.62	87%	2480.9

① 明溪县，中央苏区时期原名归化县，1933年改名明溪县。

② 永安市，中央苏区时期原名永安县。

③ 延平区，中央苏区时期原名南平县。

④ 邵武市，中央苏区时期原名邵武县。

续表

县名	全县总面积	苏区占比	苏区面积
武夷山市①	2813.91	100%	2813.9
建瓯市②	4200.39	57.3%	2406.2
建阳市③	3378.1	75%	2533.6
漳州市			
芗城区④	259.59	70%	181.7
云霄县	1034.7	53.4%	552.5
漳浦县	2315	71%	1643.9
诏安县	1288	59.4%	765.0
平和县	2310.02	80%	1848.0
华安县	1314.4	65.9%	207.2
龙海市⑤	1128	66.7%	752.3
南靖县	1864	54.4%	1014.0
总计：72154.3			

说明：

1. 本表“全县总面积”栏数据，引自福建省民政厅编《福建省行政区划地图集》，福建省地图出版社 2007 年版，第 253 页。

2. “苏区占比”，指有关县（市、区）成立过基层苏维埃政权的乡镇的面积占全县（市、区）总面积的百分比。本表“苏区占比”栏数据，引自有关各县（市、区）向中共中央党史研究室呈报的“关于请求确认本县（市、区）属于原中央苏区范围的报

① 武夷山市，中央苏区时期原名崇安县。

② 建瓯市，中央苏区时期原名建瓯县。

③ 建阳市，中央苏区时期原名建阳县。

④ 今芗城区境域，中央苏区时期原为龙溪县城区及其近郊，历为州府驻地，迳称“漳州”。

⑤ 今龙海市境域，中央苏区时期包括原龙溪县、海澄县。

告”。其中，新罗、长汀、永定、上杭、武平、连城、漳平、明溪、清流、宁化、将乐、泰宁、建宁、武夷山等14个县（市、区）为“全红县”，苏区面积占全县（市、区）的100%，其余各县（市、区）仅涉及大部分乡镇或部分乡镇。

3. 20世纪30年代，福建设2个省辖市、70个县（区），其中涉及中央苏区范围的县份与福建现行政区划的有关县（市、区）没有大的差别。所以，简约地比较，中央苏区（福建）范围约占当时全省总行政县（区）数的近1/2。

4. 中央苏区（福建）范围涉及的今37个县（市、区）中，曾经属于中央苏区建制行政县的有28个县（市、区）①，即长汀县、上杭县、新罗区、永定区、武平县、连城县、漳平市、宁化县、清流县、明溪县、建宁县、泰宁县、将乐县、沙县、永安市、三元区、梅列区、武夷山市、建阳市、光泽县、邵武市、浦城县、建瓯市、松溪县、政和县、平和县、诏安县、云霄县，可视为中央苏区的基本地区，其余各县（市、区）为中央苏区不同时期的拓展地区。中央苏区（福建）基本地区的面积约为54868平方公里，中央苏区（福建）范围的面积约为72154平方公里。

---

① 并非指福建原中央苏区范围有28个行政县，而是指这28个县（市）在中央苏区鼎盛时期或是中央苏区的行政县，或为各行政县的一部分。

附录二　中央苏区（福建）范围20世纪30年代中期人口统计表

（单位：人）

县份	相近年份	全县人口数	苏区人口数
新罗（龙岩）	1934年	126891	126891
长汀	1935年	210756	210756
上杭	1935年	210406	210406
武平	1935年	157753	157753
永定	1935年	100353	100353
漳平	1934年	69754	69754
连城	1935年	102604	102604
宁洋①	1936年	21297	
将乐	1934年	84186	84186
泰宁	1934年	42130	42130
清流	1935年	57659	57659
沙县	1936年	115665	86864
建宁	1934年	33587	33587
宁化	1935年	131963	131963

① 宁洋县在解放后被析分，划入龙岩、漳平等县，无“苏区占比”数据，无法统计苏区人口。

续表

县份	相近年份	全县人口数	苏区人口数
明溪（归化）	1934 年	38192	38192
永安	1934 年	99320	69524
大田	1935 年	99936	72953
尤溪	1934 年	143946	86368
三元①			
梅列②			
武夷山（崇安）	1935 年	47667	47667
浦城	1936 年	179212	118638
邵武	1936 年	99279	86373
建阳	1934 年	91356	68517
光泽③	1947 年	53580	50901
松溪	1934 年	62102	47384
政和	1936 年	79619	59714
建瓯	1935 年	303330	173808
顺昌	1934 年	44816	25948
延平（南平）	1936 年	158916	96939
诏安	1935 年	186016	110494

① 三元区境域原来分属于明溪、沙县、永安等县，无 20 世纪 30 年代人口统计数据，无法统计苏区人口。

② 梅列区境域原来分属于明溪、沙县、永安等县，无 20 世纪 30 年代人口统计数据，无法统计苏区人口。

③ 光泽县 1934 年至 1947 年曾归江西省管辖，未见此期间之统计资料，故以 1947 年统计数据代入。

续表

<table>
<tr><th>县份</th><th>相近年份</th><th>全县人口数</th><th>苏区人口数</th></tr>
<tr><td>平和</td><td>1936年</td><td>181122</td><td>144898</td></tr>
<tr><td>芗城</td><td rowspan="2">1935年</td><td>龙溪 332830</td><td rowspan="2">318827①</td></tr>
<tr><td>龙海</td><td>海澄 133565</td></tr>
<tr><td>漳浦</td><td>1936年</td><td>224125</td><td>159129</td></tr>
<tr><td>南靖</td><td>1934年</td><td>18884</td><td>10273</td></tr>
<tr><td>云霄</td><td>1936年</td><td>120837</td><td>64527</td></tr>
<tr><td>华安</td><td>1935年</td><td>54867</td><td>36157</td></tr>
<tr><td colspan="4">总计：各县总人口4197197人；
中央苏区（福建）范围总人口约3302137人。</td></tr>
</table>

说明：

1. 本统计表“全县人口总数”栏数据，引自1988年福建省档案馆编印的《民国福建各县市（区）户口统计资料》所收录的民国时期福建省政府有关统计资料。

2. 福建省民国时期的人口统计，在1927年之前，向无精确资料。1927年至1933年福建政治不统一，一是因军阀割据，省国民政府政令不出福州；二是因各革命根据地“红色割据”，国民党统治不及苏区。因此，福建省国民政府的人口统计，于1934年以后才逐渐完善，而中央苏区（福建）则未见人口统计资料，故本统计表中引用福建省民国时期相近年代的人口统计数据作计算的基数。

3. 本统计表的计算方法：以《民国福建各县市（区）户口统计资料》载中央苏区（福建）范围所涉各县的20世纪30年代中期人口数为基数，假设当时各县各乡镇面积和人口密度相同（因无相关历史统计资料），以各县苏区面积占各县总面积的比例乘以当时各县人口总数（相近年份），得出当时各县苏区人口约数；各县苏区人口约数相加得出中央苏区（福建）范围人口约数。

4. 中央苏区（福建）范围涉及的现有37个行政县（市、区），曾经属于中央苏区行政建制县的约有28个县（市、区），可视为中央苏区（福建）的基本地区，其余各县

① 芗城区和龙海市区域范围与20世纪30年代的龙溪县和海澄县大体一致，故以龙溪、海澄的相关年份的人口统计数据之和代入。其"苏区占比"以芗城区和龙海市"苏区占比"的平均值68.35%代替。

（市、区）为不同时期的拓展地区。以上述方法约算，20世纪30年代中期，中央苏区（福建）基本地区的人口数，总计约为2528355人（原宁洋县无统计数据，未计入），再取其约数为252万人左右；中央苏区（福建）范围人口数，总计约为3302137人，再取其约数为330万人左右。

参考文献

一、历史文献

1. 中共龙岩地委党史办公室印. 闽西党史研究参考资料. 1955—1965

2. 中共南平地委党史办公室编. 闽北党历史文件汇编（第1—17期），1959

3. 中央档案馆. 红色中华（影印本），1964

4. 中共龙岩地委党史办公室编印. 闽西党史资料（历史文件），1965

5. 中共福建省委党校党史研究室编. 福建革命根据地革命斗争史资料选编（第1—10辑），1978—1983

6. 中共中央办公厅机要交通局编. 党内交通史料选编（第一辑）（内部读物），1981

7. 江西省档案馆等编. 中央革命根据地史料选编（上、中、下）. 江西人民出版社，1982

8. 福建省档案馆，福建省军区党史资料征集小组等编. 福建军事斗争史料选编（内部印刷），1983

9. 福建省三明档案馆等编. 闽赣苏区文件资料选编，1983—1987

10. 中央档案馆，福建省档案馆. 福建革命历史文件汇编，1983

11. 中共龙溪地委党史资料征集研究办公室编. 闽南党史资料选编，1984

12. 中央档案馆. 中共中央文件选集（第1—18辑）中共中央党

校出版社，1985

13. 江西省税务局等编. 中央革命根据地工商税收史料选编. 福建人民出版社，1985

14. 闽赣革命根据地党史资料征集编研协作领导小组编. 闽赣省党史资料（内部印刷），1986

15. 福建省档案馆等编. 闽粤赣边区革命历史档案汇编，档案出版社，1987—1989

16. 福建省档案馆编. 民国福建各县市（区）户口统计资料（1912—1949）（内部印刷），1988

17. 江西省邮电管理局邮电史编辑室编. 苏区邮电史料汇编（上、下）. 人民邮电出版社，1988

18. 中共饶平县委党史研究室等编. 饶和埔诏苏区史料汇编. 广东人民出版社，1994

19. 中共福建省龙溪地委党史办公室等编. 闽粤边区三年游击战争史料汇编（第1、2辑）（内部印刷），1985

20. 中共江西省委党史研究室等编. 中央革命根据地历史资料文库·党的系统（第1—5辑）. 中央文献出版社、江西人民出版社，2011

21. 中共江西省委党史研究室等编. 中央革命根据地历史资料文库·政权系统（第6—8辑）. 中央文献出版社、江西人民出版社，2013

22. 中共江西省委党史研究室等编. 中央革命根据地历史资料文库·军事系统（第9—13辑）. 中央文献出版社、江西人民出版社，2015

二、学术论著

23. 中共龙岩地委纪念“两个五十周年”领导小组办公室. 闽西的春天. 福建人民出版社，1979

24. 张鼎丞等. 红旗跃过汀江. 福建人民出版社，1981

25. 龙岩地区文化局等编. 闽西革命史论文资料（内部印刷），1981

26. 张鼎丞. 中国共产党创建闽西革命根据地. 福建人民出版社，1982

27. 赵效民主编. 中国革命根据地经济史（1927—1937）. 广东人民出版社，1983

28. 马齐彬等. 中央革命根据地史. 人民出版社，1986

29. 共青团中央青运史研究室编. 第二次国内革命战争时期苏区共青团专题论文集. 福建人民出版社，1986

30. 中共龙岩地委党史资料征集研究委员会编. 闽西革命史论文资料（第2辑）（内部印刷），1986

31. 军事科学院军事历史研究部编著. 中国人民解放军战史（第1卷）. 军事科学出版社，1987

32. 蒋伯英. 闽西革命根据地史. 福建人民出版社，1988

33. 中共赣州地委党史办公室编. 中央苏区史研究文集（内部印刷），1989

34. 中华全国妇女联合会. 中国妇女运动史（新民主主义时期）. 春秋出版社，1989

35. 谢济堂. 闽西苏区教育. 厦门大学出版社，1989

36. 蒋凤波，徐占权编著. 土地革命战争纪事. 解放军出版社，1989

37. 张国琦，李国祥. 中国人民解放军发展沿革. 解放军出版社，1984

38. 中共福建省委党史研究室等编. 中国工农红军北上抗日先遣队. 中共党史出版社，1990

39. 福建省漳州军分区编. 闽南武装斗争史稿. 福建人民出版社，1990

40. 罗明. 罗明回忆录. 福建人民出版社，1991

41. 中共福建省委组织部等编. 中国共产党福建省组织史资料（1926年2月—1987年12月）. 福建人民出版社，1992

42. 中共南平地委党史研究室编. 闽北党史研究文论选. 鹭江出版社，1993

43. 中共南平地委党史研究室. 闽北革命史. 人民出版社，1992

44. 陈方等主编. 闽南党史论文选. 中央文献出版社，1993

45. 中共福建省委党史研究室. 中共福建地方史（新民主主义革命时期）. 中央文献出版社，1993

46. 陈天绶，高伯文. 毛泽东七次入闽. 福建教育出版社，1993

47. 闽南红三团老战士编委会编. 闽南红三团. 东方出版社，1993

48. 中共漳州市委党史研究室. 中共闽南地方史（新民主主义革命时期）. 中央文献出版社，1995

49. 柯永麟. 靖和浦边区革命斗争见闻. 北京广播学院出版社，1995

50. 《张鼎丞传》编写组编著. 张鼎丞传. 中央文献出版社，1996

51. 《邓子恢传》编辑委员会. 邓子恢传. 人民出版社，1996

52. 中共中央文献研究室. 周恩来年谱（上中下）. 中央文献出版社，1997

53. 中共三明市委党史研究室等编. 东方军研究（内部印刷），1997

54. 闽粤赣边区党史编审领导小组. 中共闽粤赣边区史. 中共党史出版社，1999

55. 中共三明市委党史研究室编. 三明革命史. 中央文献出版社，2001

56. 中共福建省龙岩市委党史研究室. 闽西人民革命史. 中央文献出版社，2001

57. 福建省有关县（市、区）请求确认属于中央苏区范围的《请示报告及附件资料》，共41种45册，2005—2011

58. 中共中央文献研究室. 朱德年谱（上中下）. 中央文献出版社，2006

59. 中共福建省委党史研究室. 福建工农红军发展历程. 中央文献出版社，2007

60. 蒋伯英. 1929：朱毛红军与古田会议. 福建人民出版社，2009

61. 中共中央党史研究室. 中国共产党历史（第一卷）（1921—1949）. 中共党史出版社，2011

62. 中共中央文献研究室. 毛泽东年谱（上中下卷）. 中央文献出版社，2013

63. 黄惠运. 中央苏区社会保障研究. 社会科学文献出版社，2013

64. 中共福建省委党史研究室等编. 中央红军东方军入延暨王台谈判 80 周年纪念文集. 中共党史出版社，2014

65. 中共福建省委党史研究室等编. 中央红色交通线研究. 中共党史出版社，2015

66. 王新生. 穿越历史时空看长征. 中共党史出版社，2016

后　记

2014年4月，福建人民出版社江典辉同志邀约我撰写《中央苏区福建历史》一书，我欣欣然接受了撰稿的任务。

我1982年1月毕业于福建师范大学历史系，同年2月1日进入中共福建省委党史资料征集委员会（后改称中共福建省委党史研究室）工作，2015年2月退休，随即又被单位延聘了两年，同时，被龙岩学院中央苏区研究院聘为特约研究员。从事地方党史工作的30多年间，我曾先后参与或主持了数十项学术课题的研究和著述，但所有课题成果均为“合作成果”，没有一个课题成果是专属于个人的著述。所以，江典辉的邀约，让我兴奋莫名！

我是一个小人物，岁月的风尘早已湮灭了年少时的激情，尽管对于本职工作依旧勉力而勤恳，但除了职务作品，我多年来已基本不去写什么文章了。所以，江典辉的邀约，又让我受宠若惊。

接受撰稿任务之后，我由于本职工作“战线”拉得太长等诸多原因，书稿的撰写一拖再拖，给福建人民出版社造成了不小的麻烦。对此，我深感愧疚。

本书在撰稿过程中得到了中共福建省委党史研究室李顺禹、易向农、陈佳、方雯4位青年同事的诸多帮助和支持，在此谨表由衷的谢忱！

本书在撰稿过程中还借鉴、吸纳了福建省内外中共党史学界前辈和同仁们的许多学术研究成果，在此谨向前辈和同仁们表示崇高的敬意！

由于我长期游离于学术研究的边缘，书中错误疏漏之处在所难免，尚希有识者不吝指正！

黄超凡

2021年4月写于福州屏山